MIRJA HEIN

AUSTRALIA

Eukalyptusfeuer

Roman

EGMONT

Originalausgabe November 2015 bei LYX
verlegt durch EGMONT Verlagsgesellschaften mbH,
Gertrudenstr. 30–36, 50667 Köln
Copyright © 2015 bei EGMONT Verlagsgesellschaften mbH
Alle Rechte vorbehalten

1. Auflage
Redaktion: Antje Steinhäuser
Satz: Greiner & Reichel, Köln
Printed in Germany (670421)
ISBN 978-3-8025-9569-1

www.egmont-lyx.de

Die EGMONT Verlagsgesellschaften gehören als Teil der EGMONT-Gruppe zur
EGMONT Foundation – einer gemeinnützigen Stiftung, deren Ziel es ist, die sozialen,
kulturellen und gesundheitlichen Lebensumstände von Kindern und Jugendlichen zu
verbessern. Weitere ausführliche Informationen zur EGMONT Foundation unter:
www.egmont.com

THE BLUE MOUNTAINS
A SONG OF AUSTRALIA

Over the Blue Mountains
The sun at evening went;
And there was nought beyond them,
And we were well content.

Yet, over the Blue Mountains,
As birds at evening may,
Though there was nought beyond them,
Our dreams began to stray.

The Southern Cross came riding,
Like Gabriel overhead,
Up to the shining summits;
We followed where it led.

We left the world behind us –
The mists of time unfurled.
And over the Blue Mountains
We found a greater world.

Musik: Sir Edward Elgar,
nach einem Gedicht von
Alfred Noyes, 1924

Der Duft von Eukalyptus, …

… der durch die Wälder der Blue Mountains weht, ist einzigartig auf der Welt. Genau wie der feine blaue Nebel, der durch die ätherischen Öle erzeugt wird, die die Blätter der Eukalyptusbäume ausdünsten. Dieser Nebel hat dem Gebirge seinen Namen gegeben.

Einst abgelegen und unerreichbar lebten auf diesem malerischen Flecken Erde die Aborigines, bis es den weißen Entdeckern gelang, die bis dahin als unpassierbar geltenden Blue Mountains zu überqueren. Danach ging alles sehr schnell mit der Erschließung der einstigen Barriere vor dem Inneren des roten Kontinents: Straßen wurden gebaut, Weiße angesiedelt, und mit der Fertigstellung einer Eisenbahnlinie wurden die Blauen Berge auch für die wohlhabenden Bürger aus Sydney eine beliebte Gegend, in der sie sich Ferienhäuser errichten ließen. Dies bot sich geradezu an, beginnen die Ausläufer der Blue Mountains doch bereits sechzig Kilometer westlich von Sydney. Auf diese Weise konnten die Städter vor der brütenden Sommerhitze der Stadt in die angenehme Luft der Berge flüchten.

Die traumhaften Wälder der Blue Mountains können indessen zur tödlichen Falle werden, wenn sich die Eukalyptusbäume entzünden. Nach besonders heißen Tagen in den Bergen bedarf es nur eines Blitzschlags, um ein rasendes Inferno auszulösen. Denn die ätherischen Öle, die für den einzigartigen Duft sorgen, heizen ein Feuer erst richtig an. Sie wirken wie ein Brandbeschleuniger. Dann überrollen heiße Feuerwalzen, vor denen weder Mensch noch Tier sicher sind, die Blue Mountains. Doch schon wenige Monate nach einer solchen Katastrophe zeigen sich die Bäume wieder in alter Schönheit, und die Wälder sind grüner denn je. Ein Wunder der Natur, das man sich lange nicht erklären konnte. Inzwischen ist das Geheimnis des Eukalyptusbaums gelöst: Die Bäume verlieren bei den Feuern zwar einen Teil ihrer Rinde, aber sie sterben nicht, sondern das Gegenteil ist der Fall. Die unter der Rinde am Inneren des Stammes schlummernden Keimlinge erwachen überhaupt erst zum Leben, wenn sie durch Hitze aktiviert werden. Auf diese Weise werden junge Knospen produziert. Das scheinbare Verderben durch die Eukalyptusfeuer schafft also gleichzeitig neues Leben.

Von den Häusern der Städter bleibt indessen nicht mehr übrig als ein Haufen Asche, wenn sie einem solchen Feuer zum Opfer fallen. Deshalb ist die Angst vor dem alles verzehrenden Feuer ein ständiger Begleiter der Sommerfrischler. Wie für die Familie Parker, die sich alljährlich zum Weihnachtsfest in ihrem Haus nahe bei Wentworth Falls trifft, um die Ferien gemeinsam in der Abgeschiedenheit auf »ihrem Berg« zu verbringen. So auch in diesem Jahr, 1895, in dem die Geschichte ihren Lauf nimmt.

Wie immer freuen sich Annabelle, ihr Mann Walter und die beiden Töchter darauf, bis weit ins neue Jahr hinein mit ihrer ganzen Familie in dem kleinen Paradies beisammen zu sein. Von überall reisen sie zu diesem Anlass an. Aus Melbourne und Sydney kommen sie, um gemeinsam die freie Zeit zusammen in der Bergluft zu genießen. Es sind stets friedliche und geruhsame Tage. Tage, die ihnen Kraft geben für die Anforderungen, die das neue Jahr für sie bereithält. Wer kann ahnen, dass die Idylle in diesem Jahr schon bald ein jähes Ende finden soll?

1. TEIL

Scarlet

1

Es war ein ungewöhnlich heißer Dezembertag. Die Sonne brannte vom stahlblauen Himmel herunter und tauchte das Ferienanwesen der Parkers in gleißendes Licht. Wentworth Paradise, wie Annabelles ältere Tochter Scarlet das weiße Holzhaus mit den blau gestrichenen Balken und den drei Veranden getauft hatte, lag zwei Meilen außerhalb des kleinen Ortes Wentworth Falls auf einem Berg, von dem aus man eine traumhafte Sicht bis zu einem gigantischen Wasserfall auf der anderen Seite der Schlucht hatte. Annabelle und ihr Mann Walter hatten sich vor nunmehr zehn Jahren entschieden, dieses Grundstück zu kaufen, weil Wentworth Falls an der Blue Mountain-Eisenbahnlinie lag, die von Sydney in die Berge führte und den Ingenieuren bei ihrem Bau einst wahre Kunststücke abverlangt hatte.

Annabelle hatte die anderen Familienmitglieder bereits nach dem Frühstück aus der Küche gescheucht, weil sie es sich nicht nehmen ließ, den Truthahn für den heutigen Abend nach ihrem eigenen Rezept und ohne Hilfe ihrer Töchter, ihrer Mutter oder ihrer Schwiegermutter zuzubereiten. Dabei war sie ansonsten alles andere als ein Hausmütterchen. Im Gegenteil, Annabelle Parker war eine streitbare Kämpferin für die Rechte der Frauen und ein Gründungsmitglied der Womanhood Suffrage League, deren Mitglieder sich besonders für das Frauenwahlrecht in New South Wales stark machten. Ihre Jugendfreundin und Schwägerin Myriam, die Frau ihres Bruders George, war ebenfalls eine glühende Kämpferin in Sachen

Frauenrechte geworden. Das schweißte die alten Freundinnen nur noch enger zusammen. Annabelle und Myriam hielten Vorträge zu dem Thema und waren unermüdlich auch in der Praxis damit beschäftigt, Frauen das Leben in der männerdominierten Gesellschaft leichter zu machen.

Es machte Annabelle wenig aus, von einigen männlichen Bekannten ihres Mannes und deren Ehefrauen hinter ihrem Rücken als Blaustrumpf verspottet zu werden, solange Walter sie in ihrem Engagement unterstützte. Er war Kongressabgeordneter im Parlament von New South Wales und sehr einflussreich. Sie konnte jederzeit auf seine Unterstützung zählen. Ihr größtes Ziel war es, das Frauenwahlrecht zu erkämpfen, wie es ihre Mitstreiterinnen in der Kolonie South Australia gerade sehr erfolgreich versuchten. Dort schien es nur noch eine Frage von Monaten zu sein, bis sie am Ziel ihrer Wünsche waren.

In der Kolonie New South Wales würde es nach Annabelles Einschätzung noch eines längeren Kampfes bedürfen. Der Weihnachtsbraten aber war seit Jahren schon ihre Domäne, und sie zelebrierte die Zubereitung dieses Festmahls mit großer Begeisterung. Zu Hause in Sydney hatte sie eine Haushaltshilfe und eine Köchin, aber die bekamen jedes Jahr zu den Weihnachtsferien frei, um zu ihren eigenen Familien zu reisen. Im Urlaub war die streitbare Annabelle Hausfrau mit Leidenschaft. Walter sah dies mit gemischten Gefühlen. Er fand, sie könnte zumindest ihren Töchtern eine gewisse Mithilfe abverlangen, aber das war ihr viel zu anstrengend. Für die siebzehnjährige Scarlet war es eine Selbstverständlichkeit, ihrer Mutter zur Hand zu gehen, ganz im Gegensatz zu der ein Jahr jüngeren Ava, die es als unter ihrer Würde betrachtete, sich im Haushalt nützlich zu machen. Annabelle hatte wenig Lust, in diesem Punkt erzieherisch auf ihre Jüngere einzuwirken. Um für ein wenig Gerechtigkeit zu sorgen, ermutigte sie stattdessen lieber

Scarlet, die freien Tage ebenfalls zu genießen und ihren Interessen nachzugehen.

Unterschiedlicher können zwei Töchter gar nicht sein, dachte Annabelle mit einer gewissen Wehmut, während sie gedankenverloren aus dem weit geöffneten Küchenfenster auf die Veranda und den Garten hinausblickte, wo es sich die Familie nach dem Frühstück bequem gemacht hatte. Scarlet war in ein intensives Gespräch mit ihrer Großmutter verwickelt. Die beiden verstanden sich blendend. Kein Wunder, Scarlet kam von ihrem Äußeren ganz nach Granny Vicky, wie die Mädchen Annabelles Mutter nannten. Sie war groß, schlank, blond und hatte manchmal etwas Wildes und Ungestümes an sich. Es hieß, genauso wäre Vicky in ihrer Jugend gewesen. Wenig damenhaft und überhaupt nicht kapriziös, sondern eher burschikos und sehr mutig. Schon in ihrer Kindheit hatte sich Scarlet so manche Kämpfe mit den Nachbarjungs geliefert und war schließlich vollwertiges Mitglied einer eingeschworenen Freundesclique von Jungen geworden. Ganz im Gegensatz zu Ava, die sich bereits in frühen Jugendtagen gern darin gesonnt hatte, von sämtlichen Burschen angeschwärmt zu werden. Sie war eine außerordentliche Schönheit mit ihrem vollen, dicken schwarzen Haar und dem bronzefarbenen Teint, den sie von Annabelle geerbt hatte.

Als sie selbst noch ein Kind war, hatte sich Annabelle oft gefragt, woher ihr exotisches Aussehen stammte, bis sie eines Tages erfahren hatte, dass ihr leiblicher Vater gar nicht der Ehemann ihrer Mutter, der hellhäutige Frederik Bradshaw, war, sondern der dunkelhaarige Jonathan, die große Liebe ihrer Mutter, der Mann, den Vicky erst nach Frederiks tragischem Tod geheiratet hatte. Mit einem zärtlichen Gefühl betrachtete sie die Silhouette ihres Vaters, der in einem der Liegestühle lag und las. Sein einst dunkles Haar war mittlerweile ergraut, aber

13

er war immer noch eine imposante Erscheinung. Es erschien ihr immer noch wie ein Wunder, dass sie diesen Mann noch hatte kennen und lieben lernen dürfen, obwohl die Hochzeit zwischen ihrer Mutter und ihrem einstigen Liebhaber die Familien unwiderruflich entzweit hatte.

Seufzend wandte sich Annabelle wieder ihrem Truthahn zu und würzte ihn mit ihrer speziellen Mischung. Die Kräuter hatte Scarlet für sie in den Bergen gesammelt. Ihre ältere Tochter brannte für die Naturwissenschaften und wollte am liebsten Forscherin werden. Sie besuchte eine höhere Töchterschule in Sydney und hatte durchweg gute Noten. Ganz im Gegenteil zu Ava, die nur in den musischen Fächern glänzte und dafür eine unvergleichliche Stimme besaß. Annabelle hoffte, dass sie den Schulabschluss schaffen würde, um danach nach Adelaide zu gehen und dort Musik zu studieren.

Walter war gar nicht begeistert von der Aussicht, dass seine Tochter zur Ausbildung aus Sydney fortgehen wollte, aber Annabelle förderte sie bei ihren Plänen, denn ihr war der akademische Abschluss ihrer Tochter wichtig. Und dies war nur in Adelaide möglich, während Walter meinte, sie könnte privaten Gesangsunterricht in Sydney nehmen, zumal sie bestimmt früh heiraten würde. In diesem Punkt waren sich Mutter und Tochter allerdings so einig wie selten. Es musste die Universität sein, auf der sie einen anerkannten Abschluss machen konnte.

Noch einmal ließ Annabelle den Blick zu ihren Lieben schweifen. An einem Tisch im Schatten saß ihre Schwiegermutter Martha, die beste Freundin ihrer Mutter, mit ihrem Mann Edward. Sie spielten Karten mit ihrer Tochter Myriam und mit Annabelles Bruder George. Mit dabei war auch Victoria, die ihre Mutter Vicky adoptiert hatte, nachdem Victorias Mutter Meeri, eine junge Aborigine-Frau, bei der Geburt gestorben war. Sie war nur ein Jahr älter als Scarlet. Wenn man nicht wüsste, dass Victoria Aborigine-Gene besaß, man hätte ihr nicht angesehen, dass sie ein »Mischling« war, wie man solche Kinder zu bezeichnen pflegte. Annabelle mochte diesen Begriff nicht gern, weil er sie an Hundewelpen erinnerte, aber es gab kaum eine sprachliche Alternative. Bei Victoria waren jedenfalls die Gene des Vaters durchgeschlagen. Immer wenn Annabelle an diese gruselige Geschichte dachte, fröstelte es sie trotz der Hitze, die sich auch in der Küche langsam ausbreitete. Meeri war einst von einem weißen Farmer vergewaltigt worden, aber davon ahnte Victoria nichts. Vicky war der Meinung, dies sollte der jungen Frau besser verschwiegen werden. Das Einzige, was Victoria über ihre Herkunft wusste, war die Tatsache, dass ihre Mutter Meeri eine Aborigine gewesen war und der junge Mann, der sie angeblich geschwängert hatte, kurz danach spurlos verschwunden war. Annabelle hegte zwiespältige Gefühle gegen diese Art der Lügen, selbst wenn sie dem Schutz eines Menschen dienten. Hatte sie nicht am eigenen Leib erfahren, wie schwer Familiengeheimnisse auf der Seele lasten konnten? Es war damals nicht einfach gewesen, als sie ungefähr in Victorias Alter hatte erfahren müssen, dass Frederik Bradshaw gar nicht ihr leiblicher Vater und Amelie und George nur ihre Halbgeschwister waren. Doch hatte es nicht auch etwas Erleichterndes gehabt, endlich die Gewissheit zu bekommen, dass ihr Gefühl, es gäbe da irgendein dunkles Geheimnis um ihre Herkunft, sie nicht getäuscht hatte? Wie oft hatte sie sich während ihrer Kindheit mit der Frage gequält, ob sie nicht in Wahrheit womöglich eine adoptierte Aborigine war.

Annabelle versuchte, die schweren Gedanken abzuschütteln. *Um in düsteres Grübeln zu verfallen, sind dieser Tag und die Tatsache, dass wir alle gemeinsam und so friedlich in Wentworth Paradise zusammengekommen sind, viel zu schade*, sagte sie sich entschieden. Doch dann blieb ihr Blick an Ava hängen.

Die junge Frau saß allein ganz hinten im Garten unter einem großen Baum und träumte vor sich hin. Sie scheute jeden Sonnenstrahl, denn ihre wunderschön schimmernde Haut, die sie für die Herren der Schöpfung unwiderstehlich machte, war ihr ein Gräuel. Sie achtete peinlich genau darauf, in der Sonne nicht womöglich noch dunkler zu werden. *Was ihr wohl gerade durch den Kopf geht*, fragte sich Annabelle, denn ihrem verkniffenen Gesichtsausdruck nach zu urteilen dachte sie nicht an etwas Schönes.

Annabelle zwang sich, den Blick abzuwenden und sich stattdessen erneut dem Truthahn zu widmen. Wenn sie ihn mit den Kräutern eingerieben und die Füllung zubereitet hätte, würde sie sich zu ihrer Familie gesellen. Das Essen würde es erst am Abend, wenn es draußen kühler geworden war, geben. In der Zwischenzeit konnte der Truthahn die Würze der Kräuter annehmen.

Annabelles Gedanken schweiften kurz zu ihrem Mann Walter ab. Er hatte die letzten Tage noch an Sitzungen des Parlaments in Sydney teilnehmen müssen und würde erst gegen Mittag wieder in Wentworth Falls eintreffen. *Er arbeitet zu viel*, dachte sie seufzend, als die Tür vorsichtig geöffnet wurde.

»Störe ich?«, fragte Vicky ihre Tochter. »Ich werde auch nicht fragen, ob ich helfen darf«, fügte sie hastig hinzu.

»Setz dich nur. Ich bin gleich fertig. Du hast dich ja anregend mit Scarlet unterhalten, wie ich von meinem Beobachtungsposten aus gesehen habe.«

Vickys Miene erhellte sich. »Ach, ich fühle mich ihr so nahe, dass ich immer achtgeben muss, unsere große Vertrautheit Ava nicht zu stark spüren zu lassen. Ich habe im Gespräch mit Scarlet manchmal das Gefühl, ich höre mich als junge Frau reden.«

»Kein Wunder, ihr habt die gleiche Stimme. Und seht aus wie Schwestern.«

»Ach, meine Süße, willst du einer alten Frau schmeicheln? Das letzte Mal, dass ich so ausgesehen habe, war ich noch keine zwanzig. Schau mich nur an: grau, wohin das Auge blickt.« Sie schüttelte zur Bekräftigung ihr immer noch volles Haar.

»Du bist das, was ich als alterslos bezeichnen würde. Die Falten in deinem Gesicht muss man mit der Lupe suchen. Ich frage mich immer, wie du das machst. Ist das die späte Ehe mit meinem Vater, die dich jung hält?«, lachte Annabelle, doch Vickys Miene hatte sich merklich verdüstert.

»Ist was mit Vater? Du schaust so besorgt.«

Vicky wand sich. »Nein, nein, alles gut, er ist nur manchmal ein wenig müde in letzter Zeit, und du kennst ihn ja. Niemals würde er zum Arzt gehen.«

»Ja, vielleicht nicht zu einem fremden Arzt, aber doch zu George.«

Vicky hob die Schultern. »Er tut so, als würde ich das nicht merken. Vielleicht spreche ich George mal diskret darauf an, aber es ist … also, ich möchte unbedingt vermeiden, dass Vater das zu Ohren kommt, damit er sich nicht unnötig aufregt. Ich weiß nur nicht, wie ich das vor ihm verheimlichen kann …«

Annabelle setzte sich neben ihre Mutter und streichelte ihr aufmunternd über die Hand, die immer noch aussah, als würde sie zu einer jungen Frau gehören. »Du sprichst in Rätseln. Willst du nicht wenigstens mir sagen, was du vor Vater zu verbergen versuchst?«

»Nur, wenn du es für dich behältst«, entgegnete Vicky.

Annabelle verdrehte genervt die Augen. »Mutter, Mutter, du mit deiner Geheimnistuerei. Ich weiß ja, du meinst es gut, willst uns alle wie eine Glucke beschützen, aber manchmal ist es besser, offen mit der Wahrheit umzugehen …«

»William Bradshaw und Claire sind zurück aus Neuseeland. Sie haben sich in der Nähe von Melbourne eine Farm gekauft.«

Annabelle schlug vor Schreck die Hände vors Gesicht. »Oh Gott, nein, das bringt ihn um, aber es ist doch nur eine Frage der Zeit, wann Vater davon erfährt.«

»Ich weiß, aber ich kann es ihm nicht sagen. Nicht jetzt, wo er so schwach ist.«

»Wie kann diese Ratte William es wagen, je wieder einen Fuß auf australischen Boden zu setzen? Nach allem, was er verbrochen hat!«, stieß Annabelle empört hervor. Sofort kam ihr die Erinnerung hoch an den Tag, an dem sie den leeren Sarg zu Grabe getragen hatten, weil Frederik Bradshaw auf seiner Rückkehr von Neuseeland nach Australien bei Sturm über Bord des Schiffes gegangen war und es keine Leiche gegeben hatte. Damals, als sie noch geglaubt hatte, der Mann, der ihr so viel Liebe geschenkt hatte, wäre ihr leiblicher Vater. Und als solchen hatte sie ihn auch geliebt, und er würde immer einen Platz in ihrem Herzen behalten. Dass er von Anfang an gewusst hatte, dass sie nicht sein Kind war, und ihre Mutter gerade deshalb geheiratet hatte, damit sie einen Vater bekam, weil eine Ehe mit Jonathan damals nicht möglich gewesen war, würde sie ihm nie vergessen. Sosehr sie Frederik geliebt und verehrt hatte, sosehr hatte sie seinen Sohn William aus erster Ehe verabscheut. Er war zehn Jahre älter als sie und ein durch und durch niederträchtiger Mensch. Annabelle ballte die Fäuste bei dem Gedanken daran, wie William sich damals als Alleinerbe präsentiert und Vicky, George, Amelie und sie aus Frederiks Haus geworfen hatte. Und sofort stand ihr vor Augen, wie dieser grausame William sie ihre gesamte Kindheit und Jugend über drangsaliert und seine Stiefmutter Vicky mit seinem unversöhnlichen Hass verfolgt hatte. Und wie er seinen Triumph ausgekostet hatte, als er ihnen das offensichtlich gefälschte Testament zu seinen Gunsten präsentiert hatte. Am schlimmsten aber war dieser schreckliche Verdacht, dass William seinen Vater über Bord des Schiffes gestoßen hatte, als der ihn wegen seines schwierigen Charakters nach Neuseeland hatte fortloben wollen, indem er ihm die Leitung der dortigen Handelshausfiliale antrug. George und Vicky waren fest davon überzeugt, dass er es getan hatte. Annabelle aber hatte es nie ganz glauben wollen, dass ein Mensch, selbst wenn er derart boshaft war wie William, nicht davor zurückschreckte, seinen eigenen Vater aus dem Weg zu räumen.

»Weiß George es schon?«, fragte sie mit bebender Stimme.

Vicky schüttelte den Kopf. »Ich habe Sorge, er tut etwas Unüberlegtes.«

Annabelle teilte die Angst ihrer Mutter. George hatte William nämlich damals gedroht, er würde ihn vor Gericht zerren und nicht ruhen, bis man ihn hinter Gitter gebracht hatte. Daraufhin hatte ihr Stiefbruder alle Zelte in Australien abgebrochen und war mit seiner jungen Frau nach Neuseeland geflüchtet. Für Vicky und George ein klares Schuldeingeständnis. Und nun traute er sich nach über zwei Jahrzehnten wieder nach Melbourne. Warum? Mord verjährt nicht! Ach, wie gut Annabelle verstehen konnte, dass Vicky danach trachtete, George und vor allem ihrem Vater Williams Rückkehr nach Australien zu verschweigen, war doch Williams Ehefrau keine Geringere als Jonathans Tochter Claire, die den Kontakt mit dem Vater seit ihrer Hochzeit mit William vollständig abgebrochen hatte. Annabelle wusste, dass dies ein weiterer Grund war, warum Jonathan sie mit Liebe geradezu überschüttete, hatte er doch damals fast gleichzeitig eine Tochter verloren und eine gewonnen.

»Verflixt, was machen wir jetzt?«, seufzte sie.

»Ich weiß auch nicht. Es lässt sich auf lange Sicht nicht geheim halten, aber ich habe kein gutes Gefühl, dass der Mistkerl zurückgekehrt ist. In all den Jahren habe ich versucht, die Sache zu vergessen und mein Bedürfnis nach Rache zu zügeln.

Und nun ist alles wieder so präsent, als wäre es erst gestern gewesen. Ich darf es nicht zulassen, dass William Bradshaw erneut Unglück über meine Familie bringt!« Vicky war von ihrem Stuhl aufgesprungen und rannte aufgebracht in der Küche umher.

»Störe ich den Plausch der Damen?«, hörten sie plötzlich eine Stimme verschmitzt spotten. Die beiden Frauen wandten sich um und starrten George wie einen Geist an. »Victoria ist ein ganz ausgekochtes Biest. Sie hat uns beim Kartenspielen regelrecht abgezockt«, lachte er, aber dann erstarb sein Lachen, als er in die verschreckten Mienen seiner Mutter und seiner Schwester blickte.

»Ist was passiert?«, fragte er.

Annabelle und Vicky sahen einander hilflos an.

»Sollen wir ihn nicht einweihen?«, fragte Annabelle schließlich zögernd.

Vicky stöhnte laut auf. »George, du musst mir versprechen, keinen Blödsinn zu machen. Wir müssen das alles ganz vernünftig angehen.«

»Tja, wenn mir mal jemand sagt, worum es hier geht, dann gern«, entgegnete der sonst so sanftmütige George in ungewöhnlich scharfem Ton.

»Bitte versprich mir, ganz besonnen zu handeln«, flehte ihn Vicky an.

»Mutter, was ist los?«

»William Bradshaw und Claire sind nach Australien zurückgekehrt und haben sich in der Nähe von Melbourne niedergelassen.«

George wurde blass und ließ sich auf einen Stuhl fallen. »Dieses Schwein, dieser Mörder, dieser …«

»Aber dafür gibt es doch keine Beweise«, wand Annabelle zaghaft ein.

»Das werden wir sehen. Ich habe ihm einst geschworen, ihn vor ein Gericht zu zerren, und den Schwur werde ich halten. Worauf ihr euch verlassen könnt.«

»George, bitte, das meinte ich, tu nichts, was du bereuen könntest!«, sagte Vicky mit Nachdruck.

»Keine Angst, ich werde mir nicht die Hände an dem Drecksack schmutzig machen. Ich kenne sowohl in Melbourne als auch in Sydney einige einflussreiche Richter. Die Unterstützer unseres neuen Krankenhauses für werdende Mütter sitzen überall. Und ich werde mich nicht scheuen, alle Verbindungen auszunutzen, um diesen Kerl hinter Gitter zu bringen.« George hatte sich regelrecht in Rage geredet. Seine Wangen brannten vor Zorn.

»Nicht so laut!«, fauchte Vicky. »Ich möchte dich inständig bitten, erst einmal abzuwarten und besonnen an die Sache zu gehen. Und …«

»Was findet denn hier für eine Geheimkonferenz statt?«, fragte Jonathan, der einen belustigten Blick in die Küche warf.

»Gar nichts, mein Liebling. Wir diskutieren nur, ob Rosmarin an den Truthahn gehört oder nicht«, flötete Vicky. »Wir kommen gleich wieder zu euch nach draußen.«

»Willst du mich loswerden, mein Schatz?«, scherzte Jonathan.

»Aber nein, wo denkst du hin?«, schwindelte Vicky und warf George, der offenbar darauf brannte, seinem Stiefvater die Neuigkeit brühwarm zu berichten, einen warnenden Blick zu.

»Na gut, dann verschwinde ich wieder. Hat jemand Lust, nachher eine kleine Wanderung mit mir zu unternehmen?«

»Sicher, nach dem Mittagsschlaf gern.«

»Eure Mutter behandelt mich neuerdings wie ein Kleinkind«, lachte Jonathan und verschwand.

»Sag bloß, er weiß es noch nicht«, stieß George entgeistert hervor.

»Nein, ich habe es von einer Freundin erfahren, und die Neuigkeit ist in Melbourne noch nicht rumgegangen. Sie sind wohl erst seit ein paar Wochen wieder im Lande.«

»Und warum sagst du es ihm nicht? Soll er das in seinem Herrenclub erfahren, oder wie stellst du dir das vor, Mutter?«

Vicky musterte ihn flehend. »George, ich habe das Gefühl, Jonathan ist gesundheitlich nicht ganz auf der Höhe. Ich verspreche dir, dass ich es ihm sage, sobald du ihn untersucht hast.«

»Mutter, ich bin auf Frauenleiden spezialisiert. Warum schickst du ihn nicht in Melbourne zu einem kompetenten Fachkollegen?«

»Du kennst ihn doch. Er will immer Stärke zeigen und würde nie freiwillig einen Arzt aufsuchen. Bitte überrede ihn, sich von dir untersuchen zu lassen, solange wir hier alle so schön beisammen sind. Und wenn du zu dem Ergebnis kommst, alles ist gut, werde ich ihm die Nachricht schonend beibringen. Und dann kannst du meinetwegen ein Gericht einschalten.«

»Du tust ja geradezu so, als wäre dir nicht mehr wichtig, ob der Kerl seine Strafe bekommt oder nicht.«

Vicky stieß einen tiefen Seufzer aus. »Ach, mein Junge, ich bin zwiegespalten. Jahrelang habe ich davon geträumt, dass William dafür büßen muss, heute würde ich am liebsten gar nicht mehr daran erinnert werden, was er uns damals angetan hat.«

»Mutter, er hat meinen Vater umgebracht. Willst du ihn etwa davonkommen lassen?«

»Nein, natürlich nicht, aber wenn ich mir vorstelle, es gäbe wirklich einen Prozess und alles würde wieder aufgerollt und dann käme am Ende mangels Beweisen nichts dabei heraus, was hätten wir davon? Es würden nur unnötig alte Wunden aufgerissen.«

George schüttelte verständnislos den Kopf. »Nun gut, ich bin einverstanden. Solange ich Jonathan nicht untersucht habe, werde ich nichts unternehmen, aber wenn er gesund ist, werde ich nichts unversucht lassen, dass William seine gerechte Strafe bekommt für den feigen Mord an meinem und seinem Vater.«

»Ach, mein Junge, ich bin doch auf deiner Seite, aber lass mir noch ein wenig Zeit. Ich muss erst wissen, was mit Jonathan ist.«

»Und was meinst du, Schwesterchen?«

Annabelle zuckte die Schultern. »Wenn er das wirklich getan hat ... natürlich darf er dann nicht ungeschoren davonkommen«, seufzte sie.

»Du willst es nicht wahrhaben, oder? Es ist mir ein Rätsel, wie du noch immer an das Gute im Menschen glauben kannst nach allem Elend, das du durch dein Engagement im Dienste der armen Frauen miterleben musst.«

Annabelle wusste genau, worauf er anspielte. Wie oft begleitete sie Frauen ins Hospital, die von ihrem eigenen Ehemann böse misshandelt und manchmal halb totgeschlagen worden waren. George hatte dafür gesorgt, dass diese armen Frauen in der Klinik kostenlos behandelt wurden.

»Du hast ja recht, aber in der eigenen Familie will man so etwas nicht wahrhaben. Ich habe es ja am eigenen Leibe gespürt, was für einen widerlichen Charakter William Bradshaw besitzt, aber den eigenen Vater umzubringen – dazu muss einer doch der Teufel in Person sein.«

»William Bradshaw *ist* der Teufel in Person«, entgegnete George ungerührt. »So, ihr beiden, jetzt setzt mal wieder eure Festtagsgesichter auf, damit der Rest der lieben Familie nicht merkt, dass uns die Rückkehr dieses Mistkerls die Stimmung verdorben hat.«

»Da fang mal lieber bei dir selber an«, spottete Annabelle und knuffte ihren Halbbruder liebevoll in die Seite. »Du siehst nämlich aus, als würdest du gleich einen Mord begehen.«

»Ach, steht mir meine Mordlust wirklich ins Gesicht geschrieben?« George zwang sich zu einem künstlichen Lächeln. »So besser?«

»Bezaubernd!«, neckte ihn Annabelle. »So, und jetzt lasst mich für einen Augenblick die Füllung in den Truthahn stopfen, damit ich endlich auch zu euch auf die Veranda kommen kann«, fügte sie in einem Ton hinzu, der keinen Widerspruch duldete.

»Komm, Mutter, das war ein glatter Rausschmiss«, sagte George, hakte Vicky unter und verließ mit ihr zusammen die Küche.

Annabelle versuchte, sich auf das Würzen des Festtagsbratens zu konzentrieren, was ihr nicht recht gelingen wollte. Sie konnte es nicht leugnen: Die Neuigkeit hatte ihr tatsächlich die Stimmung verdorben, denn sie teilte die Sorge ihrer Mutter, dass Williams Rückkehr dazu angetan war, den Familienfrieden empfindlich zu stören. Außerdem behagte es ihr gar nicht, was Vicky über den Gesundheitszustand ihres Vaters sagte. Und jetzt, wo es ausgesprochen war, musste sie zugeben, dass er bereits bei seiner Ankunft in Wentworth Falls für seine Verhältnisse sehr blass gewirkt hatte. Natürlich würde ihn die Tatsache, dass sich seine verlorene Tochter Claire mit einem Mal ganz in seiner Nähe niedergelassen hatte, über die Maßen aufregen. Trotzdem war es nur eine Frage der Zeit, wann er davon erfahren würde. Da half die ganze Geheimniskrämerei ihrer Mutter gar nichts. Im Gegenteil, wenn er es von Dritten erführe, würde ihn das womöglich noch mehr aufregen.

Annabelles Grübelei wurde durch die Stimme ihrer Jüngeren unterbrochen.

»Mom, darf ich dich was fragen?«

Annabelle wandte sich zu Ava um. »Natürlich, meine Kleine.«

Ava rümpfte die Nase. Annabelle wusste sofort, was ihre Tochter störte. Sie wollte nicht länger »Kleine« genannt werden, weil sie ohnehin schon darunter litt, mindestens einen Kopf kleiner als Scarlet zu sein, die nur ein Jahr älter als sie war.

»Warum lebt Victoria eigentlich nicht in einem Reservat, sondern bei Granny Vicky?«

Diese Frage kam vollkommen überraschend für Annabelle.

»Wie kommst du darauf? Granny Vicky und Großvater Jonathan haben sie adoptiert. Warum sollte sie in einem Reservat leben?«

»Weil ihre Mutter eine Aborigine war. Deshalb. Und die leben doch im Busch.«

»Wie kommst du auf den Blödsinn?«

»Unsere Lehrerin, Miss Pritches, hat gesagt, dass die Aborigines in die Reservate gehören, weil sie dumm und unzivilisiert sind.«

»Aha, na dann werde ich mit der Lady mal ein ernstes Wort reden müssen. Das ist nämlich Unsinn, mal abgesehen davon, dass Victoria einen weißen Vater hat und, wie du weißt, in Melbourne immer Klassenbeste war. Von Dummheit kann wohl kaum die Rede sein. Und was soll sie im Reservat? Sie sieht aus wie ein weißes Mädchen.«

»Das ist ja die Gemeinheit!«, stieß Ava wütend hervor. »Warum hat sie hellere Haut als ich?«

»Kind, nun beruhige dich.« Annabelle versuchte, ihre Tochter in den Arm zu nehmen, aber die trat einen Schritt zur Seite, sodass ihre Mutter ins Leere griff.

»Nein, das ist ungerecht!« Ihre Tochter ballte die Fäuste und brach in Tränen aus.

»Um Himmels willen, was ist bloß in dich gefahren?«

»Ein paar Jungen haben mir gestern in Wentworth Falls ›Abo-Mädchen! Abo-Mädchen!‹ hinterhergerufen, als ich mit Victoria einkaufen war. Dabei ist sie die Abo, nicht ich! Das ist so ungerecht!«

»Aber Ava, das kannst du Victoria doch nicht übel nehmen, wenn sich ein paar dumme Bengel aus den Bergen danebenbenehmen.«

Ava sah ihre Mutter aus ihren tränennassen Augen verzweifelt an. »Ich weiß, aber ich habe zurückgebrüllt, dass Victoria das echte Abo-Mädchen ist, nicht ich! Und seitdem spricht sie nicht mehr mit mir.«

»Ava! Das war nicht nett von dir. Und du darfst nicht Abo-Mädchen sagen! Das ist hässlich und abwertend. Ich denke, du solltest dich bei ihr entschuldigen für diese Bösartigkeit.« Annabelle warf einen prüfenden Blick aus dem Fenster. »Schau, sie sitzt hinten auf der Schaukel im Garten ganz allein. Geh hin zu ihr, sag, dass es dir leidtut!«

Ava stöhnte genervt auf. »Gut, aber nur, weil morgen Weihnachten ist«, knurrte sie und verschwand.

Annabelle hatte große Mühe, ihren Truthahn zu füllen, weil sie immer wieder aus dem Fenster blickte, um sich zu vergewissern, ob Ava ihr Versprechen auch einhielt. Erst als sich ihre jüngere Tochter zögernd der Schaukel näherte, brachte sie ihre Essenszubereitungen zu einem Ende und wollte die Küche gerade verlassen, als ihr eine gut gelaunte Scarlet entgegenkam. Was für ein Gegensatz, durchfuhr es Annabelle, die eine verbreitet stets gute Stimmung, die andere macht sich und anderen das Leben schwer. Aber war es nicht normal, dass Schwestern derart unterschiedlich waren? Wenn sie nur an Amelie und sich selber dachte: Ihre Halbschwester Amelie war immer schon kapriziös gewesen und geblieben, mit dem Ergebnis, dass sie, wenn überhaupt, nur Kontakt über ein paar lapidare Postkarten hielten, denn Amelie lebte in Brisbane. Sie hatte damals, als sie erfahren hatte, dass ihre Mutter Vicky vor Frederik Jonathan geliebt hatte, mit Vicky gebrochen und war auf eigenen Wunsch bei Emma, der Witwe von Vickys Bruder Steven, aufgewachsen. Jedes Jahr versicherte sie auf einer Weihnachtskarte, sie werde nächstes Jahr versuchen, nach Wentworth Falls zu kommen, größer war ihr Interesse an der Familie nicht.

»Träumst du, Mom, oder ist was?«, erkundigte sich Scarlet mit besorgter Stimme.

»Nein, nein, alles gut, ich musste nur gerade an Tante Amelie denken.«

»Was für ein Zufall. Gerade ist ihre Weihnachtskarte gekommen.«

Wider Willen musste Annabelle lächeln, weil sie sich nahezu wortwörtlich den knappen und nichtssagenden Text vorstellen konnte: *Frohe Weihnachten, und vielleicht komme ich nächstes Jahr zum Fest nach Wentworth. Gruß an Mutter und George.* Und genauso war es, stellte sie amüsiert fest, als sie den Text der mageren Botschaft überflog. Kein Gruß an Jonathan, denn Amelie hatte es ihrer Mutter bis heute nicht verziehen, dass sie nach Frederiks Tod ihre alte Liebe geheiratet hatte.

»Ich gehe ein wenig in die Berge und sammle ein paar Pflanzen«, erklärte Scarlet vergnügt.

»Allein? Das gefällt mir gar nicht«, erwiderte Annabelle besorgt.

»Ach, Mom, wen soll ich denn mitnehmen? Ava etwa?« Sie lachte frech.

Nein, das konnte sich Annabelle wahrhaftig nicht vorstellen, wie ihre Jüngere den Waldboden nach seltenen Pflanzen absuchte.

»Aber bitte bleibe nicht so lange. Wir wollen um achtzehn Uhr essen. Und du musst dich noch umziehen«, ermahnte die Mutter sie mit einem kritischen Blick auf ihre sportliche Kleidung, eine weiße Bluse und einen schwarzen langen Rock. Auf ihrem langen blonden Haar, das sie zu einem Zopf geflochten hatte, trug sie einen Strohhut.

»Wo denkst du hin? Ich werde mir doch deinen Truthahn nicht entgehen lassen«, entgegnete Scarlet und umarmte ihre Mutter stürmisch. »Ich werde so früh zurück sein, dass ich dir noch beim Tischdecken helfen kann«, fügte sie hinzu.

Annabelle sah ihrer Tochter eine Weile nach, auch als diese schon fröhlich pfeifend das Haus verlassen hatte. Um dieses Kind machte sie sich nicht die geringsten Sorgen, denn sie war davon überzeugt, sie würde ihren Weg gehen, während ihr der Gedanke an Ava förmlich die Brust zuschnürte. Natürlich hatte sie sich selbst in ihrer Jugend so manches Mal gefragt, warum ihr Teint dunkler als der ihrer Geschwister war, und sie würde nie im Leben vergessen, wie William sie einmal als hässliches Abo-Mädchen beschimpft hatte. Erst als sie ihren leiblichen Vater kennengelernt hatte, hatte sie eine Antwort auf das *Warum* bekommen. Sie hatte ihren Teint von ihm geerbt. Manchmal allerdings fragte sie sich selbst heute noch insgeheim, woher er diese dunkle Hautfarbe haben mochte, obwohl seine Eltern doch angeblich weiße Farmer gewesen waren.

Erneut ermahnte sie sich, den heutigen Tag nicht mit weiteren Grübeleien zu beschweren, rang sich zu einem Lächeln durch und gesellte sich eilig zu den anderen auf der Veranda. Nur eine steile Falte zwischen ihren Augenbrauen verriet, wie aufgewühlt sie in ihrem Inneren war. Die Ankunft ihres Mannes, der gerade bepackt mit Geschenken aus Sydney zurückkehrte, ließ sie für einen Augenblick all ihre Sorgen vergessen.

2

Scarlet kannte jeden Winkel, jeden Baum, jeden Strauch und jeden Pfad, der hinter dem Haus hinunter in die Schlucht und von dort zu dem großen Wasserfall führte, der mit enormer Kraft den Berg hinabrauschte. Links von dem tosenden, in sämtlichen Grüntönen schimmernden Wasser gab es einen verschlungenen Weg, der hinauf in den Eukalyptuswald führte. Scarlet liebte es, allein und mit einem wachen Blick für alles, was die Natur an Wundern bereithielt, durch die Wildnis zu streifen. An diesem Tag hatte sie vor, ihrer Mutter für die Festtafel einen besonders riesigen Strauß der exotischen, in allen Farben schillernden Blumen zu pflücken. Sie wollte sie später trocknen und mit nach Sydney nehmen, um sie anhand ihrer schlauen Bücher zu bestimmen. Einige Namen waren ihr mittlerweile geläufig, aber bei jeder ihrer Wanderungen entdeckte sie neue Pflanzen. Ihr Ziel war eine Lichtung im Eukalyptuswald, auf der besonders bunte Blumen wuchsen.

Schon von Weitem wehte der erfrischende Duft zu ihr herüber. Es roch nach dem Öl aus der Apotheke, das Annabelle ihnen von Kindheit an auf jede kleine Wunde aufgetragen hatte, um Entzündungen zu vermeiden. Scarlet mochte diesen Geruch auch, weil er, wenn man ihn tief einatmete, für ein freies Gefühl im Brustkorb sorgte. Über dem Wald lag feiner blauer Nebel. Scarlet wusste sogar, warum die Luft über dem Eukalyptuswald blau wirkte. Es war die Brechung des Lichts, das die Öle, die aus den Blättern der unzähligen Eukalyptusbäume entwichen, in dieser Farbe erscheinen ließ.

Scarlet lauschte zudem gern dem Konzert, das von den Bäumen ertönte. Die bunten Vögel zwitscherten, piepten, flöteten und zirpten um die Wette.

Sie war nun bei der Lichtung angelangt und ließ ihren Blick entzückt über die bunte Pflanzenvielfalt schweifen. In solchen magischen Momenten träumte sie davon, wie einst der Botaniker Ludwig Leichhardt Forschungsreisen bis ins Outback zu unternehmen. Im Gegensatz zu ihm wollte sie natürlich nicht spurlos im Inneren des roten Kontinents verschwinden. Sie hatte erst jüngst in der Schule einen Vortrag über den Forscher gehalten, aus ihrer glühenden Bewunderung kein Geheimnis gemacht und verkündet, sie würde später in seine Fußstapfen treten. Da hatte ihr die Lehrerin Miss Pritches allerdings einen Dämpfer verpasst. »Ein Forscher zu sein ist nur etwas für Männer!«, hatte sie barsch verkündet. Das konnte Scarlet nicht wirklich entmutigen. Ihrer Mutter hatte sie diesen kleinen Vorfall indessen lieber verschwiegen. Nicht auszudenken, Annabelle wäre sofort in die Schule gerannt und hätte die altmodische Lehrerin zur Rede gestellt, denn in diesem Punkt verstand ihre Mutter keinen Spaß.

Gerade als sie sich bückte und an dem Blumenparadies bedienen wollte, zerriss ein mörderischer Schrei die Stille des Waldes. Sogar die Vogelstimmen waren schlagartig verstummt. Scarlet richtete sich auf und sah sich erschrocken um, aber es war niemand zu sehen.

»Hallo!«, rief sie, so laut sie konnte. Sie verspürte nicht einen Hauch von Angst, denn es war zweifelsohne ein Mensch in großer Not gewesen, keiner, der ihr etwas anhaben wollte.

»Hilfe!«, rief da eine männliche Stimme. »Hier bin ich.«

Angestrengt ließ sie den Blick schweifen, bis sie hinter einem Strauch einen in die Höhe gestreckten Arm erkannte. Nun begann ihr Herz doch schneller zu schlagen. Was war das und vor allem, wer war der Mensch, der dort um Hilfe schrie? Scarlet zögerte nicht, sondern rannte zu der Stelle und fand einen auf dem Boden liegenden Mann vor, der sich mit schmerzverzerrtem Gesicht an die Wade fasste.

»Um Himmels willen. Was ist? Haben Sie einen Krampf?«, fragte sie außer Atem, während sie sich zu ihm hinunterbeugte.

»Eine Schlange! Es war eine Schlange. Sie hat mich erwischt«, stöhnte der Mann, den Scarlet nur wenig älter als sich selbst schätzte.

Mutig packte Scarlet das Bein des Fremden, schob die dünne Hose hoch und legte die Wade frei.

»Oh weh, sie hat gleich zweimal zugebissen. Haben Sie die Schlange gesehen? Können Sie sie beschreiben?«

»Braun, sie war braun. Und hat sich merkwürdig gekringelt, ich wollte weg, aber da hat sie schon blitzschnell zugebissen. Gott, ist mir schlecht!«

»Oh, Mist! Hören Sie mir gut zu. Ich zerreiße jetzt Ihre Hose und mache Ihnen einen festen Verband oberhalb der Wunde. Und dann bringe ich Sie zu unserem Haus. Mein Onkel ist Arzt. Wir haben immer ein Gegengift gegen die Braunschlange vorrätig.«

»Verdammt, ist sie giftig?«

»Geht so …«, log Scarlet, um den armen Mann nicht völlig zu verunsichern, denn die Eastern Brown war eine der Schlangen, deren Biss meist tödlich ausging, wenn man nicht rechtzeitig ärztliche Hilfe in Anspruch nahm. »Trotzdem müssen wir sofort los. Wenn Sie erbrechen müssen, tun Sie das, wenn Sie das Gefühl haben, dass Sie ohnmächtig werden, bitte nicht anhalten. Kommen Sie!«

Sie reichte ihm ihre Hand und zog ihn hoch. Er war gut einen Kopf größer als sie, und wenn er nicht in einem derart er-

31

barmungswürdigen Zustand gewesen wäre, hätte er richtig gut ausgesehen mit seinen dunklen Locken. *Aber jetzt ist bestimmt nicht der richtige Augenblick, sich über seine Attraktivität Gedanken zu machen,* dachte Scarlet erschrocken.

»Stützen Sie sich auf und beißen Sie die Zähne zusammen. Auch wenn's schmerzt.«

Der junge Mann folgte zunächst klaglos ihren Befehlen. Er hatte offenbar begriffen, dass sie ihm den ganzen Ernst der Lage vorenthalten hatte und es doch um Leben und Tod ging. So hielt er Schritt mit ihr und stöhnte nur leise vor sich hin.

»Ich muss mich hinlegen«, jammerte er plötzlich und blieb abrupt stehen.

»Nein! Auf keinen Fall!«, schrie sie ihn an und zerrte ihn weiter.

»Ich bin so müde. Lassen Sie mich. Bitte!«

»Nein!«, fauchte Scarlet ihren Schützling an. »Sie reißen sich jetzt zusammen!«

Sie hatten bereits den Regenwald verlassen und stolperten den Pfad hinunter. Scarlet schnaufte unter seinem Gewicht, denn er hatte den Arm um ihre Schulter gelegt und stützte sich ganz auf sie. Es verlangte ihr schier übermenschliche Kräfte ab, diesen zwar schlanken und durchtrainierten, jedoch großen Mann beinahe zu tragen, aber sie machte ungeachtet der Schmerzen mit zusammengebissenen Zähnen weiter. Am Wasserfall blieb sie für den Bruchteil einer Sekunde stehen, um sich den Schweiß aus den Augen zu wischen, der ihr die Sicht raubte. Der Fremde wollte die Gelegenheit nutzen, sich fallen zu lassen, aber sie herrschte ihn an: »Wir sind gleich da. Sehen Sie, dort oben. Das Haus auf dem Berg.«

»Ich schaffe das nicht«, stöhnte er.

»Verdammt, Sie machen jetzt mit! Kapiert?« Sie war sich ihres barschen Tons sehr wohl bewusst, aber sie hatte keine andere Wahl. Ein höfliches »Bitte« und »Danke« war fehl am Platz, wo es um Leben und Tod ging.

Dass sie nun bergauf steigen mussten, machte die Sache nicht einfacher. Als sie in Rufweite des Hauses angekommen waren und Scarlet die Sinne zu schwinden drohten, schrie sie laut um Hilfe. Sie hatte Glück, wenige Augenblicke später kamen ihr Onkel George und ihr Vater angerannt.

»Ihn hat eine Braunschlange gebissen«, keuchte Scarlet mit letzter Kraft, bevor sie sich am Stamm eines Baumes zu Boden gleiten ließ, während die beiden Männer den stöhnenden Fremden unter den Achseln packten und mehr oder minder hinter sich herschleiften.

Scarlet blieb eine ganze Weile sitzen, weil ihr jedes Mal, wenn sie aufstehen wollte, schwarz vor Augen wurde. Erst nach einer gefühlten Ewigkeit rappelte sie sich auf und schleppte sich bis zum Anwesen. Dort herrschte helle Aufregung wegen des Mannes mit dem Schlangenbiss.

»Meine Süße, alles gut? Du siehst aus wie der Tod«, stieß Granny Vicky entsetzt hervor und bot ihrer Enkelin einen stützenden Arm.

»Wo ist er?«, fragte Scarlet.

»Auf dem Sofa im Salon«, entgegnete ihre Großmutter.

»Ich will zu ihm«, stöhnte Scarlet und ließ sich von ihrer Großmutter ins Haus begleiten.

Bleich wie der Tod lag der Fremde auf dem Sofa, während ihr Onkel George auf der Kante saß und ihm den Puls fühlte.

»Ich glaube, es ist gerade noch mal gutgegangen. Er ist über den Berg!«, flüsterte ihr Onkel, als er seine Nichte erblickte. »Aber ich denke, er braucht jetzt Ruhe. Ich bleibe bei ihm, bis sich sein Zustand stabilisiert hat. Du musst dich auch hinlegen«, fügte er besorgt hinzu.

Scarlet aber rührte sich nicht vom Fleck, sondern starrte wie gebannt auf den Fremden, der leise vor sich hinstöhnte und die Augen geschlossen hatte. *Doch, er sieht wirklich gut aus*, ging es Scarlet durch den Kopf. *Was hat er nur für wunderschön dichte Wimpern, was für eine wohlgeformte Nase und was für ein entzückendes Grübchen am Kinn.* Sie war darüber selbst ein wenig verstört. Noch nie zuvor hatte sie sich über das Aussehen eines jungen Mannes solche detaillierten Gedanken gemacht.

»Scarlet, hörst du, was dein Onkel sagt? Du musst dich hinlegen«, hörte sie wie durch einen Nebel ihre Großmutter mahnen.

Es fiel ihr schwer, sich vom Anblick des Fremden loszureißen, doch Granny Vicky nahm sie am Arm und zog sie fort.

»Er gefällt dir sehr, oder?«, fragte ihre Großmutter, als sie das Zimmer erreichten, in dem die beiden Schwestern während der Ferien schliefen.

»Wie kommst du darauf?«, entgegnete Scarlet erschrocken.

»Ich war auch mal jung und kenne das Gefühl, plötzlich Gefallen an einem jungen Mann zu finden«, erklärte Granny Vicky verschmitzt.

»Aber … aber das kann man doch nicht sehen, oder?«

»Schau mal in den Spiegel. Was siehst du da?«

Scarlet sah ihre Großmutter verunsichert an, bevor sie sich ihrem Spiegelbild zuwandte.

»Oh nein!«, stieß sie entsetzt hervor. »So guckt meine Freundin Mary immer aus der Wäsche, wenn wir auf dem Schulweg Peter begegnen. Ist das peinlich! Kann man das abwischen?« Sie begann, ihre rosig schimmernden Wangen mit den Fingern zu bearbeiten.

»Das lässt sich nicht wegreiben«, lachte Granny Vicky. »Und ich muss zugeben, er erinnert mich entfernt an deinen Großvater, als er jung war. Der hatte auch so dunkle Locken und war genauso stattlich gebaut.«

»Ach, Granny, bitte verrat mich nicht. Ich werde mich schnell umziehen, und sorg du dafür, dass er das Haus nicht verlässt, bevor ich mein schönstes Kleid angezogen habe.«

»Keine Sorge, der junge Mann wird so bald nirgendwo hingehen. Das würde George gar nicht erlauben. Du kannst dich also ruhig noch ein wenig ausruhen, bevor du dich ihm in ganzer Schönheit zeigst.«

»Ach, Granny, du bist die Beste«, stieß Scarlet gerührt hervor und umarmte ihre Großmutter stürmisch. Niemals würde sie so vertraut mit ihrer Mutter reden. Jedenfalls nicht über solche Dinge wie ihre aufwallenden Gefühle für diesen jungen Mann.

»Er wird doch wieder ganz gesund, oder?«, fragte sie bang.

»Aber sicher. Dazu haben wir ja das Gegengift im Haus. Damit keiner von uns an einem Schlangenbiss stirbt. Außerdem hast du alles richtig gemacht. So wie George uns das immer gepredigt hat. Auf keinen Fall die Wunde aussaugen, sondern einen Druckverband oberhalb der Wunde anlegen und dann sofort ärztliche Hilfe holen«, versicherte Granny Vicky ihrer Enkelin beruhigend. »Wenn du eine halbe Stunde ruhst, dich dann umziehst und in den Salon kommst, wird er wieder munter und dir vor allem unendlich dankbar sein, dass du ihm das Leben gerettet hast. Wo hast du ihn überhaupt getroffen?«

Mit Feuereifer berichtete Scarlet ihrer Großmutter in allen Einzelheiten, wie und wo sie auf den Fremden aufmerksam geworden war. Während ihrer aufgeregten Schilderung glühten ihre Wangen förmlich.

Da flog die Tür auf, und Ava stürmte herein. Ihre Miene verfinsterte sich, als sie ihre Großmutter und ihre Schwester in derart vertrauter Umarmung auf der Bettkante sitzen sah.

»Störe ich?«, fragte sie spitz.

»Aber Kind, wie kannst du so etwas sagen?«, beeilte sich Granny Vicky, Ava zu beschwichtigen. »Deine Schwester hat gerade einem jungen Mann das Leben gerettet.«

»Ja, ich hab schon davon gehört. Der Kerl, den die Schlange gebissen hat. Ich durfte ja nicht mal in den Salon, um zu proben«, erklärte Ava in schnippischem Ton.

»Genau, und da deine Schwester wirklich Heldenhaftes geleistet hat, sollten wir sie etwas ruhen lassen«, entgegnete ihre Großmutter und stand auf. »Komm, Ava, lass sie schlafen.«

»Schon gut, ich wollte nur meine Noten holen, damit ich noch ein wenig im Pavillon üben kann für heute Abend. Ich werde mich wohl mal wieder selbst am Klavier begleiten müssen. Das kann ja keiner außer mir.«

»Ach, wie schön. Du wirst uns wieder etwas vorsingen. Das freut mich«, sagte Granny Vicky und überhörte den leisen Vorwurf in der Stimme ihrer Enkelin.

Ava warf einen kritischen Blick auf ihre Schwester. »Du siehst ganz schön mitgenommen aus«, bemerkte sie mitleidlos und nahm sich ihre Noten vom Tisch.

Granny Vicky runzelte die Stirn, aber sie unterdrückte das, was ihr auf der Zunge lag, und schob ihre Enkelin zur Tür. Dort drehte sie sich noch einmal um.

»Versprich mir, ein wenig zu schlafen«, bat sie Scarlet, bevor sie die Tür von außen leise schloss.

Doch kaum war ihre Großmutter aus dem Zimmer, sprang ihre Enkelin vom Bett auf. Sie war von einer solchen inneren Unruhe erfüllt, die sie mit Sicherheit keine Sekunde würde schlafen lassen. Stattdessen näherte sie sich dem Kleiderschrank, den sie sich mit ihrer Schwester teilte, den sie aber nur zu einem Drittel benutzte, weil sie in Wentworth Falls meist nichts anderes trug als Rock und Bluse. Doch Annabelle hatte darauf bestanden, dass sie für das Weihnachtsfest ihr neues Abendkleid mitnehmen sollte, was sie unter Murren getan hatte. Nun war sie froh darüber, als sie das bodenlange Festkleid dort an der Stange hängen sah. Es war weinrot und von einer Schneiderin in Sydney aus edlem Satin gefertigt worden.

Scarlet holte es vorsichtig aus dem Schrank und strich mit den Fingerspitzen über den kühlen glatten Stoff. Sie legte es über einen Stuhl, um vor dem Umkleiden noch ein Bad zu nehmen. Doch auch das warme Wasser in der Wanne konnte ihre Sinne nicht wirklich beruhigen. Immer wieder wanderten ihre Gedanken zu dem Fremden und der Frage, wer er wohl war, was ihn am Tag vor Weihnachten allein in die Einsamkeit der Blue Mountains getrieben hatte, und ob er ihr auch noch gefallen würde, wenn er wieder genesen war. Letzteres bezweifelte sie allerdings kaum, denn sie konnte sich lebhaft vorstellen, wie anziehend er erst sein würde, wenn er nicht mehr so in Panik war, wie sie ihn erlebt hatte, und sie nicht mehr gezwungen war, ihn wenig damenhaft anzuschnauzen.

Als sie sich schließlich in ihrem festlichen Kleid und mit hochgestecktem Haar auf den Weg zum Salon machte, begegnete ihr Ava, die abrupt vor ihr stehen blieb und sie staunend von Kopf bis Fuß musterte.

»Du bist ja gar nicht wiederzuerkennen. So habe ich dich noch nie gesehen. Hat das vielleicht etwas mit dem jungen Mann zu tun? Wenn man Granny Vicky Glauben schenken darf, sieht er wirklich gut aus. Ich habe ihn ja noch nicht zu Gesicht bekommen, denn sie haben ihm inzwischen eines der freien Gästezimmer zur Verfügung gestellt, damit er dort wieder zu Kräften kommt. Onkel George besteht darauf, dass er über Nacht zur Beobachtung bleibt. Da bin ich ja mal gespannt.«

Scarlet ließ den Redeschwall scheinbar ungerührt über sich ergehen, während sich ihr Herzschlag merklich beschleunigte.

»Dann muss ich mich ja ranhalten, wenn ich dir heute Konkurrenz machen will«, lachte Ava, während sie ihren Weg fortsetzte.

Scarlet atmete ein paarmal tief durch. Sie liebte ihre Schwester von Herzen, aber diese kokette Art, wenn es um männliche Wesen ging, und ihre ständige latente Eifersucht gingen ihr manchmal erheblich gegen den Strich. Für Scarlet war es doch überhaupt gar keine Frage, wer die Schönere von ihnen beiden war. Ava natürlich! Aber musste sie, kaum dass ein fremder junger Mann im Haus war, gleich derart übertrieben auf seine Anwesenheit reagieren?

Gerade als sie die Tür zum Salon öffnen wollte, hörte sie hinter sich eine raue männliche Stimme sagen. »Warten Sie, Miss … ich kenne doch noch nicht einmal Ihren Namen. Dabei bin ich Ihnen zu ewigem Dank verpflichtet.«

Scarlet wandte sich um und blickte in ein Paar blauer Augen. Sie war etwas irritiert, hätte sie doch schwören können, dass sie vorhin braun gewesen waren, aber dieser kleine Irrtum bewies ihr, dass sie sich auf der Lichtung nicht mit solchen Dingen wie seiner Augenfarbe hatte aufhalten können. Vor allem machte ihn dieser Kontrast zwischen dunklem Haar und hellen Augen nur noch attraktiver, zumal er plötzlich so vital und lebendig wirkte.

»Ich heiße Scarlet. Sollten Sie nicht noch das Bett hüten?«, fragte sie, ohne den Blick von ihm zu lassen.

»Eigentlich ja, Scarlet. Übrigens ein schöner Name. Ich bin Daniel, und ich wollte meiner Lebensretterin unbedingt meinen Dank aussprechen. Ich hoffe, Sie können vergessen, in welch elendigem Zustand Sie mich zu Ihrem Haus bugsiert haben.« Er reichte ihr seine Hand, Scarlet nahm sie. Sein Händedruck war warm und kräftig. Außerdem hielt er ihre Hand einfach weiter fest, während er sie interessiert musterte. Er hatte gar nichts mehr von dem jammernden Todgeweihten, sondern erschien ihr sehr selbstbewusst.

»Ich habe vorhin gar nicht gesehen, was für wunderschöne graugrüne Augen Sie haben«, bemerkte er schwärmerisch und ließ zu ihrer Enttäuschung ihre Hand los.

»Kein Wunder, Sie hatten andere Sorgen«, lachte Scarlet und überspielte damit ihre Verlegenheit über das Kompliment.

»Allerdings! Danke übrigens, dass Sie mich angelogen haben. Es ging um Sekunden, hat der nette Doktor zu mir gesagt, nachdem alles vorüber war.«

»Hätte ich Ihnen auf den Kopf zusagen sollen, dass ich nicht dafür garantieren kann, Sie lebendig bis nach Wentworth Paradise zu schaffen?«

»Nein, Sie waren großartig, wenngleich Sie wie ein Farmer geflucht haben. Wie kann ich das jemals wiedergutmachen?«

»Indem Sie mit uns heute Abend Truthahn essen und sich in Zukunft vorsehen, wenn Sie so allein durch die Blue Mountains wandern. Oder wohnen Sie in der Nähe und müssen nach Hause?«

»Nein, das würde ich heute wohl nicht mehr schaffen. Ich komme aus der Nähe von Melbourne und wollte einfach mal die Berge kennenlernen. Also, ich bleibe gern, beziehungsweise der Doktor hat mich sogar dazu verdonnert. Und ich muss sagen, jetzt beginnt mir der Gedanke zu behagen. Ich muss Ihnen doch beweisen, dass ich kein jammernder Todgeweihter mehr bin.«

»Das ist Ihnen bereits gelungen«, entgegnete Scarlet lächelnd, weil er genau die Worte benutzte, die sie gerade gedacht hatte. Sie wunderte sich selber darüber, dass sie so locker mit ihm scherzen konnte, klopfte ihr das Herz doch bis zum Hals, aber merkwürdigerweise war er ihr bei aller Fremdheit auch seltsam vertraut. *Vielleicht liegt das in der Natur der Sa-*

39

che, wenn man einen hilflosen Mann bergauf und bergab bugsiert, dachte sie, als ihr Onkel George aus dem Salon trat und stutzte.

»Eigentlich habe ich Ihnen strenge Bettruhe verordnet, aber wie ich sehe, sind Sie wieder wohlauf. Dann können Sie ja getrost mit uns speisen.«

Daniel sah kritisch an sich herunter. Sein Blick blieb an der zerrissenen Hose hängen. »Ich trage nicht gerade die geeignete Kleidung, um mit Ihnen Weihnachten zu feiern. Und mein kleines Köfferchen ist im Wald geblieben, aber darin habe ich auch keinen Abendanzug versteckt.«

Onkel George maß ihn mit prüfendem Blick. »Die Größe kommt hin. Vielleicht sind Ihnen die Sachen etwas weit, denn ich bin nicht mehr ganz so schlank wie früher. Kommen Sie mit. Ich leihe Ihnen etwas aus meinem Schrank.«

Daniel zwinkerte Scarlet verschwörerisch zu, bevor er ihrem Onkel zu seinem Zimmer folgte. Scarlet stieß einen tiefen Seufzer aus. Er war nicht nur wahnsinnig ansehnlich, sondern hatte auch eine überaus gewinnende Art. Und wie er ihr geschmeichelt hatte! Es waren ja nicht nur seine Worte gewesen, die Scarlet berührt hatten, sondern die Art, wie er sie dabei angesehen hatte. Der Gedanke, ihn heute Abend näher kennenzulernen, verursachte ihr ein leises Prickeln im Bauch. In diesem Augenblick kam ihre Mutter mit einem vollen Tablett den Gang entlang.

»Ach, Scarlet, was du geleistet hast! Ich wäre längst bei dir gewesen, aber Granny Vicky sagte, ich soll dich schlafen lass …« Sie unterbrach sich und musterte ihre Tochter ungläubig. »Du siehst bezaubernd aus. Das Kleid steht dir so gut, und wie nett du dein Haar gemacht hast. Und überhaupt …«

»Ach, das ist doch nichts Besonderes«, wiegelte Scarlet verlegen ab. »Aber nun lass mich dir beim Tischdecken helfen.«

Scarlet hielt ihrer Mutter die Tür zum Salon auf und half ihr, die Tafel festlich zu decken.

»Dann bin ich mal gespannt, woher der junge Mann kommt, dem du das Leben gerettet hast. Es ist ja schon ein wenig seltsam, dass wir gerade heute Abend einen Wildfremden zu Besuch haben. Ich hoffe, er benimmt sich gut. Wir wissen ja gar nicht, wer er ist und woher er kommt.«

»Mach dir keine unnötigen Sorgen, er ist wohlerzogen und sehr höflich«, erwiderte Scarlet hastig und ärgerte sich, als sie spürte, wie ihr eine verräterische Röte in die Wangen schoss.

»Wenn du es sagst ...« Annabelle hielt inne und betrachtete ihre Tochter lauernd. »Kann es sein, dass du dich seinetwegen so hübsch gemacht hast?«

»Blödsinn, warum sollte ich? Ich kenne ihn doch gar nicht näher«, erwiderte Scarlet schroffer als beabsichtigt.

Annabelle wollte etwas erwidern, doch sie hielt sich zurück und wechselte rasch das Thema. »Ob du noch die guten Gläser aus der Vitrine holen könntest? Wenn ich richtig gezählt habe, sind wir neun Personen, ich meine zehn. Mit unserem Gast.«

Scarlet tat, was ihre Mutter von ihr verlangte, und fragte sich, während sie die Gläser aus dem Schrank holte, was sie bloß unternehmen könnte, damit nicht auch die anderen Familienmitglieder ihr nach wenigen Sekunden an der Nasenspitze ansähen, was in ihr vorging. Sie fühlte sich wie ein offenes Buch, in dem jeder ungehindert lesen konnte. *Vielleicht sollte ich mich heute Abend hinter einer mürrischen Miene verkriechen, so wie Ava es hin und wieder tut,* dachte sie und wusste doch schon in demselben Augenblick, dass sie gar nicht in der Lage wäre, sich so gekonnt zu verstellen, wie sie es sich in diesem Augenblick sehnlichst wünschte.

3

Annabelles Truthahn fand die ungeteilte Begeisterung der kleinen Festgesellschaft. Auch Daniel überhäufte die Köchin mit Komplimenten. Er saß bei Tisch neben Scarlet, die bemüht war, ihm nicht zu viel Aufmerksamkeit zu schenken, weil sie sich von ihrer Familie beobachtet fühlte. Ihr entgingen keineswegs die verstohlenen Blicke ihrer Mutter und ihrer Großmutter.

Daniel hatte sich vor dem Essen mit einer herzlichen Rede bei seiner Retterin und der Familie Parker, insbesondere bei George, bedankt und dabei keinen Zweifel daran gelassen, wie intensiv er Scarlet zugetan war. Mehrmals hatte er seine Rede unterbrochen und ihr bedeutungsvolle Blicke zugeworfen. Er hatte sich der Familie mit seinem Vornamen vorgestellt und sich ausdrücklich nicht nur für die Rettung, sondern auch für die Gastfreundschaft der Familie bedankt.

»Er ist wirklich ein selten höflicher junger Mann«, hatte ihr Granny Vicky, die an Scarlets anderer Seite saß, zugeraunt, nachdem Daniel seine Danksagung beendet hatte. Scarlet hatte die Worte ihrer Großmutter ignoriert, ja, sie hatte nicht einmal gewagt, sich ihr zuzuwenden, aus Angst, ihre geröteten Wangen würden Vicky verraten, wie sehr es ihr der junge Mann angetan hatte.

»Leben Sie schon lange in Melbourne, Daniel? Wir wohnen ja selbst dort. Vielleicht kennen wir Ihre Familie«, fragte nun Jonathan, der ihm gegenübersaß.

»Das glaube ich kaum«, erwiderte Daniel höflich. »Meine Eltern sind erst kürzlich von Auckland nach Melbourne gezogen. Ich bin eigentlich Neuseeländer, jedenfalls dort geboren und aufgewachsen.«

Vicky spürte bei seinen Worten ein unangenehmes Kribbeln im Magen, weil sie sofort im Stillen die Verbindung zu William und Claire zog, aber dann sagte ihr der Verstand, dass es sicher noch andere Menschen gab, die von Neuseeland nach Australien umsiedelten. Trotzdem hakte sie nach. »Und in welchem Stadtteil leben Sie?«

»Wir wohnen nicht in der Stadt. Meine Eltern haben eine große Farm außerhalb der Stadt gekauft. Mein Vater hatte genug vom Stadtleben, er hat sein Handelshaus in Auckland verkauft und wollte sich unbedingt den Traum verwirklichen, Schafzüchter zu werden.«

Vickys Herz klopfte ihr bis zum Hals. Sie wollte ihrem Gast auf keinen Fall zu nahe treten, aber eine Frage brannte ihr noch auf der Seele.

»Aber ist nicht Neuseeland ein wahres Paradies für Schafzüchter? Warum Australien?«

Scarlet warf ihrer Großmutter einen kritischen Blick zu, weil sie es ein bisschen peinlich fand, dass Granny Vicky Daniel so ausfragte, musste sie doch glauben, sie tat es, weil sie mehr über den jungen Mann erfahren wollte, der ihrer Enkelin den Kopf verdreht hatte. Doch Daniel antwortete artig, wie es sich gehörte.

»Meine Eltern sind beide Australier, und es hat sie sehr zum Kummer von meinem Bruder und mir zurück in die alte Heimat gezogen. Wir beide fühlen uns nämlich als Neuseeländer, aber ich glaube, ich ändere gerade meine Meinung. Die Blue Mountains bieten derart wunderbare Überraschungen, dass ich mich glatt in dieses Land verlieben könnte.«

Scarlet senkte verlegen den Blick, denn es gab keinen Zweifel, dass er nicht nur das Land meinte, in das er sich verlieben könnte … Deshalb entging ihr auch, dass ihr Onkel George Daniel daraufhin wie einen Geist anstarrte und Granny Vicky ganz hektisch auf ihrem Stuhl hin und her rutschte.

»Wie heißen Sie mit Familiennamen?«, fragte Jonathan, der offenbar auch nichts von der Aufgeregtheit seiner Frau und deren Sohn mitbekam.

»Ach, Jonathan, das ist doch nicht so wichtig«, fuhr Vicky schroff dazwischen. »Wir wollen den armen Daniel doch nicht mit neugierigen Fragen löchern, sondern uns auf das Dessert freuen. Gibt es wieder deinen unvergleichlichen Apple Crumble, Annabelle?«

Annabelle warf ihrer Mutter einen irritierten Blick zu. Wieso kam sie gerade jetzt auf die Nachspeise zu sprechen? Ihr Vater hatte Daniel doch nur nach seinem Nachnamen gefragt. Was war denn dabei?

»Ich liebe Apple Crumble«, stieß Daniel begeistert hervor. »Aber mein Nachname ist ja kein Geheimnis, auch wenn er Ihnen wohl kaum etwas sagen wird, weil meine Eltern noch gar keine Gelegenheit hatten, am gesellschaftlichen Leben Melbournes teilzunehmen. Bradshaw, ich heiße Daniel Bradshaw.«

»Bradshaw?«, wiederholte Jonathan und wurde noch blasser, als er es ohnehin schon war.

»Annabelle, soll ich dir helfen, das Dessert zu holen?«, ging erneut Vicky dazwischen. Ihre Stimme hatte einen panischen Klang bekommen, und nun schien auch Annabelle zu begreifen, was in ihre Mutter gefahren war. Sie sprang hektisch auf. »Daniel und Scarlet, wenn ihr mögt, könnt ihr mir beim Auftragen helfen«, rief sie mit beinahe kippender Stimme.

Scarlet bemerkte sehr wohl, dass die Nennung von Daniels Nachnamen unter den Erwachsenen am Tisch schlichtweg Entsetzen ausgelöst hatte, denn auch Martha schien zur Salzsäule erstarrt. Doch dann blieb keine Zeit mehr für Spekula-

44

tionen, weil Jonathan plötzlich gequält aufstöhnte und sich ans Herz fasste. Seine Haut hatte die Farbe eines Wachstuchs angenommen. George sprang von seinem Stuhl hoch und verhinderte in letzter Sekunde, dass sein Stiefvater vom Stuhl glitt, während der in einem fort murmelte: »Claire, Claire …« Alle begannen, wild durcheinanderzuschreien: Annabelle, Granny Vicky, Granny Martha …

Scarlets und Daniels Blicke trafen sich. Panik sprach aus seinen Augen, denn natürlich hatte auch er gemerkt, dass es sein Name gewesen war, der den alten Mann so schrecklich aufgeregt hatte. Scarlet zuckte ratlos die Schultern. Sie hatte nicht die leiseste Ahnung, was das alles zu bedeuten hatte. Daniel griff nach ihrer Hand, ganz so, als ob er einen Halt suchte. Scarlet drückte sie tröstend. Was auch immer gerade in diesem Raum geschah, es war bedrohlich. Und trotzdem tat es gut, Daniels Hand zu halten. Sie hatte das Gefühl, dass weder Daniel noch ihr etwas Schlimmes zustoßen konnte, solange sie zusammen waren.

»Kinder, bitte, tut mir einen Gefallen und geht hinaus auf die Veranda. Wir müssen uns jetzt um meinen Vater kümmern«, verlangte Annabelle voller Panik, während Walter und George Jonathan genauso stützten, wie sie es Stunden zuvor mit Daniel getan hatten. Er stöhnte leise, als sie ihn vorsichtig auf dem Sofa ablegten.

»Aber wir sind doch keine kleinen Kinder mehr …«, versuchte Ava zu widersprechen, doch ihr Vater schrie: »Keine Widerrede. Geht! Das gilt auch für Sie, Daniel.«

Immer noch die Hände ineinander verschlungen verließen Scarlet und Daniel den Salon, gefolgt von Ava und Victoria.

»Was war das denn?«, machte Ava als Erste ihrer Verwunderung Luft. »Haben Sie eine Ahnung, warum Großvater so dramatisch auf Ihren Namen reagiert?«

»Keine Ahnung«, entgegnete Daniel mit gepresster Stimme. »Oh Gott, hoffentlich stirbt er nicht.«

»Nein, Großvater ist stark und zäh. Ihm wird schon nichts Ernsthaftes zustoßen«, entgegnete Scarlet mit bebender Stimme, denn in Wirklichkeit zitterte sie am ganzen Körper vor Sorge um ihren Großvater. Natürlich war sein Zusammenbruch äußerst Furcht einflößend, und sie hatte sehr wohl Angst, dass er sterben könnte.

»Was hat er da nur für einen Namen gemurmelt?«, fragte Ava. »Wer ist Claire?«

»Meine Mutter heißt Claire«, erwiderte Daniel, der inzwischen genauso blass war wie vorhin, nachdem ihn die Braunschlange gebissen hatte.

»Das kann doch nur ein Zufall sein. Woher soll Großvater Ihre Mutter kennen?«

Daniel zuckte hilflos mit den Schultern. »Ich habe wirklich keine Idee. Meine Eltern lebten doch so lange in Auckland.«

»Ich hoffe, sie werden uns aufklären, sobald Onkel George Großvater wieder aufgepäppelt hat. Sie können uns doch nicht wie Kleinkinder behandeln, oder?«, stieß Ava trotzig hervor.

»Wenn das deine einzige Sorge ist?«, bemerkte nun Victoria, die sich bislang in grüblerisches Schweigen gehüllt hatte, anklagend. »Ich habe Angst, dass ich meinen Vater verliere. Alles andere ist mir egal.«

»Großvater ist nicht dein Vater«, korrigierte Ava sie mitleidlos.

»Ava, hör auf damit!«, ermahnte Scarlet ihre Schwester.

»Wieso? Ich sag nur die Wahrheit. Victoria ist mit Großvater nicht verwandt wie wir, müssen Sie nämlich wissen, Daniel. Meine Großeltern haben sie adoptiert. Ihre Mutter ist eine Hausangestellte meiner Großmutter gewesen, eine Aborigine.« Sie hatte sich ihm direkt zugewandt und blickte ihm tief in die Augen. Zu tief für Scarlets Geschmack. Aber wie sollte sie ihre Schwester dafür zurechtweisen, ohne dass Daniel es mitbekam? Da hörte sie hinter sich ein lautes verzweifeltes Schluchzen, fuhr herum und sah Victoria in den Garten rennen.

»Du kannst manchmal wirklich ein Biest sein!«, fauchte sie ihre Schwester an, ließ abrupt Daniels Hand los und lief Victoria in den Garten nach. Sie fand sie schließlich zusammengekauert unter einer Palme hocken. Scarlet setzte sich neben sie und legte ihr tröstend den Arm um die Schulter.

»Hör nicht auf Ava. Ich vermute, dass sie sich mehr Sorgen um unseren Großvater macht, als sie zugeben will. Sie kann es nur nicht so zeigen, und deshalb lässt sie es an dir aus«, versuchte Scarlet die immer noch weinende Victoria zu trösten, ohne ihre Schwester anzuschwärzen, wenngleich sie deren unmögliches Benehmen überhaupt nicht guthieß.

»Nein, sie hasst mich wie die Pest!«, stieß Victoria verzweifelt hervor.

»Aber nein, das ist wirklich übertrieben«, entgegnete Scarlet mit Nachdruck.

Und dann berichtete Victoria Scarlet von ihrer gestrigen Begegnung mit einigen dummen Dorfburschen, die Ava als »Abo-Mädchen« beschimpft hätten und wie Ava ihnen daraufhin zugerufen hätte, dass sie, Victoria, das echte Abo-Mädchen wäre.

Obwohl Scarlet sich voller Abscheu schüttelte, stellte sie Victorias Schilderung nicht infrage. Es war ihr bekannt, wie abgrundtief Ava ihren eigenen schönen dunklen Teint verabscheute, um den sie die Schwester glühend beneidete. Was würde sie darum geben, wenn sie nicht immer so blass wäre und nach zehn Minuten ohne Sonnenhut draußen aussah wie ein gekochter Hummer. Und nicht nur das. Sobald der Sommer kam, war ihre Nase voller Sommersprossen, die im Herbst wieder verblassten. Das hielt sie für echte Hautprobleme – und nicht den wunderschönen ebenmäßigen Teint, wie Ava ihn besaß. Auch hatte sie Avas Angst, deshalb irrtümlich für eine Aborigine gehalten zu werden, bislang stets für überspannt gehalten, doch offenbar litt sie sehr darunter. Wie tief musste es ihre Schwester getroffen haben, dass die Jungen sie nun auf der Straße als Abo-Mädchen gehänselt hatten. Aber das war noch lange keine Entschuldigung dafür, Victoria vor diesen miesen Kerlen als »Abo-Mädchen« zu beschimpfen.

»Nimm es dir nicht zu Herzen, Victoria, Ava hat einfach ein Problem mit ihrer Hautfarbe und merkt gar nicht, dass die jungen Burschen gerade verrückt danach sind. In Sydney würde jeder denken, sie hat Vorfahren aus Südeuropa, aber die Burschen vom Land sind eben so ungebildet, dass sie jeden dunkelhaarigen, nicht blassen Weißen für einen Aborigine halten.«

»Ach, Scarlet, du bist immer so lieb. Ich will nämlich keine Aborigine sein, weil ich doch auch kein bisschen so aussehe. Du verstehst bestimmt, dass ich Angst um meinen Vater habe, ja, er ist mein Vater!« Das klang kämpferisch.

»Natürlich ist mein Großvater für dich ein Vater. Immerhin bist du seit deiner Geburt bei ihnen und hast niemals andere Eltern kennengelernt als Granny Vicky und Großvater Jonathan«, bekräftigte Scarlet Victorias Worte.

Victoria, die aufgehört hatte zu weinen, brach erneut in lautes Schluchzen aus. »Ich habe solche Angst. Was ist, wenn sie beide sterben? Muss ich dann in ein Heim?«

Scarlet wollte Victorias Verzweiflung schier das Herz zerreißen. »Aber nein, erstens werden sie noch lange leben, zweitens ist es bis zu deiner Volljährigkeit nur noch drei Jahre hin, und bevor du in ein Heim kämest, würdest du natürlich bei uns wohnen. Du bist doch so etwas wie eine Schwester für uns.«

»Für dich vielleicht. Ava würde mir das Leben zur Hölle machen«, widersprach Victoria, aber sie hörte immerhin auf zu schluchzen.

Scarlet stand auf und reichte Victoria die Hand. »Komm! Lass uns zurück auf die Veranda gehen. Sollte Ava nicht aufhören, dich zu triezen, bekommt sie es mit mir zu tun!«

Victoria nahm ihre Hand und ließ sich von Scarlet aufhelfen. Stumm kehrten sie zur Veranda zurück, doch Ava und Daniel waren verschwunden.

»Ob sie bei Großvater sind?«, murmelte Scarlet und öffnete vorsichtig die Terrassentür, um einen Blick in den Salon zu werfen, doch dort konnte sie nur die Erwachsenen entdecken, die alle um das Sofa herumsaßen, auf dem der Großvater lag.

Sie zog sich, ohne sich bemerkbar zu machen, leise zurück. »Drinnen sind sie nicht.« Plötzlich meinte sie, in der Ferne Klavierspiel zu hören, und dazu Avas unvergleichliche Stimme.

»Ich weiß, wo sie sind. Ava musiziert im Pavillon, und er hört ihr zu«, flüsterte sie Victoria zu und nahm sie bei der Hand. »Komm, wir gesellen uns zu ihnen.«

»Jetzt musizieren? Wo wir doch überhaupt nicht wissen, was mit Vater ist. Nein, das will ich gar nicht hören«, protestierte Victoria energisch und entzog Scarlet ihre Hand.

»Gut, dann warte hier. Ich höre mir das mal an. Es klingt sehr schön, was Ava da spielt und singt«, bemerkte Scarlet, wobei ihr Avas musikalisches Können in diesem Augenblick herzlich egal war. Sie hegte eher die Befürchtung, dass Ava alles daran setzte, Daniel schöne Augen zu machen, und ihm mit ihrem Vortrag zu imponieren versuchte. Und dabei würde sie ihre Schwester gern durch ihr Auftauchen stören. Denn auch das kannte Scarlet zur Genüge, wenn Ava für die Freunde ihrer Eltern kleine Hauskonzerte gab: Dann kamen auch stets

49

die erwachsenen ledigen Söhne mit, nur um Ava anzuhimmeln, während sie engelsgleich ihre Lieder vortrug.

Scarlet versuchte, diese eifersüchtigen Gedanken abzuschütteln, und beschleunigte ihren Schritt, und da kam auch schon der Holzpavillon in Sicht. Ihr Vater hatte ihn an dieser Stelle bauen lassen, um von dort aus den direkten Blick zum Wasserfall auf der anderen Seite der Schlucht genießen zu können. Das Panorama war so beeindruckend, dass man nicht einfach vorbeigehen konnte: Von den Felsen aus gelbem Sandstein rauschte das Wasser hinunter in die Schlucht und leuchtete im Licht der Sonne in allen erdenklichen Blautönen. Oben begann der Wald, und über ihm waberte der feine blaue Nebel. Deshalb war der Pavillon zur Schlucht hin offen, während er an seiner Rückseite Flügeltüren besaß, in die kunstvolle Ornamente geschnitzt waren, die dem Pavillon eine eher orientalische Anmutung gaben. Dass hier ein zweites Klavier aufgestellt worden war, hatte ihre Mutter auf Avas ausdrücklichen Wunsch veranlasst. »Wo soll ich sonst ungestört üben? Im Salon gehe ich euch doch nur auf die Nerven«, hatte Ava so lange genörgelt, bis ihre Eltern ihrem Drängen nachgegeben hatten.

Kurz vor dem Pavillon blieb Scarlet abrupt stehen und versuchte, sich auf das Klavierspiel zu konzentrieren. Sie wusste, dass ihre Schwester wirklich gut spielte, aber an diesem Tag übertraf sie sich selbst. Scarlet war kein unmusikalischer Mensch, sodass sie immerhin zwischen gutem und exzellentem Klavierspiel unterscheiden konnte. Und was sie da gerade hörte, war Spitzenklasse. Noch nie zuvor hatte Scarlet jemanden so virtuos Klavier spielen hören. Nicht dass sie ihrer Schwester das nicht zutraute, aber eigentlich war Avas außergewöhnlichstes Talent ihr Sopran. Die Arie, die sie gerade sang, hatte Scarlet noch nie aus dem Mund ihrer Schwester gehört, aber sie wusste, dass sie aus Verdis Oper »La Traviata« stammte. Scarlet besaß zwar nicht annähernd einen solch beachtenswerten Mezzosopran, aber sie begleitete ihre Schwester zu jeder Opernvorstellung, weil sie Opern mochte. Beeindruckend, wie sich Ava offenbar die Mühe gemacht hatte, den Text aus dem Italienischen zu übersetzen.

Scarlet lauschte gebannt und hörte ihre Schwester gerade sagen: »Fangen Sie noch einmal von vorne an. Sie waren brillant, aber ich war noch nicht gut genug!« Scarlet hielt den Atem an, als das Klavierspiel einsetzte, wo sonst ein ganzes Orchester aufspielte, denn in diesem Augenblick wurde ihr klar, dass es gar nicht ihre Schwester war, die am Klavier saß, sondern Daniel. Das Vorspiel dauerte eine ganze Weile, bis dann die Arie der Violetta einsetzte und die Stimme ihrer Schwester erklang, als wäre sie eine ausgebildete Opernsängerin, die schon Dutzende von Auftritten mit Bravour gemeistert hätte. »›S ist seltsam! Im Herzen tönt stets seine liebe Stimme mir. Ist's ein Unglück, wahrhaft zu lieben? Was fühlst du, oh zerrissene Seele? Für niemand erglühtest du – oh Freude, die ich nie gekannt, wahrhaft geliebt zu werden. Ich sah den Himmel nicht, als mich der Taumel des Genusses umfangen hatte …«

Nun hatte Scarlet genug gehört und betrat entschieden den Pavillon. Daniel saß mit dem Rücken zu ihr am Klavier und bemerkte ihr Kommen nicht, während Ava ihr einen flüchtigen Blick zuwarf und den Kopf in den Nacken warf, während sie fortfuhr, als wäre nichts geschehen.

Scarlet schlich auf Zehenspitzen zu einem Korbstuhl und lauschte der Arie, die der Interpretation der Sängerin neulich in Sydney in nichts nachstand. Ava war sich ihrer Wirkung wohl bewusst und sonnte sich in Daniels Bewunderung, der ihr immer wieder staunende Blicke zuwarf. Als er Scarlet entdeckte, schenkte er ihr ein Lächeln und unterbrach sein Klavierspiel.

»Wie geht es Ihrem Großvater?«, fragte er.

»Ich weiß es nicht, aber ich denke, er wird sich von dem Schrecken erholt haben, und wir können gleich das Dessert einnehmen«, erwiderte sie lächelnd. »Wo haben Sie gelernt, so schön Klavier zu spielen?«

»Ich hatte in Auckland schon als Kind Unterricht, und mein Lehrer hat dann behauptet, ich wäre zu gut für ihn, und mir einen bekannten Pianisten empfohlen. Ja, und bei dem habe ich dann immer mehr gelernt, bis ich die ersten eigenen Konzerte geben konnte.«

»Sie machen es also nicht nur zum Spaß und nebenbei?«

»Nein, ich werde demnächst nach Adelaide gehen, weil man dort am Konservatorium einen anständigen Abschluss machen kann, und darauf legt mein Vater größten Wert, obwohl er es lieber gesehen hätte, wenn ich Kaufmann geworden wäre.« Er verdrehte genervt die Augen.

Bevor Scarlet zu Wort kam, mischte sich Ava begeistert ein. »Ach, das ist ja ein Zufall. Ich werde auch nach der Schule nach Adelaide gehen. Meine Mutter meint, es wäre wichtig, einen Abschluss in Gesang zu machen. Dann kenne ich da ja schon jemanden. Das sind herrliche Neuigkeiten.«

»Bei dir dauert es noch zwei Jahre, wenn du das nächste Schuljahr überhaupt schaffst. Und ich denke, Daniel ist bereits mit der Schule fertig.« Scarlet konnte nicht anders, als Ava ein wenig auflaufen zu lassen und sie auf ihren Platz der Jüngeren zu verweisen.

Daniel hatte das kleine Geplänkel der Schwestern völlig ignoriert und sich nun ganz Scarlet zugewandt. »Adelaide war bislang der einzige Lichtblick für mich, als es anstand, nach Australien zu gehen, aber inzwischen bedaure ich sehr, dass es in Sydney noch keine Möglichkeit gibt, einen Abschluss an der Universität in Musik zu machen.«

Scarlet ging sein intensiver Blick durch und durch. Er schien so ganz und gar immun gegen Avas Versuche, mit ihm anzubändeln. Auch in diesem Punkt unterschied er sich wohltuend von den jungen Burschen, die sie sonst kannte und die, kaum dass sie das Haus Parker betraten, Ava zu Füßen lagen. Mit einem Seitenblick stellte Scarlet fest, dass ihre Schwester das offenbar auch gerade wahrnahm, wie ihre zusammengekniffenen Lippen bewiesen. War es Scarlet sonst stets einerlei, wie verrückt die Kerle nach Ava waren, bei Daniel hätte sie es sehr gestört, wenn er auf ihre Koketterie eingegangen wäre.

»Meine Schwester hat so gar kein Händchen für die Musik«, flötete Ava in unschuldigem Ton.

Sie will mich provozieren und Daniel vorführen, dass ich nicht zu ihm passe, mutmaßte Scarlet und tat ihrer Schwester keineswegs den Gefallen, uncharmant darauf zu reagieren. Im Gegenteil. Sie lächelte Daniel gewinnend an. »Also das ist übertrieben. Ich liebe Opern und bin in der Lage, Gassenhauer zu schmettern, aber meine Berufung würde ich nicht in der Musik finden. Ich möchte Forscherin werden.«

»Wie spannend. Was würden Sie denn gern erforschen?«

»Ach, ich würde gern Expeditionen ins Innere unseres Kontinents machen und die Wunder der Natur entdecken, die dort verborgen sind. Man sagt, die Erde dort sei rot, und die Luft brenne förmlich, und es gibt die giftigsten Tiere der Welt …«

»Igitt, wen interessieren denn Schlangen, Spinnen und solches ekeliges Zeug?«, stieß Ava angewidert hervor. »Hast du schon vergessen, dass so ein widerliches Ding ihn beinahe getötet hätte?«

Daniel aber überhörte auch diese Bemerkung und hing förmlich an Scarlets Lippen.

»Woher wissen Sie das alles? Lernt man das bei Ihnen in der Schule?«

»Nein, unsere Lehrer wissen auch nicht viel über den Ayers Rock. Ich verschlinge alle Artikel, die ich darüber in die Finger bekomme. Also diesen roten Berg haben erst vor etwas mehr als zwanzig Jahren zwei europäische Forscher entdeckt und ihn nach dem damaligen Premierminister von South Australia benannt.«

Ava gähnte demonstrativ. »Lässt du uns noch ein bisschen üben? Ich werde mich natürlich heute Abend von Ihnen begleiten lassen, lieber Daniel. Sie spielen wie ein junger Gott.«

Daniel sah zweifelnd zwischen den beiden Frauen hin und her. »Ich glaube, wir müssen nicht mehr proben, Sie haben eine begnadete Stimme, Ava. Ich würde mich lieber von Miss Scarlet ein wenig in Flora und Fauna Ihres wunderschönen Gartens unterrichten lassen.«

Scarlets Herz tat vor Freude einen Sprung. Nein, Daniel war wirklich nicht so oberflächlich wie die Burschen aus Sydney, sondern ernsthaft interessiert an ihr. Noch kein junger Mann hatte sich je von ihr Pflanzen zeigen lassen wollen. Selbst wenn er es nur ihr zuliebe tat, es erfüllte sie mit einem Glücksgefühl. Und als er nun zur Bekräftigung ihre Hand nahm, strahlte sie über das ganze Gesicht. Auch Avas bitterböse Miene konnte ihre Freude nicht trüben. Mit Feuereifer trat sie mit Daniel hinaus in den Garten und führte ihn zielstrebig zu den Palmen.

»Sind sie nicht schön?«

Daniel nickte und lächelte schelmisch. »Sie werden es nicht glauben, aber auch bei uns in Auckland wachsen solche Palmen.«

Scarlet grinste ihn breit an. »Sind Sie sicher, dass Sie so eine Palme schon einmal in Neuseeland gesehen haben?«

Er runzelte die Stirn und betrachtete sich den hohen schmalen Stamm genauer. »Ja, die gibt es auch bei uns«, verkündete er voller Überzeugung.

»Ich muss Ihnen leider widersprechen«, lachte Scarlet. »Der Baum, den Sie hier sehen, ist eine australische Schirmpalme, die es nur bei uns gibt. Was Sie kennen, ist die Nikau-Palme, die in Neuseeland weit verbreitet ist.«

Daniel seufzte übertrieben. »Gut, ich muss es Ihnen wohl oder übel glauben, auch wenn ich keinen Unterschied erkenne, aber ich würde das fundierte Wissen einer Botanikerin, wie Sie eine sind, niemals ernsthaft in Frage stellen«, lachte er.

»Das will ich Ihnen aber auch geraten haben«, erwiderte sie, während sich ihre Blicke trafen. Einen Moment sahen sie einander intensiv in die Augen. Scarlet konnte sich kaum sattsehen an dem Saphirblau, das im Tageslicht erst richtig zur Geltung kam.

Sie erschrak, als sie sich wünschte, dass er sie küssen würde. Und seine Gegenwart brachte ihr Herz so sehr zum Pochen, dass sie befürchtete, er könne es hören.

Seine vollen Lippen näherten sich ihren. *Ob er meine Gedanken lesen kann?*, durchfuhr es sie heiß. Ihr wurde ganz schummrig, als sich ihre Münder trafen. Sie glaubte kurz, sie würde die Besinnung verlieren, bevor sie ihn küssen konnte, doch das war alles nur ein Zeichen ihrer Aufregung.

Scarlet hatte sich nie zuvor große Gedanken darüber gemacht, wie es wohl wäre, geküsst zu werden. Sie hatte sich eher über ihre Freundinnen in der Schule lustig gemacht, wenn die sich diesen Augenblick in allen romantischen Details ausgemalt hatten. Aber sie hatten nie etwas von dem heißen Brennen im Bauch erzählt, den ein solcher Kuss auslöste. Jedenfalls bei Scarlet, als sie sich dem Spiel der Zungen hingab und an nichts mehr dachte als daran, dass dieser berauschende Moment niemals enden sollte.

4

Vicky wischte sich hastig die Tränen aus dem Augenwinkel. Sie war mit Jonathan allein im Gästezimmer. Ihr Mann hatte sie unbedingt unter vier Augen sprechen wollen, und als er wieder in der Lage war, auf seinen eigenen Beinen zu stehen, hatten sie sich zurückgezogen. Vicky hatte Annabelle vorgeschlagen, das Essen ohne sie fortzusetzen, um die Kinder nicht zu beunruhigen, aber ihre Tochter hatte sich geweigert.

»Wenn Vater nicht in der Lage ist, an den Tisch zurückzukehren, werden wir nicht ohne ihn schlemmen«, hatte sie voller Hoffnung, dass ihre Eltern sich nur kurz ausruhen, um dann mit ihnen gemeinsam das Essen fortzusetzen, verkündet.

Auch Vicky war zunächst zuversichtlich gewesen, aber jetzt, wo Jonathan auf dem Bett lag und schwer atmete, wurde ihr klar, dass sein Zustand ernster war als befürchtet. Sie spürte, wie sich seine Hand in ihre schob. »Nicht traurig sein. Es ist meine Schuld. Ich hätte besser auf mich achten müssen«, sagte er mit schwacher Stimme.

Diese Worte ließen alle Dämme brechen, und Vicky schluchzte laut auf.

»Nein, es ist meine Schuld. Ich habe doch gemerkt, dass du nicht ganz auf dem Posten bist, und habe George gebeten, dich zu untersuchen. Aber wenn ich dir Williams Rückkehr schonend beigebracht hätte, wäre das nicht passiert.«

»Du hast es gewusst?«

»Ja, kurz bevor wir nach Wentworth Falls aufgebrochen sind, ist es mir zu Ohren gekommen, und ich wollte dich nicht unnötig aufregen. Deshalb habe ich es dir verschwiegen. Hätte ich das nur nicht getan.« Sie klang verzweifelt.

»Liebling, es ist nicht deine Schuld. Das hätte nichts geändert. Es war nur eine Frage der Zeit, wann so etwas geschieht«, redete er beschwörend auf sie ein.

»Wie meinst du das?« Sie hörte auf zu weinen und sah ihn aus großen geröteten Augen an.

»Ich wollte dich nicht beunruhigen. Ich habe dir auch etwas verheimlicht. Das hätte ich nicht tun sollen«, bemerkte er zerknirscht.

»Was hast du mir verschwiegen?«

»Ich war bei unserem Freund Gordon und habe mich einer gründlichen Untersuchung des Herzens unterzogen …«

»Du warst beim Arzt? Und was hat er gesagt?«

Jonathan bekam einen fürchterlichen Hustenanfall. Er keuchte, und sein Atem ging rasselnd, während sich auf seiner Stirn Schweißperlen bildeten. Vicky stockte der Atem. Sprachen diese Beschwerden nicht eine deutliche Sprache?

»Bitte, leg dich zu mir«, bat Jonathan sie, nachdem sein Husten wieder zur Ruhe gekommen war. Sie tat, was er verlangte, und kuschelte sich vorsichtig in seinen Arm. In der Nähe seiner Brust konnte sie das Gurgeln seines Atems noch deutlicher hören. Sie fragte sich, warum ihr das nicht vorher aufgefallen war. Hatte Jonathan in Melbourne immer häufiger auf eigenen Wunsch im Gästezimmer übernachtet, damit ihr diese Geräusche verborgen blieben?

»Jonathan, was ist mit dir?«, fragte sie mit banger Stimme.

»Mein Herz ist alt und schwach«, entgegnete er zögernd, während er sie fester an sich drückte.

»Was heißt das?« Es kostete Vicky viel Kraft, sich ihre Panik nicht anmerken zu lassen, denn sie ahnte bereits, was diese Diagnose schlimmstenfalls bedeutete.

»Er gibt mir höchstens ein Jahr«, erwiderte Jonathan mit belegter Stimme.

Vicky setzte sich erschrocken auf und blickte ihn entsetzt an.

»Nein, nein, wir haben doch noch so viel vor!«

Sie wunderte sich, dass in seinem Blick nur Güte und Dankbarkeit zu lesen waren und weder Angst noch Trauer.

»Warum hast du es mir nicht gleich gesagt? Wann war die Untersuchung?«

»Vor etwa vier Wochen, ich wollte es dir gleich erzählen, aber ich wusste nicht, wie. Es ging mir wahrscheinlich wie dir, als du von Claires und Williams Rückkehr nach Melbourne erfahren hast. Man möchte es dem anderen sagen, aber die Angst, es würde ihn zu sehr mitnehmen, lässt uns die Stunde der Wahrheit ständig verschieben.«

Vicky spürte, wie ihre Augen erneut feucht wurden, aber sie wollte nicht schon wieder in Tränen ausbrechen und ihm damit zusätzlich das Herz beschweren.

»Und dann musst du in diesem Zustand erfahren, dass sie in Australien sind. Es tut mir so leid«, murmelte Vicky bekümmert. »Aber es ist auch ein verdammt dummer Zufall, dass Scarlet ausgerechnet deinem Enkel das Leben rettet. Und was tun wir jetzt? Soll ich dafür sorgen, dass der junge Mann unser Haus verlässt? Vielleicht kann er im Hotel übernachten. Ich denke, es ist dir nicht zuzumuten, ihm noch einmal zu begegnen. Das regt dich viel zu sehr auf.«

Jonathan nahm ihre Hand, führte sie an seinen Mund und küsste sie.

»Vicky, nein. Wir haben in unserem Leben so viele Geheimnisse für uns behalten, wir haben die schlimmsten Intrigen gegen unsere Verbindung überstanden, wir haben uns am Ende doch noch bekommen, ich habe meinen Sohn Daniel bei dem Schiffsunglück verloren, meine Tochter Claire hat mit mir gebrochen, ich möchte zum Ende meines Lebens zwei Dinge klären und sie nicht mit ins Grab nehmen ...«

Vicky verlor die Fassung und schluchzte verzweifelt auf. »Alles, was du willst, mein Lieb. Sag, was möchtest du in Ordnung bringen? Was liegt dir auf der Seele?«

»Ich finde, Annabelle hat ein Recht darauf zu erfahren, dass meine Mutter eine Aborigine war, und auch Ava. Merkst du nicht, wie das Mädchen sich wegen ihrer Hautfarbe quält? Vielleicht versöhnt es sie, wenn sie die Gründe dafür kennt.«

Erschrocken hörte Vicky auf zu weinen. »Ich weiß nicht, ob das gut ist. Ava verabscheut Aborigines. Sie ist die Einzige in der Familie, die Victoria verachtet, weil sie ein Mischling ist. Ich würde alles für dich tun, aber lass mich darüber bitte noch einmal nachdenken, bevor wir unsere Liebsten mit der Wahrheit verletzen.«

»Ach, mein Liebling, dann überleg es dir, aber mir wäre wohler, wir würden unsere Tochter über ihre Wurzeln nicht im Unklaren lassen.«

»Und was ist das Zweite, das du klären möchtest?«, seufzte Vicky schwer.

»Ich möchte dem Jungen die Wahrheit sagen!« Das klang entschieden.

»Du willst ihm sagen, dass du sein Großvater bist? Aber dann musst du ihm doch die ganze grausame Wahrheit sagen«, stieß sie erschrocken hervor.

»Nicht die ganze Wahrheit, mein Lieb. Ich werde bestimmt nichts davon verlauten lassen, dass ihr glaubt, William hätte seinen Vater auf dem Gewissen. Aber er soll wissen, dass seine Mutter meine Tochter ist, und warum sie sich von mir abgewandt hat.«

»Oh Gott, hört das denn nie auf? Dass einen die Vergangenheit einholt und quält?«

»Bitte, Vicky. Wenn ich schon meine Tochter in diesem Leben nicht mehr im Arm halten kann, lass mich wenigstens meinem Enkel sagen, dass ich ihn liebe. Du wirst lachen. Als Walter und George den halbtoten Jungen ins Haus geschleppt haben, hat er mich sofort an mich selbst erinnert. An mich, als ich jung war.«

»Mich auch«, flüsterte Vicky kaum hörbar. »Mich hat er auch an dich erinnert.«

»Und ich halte ihn für einen besonnenen jungen Mann. Schau, er wird sich gewiss mit der Frage quälen, was in mich gefahren ist, kaum dass er seinen Nachnamen genannt hat. Warum wollen wir ihn nicht von dieser Last befreien?«

Vicky nickte zögerlich. Die Vorstellung, Daniel wenigstens die halbe Wahrheit zu sagen, bereitete ihr allerdings wesentlich weniger Probleme als Jonathans Bedürfnis, Annabelle über ihre Aborigine-Großmutter aufzuklären. Wie würde sie reagieren, wenn man ihr das erst jetzt mitteilte? Und vor allem, wie würde Ava damit umgehen?

»Tust du mir einen Gefallen?«, fragte Jonathan.

»Alles, was du willst«, entgegnete sie und streichelte ihm liebevoll über seine blassen Wangen.

»Ich würde es gern schnell hinter mich bringen. Ob du den Jungen herholen könntest?«

»Jetzt sofort?«, entgegnete Vicky erschrocken.

»Ja, bitte. Eine innere Stimme sagt mir, ich sollte nicht länger warten …«

»Liebling, du tust ja gerade so, als würdest du gleich sterben«, widersprach sie ihm heftig, doch als sie das stumme Betteln in seinen Augen wahrnahm, erhob sie sich von dem Bett.

»Ich gehe ihn suchen«, stöhnte sie und verließ das Zimmer, nicht ohne ihrem Mann noch eine Kusshand zuzuwerfen.

Kaum hatte sie die Tür leise hinter sich zugezogen, lehnte

60

sie sich mit pochendem Herzen gegen die Wand daneben. Jonathans drängende Worte wirkten in ihr nach, und ihr wurde übel bei dem Gedanken, dass sie ihn in absehbarer Zeit verlieren würde. Erst nachdem sie ein paarmal tief durchgeatmet hatte, löste sie sich von der schützenden Wand und eilte die Treppe hinunter. Als sie den Salon betrat, sahen sie sechs Augenpaare gleichermaßen besorgt an.

»Wie geht es ihm?«, fragte Martha.

Vicky überlegte fieberhaft. Was sollte sie ihrer Freundin sagen? Die Wahrheit? Sie stieß einen tiefen Seufzer aus. Obwohl es sie viel Überwindung kostete, sich nicht in Ausreden zu flüchten, blickte sie ernst von einem zum anderen.

»Ich habe keine guten Nachrichten. Jonathan hat sich ohne mein Wissen in Melbourne von einem Freund untersuchen lassen, und der hat ihm eine ernstliche Herzschwäche attestiert.«

»Oh nein!«, stieß Annabelle bekümmert hervor.

»Das allein muss noch nichts Schlimmes bedeuten«, versuchte George seine Halbschwester zu beruhigen. »Was hat der Arzt genau gesagt, Mutter?«

»Dass er ihm höchstens noch ein Jahr gibt«, erwiderte Vicky leise und verwendete alle Kraft darauf, nicht schon wieder in Tränen auszubrechen.

»Ich muss zu ihm«, schluchzte Annabelle ungehemmt auf.

»Warte! Er hat mich um einen Gefallen gebeten. Er will dem Jungen mitteilen, dass er sein Großvater ist.«

»Aber er kann ihm doch unmöglich sagen, dass wir davon überzeugt sind, dass sein Vater den eigenen Vater auf dem Gewissen hat«, rief George entsetzt aus.

»Nein, das wird er ihm verschweigen. Er wird ihn nur darüber aufklären, dass Claire seine Tochter ist.«

»Ich weiß nicht, ob das eine gute Idee ist«, bemerkte Walter skeptisch.

»Ich finde es richtig. Immer diese verdammten Familien-geheimnisse. Die haben schon so viel Unheil über diese Familie gebracht!«, widersprach Annabelle ihrem Mann entschieden.

»Sie hat recht«, stimmte ihr Martha nachdenklich zu. »Und außerdem finde ich, sollten wir Jonathans Wünsche respektieren, jetzt, wo wir wissen, dass er ...« Sie schluchzte laut auf.

Myriam war die Einzige, die sich nicht an der Diskussion beteiligte, sondern schweigend aufstand und Vicky umarmte.

»Vielleicht irrt sich dieser Arzt auch. George wird ihn noch einmal untersuchen, und wer weiß, vielleicht kommt er zu einem anderen Ergebnis«, raunte sie ihr ins Ohr.

Vicky nahm gerührt ihre Hand. Bei allem Kummer wusste sie sehr wohl die Tatsache zu würdigen, dass sie doch noch eine Familie hatte, und was für eine ... Wenn sie nur an die Hochzeit mit Jonathan dachte. Alle hatten sich zuvor von ihnen abgewendet. Sogar Annabelle und George hatten vorgegeben, nicht zur Hochzeit zu erscheinen – und waren dann zu ihrer großen Überraschung doch allesamt gekommen: George mit Myriam und Annabelle mit Walter, sogar Jonathans Sohn Henry hatte den Weg nach Melbourne gefunden. Alle bis auf Amelie und Claire, die beiden verlorenen Töchter. Es hatte etwas Absurdes, dass das Schicksal ihnen ausgerechnet Claires Sohn ins Haus gebracht hatte!

»Danke, dass ihr alle da seid«, erklärte Vicky gerührt. »Dass wir eine Familie sind, in der wir uns in jeder Lage beistehen ...« Nun konnte sie sich nicht länger zusammenreißen, sondern ließ ihren stummen Tränen freien Lauf.

Myriam nahm sie erneut in den Arm. Auch Annabelle und George waren zu ihr geeilt, um sie zu trösten.

»Ich finde es gut, dass Jonathan dem Jungen die Wahrheit sagt. Stellt euch nur vor, er erzählt seinen Eltern, dass er dem

Tod von der Schippe gesprungen ist, und erwähnt unsere Familie. Meint ihr nicht, dass sie ihm dann Schauermärchen über uns auftischen?«, gab George zu bedenken.

»Ich glaube eher, sie würden uns verleugnen, wie sie es offenbar bis heute getan haben. Oder meint ihr, der Junge weiß etwas von der Existenz seines Großvaters?«, fragte Annabelle in die Runde.

Vicky zuckte die Schultern. »Keine Ahnung, aber wir werden es erfahren, sobald Jonathan Daniel reinen Wein eingeschenkt hat.«

»Wie makaber, dass Claire ihren Sohn nach ihrem toten Bruder Daniel genannt hat«, sinnierte Martha.

»Tja, wissen wir denn, wie es Claire mit William ergangen ist? Sie war doch noch so jung, als er sie förmlich entführt hat. Das war eine Schweinerei damals. Meine Schwägerin Emma hatte sie zu Frederiks Beerdigung mit nach Melbourne gebracht, und dieser Mistkerl von William hat uns aus dem Haus seines und eures Vaters geworfen. Und dann hat er der blutjungen, naiven Claire den Kopf verdreht.« Vicky ballte die Fäuste, während sie sich in Rage redete.

»Sie hatte sich hoffnungslos in ihn verguckt. Daran erinnere ich mich noch genau«, fügte Annabelle hinzu. »Gott, wenn ich nur an William denke, wird mir übel, aber das wird Vater dem Jungen gegenüber nicht durchblicken lassen, oder?«

»Mit keiner Silbe«, entgegnete Vicky entschieden und strebte zur Terrassentür. »Ich hole ihn jetzt.«

Obwohl sie hinter Jonathans Entscheidung stand, war ihr flau im Magen, als sie in die Dämmerung hinaustrat. Die verschiedenen Rottöne am Himmel sahen aus wie gemalt. So unwirklich waren die Farben des Sonnenuntergangs.

Vicky hatte sich für die Ferien fest vorgenommen, diesen magischen Ausblick bei Sonnenaufgang unter gleißender Sonne und in der Dämmerung in Öl festzuhalten. Das Malen war eine Leidenschaft, die sie erst vor ein paar Jahren gepackt hatte. Und es überraschte sie am allermeisten, dass sie wirklich Talent besaß. *Ich werde morgen damit beginnen*, dachte sie entschieden. *Es hat keinen Sinn, das Leben zu verschieben*, dachte sie wehmütig und stellte sich vor, dass Jonathan neben ihr im Schatten auf einem Liegestuhl ruhen würde, während sie sich bemühte, dieses magische Bild auf ihrer Leinwand einzufangen.

Doch dann riss die zornig klingende Stimme ihrer Enkelin Ava sie aus ihren Gedanken. Sie sang eine Arie, die Vicky nicht kannte, aber es klang wütend und hasserfüllt. Den Text konnte sie nicht verstehen, denn Ava sang in einer fremden Sprache. Es schien Italienisch zu sein. Leise schlich sich Vicky in den Pavillon, um sich davon zu überzeugen, dass Ava sich nur für ein Rollenspiel in Rage gesungen hatte, aber kaum hatte sie einen Blick auf ihre Enkelin erhascht, wusste sie, dass Ava wirklich erbost war. Ihre verzerrte Miene verriet ihr, dass dies mehr als das gelungene Verschmelzen mit einer Rolle war. Als Ava ihre Großmutter wahrnahm, hörte sie abrupt auf zu spielen und zu singen.

»Was war das denn für ein Lied?«, fragte Vicky interessiert.

»Die Zornes-Arie aus der Oper ›Berenice‹ von Händel«, gab Ava knapp zurück, und ihr war sichtlich anzumerken, dass sie keine Lust hatte, weitere Auskünfte über ihren wütenden Gesang zu geben. Jedenfalls stellte Vicky keine Fragen mehr nach dem Text, sondern sie erkundigte sich stattdessen nach Scarlet und Daniel.

»Keine Ahnung, wo die hin sind. Scarlet wollte ihm irgendwelche Schlangen zeigen. Als hätte er davon heute nicht genug gehabt.«

Avas bösartiger Ton verriet Vicky, was die Ursache für die schlechte Laune ihrer Enkelin und damit der tiefere Grund dafür war, die Zornes-Arie zu singen. Ganz offensichtlich war sie eifersüchtig auf ihre Schwester, weil sie es gewohnt war, dass die jungen Burschen um sie herumscharwenzelten und nicht um Scarlet. Vickys Miene verfinsterte sich bei dem Gedanken an die Gefühle ihrer Enkelin für Daniel. Hatte sie sich vorhin noch aufrichtig darüber freuen können, lag nun eine düstere Schwere über diesen zarten Banden. Einmal abgesehen davon, dass seine Eltern ihm jeglichen Kontakt zu Scarlet verbieten würden, sobald sie die Wahrheit kannten, war auch ihr ganz und gar nicht recht, dass ihre Enkelin dem Sohn von William Bradshaw näherkam. *Und wie ist das überhaupt mit dem Verwandtschaftsverhältnis*, fragte sie sich. Schließlich war Claire Annabelles Halbschwester, und dementsprechend waren Daniel und Scarlet Cousin und Cousine, eine Verbindung, die das Gesetz zwar durchaus duldete, die Vicky aber nicht gefiel.

Vicky holte ein paarmal tief Luft. Wer sagte überhaupt, dass es so weit kommen würde? *Wahrscheinlich ist das Ganze nichts weiter als eine harmlose Schwärmerei, denn Scarlet ist alles andere als eine leicht entflammbare Person*, versuchte sie sich einzureden, während sie den Garten durchquerte. Nein, ihre kluge Enkelin würde sich mit Sicherheit keinem jungen Mann an den Hals werfen, den sie erst wenige Stunden kannte. Vicky blickte sich suchend um. Irgendwo mussten die jungen Leute doch stecken, wenn sie nicht zusammen in den Eukalyptuswald gegangen waren … Und in diesem Augenblick entdeckte sie das Liebespaar, das sich unter einer Palme küsste. Keine Frage, es waren Scarlet und Daniel, und ihre innige Umarmung ließ nicht unbedingt darauf schließen, dass es sich um eine unverbindliche Schwärmerei handelte.

Vicky kämpfte mit sich. Sollte sie umkehren und diskret auf der Veranda warten, bis die beiden zurückkehrten, oder sollte sie sich bemerkbar machen? Schon hüstelte sie laut und ver-

65

nehmlich; schließlich wollte sie Jonathan nicht zumuten, länger als unbedingt nötig auf die Aussprache mit seinem Enkel zu warten.

Erschrocken stob das ertappte Liebespaar auseinander. Scarlets Wangen waren feuerrot, und auch Daniels Miene spiegelte pure Verlegenheit wider.

»Granny, wie kommst du … ich meine, was machst du hier?«, stammelte Scarlet.

Vicky beschloss, sich nicht lange mit Vorreden aufzuhalten. »Ich muss dir mal eben den jungen Mann entführen«, erklärte sie steif.

Daniel sah sie irritiert an. »Wie geht es Ihrem Mann?«, fragte er.

»Besser, aber es wäre schön, wenn Sie mir folgen würden.«

Daniel warf Scarlet einen bedauernden Blick zu, bevor er tat, was ihre Großmutter verlangte. Er sah sich noch zweimal nach ihr um.

Scarlet lehnte sich seufzend an den Stamm der Palme. Die Knie waren ihr vom Küssen ganz weich geworden, sodass sie einen Halt benötigte. *So fühlt sich also das Verliebtsein an*, dachte sie verträumt und hoffte, Daniel würde rasch den Weg zurück zu ihr in den Garten finden und sie könnten genau da weitermachen, wo sie eben von Granny gestört worden waren.

5

»Darf ich fragen, wohin Sie mich führen?«, fragte Daniel Vicky nicht ohne Argwohn. Er ahnte zwar, dass ihr Anliegen bestimmt mit der seltsamen Reaktion auf seinen Nachnamen zu tun hatte, aber er wollte sich wenigstens innerlich ein wenig darauf einstellen, was ihn erwartete.

»Mein Mann möchte Sie sprechen«, entgegnete Vicky knapp.

»Dann will er mir wohl erklären, woher er meine Mutter kennt«, erwiderte Daniel.

Vicky blieb erschrocken stehen. »Wie kommen Sie darauf?«

Daniel stieß einen Seufzer aus. »Ich bin nicht taub. Und Ihr Mann hat mehrmals den Namen meiner Mutter gemurmelt. Und es ist auch mir nicht verborgen geblieben, dass er seinen Zusammenbruch unmittelbar, nachdem ich meinen Nachnamen genannt habe, erlitten hat. Wollen Sie mir nicht lieber sagen, was hier vor sich geht?« Seine Stimme klang flehend.

»Ich bringe Sie zu ihm. Er möchte es Ihnen gern selber mitteilen«, wiegelte Vicky ab und eilte voran in Richtung Haus. Daniel konnte ihr kaum folgen, so schnell ging sie. Als sie den Salon durchquerten, bemerkte er aus den Augenwinkeln die Blicke der restlichen Familie, die ihn neugierig musterte. Offenbar wussten alle Bescheid. Nur er nicht!

Vor dem Zimmer hielt Vicky kurz inne und klopfte zaghaft gegen die Tür.

Erst als sie Jonathans Stimme »Herein« sagen hörte, betrat sie den Raum. Daniel folgte ihr zögernd.

»Ich warte draußen«, rief sie ihrem Mann zu.

67

»Nein, bitte, setz dich zu uns. Ich habe keine Geheimnisse vor dir«, widersprach Jonathan mit Nachdruck. Vicky setzte sich daraufhin auf einen der Korbstühle und betrachtete ihren Mann eingehend. Er sah besser aus als vorhin. Offenbar hatte er sich inzwischen gewaschen, gekämmt, rasiert und ein blütenweißes Nachthemd angezogen. Außerdem lag er nicht, sondern saß aufrecht im Bett, an einen Berg Kissen gelehnt. *Er hat sich extra für seinen Enkel frisch gemacht*, dachte sie gerührt und bat Daniel, sich einen der Korbstühle zu nehmen und sich neben Jonathans Bett zu setzen.

»Sie wollten mich sprechen, Sir«, sagte Daniel heiser.

»Ja, es gibt da etwas, das ich Ihnen, ich meine dir, nicht vorenthalten möchte.«

»Sie wollen mir verraten, woher Sie meine Mutter kennen, nicht wahr?«

»Das wissen Sie schon? Woher?«

»Sie haben vorhin ihren Namen gemurmelt … Claire! Claire!«

»Sie haben recht, aber vorher habe ich noch eine andere Frage an dich. Wieso bist du an Weihnachten nicht bei deiner Familie, sondern streunst fern von Melbourne mutterseelenallein durch die Eukalyptuswälder?«

Vicky konnte beobachten, wie Daniel sämtliche Farbe aus dem Gesicht wich.

»Verzeihen Sie, Mister Parker …«

»Ich heiße nicht Parker, sondern Melrose.« Jonathan musterte Daniel durchdringend in der Hoffnung, dass er womöglich doch etwas von seiner Existenz wusste, doch der Name löste offenbar gar nichts in ihm aus. Das ließ darauf schließen, dass seine Mutter ihm sogar ihren Mädchennamen verschwiegen hatte.

»Verzeihen Sie, Mister Melrose, aber ich möchte nicht über meine Gründe sprechen. Ich wollte meine neue Heimat kennenlernen, statt in der Einsamkeit auf heile Fami...« Er unterbrach sich hastig. »Ich darf Sie bitten, mich nicht länger auf die Folter zu spannen, denn Ihre Reaktion auf den Namen Bradshaw hat mir Grund zu der Annahme geliefert, dass Sie ihn mit keinen angenehmen Erinnerungen verbinden.«

Statt ihm zu antworten, wurde Jonathan von einem schrecklichen Hustenanfall geschüttelt. Vicky eilte herbei und reichte ihm ein Taschentuch, damit er sich den Schweiß abwischen konnte, der ihm vor Anstrengung in Strömen von der Stirn rann.

Daniel sah dem Ganzen stumm zu. Er vibrierte vor Ungeduld. Warum sagte ihm der alte Mann nicht endlich, was los war, denn er konnte sich beim besten Willen keinen Reim auf die Situation machen. Dass Mister Melrose womöglich ein Liebhaber seiner Mutter gewesen war, hielt er für ausgeschlossen. Erstens war der Mann zu alt, und zweitens hätte seine Mutter es niemals gewagt, ihren Mann zu betrügen, obwohl sie allen Grund dazu gehabt hätte. Bevor Daniel überhaupt weiter an die schrecklichen Szenarien denken konnte, die er zwischen seinem betrunkenen Vater und seiner hilflosen Mutter im Laufe der letzten Jahre erlebt hatte, ergriff der alte Mann erneut das Wort.

»Daniel, es fällt mir sehr schwer, dir die Wahrheit zu sagen, aber es nützt nichts. Ich bin es dir schuldig, dass du die Wahrheit erfährst. Ich bin dein Großvater.« Nach dem Geständnis schloss Jonathan erschöpft die Augen und atmete schwer.

Daniel betrachtete ihn, als hätte er einen Geisteskranken vor sich. »Mister Melrose, das ist eine ausgekochte Lüge. Ich habe keine Großväter mehr. Beide sind sie von der See geschluckt worden. Vaters Vater ist betrunken bei Sturm über die Reling eines Schiffes ins Meer gestürzt, und Mutters Vater ist zusammen mit seinem Sohn Daniel, nach dem sie mich benannt haben, beim Untergang der ›Gothenburg‹ ums Leben gekommen.«

»Das ist nur die halbe Wahrheit. Ich habe einen meiner Söhne bei dem Unglück verloren, aber ich war nie an Bord der ›Gothenburg‹.«

Daniel war so aufgebracht, dass er von dem Sessel aufsprang und sich kämpferisch vor dem Bett des in seinen Augen verrückten alten Mannes aufbaute.

»Erzählen Sie doch nicht einen derartigen Unsinn. Warum sollten mir meine Eltern vorlügen, mein Großvater wäre tot, wenn er in Wahrheit ganz in der Nähe unserer Farm lebt?«

»Nein, Daniel, es ist kein Unsinn. Deine Mutter Claire ist Jonathans Tochter, die ihm nicht verziehen hat, dass er mich nach dem Freitod seiner Ehefrau und dem Tod meines Mannes geheiratet hat. Mich, seine erste große Liebe, mit der er eine Tochter hat, Annabelle«, erklärte Vicky mit belegter Stimme.

»Das ist doch komplett irre. Ich glaube Ihnen kein Wort. Keine Ahnung, warum Sie mir einen solchen Schwachsinn erzählen. Das wäre doch kein Grund, dem Vater lebenslang böse zu sein, wenn er seine alte Liebe heiratet.«

»Doch, wenn man glaubt, die Mutter habe sich deshalb umgebracht, weil es diese alte Liebe gegeben hat, dann schon«, widersprach ihm Jonathan.

Vicky spürte in diesem Augenblick, wie sie von einer warmen Flut an Gefühlen für ihn durchströmt wurde. Ja, sie liebte ihn immer noch von ganzem Herzen, wobei sie gerade auch an Frederik Bradshaw denken musste, jenen Mann, der sie ungeachtet der Tatsache, dass sie ein Kind von einem anderen erwartete, geheiratet und den sie ebenfalls aufrichtig geliebt hatte.

Daniel schüttelte abwehrend den Kopf. »Nein, ich muss raus hier. Ich werde mich von Scarlet verabschieden und schlafe lieber im Wald als in diesem Irrenhaus.«

Vicky erhob sich und nahm zwei Bilderrahmen von der Wand. Auf dem einen Foto war der junge Frederik Bradshaw abgebildet, auf dem zweiten Daniel und Henry, Jonathans Zwillinge. Jonathan und Vicky hatten diese Bilder lange Jahre in ihrem Haus in Melbourne auf der Anrichte stehen, doch eines Tages, als sie im Aufbruch in die Blue Mountains gewesen waren, hatte Vicky vorgeschlagen, die Bilder mitzunehmen, um zu Hause in Melbourne Platz für die Fotos der Enkelinnen Scarlet und Ava und das von Jonathans Enkel Thomas, dem Kind seines überlebenden Sohnes Henry, zu schaffen. Seitdem hingen die Bilder der Toten in ihrem Zimmer in Wentworth Falls.

Demonstrativ hielt sie Daniel die beiden Fotografien hin, die er nur zögernd in die Hand nahm.

»Der junge Mann dort ist Frederik Bradshaw, dein Großvater väterlicherseits. Wahrscheinlich hast du ihn noch nie zuvor gesehen, denn ich kann mir kaum vorstellen, dass sein Sohn ein Foto von ihm besitzt«, stieß sie bitter hervor.

Unschlüssig betrachtete Daniel das Bild. »Sie haben recht. Diesen Mann habe ich noch nie zuvor gesehen.«

»Es wundert mich nicht, dass William kein Bild seines Vaters besitzt«, entgegnete Vicky in scharfem Ton, und erst Jonathans flehender Blick erinnerte sie daran, etwas vorsichtiger zu sein.

»Woher kannten Sie ihn? Und wie gut?«

»Er war mein erster Ehemann«, gab Vicky seufzend zu.

»Aber Sie, Sie können unmöglich die Mutter meines Vaters sein. Oder wollen Sie mir nun auch noch weismachen, dass Sie meine Großmutter sind?«

»Oh nein, Gott bewahre, William war neun, als ich die Frau deines Großvaters geworden bin. Er war sozusagen mein Stiefsohn.«

»Und warum hat mir das keiner gesagt, wenn es denn stimmen sollte, was Sie mir hier auftischen?«

»Sagen wir mal so, wir haben uns nicht besonders gemocht, aber frag ihn lieber selber danach.«

»Das kann doch nicht sein«, murmelte Daniel fassungslos, während er einen irritierten Blick auf das zweite Foto warf. »Das kann doch nicht sein«, wiederholte er. »Aber das ist Mutters früh verstorbener Bruder. Bei uns auf der Anrichte stand immer ein Foto von ihm, aber wer ist der andere, der ihm zum Verwechseln ähnlich sieht?«

»Sag bloß, sie hat dir sogar Henry verheimlicht?«, mischte sich Jonathan empört ein.

»Wer ist Henry?«

»Daniels Zwillingsbruder. Er lebt in Brisbane. Daniel, glaubst du uns jetzt?«

Daniel schlug die Hände vors Gesicht. Er ahnte, dass diese beiden Menschen die Wahrheit sagten. Aber warum hatten ihn seine Eltern so schändlich belogen?

»Ich verstehe das alles nicht. Warum das alles?«, murmelte Daniel ungläubig.

»Ich weiß, dass es schwer für Sie sein muss, von den eigenen Eltern belogen zu werden, aber wir sagen Ihnen die Wahrheit, und wir können gar nicht anders. Frederik Bradshaw, Ihr Großvater väterlicherseits, war ein wunderbarer Mann, der von Anfang an wusste, dass Annabelle Jonathans Kind ist, und der mir und ihr ein Zuhause gegeben hat. Und wir haben noch zwei wunderbare Kinder bekommen. George und …« Vicky stockte. Sie brachte es nicht über sich, Amelie zu erwähnen, zu der sie über all die Jahre nur einen sporadischen Kontakt unterhalten hatte und die ihr die Ehe mit Jonathan niemals wirklich vergeben hatte …

Daniel blickte erschüttert zwischen Vicky und Jonathan hin und her. »Ich weiß nicht, aber das kommt mir alles so unwirklich vor, ich kann es nicht begreifen. Es geht mir nicht in den

Kopf«, murmelte er. Jonathan streckte vorsichtig die Hand aus, die Daniel schließlich zögernd ergriff. »Aber warum haben sie mich derart belogen?«, fügte er verzweifelt hinzu.

»Am besten, du fragst deine Eltern, sobald du zurück bist«, schlug Jonathan vor, bevor er erneut einen Hustenanfall erlitt.

»Ihr verschweigt mir doch etwas. Da steckt viel mehr dahinter!«, erwiderte Daniel mit Nachdruck, nachdem der Mann, der sich als sein Großvater ausgab, aufgehört hatte zu husten und schwer atmend in die Kissen zurückgesunken war.

Vicky kämpfte immer noch mit sich. Am liebsten würde sie die ganze dreckige Wahrheit herausschreien, doch sie hatte den Gedanken noch gar nicht zu Ende geführt, da zog Jonathan ihre ganze Aufmerksamkeit auf sich, als er laut aufstöhnte und sich ans Herz griff.

»Oh Gott!«, rief Daniel entsetzt. Vicky stürzte herbei und nahm seine Hand. »Ich hole George!«

Jonathan hatte die Augen geöffnet und sah sie intensiv an. »Liebling, danke für alles. Ich bereue nichts«, brachte er mit rauer Stimme hervor.

Sie wischte ihm mit ihrem Taschentuch fahrig den Schweiß von der Stirn. »Ach, Jonathan, wir werden noch so viele schöne Stunden miteinander verbringen. Ich bin gleich wieder da«, raunte sie und schoss wie der Blitz aus dem Zimmer.

Daniel zitterte am ganzen Körper. Das war alles zu viel für ihn. Erst der Schlangenbiss, der ihn in dieses Haus geführt hatte, seine wundersame Rettung, die berührende Begegnung mit Scarlet, dann diese ungeheure Enthüllung, dass der alte Mann, Scarlets Großvater, auch sein Großvater war. Und nun bangte er um einen Menschen, den er bis vor Kurzem nicht einmal gekannt hatte und den seine Eltern ihm gegenüber für tot erklärt hatten. Vor allem, dass er jetzt allein mit ihm im Raum war und die Geräusche aus seiner Brust immer rasselnder klangen, verunsicherte ihn zutiefst.

»Sie ist gleich zurück. Du musst ganz ruhig atmen«, sagte Daniel und strich dem alten Mann zur Ermutigung über die hagere Hand.

Jonathan öffnete den Mund, um etwas zu sagen, aber es drang nur ein Röcheln aus seinem Mund. Offenbar bekam er keine Luft mehr. Mit schreckensweiten Augen sah er seinen Enkel an und krallte sich an seiner Hand fest.

Daniel wusste nicht, was er tun sollte. Er konnte unmöglich das Zimmer verlassen. Was hätte das auch gebracht? Scarlets Onkel George war sicher schon auf dem Weg.

»Großvater, alles wird gut«, flüsterte er. Jonathan versuchte zu lächeln, aber es gelang ihm nicht mehr, nur ein verzweifeltes Röcheln drang noch aus seiner Kehle.

In diesem Augenblick hörte Daniel aufregte Stimmen nahen, die Tür flog auf und Scarlets Granny und ihr Onkel stürzten hektisch ans Bett. Jonathan lag jetzt ganz still, auch die qualvollen Atemgeräusche hatten aufgehört. Er hatte nur noch Augen für seine Frau.

»Ich liebe dich, Jonathan, ich liebe dich, bitte verlass mich nicht«, flehte sie, bevor sie sein Gesicht mit Küssen bedeckte.

Ein letztes Mal bäumte sich Jonathan auf und wehrte sich gegen den Tod. Er öffnete den Mund, und seine Lippen formten stumme Worte. *Ich liebe dich.* Dann sackte sein Kopf leblos zur Seite.

»Bitte, tu was!«, schrie Vicky wie von Sinnen. George aber schüttelte unmerklich den Kopf. Er musste Jonathan gar nicht mehr untersuchen, denn er wusste, dass sein Stiefvater soeben seinen letzten Atemzug getan hatte.

Im Zimmer war es totenstill.

6

Scarlet und Daniel waren in den Pavillon geflüchtet, nachdem Scarlet sich intensiv von ihrem toten Großvater verabschiedet hatte. Sie hatte Daniel gebeten, ihr beizustehen, was er ohne Zögern getan hatte. Er hatte die ganze Zeit ihre Hand gehalten, während sie bittere Tränen vergossen hatte. Ihr hatte der letzte Blick auf den Toten aber zumindest einen gewissen Trost gespendet, Ava dagegen hatte sich strikt geweigert, ihn in diesem Zustand zu sehen. Sie hatte sich stattdessen im Zimmer eingeschlossen und auch Scarlet nicht die Tür aufgemacht, als sie Einlass begehrt hatte, um sich umzuziehen. Sie fühlte sich in ihrem schönen Abendkleid reichlich deplatziert, denn auch Annabelle und Martha hatten sich bereits ihre schlichte Trauerkleidung angezogen. Doch auf ihr Flehen, sie kurz ins Zimmer zu lassen, hatte Ava nicht reagiert.

Bei all ihrem eigenen Kummer um ihren Großvater machte Scarlet sich Sorgen um ihre Schwester. Wäre es nicht besser, Ava würde die Trauer mit den anderen teilen? Auch Granny Vickys Verhalten bereitete ihr ein wenig Sorge. Sie saß seit Stunden mit versteinerter Miene stumm auf einem Korbstuhl neben Großvater Jonathans Bett und rührte sich nicht vom Fleck. Scarlet hatte sie nicht einmal weinen gesehen. Die einzige menschliche Regung, die sie an ihrer Großmutter bemerkt hatte, war ein langer durchdringender Blick auf Daniel, als er ihr beim Abschied vom Großvater beigestanden hatte. Bewundernswert tapfer hielt sich dagegen ihre Mutter, fand Scarlet. Sie hatte zwar beim Anblick ihres toten Vaters ganz fürchterlich geweint, sich dann aber gleich um ihre Mutter gekümmert. Vergebens. Vicky wirkte, als wäre sie nicht mehr ansprechbar und mit den Gedanken weit weg. George hatte versucht, ihr, Annabelle und Daniel zu erklären, dass Vicky unter Schock stände und deshalb einen so merkwürdigen Eindruck machen würde. So ähnlich, hatte er hinzugefügt, hätte Vicky doch auch damals reagiert, als sie erfahren musste, dass Frederik Bradshaw bei Sturm angeblich über Bord gegangen wäre.

Hatte sich Scarlet getäuscht, oder war Daniel bei diesen Worten ihres Onkels regelrecht zusammengezuckt?

Sie hatte sich fest vorgenommen, ihn danach zu fragen. Jetzt war die Gelegenheit dazu. Sie musterte ihn von der Seite. Im flackernden Kerzenlicht wirkte sein Profil geheimnisvoll. Auch er schien mit seinen Gedanken ganz weit fort zu sein, aber ihr brannten die Fragen förmlich auf der Seele. Was hatte Granny Vicky vorhin von ihm gewollt, und warum war er bei ihrem Großvater gewesen, als er seinen letzten Atemzug getan hatte?

»Daniel? Was ist geschehen? Warum hat dich meine Granny vorhin ins Haus geholt? Warum warst du bei Großvater, als er gestorben ist? Du gehörst doch gar nicht zur Familie!«

Daniel wandte sich ganz langsam zu ihr um. In seinem Blick lag eine gewisse Ratlosigkeit.

»Du irrst dich, wenn du behauptest, ich würde nicht zu dieser Familie gehören«, seufzte er schließlich. »Dein Großvater Jonathan war auch mein Großvater«, fügte er hastig hinzu.

»Du spinnst wohl!« Scarlet rückte vor Schreck ein Stück von ihm ab und tippte sich an die Stirn.

»Ich wollte es doch auch nicht glauben«, stöhnte er und begann, ihr die ganze Geschichte zu erzählen. Er ließ nichts aus. Weder die Tatsache, dass seine Mutter Claire Jonathans Tochter war, noch dass Granny Vicky einst mit seinem Großvater Frederik verheiratet gewesen war.

76

Scarlet lauschte seinen Worten mit ungläubigem Erstaunen. Als er seine Schilderung beendet hatte, herrschte eine Zeit lang Schweigen, doch dann sanken sich die beiden weinend in die Arme.

»Aber dann bist du mein Cousin, dann bist du ja mit mir verwandt, dann sollten wir uns nicht ineinander verlieben, dann …«, stammelte Scarlet, nachdem sie einander wieder losgelassen hatten.

Er strich ihr sanft über die Wangen. »Nein, das bin ich nicht, denn …« Er stockte, bevor er leise fortfuhr. »Sie haben meinen Zwillingsbruder Benjamin und mich aus einem Waisenhaus in Auckland geholt, als wir noch Säuglinge waren. Das habe ich erst erfahren, als wir schon auf der Farm hier in Australien waren. Vater hat es mir in einem Streit an den Kopf geworfen …« Wieder unterbrach er sich und verzog gequält das Gesicht, als ob er sich gerade an etwas Furchtbares erinnerte.

Scarlet traute sich nicht, weiter in ihn zu dringen, sondern nahm nur schweigend seine Hand in ihre, die er gedankenverloren an seine Lippen führte und mit Küssen bedeckte. Dann sprach er wie in Trance weiter.

»Er war mal wieder betrunken und hat meine Mutter bedroht. Ich kam in dem Augenblick dazu und habe mich schützend vor sie gestellt. ›Wage es nicht noch einmal, meine Mutter anzufassen!‹, habe ich gebrüllt. Da hat er höhnisch gelacht und gesagt: ›Du hast mir gar nichts zu sagen. Ich habe dich nicht aus einem Waisenhaus geholt, um mir Vorschriften machen zu lassen!‹ Ich war wie vom Donner gerührt, während er immer noch hässlich lachend das Zimmer verließ. Meine Mutter hat mich angefleht, ich solle nichts auf den Unsinn geben. Er wäre betrunken, aber etwas in ihrem Blick signalisierte mir, dass er die Wahrheit gesagt hatte. Ich befahl ihr zu schwören, dass ich ihr Kind sei. Daraufhin brach sie vollständig zusammen und gestand mir unter Schluchzen, dass sie keine Kinder bekommen konnte und sie deshalb uns beide adoptiert hätten. Unsere Eltern seien kurz vorher bei einem Unfall ums Leben gekommen und meine Mutter eine enge Freundin von ihr gewesen …«

»Und hast du das Großvater gesagt?«

»Nein, er war so glücklich bei dem Gedanken, dass er mich gefunden hatte. Und außerdem empfinde ich es tief im Herzen, dass die Bradshaws meine Eltern sind. Ich habe doch nie andere Eltern kennengelernt als sie. Sei so lieb, verrat es deiner Familie nicht. Noch nicht! Ich werde es ihnen persönlich sagen. Nach der Beerdigung. Ich muss das alles erst mal selber richtig begreifen.«

»Heißt das, du kommst mit uns nach Melbourne?«

Daniel nickte. »Ja, ich komme zur Beerdigung, aber nicht mit euch gemeinsam. Ich reise morgen zurück, um meine Eltern zur Rede zu stellen. Ich muss wissen, was das alles zu bedeuten hat. Und außerdem habe ich mich, nachdem mir meine Mutter die Wahrheit gesagt hatte und es ihre größte Sorge war, dass ich Benjamin von der Adoption berichten könnte, ohne ein weiteres Wort mit meinen Eltern zu wechseln, auf den Weg zum Bahnhof gemacht und bin schließlich in den Blue Mountains gelandet, weil ich allein sein wollte und die Einsamkeit gesucht habe.«

Daniel umarmte Scarlet und zog sie dicht zu sich heran. »Ach, mein Schatz, es ist doch unfassbar, was wir beide an einem einzigen Tag miteinander erlebt haben. Erst hast du mir das Leben gerettet, dann stirbt dein Großvater und ich muss erfahren, dass er auch mein Großvater ist. Wie soll ich meinen Eltern nur jemals wieder vertrauen? Sie haben uns ja ein Leben lang belogen«, murmelte er.

»Aber sie haben euch auch ein Zuhause gegeben«, entgegnete Scarlet versöhnlich.

»Ja, und sie waren immer gut zu uns, bis auf Vaters Ausfälle, wenn er zu viel getrunken hatte, aber das passierte auch erst in den letzten Jahren. Du wirst dir ein eigenes Urteil bilden, wenn du sie kennenlernst. Ich hoffe, sie besitzen den Anstand, wenigstens zu seiner Beerdigung zu kommen. Aber jetzt müssen wir schlafen gehen. Es ist schon spät, und ich breche in aller Frühe auf. Ich würde ungern dem Rest deiner Familie begegnen, bevor ich das alles geklärt habe.«

Scarlet suchte seinen Blick. Seine Augen wirkten im Schein des Kerzenlichts dunkler als in Wirklichkeit und damit ein wenig fremd, aber sie konnte darin doch das Bedürfnis erkennen, sie noch einmal zu küssen. Genau danach sehnte sie sich auch, und schon hatten sich ihre Münder getroffen, und sie küssten sich so inniglich, als wäre es das letzte Mal.

»Ich liebe dich«, flüsterte Daniel, als sie sich nach einer halben Ewigkeit voneinander gelöst hatten.

Scarlet spürte, wie sie bei diesen Worten eine warme Welle der Zuneigung durchflutete.

»Ich liebe dich auch«, erwiderte sie aus vollem Herzen.

Gemeinsam bliesen sie die Kerze aus und verließen Hand in Hand den Pavillon. Draußen blieben sie kurz stehen und ließen den Blick zum Wasserfall schweifen. Der fast volle Mond stand über dem Eukalyptuswald und tauchte alles in ein magisches blauschwarzes Licht, aber auf dem Wasser, das vom Berg in die Tiefe rauschte, glitzerten tausend Sternchen. In dem Augenblick schob sich eine dunkle Wolke über den Mond, und alles wurde finster. Ein kühler Windzug streifte Scarlets nackte Schulter. Sie fröstelte.

»Das sieht nach Gewitter aus«, murmelte sie und kuschelte sich in seinen Arm.

»Versprich mir, dass wir einander niemals so belügen«, erwiderte er.

»Ich verspreche es.«

In inniger Umarmung schlenderten sie zum Haus. Als sie bereits bei der Veranda angekommen waren, vernahmen sie ein Rascheln und drehten sich gemeinsam um, doch es war bereits so düster im Garten, dass sie nichts mehr erkennen konnten.

»Eine Schlange vielleicht«, versuchte Daniel zu scherzen.

»Fühlst du dich eigentlich wieder ganz gesund?«, fragte Scarlet ihn daraufhin.

»Ich habe jedenfalls kaum mehr an die Wunde gedacht«, erwiderte er wahrheitsgemäß. »Erst wurde ich durch das Erscheinen einer entzückenden jungen Lady im bezaubernden Abendkleid abgelenkt ...«

Scarlet sah zweifelnd an sich hinunter und rümpfte die Nase. »Ich hätte mich gern wie meine Mutter, Granny Martha und Myriam umgezogen, aber Ava hat mich nicht ins Zimmer gelassen.«

»Ein merkwürdiges Mädchen, deine Schwester«, sinnierte Daniel und zog mit einem Blick auf ihre Gänsehaut, die sich auf ihrem Arm gebildet hatte, seine Jacke aus und legte sie ihr sanft um die Schulter.

»Das lass sie bloß nicht hören«, raunte Scarlet.

»Aber sie verhält sich so komisch.«

»Das meine ich nicht. Nenne sie nie ›Mädchen‹. Sie findet, dass das eine Jahr Altersunterschied zwischen uns nicht der Rede wert ist.«

»Sie wirkt wesentlich kindlicher als du.«

»Auch das solltest du sie nicht hören lassen«, lachte Scarlet. »Ava hasst es, als Kind bezeichnet zu werden. Und die jungen Burschen, die für sie schwärmen, geben ihr das Gefühl, schon eine richtige Dame zu sein.«

»Ich sage es dir ja nur im Vertrauen. Ich finde, für ihre sechzehn Jahre kokettiert sie ein wenig zu heftig, aber ich glaube, dahinter verbirgt sich eine verletzliche Künstlerseele. Trotzdem ist sie für meine Begriffe ein wenig zu verwöhnt und zu selbstsüchtig. Aber ich gebe dir Recht, das sollte ihr niemals zu Ohren kommen.«

»Vor allem, weil du es ihr wohl besonders angetan hast.«

»Oh je, und wenn, dann habe ich es nicht bemerkt, weil ich nur Augen für ihre Schwester hatte.«

Scarlet gab ihm einen liebevollen Puff in die Seite. »Du willst doch nicht behaupten, dir wäre entgangen, wie wunderschön sie ist.«

»Das habe ich nicht gesagt. Doch, ich habe es gesehen, wenngleich ich eher auf blonde Bohnenstangen mit Sommersprossen stehe.«

Scarlet versuchte ihn strafend anzusehen. Dabei war sie kein bisschen beleidigt, weil er die Wahrheit sagte. Sie war hochgewachsen, sehr schlank und hatte die Nase voller Sommersprossen. Und er hatte es in einem derart liebevollen Tonfall gesagt, dass sie es nur als Kompliment betrachten konnte, zumal sich sein Mund ihrem bereits wieder näherte. Sie küssten sich noch einmal lange und leidenschaftlich.

»Wir sehen uns auf der Beerdigung deines, ich meine unseres Großvaters«, seufzte Daniel, nachdem sich ihre Lippen wieder voneinander gelöst hatten. Er warf einen prüfenden Blick auf die dunklen Fenster des Hauses. »Sie schlafen schon. Bitte grüß alle von mir, denn ich werde morgen in aller Herrgottsfrühe aufbrechen und versuchen, nach Sydney zu gelangen und dort den nächsten Zug nach Albury zu bekommen, um möglichst schnell nach Melbourne weiterzufahren.«

»Auf dem Weg werden wir auch reisen, aber ich schätze, das wird noch ein paar Tage dauern. Mutter erwähnte vorhin, dass die Beerdigung erst in einer Woche, also Anfang Januar sein

81

wird. Wir haben ja Großvaters Sarg dabei. Ich schicke dir ein Telegramm, wenn wir den Tag und die Uhrzeit wissen.«

Plötzlich erhellte ein Blitz das Dunkel der Nacht, und bald darauf folgte ein grollender Donnerschlag. Scarlet schmiegte sich erschrocken an Daniel. Gewitter in den Blue Mountains machten ihr Angst, denn wie oft hatte sie schon von den fürchterlichen Bränden gehört, die ganze Siedlungen in einer einzigen Nacht zerstört hatten.

»Komm, wir warten im Pavillon, bis das Gewitter vorüber ist«, schlug Daniel ihr mit zärtlicher Stimme vor und nahm sie bei der Hand. Nun war alles still, und Scarlet hoffte schon, dass das Gewitter in weiter Ferne war, doch als sie im Pavillon ankamen, zerriss ein neuerliches Donnern die Stille der Nacht.

»Es wundert mich, dass du Angst vor Gewittern hast«, bemerkte Daniel, nachdem sie sich in enger Umarmung auf das Sofa gesetzt hatten. »Ich dachte schon, du hättest vor gar nichts Angst.«

»In Sydney stört es mich nicht, aber hier in den Bergen kann ein Gewitter so schnell eine Katastrophe auslösen. Ein einziger Blitzschlag genügt, um die Eukalyptuswälder zu entzünden, und vor dem Feuer ist dann nichts mehr sicher.«

Ein Blitz zuckte auf, und ein grollender Donner folgte.

»Mach dir keine Sorgen, es ist noch weit weg«, versuchte Daniel sie zu beruhigen.

»Du hast recht, aber es ist trotzdem schön, dass du bei mir bist«, flüsterte sie ihm dankbar zu und kuschelte sich noch näher an ihn heran. Ihre Lippen fanden sich zu einem neuerlichen Kuss, und auch ihre Hände waren ineinander verschlungen.

In diesem Augenblick ging ein Prickeln durch Scarlets Körper, und sie wünschte sich, sie würden sich noch näherkommen. Daniel schien es genauso zu gehen, denn er löste seine

Hand aus ihrer und begann, erst zögernd und dann immer leidenschaftlicher, ihren Nacken zu streicheln. Aber ganz plötzlich hörte er auf.

»Oh Gott, Scarlet, in mir brennt alles. Wenn ich jetzt nicht aufhöre, dann, dann …«, stammelte er.

»Dann wirst du nicht mehr aufhören, mich zu liebkosen«, raunte sie erregt und legte ihm ihre Hände in den Nacken und streichelte ihn ebenso intensiv, wie er zuvor sie liebkost hatte.

»Aber, das geht doch nicht, wir können nicht, ich meine, ich darf nicht …«, widersprach er schwach.

»Doch, ich wünsche es mir so sehr«, erwiderte sie mit bebender Stimme.

Daniel schaute ihr in die Augen. Er hatte einen glasigen Blick, aus dem das Begehren und die Liebe zugleich sprachen. Scarlet nahm seine Hand und legte sie auf ihren Ausschnitt. Daniel zögerte, doch dann strich er mit einem Stöhnen über ihre nackte Haut. Scarlet genoss den Druck seiner warmen und fordernden Hände.

»Warte«, hauchte sie schließlich, erhob sich von dem Sofa und drehte ihm den Rücken zu. »Diese Häkchen haben es in sich, aber ich glaube, du schaffst es.«

Daniel widersprach ihr nicht, sondern machte sich mit zitternden Händen daran, die Korsage ihres Kleides zu öffnen. Als er fertig war, stand sie auf und ließ das Kleid zu Boden gleiten.

»Bist du schön«, seufzte er.

»Und jetzt du.« Ihre Stimme war heiser vor Aufregung.

Daniel stand auf und zog sich erst sein Hemd aus, bevor er seine Hose aufknöpfte. Scarlet konnte sich gar nicht sattsehen an seinem schlanken, aber muskulösen Oberkörper, wobei sie sich nicht traute, den Blick noch tiefer schweifen zu lassen. Als sie beide nur noch im Unterzeug voreinander standen, umarmten sie sich stürmisch und ließen sich auf das Sofa zurückfallen. Scarlet spürte die Lust in jeder Pore und genoss die Berührung seiner Hände auf ihren nackten Armen. Nachdem er ihr das Unterkleid zärtlich abgestreift hatte und seine Hände den Weg zu ihren Schenkeln fanden, fühlte sie sich einer Ohnmacht nah. Alles Blut schien ihr aus dem Kopf gewichen. Auch ihre Hände waren überall an seinem schönen Körper. Sie erschrak ein wenig, als sie seine pralle Männlichkeit wahrnahm, aber dann gab es für sie kein Halten mehr, und sie streichelte ihn auch dort.

Es war wie ein Rausch, doch kurz bevor er in sie eindrang, fragte er sie noch einmal, ob sie das wirklich wollte. Und wie sie das wollte! Sie zog ihn sanft zu sich hinunter und schrie laut auf, aber nicht, weil es schmerzte, sondern weil es ein unfassbares Gefühl war, ihn so nahe zu spüren, wie es näher nicht ging. Zugleich war es ein fremdes und ungewohntes Empfinden, aber es war das, was sie wollte. Er war vorsichtig mit dem, was er tat. Das spürte sie, aber sie feuerte ihn an, indem sie ihre Hände in seinen Rücken krallte. »Ja!«, schrie sie heiser. »Ja!« Und dann fühlte sie, wie es in ihrem Bauch heiß wurde.

»Was habe ich getan?«, stöhnte Daniel und suchte ihren Blick.

Scarlet nahm ihn nur verschwommen wahr. »Ich liebe dich«, flüsterte sie und zog seinen Kopf an ihre Brust. So lagen sie eine Weile schweigend da, bis ein Blitz durch den Pavillon zuckte und zugleich ein Donner den Raum erbeben ließ. Erschrocken fuhren sie auf, und nackt, wie sie waren, rannten sie Hand in Hand ins Freie.

Draußen blitzte und donnerte es, als wäre der jüngste Tag angebrochen. Und über dem Eukalyptuswald auf der anderen Seite der Schlucht züngelten gelbrote Flammen in den Nachthimmel empor.

84

7

Als Scarlet und Daniel keuchend am Haus ankamen, standen Annabelle und Walter in Morgenmänteln gehüllt auf der Veranda. »Feuer!«, schrie Scarlet. »Feuer! Schaut es euch an!«

Sie rannten gemeinsam zurück zu dem Aussichtspunkt und blickten fassungslos auf das Flammenmeer auf der anderen Seite der Schlucht. Dort drüben tobte ein Inferno, während die Zacken der Blitze in den Himmel stießen und das Donnern ihre Entsetzensschreie übertönte.

»Wir müssen hier weg!«, brüllte ihr Vater so laut er konnte. »Der Wind treibt das Feuer in unsere Richtung, und es muss nur noch die Schlucht überwinden und sich unseren Berg hinauffressen ...« Er wandte sich an Annabelle. »Bitte weck die anderen, die Frauen sollen das Nötigste einpacken und die Wertsachen retten, während wir Männer uns um deinen Vater kümmern.«

»Aber er hat noch nicht einmal einen Sarg«, erwiderte Annabelle, deren Gesicht im Licht der Blitze leichenblass war.

»Wir wickeln ihn in Decken, und wenn wir unten im Dorf in Sicherheit sind, gehen wir gleich zum Sargtischler. Aber wir müssen hier fort!«

Scarlet erschrak, als sich eine Hand in ihre krallte. Es war Daniels Hand. Sie hatte nicht vergessen, was soeben zwischen ihnen geschehen war, aber daran durfte sie in dieser Lage keinen Gedanken mehr verschwenden. Das Einzige, was sie fühlte, war, dass sie sich in Sicherheit befand, solange er nur in ihrer Nähe blieb.

»Wir müssen fort!«, schrie sie.

Im Laufschritt kehrten sie zum Haus zurück und rannten die Treppen hinauf ins Obergeschoss.

»Ich hole nur meine Papiere, dann helfe ich dir«, versprach er ihr und ließ ihre Hand los.

Scarlet wollte ihre Zimmertür öffnen, aber die war immer noch verschlossen. Wie eine Wahnsinnige klopfte sie dagegen. »Ava! Aufmachen! Ava, der Wald brennt!«

Es dauerte eine halbe Ewigkeit, bis sich der Schlüssel von innen umdrehte. Ava blickte ihre Schwester vorwurfsvoll an. »Ich war gerade eingeschlafen. Lass es doch im Wald brennen. Was haben wir damit zu tun?«

»Eine ganze Menge!«, schnaubte Scarlet. »Der Wind steht ungünstig, und wenn die Feuerwalze nicht anhält, ist es nur eine Frage der Zeit, bis es Wentworth Paradise frisst. Zieh dich an und pack deine Sachen!«

Ava war sämtliche Farbe aus dem Gesicht gewichen, aber sie rührte sich nicht. Grob zog Scarlet sie in Richtung Schrank.

»War es schön mit ihm?«, fragte Ava mit lauernder Miene, statt sich zu bequemen, doch die Bedeutung dieser Worte erreichte Scarlet gar nicht, weil sie nur noch von dem einen Gedanken getrieben war, das Haus lebend zu verlassen.

»Ava! Komm zu dir! Pack ein, was dir wichtig und teuer ist«, brüllte sie, bevor sie ihre Schwester losließ, ihr Reiseköfferchen vom Schrank zog und wahllos ihre persönlichen Sachen hineinstopfte. Da sie in die Weihnachtsferien niemals so viel Gepäck wie ihre Schwester mitnahm, war sie schnell fertig und half nun Ava, die begonnen hatte, völlig kopflos Dinge in ihren Koffer zu stopfen, sodass er bereits voll war.

»Nur die wichtigen Sachen«, mahnte Scarlet und riet ihrer Schwester dringend, ein paar unnütze Kleider zugunsten der Noten für ihre Lieder zurückzulassen. Als sie fertig waren und das Zimmer verlassen wollten, fing Scarlet einen merkwürdigen Blick ihrer Schwester auf.

»Was ist los? Lass uns gehen und Mutter bei dem Rest helfen.«

»Und du willst wirklich in dem Kleid reisen?«, fragte Ava.

Scarlet sah an sich herunter und nahm ihr zerknittertes Abendkleid wahr. »Nein, ich habe es vergessen. Ich wollte mich längst umgezogen haben.«

»Komm, nimm dies!« Ava hob ein Sommerkleid vom Boden auf und reichte es ihrer Schwester. Scarlet hatte jetzt keine Muße, das Kleid näher zu betrachten, und es war ihr herzlich gleichgültig, dass es ihr zwar oben herum passte, aber viel zu kurz war.

Als sie in der unteren Etage ankamen, herrschte dort ein furchtbares Durcheinander. Diverse Gepäckstücke standen halb gepackt in der Gegend herum, und alle redeten wild durcheinander.

»Einer sollte Mutter klarmachen, dass wir flüchten müssen«, rief Annabelle in Panik.

»Das mache ich schon. Wo ist sie denn?«

»Sie sitzt an seinem Bett und ist völlig apathisch«, erwiderte Annabelle.

Ohne zu zögern, machte Scarlet kehrt und rannte zurück in die erste Etage.

Ihr wollte es schier das Herz brechen, als sie ihre Granny wie betäubt an Jonathans leerem Bett sitzen sah. Scarlet redete beschwörend auf sie ein, aber ihre Großmutter schien ihr überhaupt nicht zuzuhören, geschweige denn zu begreifen, in welcher Gefahr sie schwebte. Scarlet packte rasch ihre Sachen zusammen und zog ihre Großmutter am Arm vom Sessel, weil sie immer noch auf das Bett starrte, in dem ihr Mann längst nicht mehr lag, nachdem die Männer ihn mitgenommen hatten.

Sie nahm den Koffer in die eine Hand und hakte mit der anderen ihre Großmutter unter. Vicky ließ sich stumm und willenlos von ihrer Enkelin aus dem Haus bugsieren, um sich mit den anderen auf den halbstündigen Marsch in den Ort zu machen. Die Einsamkeit, in der das Haus lag und die ansonsten den besonderen Reiz des Ferienhauses ausmachte, erwies sich in dieser Lage als zusätzliches Problem, denn bis alle Gepäckstücke auf dem Handkarren verladen waren, verging wertvolle Zeit.

Der Himmel am Horizont leuchtete inzwischen rot glühend, was in der Dunkelheit der Nacht besonders unheimlich wirkte. Schließlich wollten sie sich auf den beschwerlichen Weg ins Tal machen. Allen voran George, Daniel und Walter, die den toten Jonathan wie eine Mumie in Bettlaken gewickelt hatten und ihn schwer atmend trugen. Ihnen folgten Annabelle mit dem Handkarren und die anderen Frauen. Granny Vicky hatte noch immer keinen Ton von sich gegeben, doch dann schrie sie plötzlich mit von Panik erfüllter Stimme auf: »Halt, wo ist Victoria?«

Scarlet wollte schier das Herz stehen bleiben. Sie waren nun alle vor dem Haus versammelt: Granny Martha, Onkel George, Tante Myriam, ihre Eltern, Ava, Daniel und Granny Vicky. Alle, bis auf Victoria.

Scarlet ließ ihre Großmutter abrupt los und rannte mit den Worten: »Ich hole sie«, ins Haus zurück.

»Aber das Feuer. Wollen wir nicht schon losgehen?«, bemerkte daraufhin die vor Angst zitternde Ava. Daniel, der neben ihr stand, sah sie voller Empörung an. »Spinnst du? Wir lassen sie doch nicht zurück. Weißt du, was du bist?«

»Ja, zu verwöhnt und zu selbstsüchtig!«, zischte Ava zurück.

Daniel stand in diesem Augenblick nicht der Sinn danach, sich darüber Gedanken zu machen, dass Ava offenbar ihr Gespräch belauscht hatte, weil sie ihn wortwörtlich zitierte, sondern rannte ebenfalls ins Haus zurück, um Scarlet zu helfen, Victoria zu retten.

»Ich befürchte, der junge Mann hat sich in unsere Tochter verguckt«, murmelte Annabelle mehr zu sich selbst, doch ihr Mann hatte ihre Worte sehr wohl gehört.

»Und wenn schon. Ich kann mir etwas Schlechteres für meine Tochter vorstellen«, erwiderte er und legte den Arm um seine Frau. »Lass uns lieber beten, dass wir dieses Haus jemals wiedersehen werden«, seufzte er schwer.

Annabelle wusste, wie sehr er an Wentworth Falls hing, und kam sich dumm vor, in diesem dramatischen Augenblick überhaupt zu erwähnen, dass Daniel sich ganz offensichtlich in Scarlet verliebt hatte. Trotzdem durfte man ihrer Meinung nach vor der Sache selbst nicht die Augen verschließen. Tatsache war, eine solche Verbindung war unmöglich, vor allem jetzt, nachdem ihr Vater tot war. George hatte vorhin mehr als deutlich gemacht, dass er nun Himmel und Hölle in Bewegung setzen würde, William Bradshaw wegen des angeblichen Mordes an seinem Vater zur Rechenschaft zu ziehen. Niemals konnte Scarlet also die Schwiegertochter dieses Mistkerls werden! Als Annabelle in diesem Augenblick mit ansehen musste, was für liebevolle Blicke sich die beiden jungen Leute zuwarfen, während sie mit einer völlig verschlafenen Victoria aus dem Haus kamen, tat ihr diese Gewissheit in der Seele weh. *Wenn es nicht die tapfere und mutige Scarlet verdient hätte, mit dem Mann ihres Herzens glücklich zu werden, wer dann?*, dachte sie wehmütig, bevor sie sich gemeinsam mit der Familie aufmachte, vor dem Feuer ins Tal nach Wentworth Falls zu flüchten.

8

Das Ferienhaus der Familie Bradshaw lag direkt am Strand. William Bradshaw hatte gleich nach seiner Rückkehr aus Neuseeland ein vornehmes Ferienhaus in der Nähe des beliebten Melbourner Vororts St. Kilda gekauft, und zwar zu einem günstigen Preis, denn die australische Wirtschaftskrise hatte einige der Besitzer dieser hochherrschaftlichen Zweitwohnsitze in den Ruin getrieben. William Bradshaw, der es mit dem Export gefrorenen Lammfleischs von Neuseeland nach England zu großem Reichtum gebracht hatte, hatte sich das Beste aller Häuser aussuchen können und schließlich einen viktorianischen Prachtbau außerhalb der Ortsmitte erstanden, den man von der Farm aus in einer guten halben Stunde auf einer bequemen Sandpiste mit der Kutsche erreichen konnte. Auch die Farm hatte er von einem armen Kerl erworben, der sein ganzes Vermögen verloren hatte. So war William Bradshaw binnen weniger Monate zum größten Schafzüchter der ganzen Gegend geworden.

Daniel war allein von Wentworth Falls losgefahren, weil die Parkers noch warten mussten, bis der Sarg für Jonathan fertig gezimmert war. Die Abschiedsstimmung war sehr gedrückt gewesen, weil Scarlet und ihre Familie nur beten konnten, dass sie ihr Haus bei ihrer Rückkehr noch vorfinden würden, denn oben in den Bergen tobten die Feuer mit ihrer alles zerstörenden Kraft.

Der Plan der Familie war, gleich nach der Beerdigung nach Wentworth Falls zurückzukehren, um nach dem Rechten zu sehen und wenn möglich ihre Ferien fortzusetzen. Vicky hatte gegen diese Pläne ihrer Familie zwar energisch protestiert, doch Victoria zuliebe, die den Rest der Ferien auf keinen Fall allein mit Vicky in Melbourne verbringen wollte, hatte sie sich widerwillig dem Votum der anderen angeschlossen. Annabelle hatte deutlich gemacht, sie würde keine ruhige Minute haben, bis sie nicht wusste, ob Wentworth Paradise von den Flammen verschont geblieben war, und sie war überdies der Meinung, sie sollten in ihrer Trauer um Jonathan als Familie auch nach der Beerdigung zusammenbleiben, zumal Walter zu einem Kongress nach Brisbane reisen musste.

Dieser Disput, den die Parkers geführt hatten, hatte Daniel ein wenig von dem drohenden Abschiedsschmerz abgelenkt. Am liebsten hätte er Scarlet gleich mit zu seinen Eltern genommen, um sie ihnen als seine zukünftige Frau vorzustellen, aber er war vernünftig genug, seine geheimsten Wünsche für sich zu behalten. Er konnte sich nicht helfen, er hatte Scarlets Familie bereits in sein Herz geschlossen. Abgesehen davon, dass sie ihm sein Leben gerettet hatten und er sich rettungslos in Scarlet verliebt hatte, waren sie alle auf ihre Weise liebenswert. Bis auf Ava, die ihn keines Blickes mehr würdigte. Natürlich tat es ihm leid, dass sie offenbar Ohrenzeugin seines nächtlichen Gesprächs mit Scarlet geworden war, aber ihr beleidigtes Verhalten bewies ihm, dass Ava tatsächlich eine kapriziöse und frühreife Person war.

Als Daniel das Haus seiner Eltern in der Ferne auftauchen sah, verlangsamte er seinen Schritt. Sosehr ihn auch die Neugier nach Hause trieb, sosehr fürchtete er sich auch vor seiner Rückkehr. Nun stand nicht nur die Adoption zwischen ihnen, sondern auch noch seine zufällige Bekanntschaft mit der Familie Parker und all dem, was sie mit sich gebracht hatte. Obwohl es keiner von ihnen direkt ausgesprochen hatte, war ihm sonnenklar: An dem Zerwürfnis der Familien waren bestimmt nicht allein Granny Vicky und Großvater Jonathan schuld. Sie hatten ja behauptet, ihre Hochzeit hätte dazu geführt, dass Claire und William weit fortgegangen wären und den Kontakt zur Familie abgebrochen hätten. Doch das nahm Daniel ihnen einfach nicht ab. Es steckte sicher noch viel mehr hinter dieser Geschichte, und er fürchtete sich ein wenig davor, eine Wahrheit zu erfahren, die ihm womöglich ganz und gar nicht behagen würde.

Außerdem war Daniel von der anstrengenden Reise zermürbt, zumal er die letzten drei Meilen vom Ortszentrum St. Kilda zu Fuß gegangen war. Und das war nicht alles. Obwohl die Sonne heiß vom Himmel brannte, fröstelte es ihn, so, als würde er Fieber bekommen. Außerdem schmerzte seine Wade um die verbundene Bisswunde herum ganz fürchterlich, aber daran wollte er jetzt keinen weiteren Gedanken verschwenden, weil ihm das klärende Gespräch mit seinen Eltern zu sehr auf den Nägeln brannte. Gegen seine düsteren Gedanken half nur der Gedanke an Scarlet und die gemeinsame Nacht mit ihr. Dann erhellte ein Lächeln seine verspannte Miene, und ein wohliges Gefühl rieselte durch seinen ganzen Körper. Natürlich wurde er auch immer wieder von seinem schlechten Gewissen übermannt, weil er seine Lust nicht hatte zügeln können, aber er wischte seine Bedenken mit dem Gedanken fort, dass sie bald seine Frau sein würde.

Er war inzwischen vor dem Haus angekommen, zögerte kurz, doch dann marschierte er entschieden auf die Eingangstür zu. Die Haustür war wie immer offen. Die Gegend war sicher vor Dieben, weil sich kaum einer in diese Einsamkeit verirrte.

Daniel betrat den Flur und lauschte. Wie erwartet drangen von der Veranda Stimmen herüber. Daniel atmete noch einmal tief durch, bevor er das Wohnzimmer durchquerte, um nach draußen zu gelangen. Für den berauschenden Blick auf den

Ozean, der ihm ansonsten noch immer vor Begeisterung den Atem stocken ließ, hatte er an diesem Tag keine Muße.

Seine Mutter erblickte ihn zuerst. In ihren Augen las er eine Mischung aus Freude und Furcht. Hatte sie Sorge, er würde seine Eltern sogleich auf die Adoption ansprechen? Daniel nickte ihr freundlich zu.

»Guten Tag, Mutter, ich hoffe, ihr hattet schöne Weihnachtstage«, bemerkte er so unbekümmert, wie es ihm in dieser angespannten Verfassung nur möglich war.

Sofort wandten sich ihm sein Vater und sein Bruder neugierig zu. »Du bist mir ja einer«, polterte William, ohne sich mit einer Begrüßung aufzuhalten, gleich los. »Lässt uns einfach über die Festtage allein, ohne Grund und ohne Erklärung. Aber mach dir nichts draus, ich wäre früher, als ich in deinem Alter gewesen bin, auch lieber in der Gegend herumgestromert, als mit der Familie tonnenweise Truthahn zu verspeisen.« Dann sprang er auf und klopfte dem irritierten Daniel kumpelhaft auf die Schulter. Dem war das Verhalten seines Vaters vollkommen schleierhaft, doch als er aus dem Augenwinkel den flehenden Blick seiner Mutter wahrnahm, dämmerte es ihm. Sein Vater hatte nicht mehr die geringste Ahnung, was an jenem Tag, an dem Daniel überstürzt die Farm verlassen hatte, vorgefallen war. Also hatte er wohl auch keine Erinnerung daran, dass er Daniel an den Kopf geworfen hatte, dass er nur adoptiert wäre. Auch das kannte er schon von seinem Vater: dass er sich seiner abendlichen Ausfälle am nächsten Tag nicht mehr entsann, nicht einmal mehr bruchstückhaft. So als wäre der widerliche Kerl, als der er sich im betrunkenen Zustand entpuppte, nur ein Phantom.

Daniel nickte seiner Mutter unmerklich zu, um ihr zu signalisieren, dass er von sich aus nichts ansprechen würde, was die hässliche Auseinandersetzung mit seinem Vater betraf. An ihrer sich aufhellenden Miene erkannte er, wie erleichtert sie darüber war, dass er die Sache unter Verschluss halten würde. So war es immer schon gewesen. Seine Mutter hatte ihn jedes Mal angefleht, den Vater nicht am nächsten Tag zur Rede zu stellen. Regelrecht verteidigt hatte sie ihn jedes Mal, wenn Daniel gedroht hatte, ihm in nüchternem Zustand vorzuhalten, wie ekelhaft ausfallend er in betrunkenem Zustand geworden war. Dass er doch gar nicht so sein wolle, pflegte seine Mutter ihren Mann dann von aller Verantwortung freizusprechen, er könne doch nichts dafür, es sei der böse Alkohol.

Daniel hielt nur aus Rücksicht auf seine Mutter den Mund. So würde er es auch dieses Mal machen. Und natürlich würde er Benjamin nichts von der Adoption verraten, obwohl er fand, dass sein Bruder ein Recht darauf hatte, die Wahrheit zu erfahren, wenngleich es ihn sicher völlig aus der Bahn werfen würde, denn er hing geradezu abgöttisch an seinem Vater. Natürlich war auch Benjamin schon häufig Zeuge von dessen Entgleisungen geworden, aber er sah bewusst weg. Er konnte offenbar nicht zulassen, dass sein großes Vorbild unter dem Einfluss von Whisky zu einem primitiven Schuft verkam.

Nur widerwillig ließ sich Daniel von seinem Vater kräftig in den Arm nehmen, bevor er erschöpft auf einen Stuhl sank.

»Junge, ich bringe dir etwas zu essen. Du hast doch sicherlich Hunger«, bemerkte seine Mutter, der immer noch ihre Erleichterung darüber anzusehen war, dass Daniel offenbar nicht vorhatte, das Thema Adoption auch nur mit einem Wort vor Benjamin zu erwähnen.

Sein Bruder musterte ihn indessen bewundernd. »Warum hast du mich nicht mitgenommen? So einen Männerausflug hätte ich mir auch gewünscht ...« Er stockte und grinste seinen Eltern zu. »Obwohl ich wie ein Prinz behandelt worden bin. Ich musste nichts mit dir teilen. Nicht mal die Truthahnschenkel. Apropos Schenkel, hast du schöne Frauen auf deiner Reise getroffen? Und wo warst du überhaupt. Im Bordell?« Benjamin schlug sich vor Lachen über seinen eigenen Witz kräftig auf die Schenkel.

»Benjamin, bitte, du weißt, dass ich solche groben Reden nicht dulde«, ermahnte ihn seine Mutter, bevor sie das Zimmer verließ, um ihrem Sohn das Essen zu holen.

»Nun sag schon, hast du es ordentlich krachen lassen mit den Weibern?«, fragte Benjamin lauernd, kaum dass die Mutter außer Hörweite war.

»Nein, ich war allein wandern in den Blue Mountains«, erwiderte Daniel ernst.

»Wandern? Wie langweilig! Und wo liegen die überhaupt, diese Blue Mountains? Noch nie gehört. Klingt nach Langeweile, aber das ist typisch für dich«, höhnte sein Bruder.

»Ich weiß ja, dass dich an Australien nicht mehr interessiert als die Schafweiden unserer Farm und der hiesige Strand, aber wenn du mal eine Karte von Australien in die Hand nehmen würdest, wüsstest du, wo die Blue Mountains sind.«

»Also keine guten Weiber?«, hakte Benjamin ungerührt nach.

»Klar, das wäre dann das Dritte, was dich an unserer neuen Heimat interessieren könnte.« Daniel hasste es, wenn Benjamin derart ungehobelt und grob daherredete. Er würde nie verstehen, dass sein Vater ihn gewähren ließ, wenn er so respektlos über Frauen sprach, denn im nüchternen Zustand betete William seine Claire nahezu an, und ihm würde ihr gegenüber kein böses Wort über die Lippen kommen. Diese zwei Gesichter seines Vaters erinnerten Daniel stets an eine Novelle des schottischen Schriftstellers Stevenson, die er vor ein paar Jahren regelrecht verschlungen hatte. Die Hauptfigur Mister Hyde war ein reizender Mensch, doch immer, wenn er sich

95

in den Dämon Dr. Jekyll verwandelte, schreckte er vor keiner Bösartigkeit zurück. *Zwei Seelen in einer Brust*, dachte Daniel. Sein Blick fiel auf das Foto von seinem Onkel Daniel, das seine Mutter immer mit ins Ferienhaus nahm. Daniels Atem beschleunigte sich bei dem Gedanken, was ihm noch bevorstand. Er wollte nur noch ein wenig ausruhen, bevor er die Eltern mit dem konfrontierte, was er bei der Familie Parker erfahren hatte. Sein Blick schweifte ab zu einem Foto, das seine Eltern in jungen Jahren zeigte. Ein wirklich schönes Paar, das musste er zugeben, wenngleich sein Vater bereits ein gesetzter Herr um die dreißig gewesen war, während seine Mutter auf dem Bild noch wie ein halbes Kind wirkte. Daniel wusste gar nicht genau, wie groß der Altersunterschied zwischen seinen Eltern war, aber dass sie einige Jahre trennten, war unübersehbar.

»Nun spuck schon aus. Hast du tolle Weiber gesehen?«, hörte er Benjamin wie von Ferne insistieren.

»Nein, ich bin nur schönen Mädchen begegnet«, erwiderte Daniel schroff.

»Erzähl, wie waren sie? Hast du endlich deine Unschuld verloren?«

»Ben, Schluss jetzt. Mutter kommt gleich zurück. Sie mag solche Reden nicht. Und außerdem geht das zu weit«, mischte sich nun William ein.

»Wenn ich doch die Wahrheit sage. Jede Wette, sein bestes Stück ist immer noch jungfräulich ...« Benjamin unterbrach sich, als seine Mutter Daniel einen Teller mit Lammbraten und Bohnen auf den Tisch stellte. »Lass es dir schmecken, mein Junge.«

Daniel, der ansonsten Lammbraten über alles liebte, spürte erschrocken, dass der Geruch der Mahlzeit eine leichte Übelkeit in ihm auslöste. Obwohl er den Gedanken an eine drohende Krankheit die gesamte Reise über hatte verdrängen wollen, in diesem Augenblick war er beinahe sicher, dass mit ihm irgendetwas nicht stimmte, zumal er immer noch fröstelte.

Um nicht den Argwohn der Familie zu erregen, machte er sich daran, den Braten zu verspeisen, als wäre er halb verhungert. Nach dem Essen verspürte er eine bleierne Schwere im ganzen Körper und hätte sich gern unter einem Vorwand zurückgezogen, aber das würde er nicht tun, bevor er nicht die Wahrheit kannte. Jedenfalls die Wahrheit, die ihm seine Eltern zu sagen bereit waren. Er straffte die Schultern, denn es duldete keinen Aufschub. Dabei wusste er nicht so recht, wie er anfangen sollte.

»Ich bin unterwegs von einer Schlange gebissen worden«, sagte er schließlich.

»Um Gottes willen, ich habe euch doch gewarnt. In Australien wimmelt es nur so von gefährlichen Tieren, aber sie war nicht giftig, oder? Sonst wärest du ja nicht gesund zurückgekommen, oder?«, fragte seine Mutter besorgt.

»Es war eine Braunschlange«, erwiderte Daniel.

Claires Augen weiteten sich vor Entsetzen. Sie schlug die Hände vors Gesicht. »Das sind die Schlimmsten überhaupt!«

Auch aus Williams Augen sprach die nackte Panik. »Aber … was, ich meine, wie und wo? Und wie … konntest du das überleben?«

»Eine junge Frau hat mich gerettet und zu ihrem Haus gebracht …«

Ungerührt stieß Benjamin einen anerkennenden Pfiff aus. »War sie hübsch?«

»Ben, du bist unmöglich«, schalt ihn Claire.

Daniel ignorierte das dumme Gerede seines Bruders und sprach unbeirrt weiter. »Ihr Onkel ist Arzt, und er hatte ein Gegenmittel im Haus. Es ging um Minuten. Sie haben mir das Leben gerettet.«

»Sehr nobel. Da sollten wir uns erkenntlich zeigen. Am besten, ich lasse ihnen zum Dank ein wenig Geld zukommen. Das brauchen diese Menschen bestimmt am dringendsten«, schlug William generös vor.

Daniels Herz klopfte bis zum Hals.

»Das glaube ich weniger. Ich denke, sie sind finanziell sehr gut gestellt, denn es ist ein prächtiges Sommerhaus, und der Herr des Hauses ist Abgeordneter der Regierung von New South Wales«, widersprach er seinem Vater mit heiserer Stimme.

»Ja, gut, dann wird es wohl eine Kiste guten Whiskys tun. Hast du die Adresse der Leute in Sydney?«, murmelte William.

»Vielleicht könntet ihr euch auf ganz andere Art erkenntlich zeigen«, entgegnete Daniel und blickte angespannt zwischen seinen Eltern hin und her.

»Ja, sag nur, womit wir ihnen eine Freude machen können. Meinetwegen schicke ich ihnen ein paar Goldbarren. Ich finde, sie haben das verdient.«

»Das finde ich auch«, pflichtete Claire ihrem Mann bei und warf ihrem Sohn einen liebevollen Blick zu. »Ach, das kann man gar nicht in Gold aufwiegen, was diese Menschen für uns getan haben.«

»Richtig«, entgegnete Daniel gepresst und atmete ein paarmal tief durch. Viel länger konnte er nicht um die Wahrheit herumschleichen wie die Katze um den heißen Brei. »Ihr müsst ihnen nicht mal etwas schicken«, fügte er leise hinzu.

»Nicht? Was denn? Sollen wir ihnen etwa persönlich die Hand schütteln?«, fragte William leicht belustigt.

Daniel musterte seinen Vater durchdringend. »Ja, das kommt der Sache schon näher.«

»Aber wie stellst du dir das vor? Wann habe ich Zeit, nach Sydney zu reisen? Ich finde, das ist ein bisschen viel verlangt.

Ich denke, ein herzliches Schreiben und ein guter Tropfen tun es auch«, knurrte William.

»Lasst mich doch fahren«, lachte Benjamin. »Dann könnte ich die junge Frau mal näher kennenlernen.«

»Halt den Mund!«, fuhr Daniel seinen Bruder wütend an.

Benjamin verging sein Lachen auf der Stelle. »War doch nur ein Scherz«, murmelte er betreten.

»Ihr könntet meine Lebensretter in Kürze in Melbourne treffen. Ich glaube, sie freuen sich, euch einmal wiederzusehen.«

»Was soll das denn heißen? Wiedersehen? Kennen wir die Leute etwa?«

»Das kann man so sagen«, erwiderte Daniel und räusperte sich noch einmal, bevor er sich endlich traute, den Namen zu nennen. »Der Arzt, der mir das Leben gerettet hat, heißt George. George Bradshaw.«

Daniel konnte regelrecht dabei zusehen, wie seinen Eltern die Gesichtszüge entgleisten.

Sein Vater erlangte als Erster die Fassung zurück. »Tja, dann sind wir wohl nicht die Einzigen mit diesem Namen.«

Daniel musterte ihn herausfordernd. »Du willst also immer noch nicht zugeben, dass du diesen Zweig der Familie bisher unterschlagen hast?«

William stieß einen verächtlichen Zischlaut aus. »Was heißt Familie? Ich bin mit dem Mann nicht verwandt. Er ist der Sohn meines Vaters aus seiner zweiten Ehe. Warum sollte ich den je erwähnen?«

»Weil es dein Halbbruder ist. Deshalb. Wenn ich es richtig verstanden habe, habt ihr denselben Vater.«

»Oh Gott, wären wir doch bloß nicht nach Australien zurückgekommen. Ich habe dich gewarnt. Es war nur eine Frage der Zeit, wann uns die Vergangenheit einholt«, jammerte Claire, der jegliche Farbe aus dem Gesicht gewichen war.

99

»Liebling, beruhige dich. Was gehen uns diese Leute an? Gut, sie haben Daniel das Leben gerettet, aber unter diesen Umständen werde ich mich natürlich nicht dafür erkenntlich zeigen. Wir ignorieren das völlig. Wir haben nichts mit der Sippschaft zu tun!«

»Da bin ich aber anderer Meinung«, widersprach Daniel in scharfem Ton.

»Es ist ein bedauerlicher Zufall, dass du gerade diesem Quacksalber in die Hände gefallen bist. Sei froh, dass er dich nicht umgebracht hat«, entgegnete William nicht minder schroff.

»Das ist alles, was ihr dazu zu sagen habt? Im Übrigen ist Dr. George Bradshaw eine anerkannte Koryphäe auf dem Gebiet der Frauenheilkunde und ganz bestimmt kein Quacksalber.«

»Frauenheilkunde, ha, das passt du diesem Weichei. Und damit Schluss! Ich möchte nichts mehr von diesem Thema hören!« Dass William völlig außer sich war, konnte Daniel daran erkennen, dass das Gesicht seines Vaters mit roten Flecken übersät war, die er jedes Mal bekam, wenn ihn etwas mächtig aufregte.

Nun mischte sich auch Benjamin ein, der das Gespräch interessiert verfolgt hatte. »Aber Vater, wenn ich das richtig verstanden habe, sprichst du von deinem Bruder ...«

»Halbbruder, wenn schon!«, fauchte William, während er wütend von seinem Stuhl aufsprang, um ins Haus zu flüchten.

»Bitte bleib!«, bat ihn Claire beschwörend und hielt ihn am Ärmel seines Hemdes fest. »Wir können doch nicht wieder davonlaufen. Ich meine, wir sollten ihnen sagen, warum wir den Kontakt zu der Familie abgebrochen haben.«

»Das ist nicht unsere Familie. Schon vergessen?«

»Was hat dein Bruder so Schlimmes verbrochen, dass ihr nichts mehr von ihm wissen wollt?«, hakte Benjamin neugierig nach.

Claire war den Tränen nah. »Ach, das ist alles schon so lange her, und es tut ungeheuer weh, jetzt an all das erinnert zu werden.«

»Mutter, ich kann mir gut vorstellen, dass das nicht leicht ist für dich, aber ich kann es dir nicht ersparen. Dein Vater Jonathan ist vor ein paar Tagen an einem Herzanfall gestorben. Ich saß an seinem Bett ...«

»Nein, nein, das halte ich nicht aus«, stöhnte Claire auf und brach in Tränen aus.

»Du wirst doch keine Träne um den alten Mistkerl vergießen, oder? Du vergisst wohl, dass er deine Mutter ins Grab gebracht hat und meinem Vater dieses Abo-Blag untergeschoben hat?«

»Das wird ja richtig spannend«, bemerkte Benjamin ungerührt.

»Halt den Mund!«, fuhr ihn Daniel an, obwohl er spürte, wie ihn langsam die körperlichen Kräfte verließen. Nicht nur seine Wade schmerzte höllisch, sondern ihm taten mittlerweile sämtliche Knochen weh. Außerdem war ihm so entsetzlich kalt, aber er durfte nicht schlapp machen. Nicht jetzt, wo sein Vater solche Gemeinheiten von sich gab. Das musste er richtigstellen.

»Sprichst du von Misses Annabelle Parker, Vater?«, zischte Daniel.

»Was weiß ich, wie sie heute heißt. Mit dem Mädchen stimmte was nicht. Das konnte doch sogar ein Blinder sehen. Diese Schlampe von ihrer Mutter hat meinen Vater geheiratet und ihm dieses Gör untergejubelt. Nur deshalb hat er sie überhaupt genommen und die anderen beiden Blagen in die Welt gesetzt. Aber jetzt habe ich genug davon. Ich will nichts mehr hören. Verstehst du? Gar nichts!« William funkelte seinen Sohn angriffslustig an.

»Den Gefallen kann ich dir leider nicht tun, Vater! Denn dann würde ich ein großes Unrecht unwidersprochen lassen. Misses Parker ist eine überaus großherzige Lady und auch keine Aborigine, sondern Ehefrau eines Kongressabgeordneten. Und Granny Vicky eine Schlampe zu nennen ist ungehörig, Vater! Sie ist eine feine alte Dame, die deinem Vater niemals ein Kind untergejubelt hat, wie du es nennst, sondern dein Vater wusste vor der Geburt, dass sie von einem anderen Mann schwanger war. Von deinem Vater Jonathan, Mutter!« Daniel wandte sich an Claire, die immer noch leise vor sich hin schluchzte. »Sag du doch etwas, Mutter, es war dein Vater, von dem hier die Rede ist.«

»Das wird ja immer bunter«, mischte sich Benjamin mit sichtlichem Vergnügen ein. »Also, wenn ich das richtig verstehe, dann hat Dads Stiefmutter einst Moms Vater geheiratet. Das ist ja ein Ding.«

Keiner der Anwesenden reagierte auf seine Worte.

»Sie hat schon lange keinen Vater mehr!«, brüllte William. »Aber das ist typisch für dich, du Weichei, lässt dich von diesen Leuten einfach belügen. Die nette Granny Vicky, wie du sie nennst, hatte nach dem traurigen Tod meines Vaters nichts Besseres zu tun, als sich diesem Melrose an den Hals zu werfen, obwohl er verheiratet war mit Claires Mutter. Die hat keinen Ausweg mehr gesehen, als sich das Leben zu nehmen. Das ist die Wahrheit! Und du wagst es, mich ungehörig zu nennen? Dafür, mein Sohn, erwarte ich eine Entschuldigung von dir!«

Daniel versuchte, gleichmäßig zu atmen, um nicht mitten in diesem hässlichen Streit zusammenzubrechen, denn sein Körper signalisierte ihm immer deutlicher, dass er nicht mehr lange durchhalten würde. Er hatte nur noch einen Wunsch: sich in ein abgedunkeltes Zimmer zurückzuziehen und zu schlafen, aber er konnte sich nicht helfen. Er wollte partout nicht glauben, dass Granny Vicky eine rücksichtslose Ehebrecherin gewesen war, wenn er auch einsah, dass sich die Fronten nur noch weiter verhärten würden, wenn er die Konfrontation suchte.

»Was auch immer vor über zwanzig Jahren geschehen ist, der Tod sollte euch doch miteinander versöhnen können. Gebt euren Herzen einen Ruck und begleitet mich bitte zur Beerdigung von Jonathan Melrose.«

William schnappte nach Luft vor lauter Empörung. »Du bist doch nicht bei Trost! Nur über meine Leiche!«, schrie er mit überkippender Stimme.

Daniel ignorierte diesen Ausbruch seines Vaters und wandte sich an seine Mutter in der Hoffnung, wenigstens ihr Herz zu erreichen, jetzt, nachdem sie vom Tod ihres Vaters erfahren hatte.

»Mutter, dann komm wenigstens du mit mir«, flehte er sie an.

»Ich, nein, ich kann nicht, ich …« Sie wurde von verzweifeltem Schluchzen geschüttelt.

»Kannst oder willst du mich nicht verstehen? Keiner von uns wird zu dieser Beerdigung gehen!«, brüllte William.

»Ich kann euch nicht dazu zwingen, aber mich werdet ihr nicht davon abhalten, meinem Großvater die letzte Ehre zu erweisen«, entgegnete Daniel mit fester Stimme und zuckte auch nicht zurück, als sein Vater vom Stuhl aufsprang und sich drohend vor ihm aufbaute.

»Das wirst du nicht tun! Dem Kerl Ehre erweisen. Was bist du nur für ein Jammerlappen.«

»Ich werde mein Versprechen halten!«, entgegnete Daniel entschlossen.

»Welches Versprechen? Hat der alte Mann dich auf dem Sterbebett dazu genötigt?«, ätzte William.

»Nein, ich habe es Scarlet versprochen und …« Daniel kämpfte mit sich, ob er seinen Eltern nicht gleich die ganze

103

Wahrheit offenbaren sollte. Dass er sich in Annabelle Parkers Tochter Scarlet verliebt hatte und sie auf keinen Fall enttäuschen würde. Aber angesichts der hasserfüllten Unversöhnlichkeit seines Vaters war das kein guter Zeitpunkt, zu seiner Liebe zu stehen. So angespannt wie die Stimmung war, würde sein Vater sicherlich nicht davor zurückschrecken, sich auch über Scarlet beleidigend zu äußern, obwohl er sie nicht einmal kannte. Für den Fall jedoch konnte Daniel für nichts garantieren, denn die Frau, die er liebte, würde er verteidigen wie ein Löwe seine Jungen.

»Aha, jetzt wird es interessant. Ist das die junge Dame, die dich gerettet hat? Ist sie hübsch? Und hat sie vielleicht eine Schwester? Ich meine …«, warf Benjamin grinsend ein.

»Halt den Mund!«, herrschte ihn sein Vater an.

»Annabelle Parker hat zwei Töchter. Scarlet und Ava, und sie sind beide auf ihre Weise schön«, erwiderte Daniel.

»Das hört sich gut an. Also wenn das so ist, begleite ich dich auf die Beerdigung nach Melbourne. Aber, Moment …« Benjamin unterbrach sich und legte die Stirn in grüblerische Falten. »… wenn diese Annabelle die Tochter von diesem toten Großvater ist, der auch Moms Dad ist, dann wären die beiden ja unsere Cousinen, aber ich glaube, das macht nichts. Ich kenne einige Jungs, die es mit ihren Cousinen getrieb…«

Bevor Benjamin seinen Satz vollenden konnte, hatte sein Vater ihm eine schallende Ohrfeige versetzt. Dann ging William schnellen Schrittes ins Haus und kam mit einer Whiskyflasche in der Hand zurück, die er an den Mund setzte und einen kräftigen Schluck daraus nahm.

Benjamin schien sich nicht sonderlich an dieser Ohrfeige zu stören, denn er musterte seinen Bruder nun mit funkelnden Augen.

»Ben, bitte, rede nicht so primitiv über die beiden«, bat ihn Daniel mit letzter Kraft. »Ich werde allein nach Melbourne fahren«, fügte er leise hinzu, während die Gesichter seiner Familie vor seinen Augen verschwammen. Er konnte sie nur noch wie durch einen Schleier erkennen.

»Zum letzten Mal!«, donnerte William. »Keiner von uns setzt einen Fuß auf den Friedhof, wenn der Kerl unter die Erde gebracht wird! Und wenn ich sage, keiner, dann meine ich keinen. Wer es dennoch wagt, gehört nicht mehr zu meiner Familie.«

Wie in Trance erhob sich Daniel und wollte noch einmal lautstark bekunden, dass er sich durch nichts auf der Welt davon würde abhalten lassen, doch in dem Augenblick wurden seine Knie weich, und er sackte in sich zusammen.

9

Als Daniel Bradshaw erwachte, wusste er zunächst nicht, wo er war. Er fühlte nur eines: Ihm taten die Glieder dermaßen weh, dass er sich kaum rühren konnte, und er hatte höllischen Durst. Vorsichtig öffnete er die Augen. Es war taghell im Zimmer, und an seinem Bett saß sein Bruder.

»Was ist geschehen?«, krächzte er heiser.

»Du bist aus den Schuhen gekippt, Brüderchen. Und dann hast du bis jetzt vor dich hingedämmert. Drei Tage, um genau zu sein.«

»Aber wieso?«, fragte Daniel erschrocken, während langsam die Erinnerung einsetzte. An seine Rückkehr, den hässlichen Streit und sein Unwohlsein. Ja, ihm war schummrig zumute gewesen.

»Der Arzt sagt, das sei ein Fieber, das von dem Schlangenbiss kommt. Die Wunde hat sich wohl entzündet.«

»Arzt? Welcher Arzt?«

»Vater ist, nachdem du ohnmächtig geworden bist, wie der Teufel nach St. Kilda geritten und hat einen Arzt geholt, der dich untersucht hat. Vater schimpft seitdem in einem fort auf den Quacksalber in den Bergen, der dich beinahe ins Grab gebracht hat.«

Daniel versuchte voller Empörung, sich aufzusetzen, aber er war zu schwach und ließ sich stöhnend zurück in die Kissen gleiten. »Aber Onkel George kann doch nichts dafür. Er hat mir dringend geraten, in Melbourne sofort einen Arzt aufzusuchen, damit die Wunde frisch verbunden werden kann, aber ich habe seinen Rat in den Wind geschlagen und bin auf direktem Weg zu euch gekommen. Und von St. Kilda bin ich auch noch zu Fuß gegangen.«

»Ganz ruhig. Du solltest dich nicht aufregen, das tut deiner Gesundheit gar nicht gut. Du kannst dir denken, dass es Vater geradezu in den Kram passt, diesen verhassten George für alles verantwortlich zu machen.«

»Ich muss schnellstens aufstehen. Ich darf auf keinen Fall die Beerdigung verpassen. Hörst du?«

»Ja, mein Lieber, das verstehe ich. Glaubst du, mir ist entgangen, wie deine Augen geleuchtet haben, als du von dieser Scarlet gesprochen hast? Und das war bestimmt nicht wegen deines Fiebers. Komm, erzähl mir von ihr. Dann habe ich auch eine schöne Überraschung für dich.«

Er hielt seinem Bruder einen Brief hin. Daniel versuchte, nach ihm zu greifen, aber da hatte Benjamin seine Hand bereits wieder weggezogen. »Erst erzählst du mir von ihr und vor allem von ihrer Schwester. Sie sind also beide hübsch?«

Daniel stöhnte genervt auf, aber er ahnte, dass er keine Chance hatte, an den Brief zu gelangen, bevor er seinem Bruder nicht Näheres über Scarlet berichtet hatte.

»Sag nur, ist er von ihr?«

»Ich glaube schon, und du kannst von Glück sagen, dass ich die Post abgefangen habe. Was meinst du, was Vater mit dem Brief getan hätte, wenn er ihm in die Hände gefallen wäre?«

»Ich kann es mir lebhaft vorstellen«, seufzte Daniel.

»Also, wie sieht sie aus?«

»Sie ist groß, schlank, besitzt dickes blondes Haar, hat wunderschöne Augen, einen sinnlichen Mund, und auf ihrer geraden, wohlgeformten Nase leuchten Sommersprossen wie kleine Sterne.« Daniel hielt inne, denn ihn erfasste in diesem

Augenblick eine schmerzhafte Sehnsucht nach der Frau, von der er gerade schwärmte.

»Gut, und die Schwester?«

»Sie ist eine exotische Schönheit, der die jungen Männer zu Füßen liegen«, entgegnete Daniel knapp. Ihm stand nicht der Sinn danach, seinem Bruder gegenüber Avas Vorzüge zu preisen. Nicht dass er noch auf dumme Gedanken kam, denn was Frauen anging, war Benjamin ein Spieler. Die Mädchen in Auckland hatten ihm den Spitznamen Casanova verpasst, weil er so vielen jungen neuseeländischen Damen das Herz gebrochen hatte. Daniel wunderte sich sehr darüber, dass sie sich so leichtfertig von seinem Bruder einwickeln ließen, aber Ben konnte äußerst charmant sein, wenn er wollte. Den Damen gegenüber spielte er stets den wohlerzogenen jungen Mann aus gutem Haus, und keine seiner Eroberungen ahnte wohl, wie respektlos er hinter ihrem Rücken von ihnen sprach.

»Ist sie auch blond?«, hakte sein Bruder neugierig nach.

»Nein, sie hat schwarzes Haar, aber bitte, komm nicht auf dumme Gedanken. Ich glaube nicht, dass sie sich von einem wie dir um den Finger wickeln lassen würde. Sie ist sehr eigen und ein bisschen eingebildet.«

»Das klingt allerdings interessant. Nach Jagd und Eroberung«, stieß Benjamin sichtlich angetan hervor.

»Untersteh dich! Und nun gib mir endlich den Brief!«

Benjamin zierte sich noch ein wenig, aber dann reichte er seine Beute weiter. Hastig griff Daniel danach, riss den Umschlag ungeduldig auf und las, was Scarlet ihm geschrieben hatte.

Liebster,
du glaubst gar nicht, wie ich dich vermisse. Das ist doch verrückt, oder? Wir kennen uns erst seit ein paar Tagen, und trotz-

dem bist du mir so vertraut, als hätte ich dich immer schon gekannt. Ich spüre immer noch deine Hände auf meiner Haut, und mir wird ganz schummrig, wenn ich an unsere gemeinsame Nacht denke. Oh Daniel, ich bereue nichts!

Unsere Reise nach Melbourne verlief reibungslos, obwohl es ein merkwürdiges Gefühl war zu wissen, dass Großvater im Gepäckwagen in seinem Sarg lag. Granny Vicky ist untröstlich. Sie redet zwar wieder, aber ich glaube, sie reißt sich nur wegen Victoria enorm zusammen. Victoria weint ständig, was Ava schon mehrmals zum Anlass genommen hat, gegen sie zu sticheln. Ich glaube, die beiden werden sich nie wirklich verstehen. Ava ist überhaupt ganz schrecklich schlecht gelaunt. Natürlich ist ihr Großvaters Tod und auch das Feuer sehr nahegegangen, aber ich habe das Gefühl, es treibt sie noch etwas anderes um. Sie lässt nämlich neuerdings keine Gelegenheit aus, sich mit mir anzulegen. Ständig macht sie solche komischen Bemerkungen. Stell dir vor, sie hat mich gestern »Bohnenstange« genannt. Ich weiß, du hast es auch getan, aber bei dir wusste ich, dass du es lieb meinst. Sie aber hat es mit einem hämischen Unterton gesagt ... Weißt du, dass ich befürchte, dass sie unser nächtliches Gespräch belauscht hat und deshalb auf uns beide böse ist?

Auch wenn der Anlass unseres nächsten Treffens bestimmt kein schöner ist, kann ich es doch kaum erwarten, dich wiederzusehen. Großvaters Beerdigung ist morgen in einer Woche. In der St. Pauls Kathedrale. Um 12 Uhr mittags.

Und nun muss ich den Brief leider beenden, denn wir sind erst gerade in Melbourne in Grannys Haus angekommen, und ich will das Schreiben noch eben zur Post tragen, damit es auch ja rechtzeitig bei dir eintrifft.
Deine Scarlet

Daniel las den Brief gleich dreimal hintereinander und hätte es wohl ein viertes Mal getan, wenn Benjamin ihn nicht angesprochen hätte.

»Was schreibt deine Flamme?«

»Die Beerdigung ist nächste Woche«, entgegnete Daniel knapp. Da hörte er schwere Schritte auf dem Flur. Hastig ließ er den Brief unter seinem Kopfkissen verschwinden.

»Wie geht es unserem Patienten heute?«, fragte der fremde Mann, der gemeinsam mit seinem Vater das Zimmer betrat, bereits in der Tür.

»Gut, Herr Doktor«, erwiderte Daniel, denn es war offensichtlich, dass der Mann, der sich seinem Bett näherte, Arzt war.

»Na, das ist schon mal ein Fortschritt, dass Sie wieder bei vollem Bewusstsein sind, junger Mann«, erklärte er, während er Daniel den Puls fühlte. »Dann sind Sie über den Berg!«

»Was hat mir denn gefehlt?«, fragte Daniel.

»Ihre Bisswunde hat sich entzündet, und das hat das Fieber verursacht«, erklärte ihm der Arzt.

»Weil der Quacksalber, der ihn in den Bergen versorgt hat, Mist gebaut hat«, grollte William im Hintergrund.

Daniel wollte gerade widersprechen, als der Arzt das Wort ergriff. »Nein, Mister Bradshaw, das kann man so nicht sagen. Die Wunde war fachmännisch versorgt, aber der junge Mann hätte dringend zur Nachsorge gemusst.«

»Genau, das hat mir der Arzt, den mein Vater als Quacksalber bezeichnet, in Wentworth Falls mit auf den Weg gegeben. Und ich habe es leider nicht beherzigt«, pflichtete ihm Daniel eifrig bei und musterte den Doktor prüfend. »Wann kann ich wieder aufstehen?«

»Sobald die Entzündung abgeklungen und das Fieber weg ist«, erwiderte der Arzt.

110

»Und wann ist das?«

»Schauen wir mal. Ob sie mal das Bein freilegen?«

Daniel schlug die Bettdecke beiseite und wollte dem Arzt sein Bein entgegenstrecken, doch als er die Schwellung sah, bekam er einen riesigen Schreck.

»Aber das ist ja alles geschwollen!«, rief er entsetzt aus.

»Junger Mann, das hätten Sie mal vor zwei Tagen sehen sollen. Tja, da müssen Sie wohl noch ein bisschen Geduld haben.«

»Was heißt das?«

»Zwei Wochen sollten Sie noch stramm liegen und das Bein täglich desinfizieren«, entgegnete der Arzt, während er fachmännisch die Wunde begutachtete. »Sieht alles gut aus. In spätestens drei Wochen sind Sie wieder voll auf dem Damm.«

»Aber … ich muss in einer Woche zu einer Beerdigung in Melbourne sein«, stammelte Daniel verzweifelt und zog durch diese Worte einen finstern Blick seines Vaters auf sich.

»Das können Sie definitiv nicht!«, erwiderte der Arzt und machte sich daran, das Bein mit einer Flüssigkeit einzureiben, die wie Feuer brannte, aber Daniel spürte den körperlichen Schmerz kaum, weil er von dem Kummer darüber, nicht zu Jonathans Beerdigung zu können, überstrahlt wurde. Ihm kamen vor lauter Enttäuschung die Tränen.

»Das ist das letzte Mal, dass wir zu diesem Mittel greifen«, sagte der Arzt mitfühlend, weil er glaubte, dass seinem Patienten durch das Brennen des Karbols die Augen feucht geworden waren.

Daniel schwieg und blickte seinen Vater, dessen Miene Erleichterung widerspiegelte, düster an. Offenbar war er sehr froh darüber, dass Daniel nun definitiv nicht zu Jonathan Melroses Beerdigung fahren konnte.

»Ich wäre jetzt gern allein«, verlangte er, nachdem der Arzt das Zimmer verlassen hatte. Er konnte die Anwesenheit seines

111

Vaters nur schwer ertragen, weil er sich gerade an jedes Wort des hässlichen Streits mit ihm erinnerte. Und dass er ihm angedroht hatte, er wäre nicht länger sein Sohn für den Fall, dass er doch nach Melbourne reisen sollte. Und nun hatte sein Vater gewonnen und schien diesen Triumph sichtlich zu genießen.

»Dann schlaf dich gesund. Mutter bringt dir nachher eine kräftige Suppe«, sagte William und verließ das Zimmer. Daniel wartete nur darauf, dass Benjamin ihm folgte, um sich ungestört seinem Kummer hinzugeben, aber der Bruder machte keine Anstalten zu gehen. Im Gegenteil, er setzte sich nun auf den Stuhl neben dem Bett und raunte verschwörerisch:»Siehst du, nun ist es gar nicht mehr zu umgehen. Ich sollte tatsächlich zu dieser Beerdigung fahren.«

»Verstehe ich nicht«, brummte Daniel genervt.

»Es wäre doch ein schwaches Bild, wenn keiner von uns zur Beerdigung unseres Großvaters käme«, säuselte Benjamin.

»Aus deinem Mund hört sich das recht seltsam an«, erwiderte Daniel unwirsch. »Dir ist es doch völlig egal, wer da unter die Erde gebracht wird. Du willst doch nur einen Blick auf die beiden Schönen werfen. Gib's zu!«

»Sagen wir so. Das würde ich bei der Gelegenheit sicher auch tun, aber mal ehrlich. Wie sieht das denn aus, wenn sich keiner von uns dort blicken lässt? Und vielleicht gibst du mir einen Brief an diese hübsche Cousine mit. Das ist doch viel persönlicher, als würdest du ihr per Post absagen.«

»Das würdest du wirklich tun? Auch gegen Vaters ausdrücklichen Willen?«, fragte Daniel seinen Bruder skeptisch.

Benjamin nickte eifrig. »Gut, ich würde Vater nicht die Wahrheit sagen. Das gebe ich zu. Den Ärger möchte ich nicht riskieren, sondern ich behaupte, dass ich auf den Viehmarkt nach Melbourne Kensington zur Wollauktion fahre. Natürlich werde ich dort auch wirklich vorbeischauen, damit ich Vater

Bericht erstatten kann.« Benjamin lächelte seinen Bruder gewinnend an.

Daniel war hin- und hergerissen. Einerseits fand er das Angebot verlockend, und andererseits blieb ein gewisser Zweifel an der aufrichtigen Absicht seines Bruders.

Schließlich streckte er ihm die Hand entgegen. »Einverstanden. Bring mir schnell Papier und einen Federhalter. Ich werde Scarlet gleich einen Brief schreiben.«

»Wird gemacht. Und ich werde Vater von meiner spontanen Reise nach Melbourne berichten.« Mit diesen Worten sprang Benjamin von dem Stuhl und verließ das Zimmer. Daniel blieb mit gemischten Gefühlen zurück. *Warum vertraue ich meinem Bruder bloß nicht so richtig*, dachte er bedauernd. *Er hat mich doch noch nie belogen oder verraten. So wie ich ihn. Wer verschweigt denn wem die Sache mit der Adoption? Nein, es ist nicht fair, Ben unlautere Absichten zu unterstellen*, schlussfolgerte Daniel. Außer dass er manchmal recht ungehobelt über Frauen sprach und ein kleiner Casanova war, konnte Daniel ihm wirklich nichts vorwerfen. Und selbst wenn er versuchen würde, bei Scarlet zu landen – da konnte er sich sicher sein –, würde Benjamin auf Granit beißen. Sie war doch keine flatterhafte junge Frau, die so etwas mitmachte, und außerdem liebte sie ihn. Er holte ihren Brief unter dem Kopfkissen hervor und bedeckte ihn mit Küssen.

Als Benjamin zurückkehrte, saß Daniel aufrecht im Bett und erwartete ihn mit glänzenden Augen. Der Gedanke, Scarlet vorerst nicht wiederzusehen, schmerzte zwar immer noch, aber die Aussicht darauf, dass immerhin ein Stellvertreter dieser Familie Bradshaw anwesend sein würde, spendete ihm Trost, zumal er als persönlicher Liebesbote für ihn auftreten würde.

»Danke, dass du das für mich tust«, sagte Daniel ehrlich berührt.

Benjamin machte eine abwehrende Geste. »Ich bin doch auch neugierig darauf, den anderen Zweig unserer Sippe kennenzulernen, auch wenn Vater kein gutes Haar an ihnen lässt.«

»Ich glaube, da steckt noch etwas anderes dahinter. Ich kann mir kaum vorstellen, dass diese reizenden Menschen allein die Schuld an dem Zerwürfnis tragen«, murmelte Daniel.

»Wir kennen doch Vater. Er ist sehr rigoros in seinen Ansichten, und wenn er etwas nicht kann, ist es, seine Meinung, die er sich einmal gebildet hat, zu ändern.«

»Da hast du wohl recht«, seufzte Daniel und griff nach dem Schreibwerkzeug. »Ich würde ihr jetzt gern antworten.«

»Das verstehe ich gut! Dann schreib mal schön von der Lieeeebe. Muss das schön sein!«, flötete Benjamin übertrieben.

Daniel musste unwillkürlich lächeln. »Das kennst du doch zur Genüge. Du hast bestimmt bereits vielen Frauen etwas von Liebe erzählt.«

»Sicher. Wie willst du dich sonst einer Frau nähern? Du kannst ihnen kaum sagen: Mich macht wild, was in Ihrem Mieder steckt, und deshalb würde ich Sie gern küssen! Nein, da musst du schon andere Geschütze auffahren. In etwa so: Sie haben den schönsten Mund, den ich je gesehen habe, Mylady, ach, wie gern würde ich Ihre Lippen berühren …«

»Du bist unmöglich!«, lachte Daniel.

»Dergleichen hast du doch nicht etwa wirklich zu deiner Scarlet gesagt, oder?«, fragte Benjamin grinsend.

»Nein, ganz bestimmt nicht. So gern ich deine Nachhilfe in Anspruch nehmen würde, aber ich glaube, zu mir passen andere Sätze als zu dir.«

»Natürlich, du wirst so etwas sagen wie: Darf ich Ihnen einmal mein Klavier zeigen und Sie mit einer Sonate erfreuen?«, lachte Benjamin.

»Raus jetzt! Sofort! Sonst springe ich aus dem Bett und mache dir Beine«, drohte Daniel ihm scherzend an, woraufhin Benjamin lachend die Flucht ergriff.

Daniel spürte, wie schwach er noch war, als er sich in seine Kissen zurücklehnte. Wahrscheinlich hatte der Arzt nicht übertrieben, als er ihm bis auf Weiteres strenge Bettruhe verordnet hatte. Trotz der Mühen, die es ihm machte, begann Daniel, den Brief an Scarlet zu formulieren. Die ersten Sätze kosteten ihn einige Überwindung, doch dann flossen ihm die Zeilen nur so aus der Feder. Befriedigt las er noch einmal durch, was er ihr geschrieben hatte.

Liebste Scarlet,
ich habe soeben deine Zeilen gelesen und bin untröstlich. Nicht wegen deiner lieben Worte, die ich nunmehr fast auswendig kenne, sondern wegen einer traurigen Nachricht, die ich dir hiermit von meinem Bruder überbringen lasse. Ich bin leider ernsthaft erkrankt, weil sich die Bisswunde entzündet hat, und der Arzt hat mir noch mindestens vierzehn Tage Bettruhe verordnet. Ich muss also einsam im Bett bleiben, während ihr unseren Großvater zu Grabe tragt. Du magst dir sicher vorstellen, wie schwer das für mich ist, mein Herz.

Nun hat sich aber mein Bruder Benjamin angeboten, unsere Familie auf der Beerdigung zu vertreten. Mit meinen Eltern ist leider über dieses Thema gar nicht zu reden. Wenn mein Vater wüsste, dass Ben nach Melbourne zu euch reist, er würde ihn glatt enterben. Aber mein Bruder möchte mir gern helfen und euch kennenlernen. Nehmt ihn bitte freundlich auf, auch wenn er manchmal ein wenig ungehobelt wirkt.

Ach, wie werde ich dich vermissen. Ich träume jede Nacht von dir und von unseren Küssen. Nein, ich bereue auch nichts. Im Gegenteil, der Gedanke an unsere Nacht gibt mir die Kraft, gegen dieses dumme Fieber anzukämpfen. Sobald ich wieder gesund bin, werde ich zu euch nach Wentworth Falls kommen und bei deinen Eltern um deine Hand anhalten. Natürlich nur, wenn du überhaupt meine Frau werden willst. Ich weiß, dass dies wahrlich nicht der richtige Weg ist, dir einen Antrag zu machen, aber ich kann nicht anders. Und wenn er nicht ganz so poetisch gelungen ist, schieb es dem bösen Fieber zu, das mich immer noch fest im Griff hat. Der Entschluss, dich zu fragen, ob du mich heiratest, ist mir aber nicht im Fieberwahn gekommen, sondern ich habe überlegt, wie es mit uns weitergehen kann. Da ich nur in Adelaide studieren kann, wäre es doch wundervoll, du kämest nach dem Schulabschluss auch dorthin. Dann kannst du dich dort zur Forscherin ausbilden lassen. Ohne dass wir lange Phasen der Trennung auf uns nehmen müssten.

Ich weiß zwar nicht, was deine Familie unter diesen Bedingungen, dass ich der »Sohn« von William Bradshaw bin, zu unserer Verbindung sagen wird, aber zur Not weihen wir sie in das Geheimnis meiner Adoption ein. Ach, mein Herz, ich kann schon kaum mehr die Feder halten. Mir ist kalt und warm zugleich. Ich möchte jetzt nur noch schlafen und von dir träumen, damit du mir wieder ganz, ganz nah bist.

Gib doch meinem Bruder einen Brief mit und schreibe mir, ob du meinen Antrag annimmst und meinen Besuch in Wentworth Paradise gutheißt. Ich liebe dich! Dein Daniel

Erschöpft ließ Daniel den Brief auf die Bettdecke gleiten. Er schaffte es noch, ihn in einen Umschlag zu befördern und diesen auf den Nachttisch zu legen, bevor ihm die Lider so schwer wurden, dass er die Augen schließen musste.

10

An diesem Januartag wurde das Melbourner Wetter seinem Ruf als »Vier Jahreszeiten an einem Tag« wieder einmal mehr als gerecht. Am Morgen war es noch drückend heiß gewesen, anschließend war ein stürmischer Regen über die Stadt gezogen und hatte eine unangenehme Kühle mit sich gebracht. Die gefallenen Temperaturen passten zu der Stimmung, die an diesem Vormittag im Haus Melrose herrschte. Dieses hochherrschaftliche Anwesen war Vickys Elternhaus gewesen, in das sie nach dem Tod ihres Ehemannes Frederik Bradshaw gezogen war, nachdem der gewalttätige Ehemann ihrer verstorbenen Schwester Louise das Weite gesucht hatte. Ein paar Jahre hatten sie gemeinsam mit Louise und ihrer Mutter unter einem Dach gelebt, aber dann war erst Anne und später Louise an einem Fieber gestorben. Auch Vicky war sehr krank geworden, aber dank Jonathans aufopfernder Pflege hatte sie die Krankheit überlebt.

Das alles ging Vicky durch den Kopf, während sie auf die Holzkiste starrte, die dort vorn am Altar stand und von einem Blumenmeer bedeckt war. Von der Predigt des Probstes bekam sie nichts mit, weil sie sich nicht auf die Worte eines Fremden konzentrieren konnte, der von Gott und dem ewigen Leben sprach, aber nicht über den Menschen Jonathan, obwohl der Probst Jonathan gut gekannt hatte. Die St. Paul's Kathedrale war beinahe bis auf den letzten Platz besetzt, aber auch der Gedanke, dass so viele Menschen gekommen waren, um von Jonathan Abschied zu nehmen, war nicht dazu angetan, sie auch nur annähernd zu trösten. Sie konnte es nämlich immer noch nicht fassen, dass der Sarg dort vorne die sterblichen Überreste des von ihr über alles geliebten Mannes enthielt. Sie versuchte sich mit dem Gedanken zu helfen, dass dieses Mal wenigstens ein Körper im Sarg ruhte und sie nicht wie bei Frederik einen leeren Sarg betrauern musste. Der Trost war allerdings nur sehr schwach, denn sie konnte sich überhaupt nicht vorstellen, wie sie ohne Jonathan weiterleben sollte. Er war nicht nur ihr Geliebter, sondern auch ihr bester Freund gewesen. Sie hatten alle Entscheidungen gemeinsam getroffen und es geschafft, aus diesen zwei verfeindeten Familien eine zu machen, jedenfalls mit denen, die ihre Ehe nicht verflucht hatten. Natürlich hatte sie Amelie die Nachricht von Jonathans Tod geschickt, aber eine Antwort hatte sie mitnichten erhalten. Allerdings hatte sie sich strikt geweigert, Claire über den Tod ihres Vaters zu informieren, und war wenig erfreut darüber gewesen, dass ihre Enkelin Daniel geschrieben hatte, wann die Beerdigung stattfand. Sie hatte nichts dagegen, dass der junge Mann seinem Großvater die letzte Ehre erwies, aber die Vorstellung, Claire und William würden mit scheinheiligen Mienen an Jonathans Grab auftauchen, war ihr mehr als zuwider. Doch anscheinend hatte sich gar keiner von der Sippe Bradshaw blicken lassen, wie Vicky mit gemischten Gefühlen aus der Unruhe ihrer Enkelin Scarlet schließen konnte, die sich in der Kirche alle paar Minuten suchend umdrehte.

Sie hatte indessen gar keine Muße, ihre Enkelin zu ermahnen, das zu unterlassen, war sie doch damit beschäftigt, ihrer Adoptivtochter unablässig die Hand zu streicheln, denn Victoria schien untröstlich. Sie betrauerte ihren Adoptivvater unter lautem Schluchzen. Vicky war schwer erschüttert über die Heftigkeit von Victorias Gefühlen, aber sie zeigten ihr auch schmerzhaft, dass es ein Leben nach Jonathans Tod geben würde, zumal sie die große Verantwortung für diese junge Frau trug. Es hatte ihr schier das Herz brechen wollen, als sie vorhin beim Verlassen des Hauses ihre Enkelin Ava Victoria in gehässigem Ton hatte zuzischen hören: »Hör doch endlich auf mit deinem blöden Geheule. Davon wird mein Großvater auch nicht wieder lebendig!« Vicky hatte es vorgezogen, diese bösartige Bemerkung zu überhören, denn natürlich war auch Ava untröstlich. Sie hatte Jonathan sehr geliebt, aber Vicky würde nicht umhinkommen, mit ihrer Enkelin ein paar ernste Worte zu reden, wenn sich das Leben wieder normalisiert hatte. *Normalisiert*, dachte Vicky betrübt, das würde wohl nie mehr der Fall sein. Es würde kein Tag vergehen, an dem sie nicht an Jonathan denken würde und manchmal auch an Frederik. Nun waren die beiden einzigen Männer, die ihr je etwas bedeutet hatten, tot. Plötzlich fiel ihr ein, was sich Jonathan noch so sehnlich gewünscht hatte und was jedoch nicht mehr hatte umgesetzt werden können: Er hatte verlangt, dass Annabelle und auch Ava endlich erfuhren, dass sie Aborigine-Wurzeln in sich trugen.

Vicky schickte einen kurzen Seitenblick zu Ava, die neben Scarlet in der ersten Reihe saß und mit fest zusammengebissenen Lippen den Worten des Probstes zuzuhören schien. Wie würde dieses schwierige und hoch talentierte Menschenkind die Nachricht nur aufnehmen? Scarlet würde diese Enthüllung wahrscheinlich weniger tangieren. Sie hatte auch keine solchen Vorurteile gegen Aborigines wie ihre Schwester. Und kein Mensch würde dieses Erbgut jemals bei ihr erwarten. *Ach, ich muss ein wenig warten, bis sich das Leben normal …* Sie stockte. Nein, es würde sich niemals mehr normalisieren! Sie würde lediglich versuchen, Victoria eine gute Mutter und ihren Enkelinnen eine gute Großmutter zu sein. In diesem Augenblick erklang verhaltenes Schluchzen. Vicky wandte den Kopf nach links. Neben Ava saß Annabelle. Eine Welle der Zuneigung für ihre Tochter durchflutete Vicky. Um Annabelle machte sie sich die geringsten Sorgen. Sie schien ihr Leben im Griff zu haben und sich durch nichts aus der Bahn werfen zu lassen, doch als Vicky ihr vor Kummer verhärmtes Gesicht wahrnahm, nahm sie sich fest vor, ihre Tochter nachher ganz besonders fest in den Arm zu nehmen. Und nein, vorerst würde sie weder Annabelle noch Ava das Geheimnis über Jonathans Mutter anvertrauen. Denn wer würde es ausbaden müssen, wenn Ava hysterisch auf diese Nachricht reagierte? Die tapfere Annabelle! *Nein, ich werde nichts unternehmen, was meiner Tochter noch zusätzlichen Kummer bereiten würde*, beschloss Vicky entschieden, *kommt Zeit, kommt Rat*.

In diesem Augenblick hörte sie den Probst sagen: »So nehmen wir Abschied von unserem Freund Jonathan Melrose, einem aufrechten Mann, der trotz vieler Schicksalsschläge immer ein mitfühlender Mensch geblieben ist und dem wir die Bowls-Farm zu verdanken haben, auf der Dutzende von in Melbourne gestrandeten ehemaligen Goldgräbern eine Arbeit und ein Zuhause gefunden haben ...«

Diese Worte trafen Vicky mitten ins Herz, und ihre Augen wurden feucht. Wie lange hatte sie Jonathans ursprünglichen Familiennamen nicht mehr gehört. Unter diesem Namen hatte sie sich einst in ihn verliebt, in ihn, den armen Goldgräber, eine Verbindung, die ihre Familie mit einer gemeinen Intrige erfolgreich hintertrieben hatte, bis sie ihn dann als Witwe unter dem Namen Melrose wiedergetroffen und er es inzwischen zu Ansehen und Reichtum gebracht hatte ... Aber er hatte seine alten Mitstreiter von den Goldfeldern nie vergessen und mit dem Kauf der Farm vielen armen und gebrochenen Männern, die aus unterschiedlichen Gründen nicht in ihre Heimat hatten zurückkehren können und nicht so viel Glück gehabt hatten wie er, ein neues Zuhause gegeben. Außerdem hatte er sich damit einen alten Wunsch erfüllt, einmal Farmer zu werden. So ganz war der Traum zwar nicht in Erfüllung gegangen, weil Jonathan nur gelegentlich dort hinfuhr, um nach dem Rechten zu sehen, aber die Farm hatte ihm auf jeden Fall sehr am Herzen gelegen.

Vicky schreckte aus ihren Gedanken, als sie spürte, wie Scarlet ihre Hand drückte, und sie verstand auch sofort, warum, denn nun hatte auch sie selbst hemmungslos aufgeschluchzt.

Am liebsten würde sie sich verkriechen, um, ohne von Hunderten Augenpaaren beobachtet zu werden, um Jonathan weinen zu können, doch das Einsetzen des Glockengeläuts machte ihr bewusst, dass ihr der schlimmste Gang noch bevorstand, denn nun wurde der Sarg feierlich von George, Walter und vier weiteren schwarz gekleideten Herren aus der Kirche getragen.

Ihnen schloss sich die Familie an. Vicky nahm die Hand von Annabelle, die diese kleine Geste des Trostes dankbar annahm und die Hand ihrer Mutter fest drückte.

Auf ihrer anderen Seite hatte sich Scarlet bei ihr eingehakt, aber sie war, wie bereits in der Kirche, furchtbar unruhig und sah sich alle paar Schritte suchend um.

Scarlet verstand partout nicht, warum sie Daniel nirgends erblicken konnte. Er war groß und in der Trauergemeinde bestimmt nicht zu übersehen. Sie wusste selbst, dass es sich nicht gehörte, sich bei der Beerdigung ihres Großvaters den Hals nach einem jungen Mann zu verrenken, aber sie konnte nicht anders. Was war bloß schiefgegangen? Hatte er ihren Brief denn nicht bekommen? Anders konnte sie sich nicht erklären, dass er sich weder gemeldet hatte noch rechtzeitig zur Beerdigung erschienen war. Sie hegte bis zuletzt eine vage Hoffnung, dass er nur ganz hinten in der Kirche gesessen hatte und sie ihn am Grab endlich wiedersehen würde.

Doch auch das erwies sich als frommer Wunsch, der sich nicht erfüllen sollte. Eine endlose Schlange von Trauergästen schüttelte ihr die Hand, aber kein Daniel. Plötzlich erstarrte sie, als sich ihnen ein junger Mann näherte, der eine verblüffende Ähnlichkeit mit ihm besaß. Dieselbe Haarfarbe, dieselbe Augenfarbe, dasselbe Grübchen am Kinn, dieselbe Statur, aber eine völlig andere Art, sich zu bewegen! Und seine Gesichtszüge wirkten gröber als die von Daniel. Wer war das? Was wollte er hier? Scarlets Herz klopfte bis zum Hals, als er bei ihr angelangt war.

»Sind Sie Daniels Bruder?«, raunte sie ihm zu.

»Sieht man das?«, erwiderte er lächelnd.

»Nicht hier, aber Sie müssen mir später erklären, was das alles zu bedeuten hat«, sagte sie hastig, als sie bemerkte, wie ihre Mutter ihr einen strafenden Seitenblick zuwarf. Wie in Trance ließ sie das Händeschütteln über sich ergehen, und kaum dass sich die Familie vom Grab entfernte, sah sie sich suchend um. Sie entdeckte den Fremden unter einem Baum. Er hatte offenbar auf sie gewartet und winkte ihr zu. Ohne zu überlegen, setzte sie sich von der Familie ab und eilte zu ihm.

»Guten Tag, Sie müssen Scarlet sein«, begrüßte er sie, bevor sie ihn mit neugierigen Fragen überschütten konnte.

»Und Sie, wer sind Sie?«

»Ich bin Benjamin, Daniels Zwillingsbruder«, erwiderte er und musterte sie sichtlich angetan. Er fühlte den Brief seines Bruders förmlich in der Jackentasche brennen, aber ein innerer Schweinehund hielt ihn davon ab, ihn ihr sofort auszuhändigen. Denn Daniel hatte nicht übertrieben. Diese junge Frau war genau sein Typ. Natürlich hatte er inzwischen auch einen Blick auf ihre Schwester riskiert, die in der Tat ein außergewöhnlich hübsches Mädchen war, aber die hochgewachsene blonde Scarlet gefiel ihm auf Anhieb besser. Außerdem fiel ihm sofort der Streit ein, den es um die Familie Parker nach Daniels Rückkehr gegeben hatte. Hatte sein Vater nicht behauptet, die Mutter der beiden jungen Damen hätte das Blut der Aborigines in ihren Adern? Wenn Ava auch überhaupt nicht die seiner Meinung nach typischen Gesichtszüge der Ureinwohner besaß, war ihr Teint wesentlicher dunkler als der der anderen Familienmitglieder. Vielleicht hatte sein Vater wirklich recht, und im Gegensatz zu seinem Bruder mochte er keine Abos und würde niemals eines dieser Mädchen anrühren, es sei denn zum puren Vergnügen. Und seine Lust auf ein Abenteuer war angefacht, seit er Scarlet eben zum ersten Mal gesehen hatte, wie sie dort in der Reihe ihrer Verwandten gestanden und in aufrechter Haltung die Kondolationen entgegengenommen hatte. Auch wenn man bei ihr nicht die Spur von Abo-Blut erkennen konnte, floss es dennoch in ihren Adern, wollte er seinem Vater Glauben schenken. Ja, ihn erregte diese scheinbar kühle Ausstrahlung der jungen Frau, und sein Jagdtrieb war in einer Art und Weise geweckt, wie er es selten erlebt hatte. Ein bisschen heizte ihm auch die Vorstellung ein, diese Frau vielleicht noch vor seinem Bruder zu besitzen. Wie er Daniel kannte, hatte der sich mit Sicherheit wie ein Gentleman verhalten und sie noch nicht entjungfert. Allein der Gedanke daran ließ sein Herz schneller schlagen.

»Ich, also, ich … ich weiß gar nicht, wie ich es Ihnen schonend beibringen soll. Mein Bruder ist verhindert.«

»Was heißt das? Verhindert?«, hakte Scarlet sichtlich irritiert nach.

Benjamin kämpfte mit sich. Wenn er ihr jetzt die Wahrheit sagte und den Liebesbrief seines Bruders aushändigte, den er zwar noch nicht gelesen hatte, von dem er sich aber nur zu gut vorstellen konnte, was für süße Worte er enthielt, dann hatte er nicht die geringste Chance bei ihr.

»Das werde ich Ihnen in Ruhe später erklären«, redete er sich heraus und deutete auf Annabelle, die nun neugierig zu ihnen herüberschaute.

»Ich glaube, Ihre Mutter fragt sich gerade, wer ich bin. Wollen Sie mich ihr nicht vorstellen?«, fügte er eilig hinzu.

Scarlet folgte seinem Blick und winkte ihrer Mutter zu. »Gut, dann kommen Sie, aber bitte spannen Sie mich nicht allzu sehr auf die Folter. Sobald wir eine Gelegenheit haben, uns in Ruhe zu unterhalten, müssen Sie mir die Wahrheit sagen«, erklärte sie mit fester Stimme.

»Aber selbstverständlich«, entgegnete er höflich und folgte ihr zu Annabelle, die ihn immer noch fragend musterte. Wohlerzogen streckte er ihr die Hand entgegen. »Mein Name ist Benjamin Bradshaw. Ich vertrete meinen Bruder, der mich darüber informiert hat, dass es mein Großvater ist, der gerade beerdigt worden ist.«

»Gut, dann kommen Sie doch noch mit zu uns. Wir wollen ein wenig beim Tee zusammensitzen und gemeinsam meines Vaters gedenken.«

»Ich möchte mich aber nicht aufdrängen«, erwiderte Benjamin.

»Sie müssen mitkommen«, sagte Scarlet in einem Ton, der keinen Widerspruch duldete.

»Wenn es Ihnen wirklich recht ist, begleite ich Sie gern. Ich war nur nicht sicher, ob Ihnen das genehm ist, gnädige Frau, denn ich weiß ja, dass Ihr Verhältnis zu meinem Vater nicht gerade das beste ist.«

»Das kann man wohl sagen«, entgegnete Annabelle mit angespannter Miene, doch dann wurden ihre Gesichtszüge weicher. »Aber dafür können Sie nichts. Es spricht für Sie, dass Sie heute hierher gekommen sind.«

Gemeinsam mit Annabelle machten sie sich schweigend auf

den Heimweg, denn die Kathedrale war von Granny Vickys Haus aus fußläufig zu erreichen. Als sie im Salon ankamen, hatten die anderen Familienmitglieder bereits an der Tafel Platz genommen. Dort herrschte betretenes Schweigen.

Klara, das Hausmädchen, war damit beschäftigt, den Tee zu servieren, und Victoria half ihr dabei.

»Und wer ist die junge Dame?«, flüsterte Benjamin Scarlet zu.

»Das ist Victoria, Granny Vickys Adoptivtochter«, erwiderte sie. »Kommen Sie, wir verschwinden mal schnell im Garten. Ich möchte endlich wissen, was los ist«, fügte sie ungeduldig hinzu.

Sie wollten sich gerade unauffällig zurückziehen, als Annabelle aufstand und die Anwesenden begrüßte. Den Salon nun zu verlassen, wäre ungehörig gewesen. Das war auch Scarlet klar. Schweren Herzens setzte sie sich auf einen leeren Platz, Benjamin nahm den Stuhl neben ihr.

In diesem Augenblick blickte Annabelle zu ihnen hinüber und sagte: »Liebe Familie, der junge Mann, der neben Scarlet sitzt, ist Benjamin Bradshaw, der Bruder von Daniel.« Alle Augen waren nun auf ihn gerichtet, und er nickte grüßend in die Runde.

Scarlet konnte kaum still sitzen. Ihre Nerven waren zum Zerreißen gespannt, weil sie, während Annabelle alle Anwesenden vorstellte, ständig darüber nachgrübelte, was Daniel wohl davon abgehalten hatte, zur Beerdigung zu kommen, und warum er seinen Bruder geschickt hatte. Als ihre Mutter wieder Platz genommen hatte, sich die Stimmung bei Tisch etwas lockerte und die Trauergäste erneut miteinander zu plaudern begannen, wollte Scarlet Benjamin anstupsen, um ihn zum Aufstehen zu bewegen, aber er war mittlerweile in ein angeregtes Gespräch mit Ava vertieft, die ihnen gegenübersaß und Benjamin sehr interessiert gemustert hatte. Da war es wieder, dieses verräterische Glühen in den Augen ihrer Schwester, wenn sie mit einem attraktiven männlichen Wesen sprach, doch darauf konnte Scarlet jetzt keine Rücksicht nehmen, denn sie platzte förmlich vor Neugier.

Ohne weiter zu überlegen, packte sie Benjamin am Arm. »Kommen Sie, ich zeige Ihnen den Garten!« Was ihr einen bitterbösen Blick ihrer Schwester einbrachte.

11

Kaum waren Scarlet und Benjamin auf der Veranda angekommen, sah sie ihn erwartungsvoll an. »Bitte, nun sagen Sie mir doch endlich, was los ist.«

»Wollen wir uns nicht duzen? Schließlich bist du ja irgendwie eine Cousine«, schlug er vor.

Scarlet verdrehte genervt die Augen. »Ja, das können wir machen, aber bitte, nun sage endlich, warum Daniel nicht gekommen ist ...« Plötzlich stand ihr die nackte Panik ins Gesicht geschrieben. »Ihm wird doch nichts passiert sein. Er ist krank, oder?«

Benjamin atmete tief durch. Er war hin- und hergerissen zwischen der Loyalität zu seinem Bruder und der Sogwirkung, die diese Frau auf ihn ausübte. Er konnte sich nicht helfen, allein bei dem Gedanken, sie zu besitzen, sendete ihm sein Körper eindeutige Signale. Keine Frage, er begehrte sie und wollte ihre Kühle unter seinen Händen zum Schmelzen bringen. Nein, er sah sich nicht in der Lage, das auszuführen, was sein Bruder ihm aufgetragen hatte.

»Nun rede schon! Ist es so schlimm, dass du dir überlegst, wie du es mir schonend beibringst?«

»Keine Sorge, es geht ihm blendend. Jedenfalls körperlich.«

Scarlet war sichtlich erleichtert. »Gut, dann wird es ja nicht so schlimm sein, dass du es mir nicht endlich sagen kannst!«

»Nun ja, es hat nach Daniels Rückkehr zu Hause einen großen Streit mit unserem Vater gegeben. Mein Vater hasst deine Großeltern und auch deine Mutter wegen dieser alten Geschichten. Er hat Daniel verboten, zu der Beerdigung von Jonathan Melrose zu fahren.«

Scarlet sah ihn aus großen Augen verwundert an. »Ja, und?«

»Er hat gedroht, ihn zu enterben, wenn er nach Melbourne fährt und wenn er dich …« Benjamin stockte. Ein letztes Mal meldete sich sein schlechtes Gewissen. Es war ihm durchaus bewusst, dass dies eine furchtbar miese Lüge war, mit der er einen Keil zwischen die Liebenden treiben würde, aber er konnte nicht anders. Er musste dieses Spiel zu Ende führen, weil er nur eine Chance bekam, diese Frau zu verführen, wenn er sich als ihr Tröster zeigte.

»Was? Was hat dein Vater von ihm verlangt?«

»Dass er dich nie wiedersehen darf!«

»Aber Daniel ist doch kein Feigling, der sich erpressen lässt!«, rief sie empört aus.

»Nein, ganz bestimmt nicht. Er ist ein hochsensibler Mann, der sich wahrscheinlich nicht um Vaters Drohungen geschert hätte, wenn meine Mutter ihn nicht angefleht hätte, Abstand zu deiner Familie zu halten. Sie hat es bis heute nicht verwunden, dass dein, ich meine unser Großvater deine Großmutter geliebt hat und nicht ihre Mutter. Und sie macht ihn dafür verantwortlich, dass sich ihre Mutter das Leben genommen hat …« Er legte eine Verschnaufpause ein, aber nicht, weil ihn erneut moralische Bedenken quälten. Nein, eher weil er für einen winzigen Augenblick selbst an diese rührende Geschichte geglaubt hatte. Als er Scarlets waidwunden Blick wahrnahm, war er sicher, dass sie sich früher oder später an seiner Schulter ausweinen würde. Und dass er schneller am Ziel sein würde, als er es sich in seinen kühnsten Träumen erhofft hatte.

»Heißt das, er hat sich dem Willen deiner Mutter gebeugt und will mich nicht wiedersehen?«, fragte sie mit bebender Stimme.

Benjamin nickte. »Ich hätte dir das gern erspart, denn du bist sehr verliebt in Daniel, oder?«

Scarlet hatte den Kopf gesenkt, damit er ihre Tränen nicht sehen konnte, aber Benjamin fasste vorsichtig mit der Hand unter ihr Kinn und zwang sie so, ihn anzusehen. »Es tut mir unendlich leid, dass ich dir nichts anderes sagen kann als die Wahrheit. Ich kann nur sagen, nichts hätte mich davon abgehalten, dich wiederzusehen, wenn ich an seiner Stelle wäre.«

Scarlet war zutiefst verunsichert. Seine Berührung fühlte sich nicht unangenehm an, vielmehr fremd und zugleich auch vertraut, denn sie sah ja in seinen Augen dasselbe faszinierende Saphirblau funkeln, das sie an Daniel so mochte. Aber er war eben nicht der Mann, den sie liebte, sondern sah nur so aus wie er!

»Warum bist du nach Melbourne gereist? Du kennst uns gar nicht. Für dich wird doch dasselbe gegolten haben wie für Daniel«, wandte sie mit belegter Stimme ein.

Benjamin löste seine Hände von ihrem Kinn und legte sie ihr auf beide Schultern. »Halte mich bitte nicht für kaltherzig. Natürlich haben mich die Tränen und das Flehen meiner Mutter angerührt, aber der Mann, den ihr heute zu Grabe getragen habt, ist mein Großvater. Ich kann mir nicht verbieten lassen, ihm die letzte Ehre zu erweisen und meine Familie kennenzulernen. Verstehst du das?«

»Ob ich *das* verstehe? Ich verstehe nicht, dass Daniel nicht so mutig gehandelt hat wie du. Das werde ich dir nie vergessen.« Wieder standen ihr Tränen in den Augen, die neuerlich Skrupel in ihm auslösten. Er war gerade dabei, dieser Frau das Herz zu brechen, aber wenn er die Wahrheit sagte, würde sie alsbald seine unerreichbare Schwägerin sein. Dessen war sich Benjamin in diesem Augenblick bewusst, und das ließ seine Zweifel schwinden.

»Gut, ich möchte nicht als ein Held gelten, der ich gar nicht bin. Ich habe vorgegeben, dass ich den Viehmarkt in Kensington besuche …«

»Aber das hätte Daniel doch auch machen können! Ich begreife nicht, dass er es übers Herz bringt, mich nie wiederzusehen. Warum?«

Benjamin räusperte sich ein paarmal. Tja, warum? Darauf wollte ihm spontan keine plausible Antwort einfallen.

»Weil … weil er nicht lügen kann. Ihm hätten es die Eltern niemals abgenommen. Er ist ein Guter, verstehst du. Der hält Wort und …«

»Das merke ich, wie er Wort hält«, stieß Scarlet spöttisch aus und wischte sich entschieden mit dem Ärmel über die feuchten Augen.

»Ach, ich kann ja verstehen, wie enttäuscht du von ihm bist, aber vielleicht besinnt er sich auch noch …«

»Ich will ihn nie, nie wiedersehen«, fauchte Scarlet.

Benjamin nutzte ihre Empörung, um sie in den Arm zu nehmen. *Wenn sie sich nicht wehrt, steht meinem Plan nichts mehr im Weg*, dachte er.

Scarlet ließ die Umarmung geschehen und musste zugeben, dass sie froh über seine Anwesenheit war. Nicht auszudenken, Daniel hätte ihr das alles in einem Brief mitgeteilt … aber wie hatte er sich das überhaupt vorgestellt? Hätte er es nicht einmal für nötig befunden, sie darüber zu informieren, dass er ein jämmerlicher Feigling war?

Hastig löste sie sich aus der Umarmung. »Weiß Daniel denn, dass du zur Beerdigung gefahren bist?«

»Gott bewahre, nein. Er hat sich in seinem Leid verkrochen und klimpert den ganzen Tag melancholisch auf dem Klavier herum. Es ist ihm bestimmt nicht leicht gefallen, sich gegen dich zu entscheiden.«

»Kannst du mal aufhören, ihn zu verteidigen! Du ahnst ja gar nicht, was er mir damit angetan hat.« Scarlet brach in verzweifeltes Schluchzen aus.

Erneut nahm Benjamin sie in den Arm, während sich noch einmal kurz sein schlechtes Gewissen meldete. War es nicht hundsgemein, einen Keil zwischen die beiden, die sich doch offenbar in glühender Liebe zugetan waren, zu treiben? Für einen winzigen Augenblick spielte er mit dem Gedanken, das miese Spiel abzubrechen, aber dann fühlte er, wie Scarlet sich in ihrer Verzweiflung eng an ihn schmiegte, und das ließ ihn alles andere völlig vergessen. Hatte er anfangs wirklich geglaubt, er wolle sie lediglich verführen und dann fallen lassen, spürte er in diesem Augenblick, dass sie doch mehr als nur seinen Körper berührte, was noch keine andere Frau vor ihr je bei ihm ausgelöst hatte. Nein, das war kein bloßes Spiel mehr.

Versonnen drückte er sie noch fester an sich, und wahrscheinlich hätte er sich sogar getraut, sie zu küssen, wenn in diesem Augenblick nicht Ava aufgetaucht wäre.

»Ach, hier seid ihr. Granny Vicky sucht dich überall! Wir müssen etwas besprechen«, sagte sie, woraufhin Scarlet sich erschrocken aus Benjamins Umarmung löste und in die bitterböse Miene ihrer Schwester blickte.

»Gut, dann komme ich mit«, seufzte sie. »Willst du mit uns kommen?«, fügte sie an Benjamin gewandt hinzu.

»Nein, geht nur, ich bleibe noch ein wenig an der frischen Luft«, entgegnete er hastig.

Kaum waren sie außer Hörweite, fauchte Ava ihre Schwester an. »Was ist denn in dich gefahren? Erst verdrehst du Daniel den Kopf, und dann wirfst du dich seinem Bruder an den Hals?«

Scarlet blieb abrupt stehen. »Mit Daniel und mir ist es aus. Er hat sich auf Druck seiner Eltern entschieden, mich nicht wiederzusehen. Nur damit du es weißt: Sein Bruder ist nichts weiter als ein freundschaftlicher Tröster für mich. Du kannst sie alle beide haben«, schnaubte sie und eilte, ohne auf ihre Schwester zu warten, ins Haus. Im Salon war die Familie in ein eifriges Gespräch vertieft.

»Wo steckst du? Und wo ist der junge Bradshaw?«, fragte Granny Vicky unwirsch.

»Er ist auf der Veranda geblieben«, erwiderte Scarlet.

»Kannst du mir erklären, wieso Daniel seinen Bruder geschickt hat?«

»Daniels Eltern haben ihm verboten, zur Beerdigung zu kommen und mich erneut zu treffen. Und damit ist das Thema beendet«, erwiderte Scarlet trotzig. Ihr stand nicht der Sinn danach, große Erklärungen abzugeben, zumal sie das Ganze selbst noch nicht wirklich begreifen konnte.

»Nicht ganz. Und warum hat sich der Bruder, der uns nicht mal kennt, darüber hinweggesetzt?«, hakte Granny Vicky nach.

»Weil er nicht so ein Feigling ist!« Am Tisch war es so still geworden, dass man eine Nadel hätte fallen hören können. Die gesamte Familie hatte ihren Ausbruch mitbekommen, aber das war Scarlet gleichgültig. Mehr würden sie aus ihrem Mund jedenfalls nicht erfahren! Auch Granny Vicky, der ganz offensichtlich noch eine Erwiderung auf der Zunge lag, enthielt sich jeden weiteren Kommentars.

»Setz dich, meine Süße«, sagte Annabelle mitfühlend. »Wir haben etwas zu besprechen. Es betrifft unsere weiteren Ferienpläne. Wir haben beschlossen, den Rest der Ferien nicht in Wentworth Falls zu verbringen, sondern in Brisbane.«

Wenn sie wüssten, wie gleichgültig mir das ist, dachte Scarlet, *meinetwegen können wir auch in den Busch reisen*. Sie nickte kurz.

»Es ist nämlich so«, fuhr Annabelle fort. »Meine Schwester Amelie hat uns eine Einladung zu ihrer Hochzeit, also um genauer zu sein, zu ihrer zweiten Hochzeit geschickt. Wie ihr ja wisst, hatten wir lange Jahre keinen Kontakt mehr außer den Weihnachtsbriefen, und Mutter und ich finden, wir sollten diese Chance wahrnehmen. Dann könnt ihr sie endlich einmal kennenlernen.«

»Meinetwegen«, knurrte Scarlet.

»Gut, dann kümmere ich mich um alles«, sagte Walter. »Und ich freue mich, dass ich nicht allein zum Kongress reisen muss.«

»Darf ich nun zurück in den Garten? Einer muss sich ja um Benjamin kümmern.«

»Hol ihn her. Wir haben noch keine Gelegenheit gehabt, uns bei ihm für sein Kommen zu bedanken. Ich finde das außerordentlich mutig von ihm«, bemerkte Annabelle.

»Ich weiß nicht. Das mit Daniel war etwas anderes, aber ich lege nicht unbedingt Wert darauf, mit einem Weiteren von Williams Söhnen Kontakt zu haben«, widersprach George seiner Schwester.

»Aber er hat uns nichts getan«, sagte Annabelle.

»Das nicht, aber ich habe euch gesagt, dass ich ihn vor den Kadi bringen werde, und ich glaube, spätestens dann haben seine Söhne nichts unter unserem Dach verloren. Was meinst du, Mutter?«

»Ich stehe hinter dir, wenn du den Mörder zur Rechenschaft ziehen wirst. Jetzt, wo es Jonathan nicht mehr das Herz brechen kann, dass der Ehemann seiner Tochter für das büßen muss, was er uns angetan hat«, erklärte Granny Vicky entschlossen.

Weder sie noch George hatten daran gedacht, dass Ava, Victoria und Scarlet im Raum waren. Erst an Annabelles entsetzter Miene wurde Vicky bewusst, dass ihre Äußerung weder für die Ohren ihrer Adoptivtochter noch für die ihrer Enkelinnen gedacht war, aber nun war es zu spät.

133

»Wer hat wen umgebracht?«, fragte Ava in scharfem Ton.

»Ach, die Person kennt ihr nicht«, entgegnete ihre Großmutter.

»Granny, das spielt doch keine Rolle, aber wir sind nicht blöd. Ihr habt von Moms Halbbruder gesprochen. Wen hat er auf dem Gewissen?«

»Das ist gar nicht bewiesen, aber Granny Vicky und Onkel George glauben, dass William seinen Vater bei Sturm auf hoher See in der Kabine umgebracht und dann über Bord geworfen hat«, erklärte Annabelle ihren Töchtern.

»Aber wer bringt seinen eigenen Vater um? Und wie kommt ihr überhaupt darauf?«, fragte Ava empört.

»Mein erster Mann Frederik hatte große Schwierigkeiten mit seinem Sohn und wollte ihn quasi nach Neuseeland verbannen. William hasste mich und seine Halbgeschwister, und niemals wäre Frederik bei der Wetterlage, die damals herrschte, freiwillig an Deck gegangen. Und dass William mit Jonathans Tochter nach Neuseeland geflüchtet ist, kurz nachdem wir ihn mit den Vorwürfen konfrontiert haben, war für uns ein Schuldeingeständnis«, erklärte Granny Vicky mit fester Stimme.

»Und nun wollt ihr ihn nach all den Jahren vor Gericht bringen?«, fragte Scarlet sichtlich schockiert. »Er wäre doch wohl kaum freiwillig nach Australien zurückgekehrt, wenn er Angst vor einem Prozess hätte.«

»Das lass meine Sorge sein. Ich treffe morgen einen Richter, dem ich den Fall schildern werde, und dann sehen wir klarer.«

»Aber wohin das auch immer führt, Benjamin kann nichts dafür«, entgegnete Scarlet entschieden. »Er ist immerhin zu Großvaters Beerdigung gekommen, im Gegensatz zu seinem Bruder, der dafür zu feige war«, fügte sie in verächtlichem Ton an.

»Ja, das ist er wohl, aber ich frage mich, ob er wirklich lautere Absichten hat oder ob er nicht sogar von seinem Vater hergeschickt wurde, um auszuspionieren, ob wir etwas gegen ihn in der Hand haben«, erwiderte Granny Vicky energisch.

»Nein, das wurde ich nicht«, ertönte Benjamins Stimme. Im Eifer des Gefechts hatte keiner gemerkt, dass er leise ins Zimmer getreten war und die Diskussion verfolgt hatte.

»Entschuldigen Sie, das war nicht für Ihre Ohren bestimmt«, sagte George. »Aber vielleicht sehen Sie selbst ein, dass das eine verzwickte Lage für uns alle ist. Und wir können sehr gut verstehen, wenn Sie zu Ihrem Vater halten.«

»Da irren Sie sich gewaltig«, erwiderte Benjamin. »Außerdem ist er gar nicht mein Vater, sondern hat meinen Bruder und mich nur adoptiert.«

Benjamin wusste auch nicht, woher er die Kraft nahm, diese ungeheuerliche Wahrheit so gelassen auszusprechen, eine Wahrheit, die er erst vor wenigen Minuten erfahren hatte, als er den Brief seines Bruders hatte vernichten wollen, aber nicht, ohne ihn vorher gelesen zu haben. Und es war nicht etwa Daniels Plan, Scarlet einen Heiratsantrag zu machen, was ihn am meisten schockiert hatte, sondern die Tatsache, dass man ihn ein Leben lang über seine wahre Herkunft belogen hatte. William Bradshaw war nicht sein Vater, und er sah keinen Grund, warum er sich ihm gegenüber loyal verhalten sollte. Nein, diese Leute waren seine neue Familie, obgleich sie nichts von ihrem Glück ahnten. Noch nicht, aber das würde sich bald ändern, denn nichts und niemand würde ihn nun davon abbringen können, Scarlets Herz dadurch zu erobern, dass er sich als der »gute Bradshaw« erwies! Und der mitfühlende Blick Scarlets, dem er in diesem Augenblick begegnete, bestärkte ihn in der Hoffnung, dass sein Ziel zum Greifen nahe war.

135

12

Granny Vicky und ihre Familie waren Gäste auf der Farm von Emma, nur Martha und Edward waren direkt nach der Beerdigung nach Sydney zurückgekehrt. Emma war Vickys Schwägerin, die nach dem tragischen Freitod von Vickys Bruder ihren Nachbarn James Caldwell geheiratet hatte. Mit dem hatte sich Vicky einst überworfen, nachdem er Emmas neue Köchin, die junge Aborigine Meeri, beleidigt und Emma seinen Verbalattacken tatenlos zugesehen hatte. Vicky war damals unter Protest abgereist und hatte die junge Frau mit nach Melbourne genommen. Ihre Tochter Amelie aber war damals auf eigenen Wunsch bei ihrer Tante geblieben, nachdem sie erfahren hatte, dass ihre Schwester Annabelle ein Kind von Jonathan Melrose war. Für diesen »gemeinen Verrat an ihrem Vater«, wie Amelie es nannte, hatte sie ihre Mutter regelrecht gehasst und ihr nicht glauben wollen, dass Frederik über Annabelles leiblichen Vater Bescheid gewusst und Annabelle aus freien Stücken als seine Tochter angenommen hatte.

Vicky hatte gemischte Gefühle, als sie sich in dem Gästezimmer einrichtete, in dem sie damals bei ihrem letzten Besuch gewohnt hatte. Der unangenehme Mister Caldwell war zwar vor vielen Jahren beim Untergang der »Gothenburg« am Great Barrier Reef ertrunken, aber für Vicky war er trotzdem ein Ungeheuer geblieben, denn er hatte Meeri im Vollrausch vergewaltigt, was Vicky allerdings erst erfahren hatte, als die Haushaltshilfe neun Monate später in Melbourne Victoria zur Welt gebracht hatte. Ihrer Schwägerin hatte Vicky diese schreckliche Wahrheit verschwiegen, doch wie sollte sie ihr nun plausibel erklären, wer Victoria war? Dieses Kind hatte sie Emma gegenüber all die Jahre in keinem ihrer Briefe erwähnt. Ihre Schwägerin würde vielleicht nicht auf Anhieb einen Verdacht schöpfen, wer Victorias leiblicher Vater sein könnte, aber dennoch beschlich Vicky ein ungutes Gefühl, Victoria ausgerechnet an den Ort mitzunehmen, an dem das Verbrechen an ihrer Mutter einst verübt worden war. Victoria hatte sie stets erzählt, ein hergelaufener Farmarbeiter hätte ihre Mutter geschwängert. Sie hatte es ihr ersparen wollen zu erfahren, dass sie die Folge einer gemeinen Vergewaltigung war. *Da in diesem Hause keiner auch nur annähernd die Wahrheit kennt, wird bestimmt nichts passieren*, redete sich Vicky gut zu.

Und doch wurde sie die merkwürdige Beklemmung nicht los, die sie bereits bei der Begrüßung überfallen hatte. Emma hatte Victoria außergewöhnlich lange und intensiv gemustert. Ansonsten aber war ihre Schwägerin ganz die Alte geblieben. Sie besaß ein offenes Wesen und war dafür, dass sie damals auch ihre einzige Tochter Sophie bei jenem Untergang der »Gothenburg« verloren hatte, ein fröhlicher Mensch geblieben. *Sie hat ja auch Amelie*, dachte Vicky mit leichter Wehmut, denn immer, wenn sie daran dachte, dass ihre eigene Tochter sich eine neue Mutter ausgesucht hatte, wurde ihr schwer ums Herz. Immerhin hatte Amelie die Familie ausdrücklich zu ihrer Hochzeit eingeladen, was Vicky als Zeichen wertete, dass sie ihr inzwischen verziehen hatte. Vor zwei Jahren, als Amelies erster Mann tödlich verunglückt war, da hatte sie ihre Mutter noch nicht sehen wollen, obwohl Vicky ihr angeboten hatte, sich sofort auf den Weg nach Brisbane zu machen. Amelie hatte aber von ihr verlangt, dass sie ohne Jonathan kommen sollte. Auf diese Bedingung hatte sie sich beim besten Willen nicht einlassen können. Schließlich lebte auch sein Sohn Henry in

137

Brisbane, und Jonathan hätte bei der Gelegenheit sicherlich gern einmal seine Enkelkinder kennengelernt. Immerhin war Henry schon ein paarmal in Melbourne gewesen, um seinen Vater zu besuchen. Zur Beerdigung hatte er es nicht geschafft, weil er bei den familieneigenen Kohleminen in Darwin unabkömmlich war. Vicky fühlte sich ein wenig wie die entfernte Tante ihrer eigenen Tochter, wusste sie doch nicht einmal, wer der neue Mann an Amelies Seite war. Das war alles so plötzlich gekommen. Ob die Nachricht von Jonathans Tod ihre Tochter so versöhnlich gestimmt hatte? Denn zu Weihnachten war nur die übliche förmliche Weihnachtskarte von ihr gekommen, die nicht annähernd darauf hoffen ließ, dass es zeitnah ein besseres Verhältnis zwischen Mutter und Tochter geben würde. Trotzdem war es ein merkwürdiger Gedanke, dass nicht sie die Frau war, die zusammen mit ihrer Tochter das wichtige Ereignis plante, sondern Amelies Tante, die überdies nur angeheiratet war.

Wir sind schon eine merkwürdige Familie, dachte Vicky versonnen, als ein Klopfen sie aus ihren Gedanken riss. Emmas inzwischen grau gewordener Haarschopf tauchte in der Tür auf.

»Hätte ich dir ein anderes Zimmer geben sollen?«, fragte sie mit schuldbewusster Miene.

»Nein, nein, alles gut.« An der Art, wie Emma sie prüfend ansah, erkannte Vicky sofort, dass ihre Schwägerin etwas auf dem Herzen hatte. Sie kannten einander zu gut, als dass sie sich etwas hätten vormachen können. Daran konnten auch die vielen Jahre, während derer sie sich nicht gesehen hatten, nichts ändern.

Vicky sah Emma herausfordernd an. »Was hast du wirklich auf dem Herzen? Hat es etwas mit meiner Adoptivtochter zu tun?«

»Ach, Vickylein, dir werde ich nie etwas vormachen können. Warum hast du in deinen Briefen nie diese Victoria erwähnt? Und wieso hast du eigentlich ein Kind adoptiert? Ihr wart schließlich nicht mehr die Jüngsten, als ihr das getan habt. Ich meine, Jonathan und du, ihr habt doch genug eigene Kinder.«

»Das ist relativ. Amelie habe ich ja schließlich an dich abgetreten.« Das klang bitterer, als Vicky beabsichtigt hatte.

Emmas freundliche Miene verdüsterte sich. »Ich habe dir deine Tochter niemals wegnehmen wollen. Lass doch die alten Geschichten ruhen!« Emma trat einen Schritt auf Vicky zu und nahm sie in den Arm.

»Du hast ja recht. Sie hat sich das selbst ausgesucht, und wenn wir ehrlich sind, unser Verhältnis war nie das beste. Ich glaube, sie war von Anfang an eifersüchtig auf Annabelle. Und weißt du noch, mit was für einer abgöttischen Liebe sie an ihrem Stiefbruder gehangen hat?«

Emma schüttelte sich bei dem Gedanken an William Bradshaw. »Was für ein widerlicher Zeitgenosse. Wenn ich nur daran denke, wie ich Claire damals nach Melbourne zu Frederiks Beerdigung mitgenommen habe und dieses Schwein ihr den Kopf verdreht und sie geheiratet hat. Wie gut, dass der weit weg ist. Nur für Claire tut es mir leid. Wahrscheinlich ahnt sie nicht einmal, dass ihr Vater inzwischen gestorben ist.«

Vicky atmete ein paarmal tief durch. Vielleicht sollte sie Emma erzählen, dass der Kerl zurück in Australien war und dadurch bereits für ein mittleres Chaos in der Familie gesorgt hatte. Außerdem würde Emma diese Neuigkeit vielleicht von ihrem Interesse an Victoria ablenken. Also berichtete sie ihr atemlos von Williams Rückkehr und dem fatalen Zufall, dass Scarlet ausgerechnet seinem Sohn das Leben gerettet hatte.

Emma hörte ihrer Freundin fassungslos zu. »Und George ist fest entschlossen, ihn vor Gericht zu bringen?«

»Ich auch! Auf wen sollen wir noch Rücksicht nehmen?«

»Auf Scarlet! Hast du nicht erzählt, sie hat sich in Williams Sohn Daniel verliebt?«

Vicky machte eine wegwerfende Handbewegung. »Nein, seit der nicht zu Jonathans Beerdigung gekommen ist und sie offenbar auf Befehl seiner Eltern nicht wiedersehen möchte, ist er für sie gestorben. Aber das macht die Sache nicht einfacher, denn stattdessen ist sein Zwillingsbruder Benjamin bei uns aufgekreuzt. Und den werden wir einfach nicht mehr los. Er spielt Scarlets Tröster, und wenn sie nicht bald die Notbremse zieht, bekommt Annabelle doch noch William Bradshaws Sohn zum Schwiegersohn.«

»Ach, mach dir keine Sorgen, nun ist sie erst mal weit weg, und glaub mir, hier haben Mütter auch hübsche Söhne. Und Hochzeiten sind stets eine gute Gelegenheit, junge Männer kennenzulernen.«

Vicky verdrehte die Augen. »Ein schöner Plan, nur leider hat ihn der junge Mann bereits im Vorweg galant zunichte gemacht. Er ist nämlich mit uns nach Brisbane gereist.«

»Dann hat Scarlet ihn also schon erhört?«, hakte Emma erschrocken nach.

»Nein, sie behauptet, Ben wäre ein guter Freund. Ich aber traue ihm nicht. Angeblich sieht er sich in Brisbane eine Zucht von besonderen Wiltshire-Horn-Schafen an, um sie mit den Merinoschafen daheim zu kreuzen, damit deren Fleischleistung steigt. Er hat sich in einem Hotel einquartiert, aber ob wir wollen oder nicht, zur Hochzeit werden wir ihn wohl mitbringen müssen. Dafür wird Scarlet sorgen.«

»Das stinkt doch gen Himmel, obwohl es tatsächlich in jüngster Zeit in der Gegend ein paar sehr erfolgreiche Farmer mit Wiltshire-Horn-Böcken gibt, die nur zu dem Zweck gezüchtet werden, um mit Merinoschafen gekreuzt zu werden«, seufzte

Emma. »Scarlet ist aber auch eine hübsche junge Frau. Weißt du, dass sie dir wie aus dem Gesicht geschnitten ist? Genauso hast du damals ausgesehen. Aber auch Ava ist sehr schön, sie sieht Annabelle ähnlich. Aber nun beantworte mir endlich die Frage, die mir auf den Nägeln brennt. Was hat das mit der entzückenden Victoria auf sich? Weißt du, an wen sie mich erinnert? Nicht vom Aussehen her, sondern von ihren Bewegungen und ihrer Art zu sprechen?«

Vicky ahnte natürlich, an wen Victoria sie erinnerte, denn in der Tat hatte Victoria die Stimme und die gazellenartigen Bewegungen von ihrer Mutter geerbt.

»Du gibst ja eh keine Ruhe. Ja, sie ist Meeris Tochter«, erwiderte Vicky und versuchte die Aufregung, die ihr dieses Thema verursachte, zu verbergen.

»Oh Gott, ich schäme mich heute noch, dass ich James damals nicht aus dem Haus geworfen habe, sondern dich mit Meeri habe ziehen lassen. Immerhin habe ich gleich nach seinem Tod eine neue Haushaltshilfe eingestellt, die ebenso wie Meeri aus dem Stamm der Turrbal kommt. Als Wiedergutmachung für mein feiges Schweigen damals.«

»Ach, das ist längst vergessen«, seufzte Vicky. »Du warst damals in der Zwickmühle. Wenn du den Kerl nicht geheiratet hättest, dann hättest du deine Farm verloren.«

»Sicher, aber ist das eine Entschuldigung, wenn man zu so einer Schweinerei schweigt?«

»Du hast wenigstens nur geschwiegen. Meine eigene Tochter hat sich ganz offen auf die Seite dieses Caldwell gestellt«, erinnerte sich Vicky sichtlich bewegt.

»Ja, aber sie konnte es nicht besser wissen. William hatte ihr den ganzen Unsinn über die Aborigines eingeredet, und du weißt doch, wie sie an seinen Lippen hing. Und sag mal, wer ist der Vater des Kindes? Meeri war doch noch blutjung, als du

141

sie damals nach Melbourne mitgenommen hast. Und außerdem ein schüchternes Mädchen, das mir nicht den Eindruck machte, als würde sie sich von einem Mann einfach schwängern lassen.«

»Hat sie auch nicht. Er hat ihre Unbedarftheit ausgenutzt. Es war ein Taugenichts aus Melbourne«, log Vicky hastig.

Emma musterte sie zweifelnd, aber sie sagte nichts. Doch Vicky war klar, dass ihre Schwägerin ihr das nicht abnahm.

»Aber nun erzähl mal von meiner Tochter. Wie geht es ihr? Wie sieht sie aus? Ist der Mann, den sie heiraten wird, ein guter? Warum hat sie keine Kinder aus ihrer ersten Ehe?«

Emma hob abwehrend die Hände. »So viele Fragen auf einmal. Fangen wir hinten an. Ich glaube, ihr Mann konnte keine Kinder zeugen. Aber deshalb hätte sie ihn nie verlassen. Es war eine Liebesheirat. Sie war untröstlich, als er unter die Straßenbahn geraten ist. Sie sieht blendend aus, und ihr Zukünftiger ist einer der attraktivsten Junggesellen ganz Brisbanes. Und überdies einer der reichsten ...« Sie stockte. »Ich wollte es dir eigentlich nicht sagen, bevor wir Hochzeit feiern. Aber er, wie soll ich dir sagen, er liegt mir vom Charakter nicht ganz, obwohl ich das Amelie nie so sagen würde ... er hat viel von seinem Vater, besonders seine Ansichten über Aborigines ... oh Gott, ich traue mich kaum, seinen Namen auszusprechen ...«

»Mach es doch nicht so spannend!«, stöhnte Vicky, während ihr bereits Übles schwante.

»Es heißt Phillip Caldwell.«

»Caldwell ... wie dein zweiter Ehemann?«

Emma nickte.

»Aber wenigstens kann er nicht der Sohn des unsäglichen James sein. Der hatte keine Kinder. Deswegen hast du damals auch seine Farm geerbt, wenn ich mich recht entsinne.«

142

Emma fuhr sich nervös durch ihr Haar. »Ja, das glaubten wir damals, aber auch in dem Punkt hat James mich belogen. Er hatte in jungen Jahren drüben in Perth geheiratet und seine Frau verlassen, nachdem er ihrer überdrüssig geworden war ...«

»Aber freu dich doch, dann warst du schließlich niemals mit diesem Mistkerl verheiratet. Dann ist er nur ein mieser Bigamist gewesen.«

»Das schon, aber er hat nicht nur sie zurückgelassen, sondern auch ein Kind.«

»Diesen Phillip?«, fragte Vicky ungläubig.

»Genau, der stand eines Tages vor meiner Tür und verlangte sein Erbe, die Caldwell-Farm, und da er der rechtmäßige Sohn meines vermeintlichen Gatten war, hatte ich keine Chance. Aber er konnte mir meine Farm nicht nehmen, die sich in den Jahren dank unserer Zucht mit Aberdeen-Rindern saniert hatte. Wir waren mit die Ersten, die diese Black Angus aus Schottland importiert haben. Die Caldwell-Farm hatte ich zu dem Zeitpunkt verpachtet. Also war es für mich kein wirtschaftlicher Schaden, sondern nur ein Schock, wieder einen Caldwell zum Nachbarn zu haben. Bis auf die Tatsache, dass er besser aussieht als sein Vater, ist er ihm vom Charakter sehr ähnlich. Jähzornig und rechthaberisch, aber was sollte ich tun, als er ein Auge auf Amelie geworfen und ihre Trauer ausgenutzt hat, um sie zu erobern ...« Das klang resigniert.

»Oh nein, sag, dass das nicht wahr ist. Meine Tochter will den Sohn dieses alten Scheusals heiraten?« Vicky war bleich um die Nase geworden, weil sie daran dachte, dass ihre Tochter den Sohn eines miesen Vergewaltigers heiraten wollte, wenn der auch schon lange tot war. Und so wie Emma den Sprössling beschrieb, ging es Vicky entsetzt durch den Kopf, fällt der Apfel wohl nicht weit vom Stamm. Nein, so einen Ehemann

143

hatte Amelie wirklich nicht verdient! Hörte das nie auf? Diese furchtbaren Verquickungen mit längst vergangenen Geschichten? Verbunden mit dieser Hilflosigkeit, nichts dagegen tun zu können, wenn die Katastrophe ihren Lauf nahm? Aber dieses Mal musste sie rechtzeitig eingreifen. Sie durfte nicht zulassen, dass ihre Tochter den Sohn des Mannes heiratete, der die unschuldige Meeri damals vergewaltigt hatte.

»Vicky, was ist mit dir? Ich verstehe, dass dir diese Nachricht missfällt, aber es ist schließlich nicht der Weltuntergang«, bemerkte Emma irritiert. »Ich hätte dir vielleicht nicht so offen sagen sollen, was ich von dem Bräutigam unserer Amelie halte«, fügte sie schuldbewusst hinzu.

»Das war gut, sehr gut sogar«, murmelte Vicky. »Meinst du, ich kann heute Abend vor dem Essen, das du für uns gibst, kurz mit meiner Tochter unter vier Augen sprechen?«, fragte Vicky.

»Natürlich, aber Vicky, versprich mir, dass du ihr nicht reinzureden versuchst. Deine Tochter ist nämlich vernarrt in den Kerl. Der Schuss würde mit Sicherheit nach hinten losgehen. Nicht dass euer Zwist wieder aufbricht, bevor ihr euch überhaupt richtig versöhnt habt.«

»Nein, nein, ich möchte nur ein paar persönliche Worte mit ihr wechseln. Schließlich haben wir uns seit achtzehn Jahren nicht mehr gesehen«, schwindelte Vicky.

»Sicher, das verstehe ich. Entschuldige, dass ich gleich wieder das Schlimmste befürchtet habe. Was hältst du davon, wenn ich Amelie zu dir hochschicke, sobald sie kommt? Sie wird nämlich schon am späten Nachmittag vorbeischauen, weil wir den Schneider erwarten, der an ihrem Hochzeitskleid ein paar Kleinigkeiten zu ändern hat. Ich hoffe, es macht dir nichts aus, dass ich ihr meins gegeben habe, das ich zu meiner Hochzeit mit Steven getragen habe.«

»Nein, nein, gar nichts!«, wiegelte Vicky hastig ab, obwohl ihr der Gedanke einen kleinen Stich gab. Ihre Tochter hätte *ihr* Hochzeitskleid tragen sollen, und außerdem kam ihr ganz unvermittelt das Bild von Stevens und Emmas Hochzeit in den Sinn. Wie erleichtert sie doch damals darüber gewesen war, dass ihr von der Sucht nach Alkohol und Opium gezeichneter Bruder diese wunderbare Frau gefunden hatte. Emma hatte ihn mit ihrer grenzenlosen Liebe aus dem Drogensumpf gezogen. Und dann hatte er seinem Leben ein Ende bereitet, weil er mit der Schuld nicht hatte leben können. Vicky erschauderte. War das alles wirklich geschehen? Steven hatte vor Gericht einen Meineid geschworen und Jonathan der Tat bezichtigt, die er selber in Notwehr begangen hatte, weil ihr Vater und ihr entsetzlicher Schwager ihn damals dazu zwangen. Alle hatten ihre Strafe bekommen: Ihr Vater war tot, und Archibald Cumberland, der Widerling, war in seiner Verbannung betrunken in einen Fluss gefallen und von einem Krokodil gefressen worden. Nur ihr schwacher Bruder hatte lebenslang unter Schuldgefühlen gelitten, die ihn schließlich in den Selbstmord trieben. Und sie, Vicky, war Opfer dieser Intrige geworden, nicht ahnend, was ihre Familie Jonathan angetan hatte. *Diese verdammten Geheimnisse*, dachte Vicky zornig, *sie bringen nur Unglück*. Nein, ihre Tochter würde sie nicht ins offene Messer laufen und den Sohn dieses verdorbenen Subjekts heiraten lassen. Wenn sie sonst schon nichts für ihre Jüngste tun konnte, so wollte sie ihr wenigstens die Augen öffnen, auf was für eine Sippe sie sich da einließ. Vicky straffte die Schultern. Sie war fest entschlossen, ihre Tochter vor einer weiteren Dummheit zu bewahren. Dazu musste sie ihr die ganze dreckige Wahrheit sagen. Natürlich bereitete ihr die Vorstellung Sorge, ihre Tochter nach so vielen Jahren gleich mit einer schlechten Nachricht zu konfrontieren. *Kein gelungener Auftakt, um einer derart verkorksten Mutter-Tochter-Beziehung nach so vielen Jahren der Trennung noch eine Chance zu geben*, dachte sie bekümmert, aber sie hatte keine andere Wahl.

»Ich würde mich gern noch ein wenig hinlegen«, gaukelte Vicky ihrer Schwägerin vor. Das Letzte, wonach ihr jetzt der Sinn stand, war Schlaf. Sie würde kein Auge zubekommen vor lauter Sorge, dass sie bei dem Gespräch mit ihrer Tochter wie früher nur wieder alles falsch machen würde.

Emmas kritischer Blick zeigte ihr, dass die Schwägerin ihre Unruhe und Angespanntheit sehr wohl spürte, aber sie verließ das Zimmer, ohne weiter in sie zu dringen. Kaum war die Tür ins Schloss gefallen, eilte Vicky zum Fenster, denn die Tatsache, dass ihre Tochter im Begriff stand, den Sohn von Meeris Vergewaltiger zu heiraten, nahm ihr schier die Luft zum Atmen. Sie sog gierig die weiche Feuchtigkeit der Subtropen ein. Es hatte gerade einen der Regenschauer gegeben, die in dieser Klimazone während der Sommermonate kamen und gingen, um die Stadt nach einer erfrischenden Abkühlung dann wieder der glühenden Hitze Queenslands zu überlassen.

Habe ich wirklich keine andere Wahl, als Amelie bei unserem Wiedersehen gleich mit dieser schrecklichen Geschichte zu quälen?, fragte sie sich zweifelnd. Doch wie sie es drehte und wendete, sie kam immer wieder zu dem Ergebnis, dass ihre einzige Möglichkeit, die Hochzeit zu verhindern, die schonungslose Offenlegung der Wahrheit war. Kurz überlegte sie, ob sie George in ihren Plan einweihen sollte, aber sie zögerte, denn sowohl Annabelle als auch er wussten zwar darüber Bescheid, was Emmas einstiger Köchin widerfahren war, doch nicht, wer der Täter wirklich gewesen war. Was würden sie sagen, wenn sie erst jetzt die ganze dreckige Wahrheit erfuhren? Schon wieder so ein verdammtes Geheimnis, um ihre Lieben nicht unnötig zu belasten! Besonders Annabelle signalisierte ihr immer wieder den Wunsch nach absoluter Ehrlichkeit. *Wenn das immer so einfach wäre*, dachte Vicky seufzend.

Und es gab noch einen anderen Grund erst mit Amelie zu sprechen, bevor sie ihre Geschwister einweihte. Es würde Amelies Einsichtsfähigkeit sicher nicht förderlich sein, wenn sie – aus ihrer Sicht – das noch einmal erleben müsste, was sie schon aus ihrer Kindheit kannte und was sie schon als Kind wütend gemacht hatte. Auf der einen Seite standen Vicky, Annabelle und George, die sich die Sprache der Vernunft auf die Fahnen geschrieben hatten, und auf der anderen Seite Amelie, die sich von dem Rest der Familie bevormundet gefühlt hatte. *Wie ausgegrenzt und einsam muss sie sich mitunter vorgekommen sein*, dachte Vicky bedauernd, wenngleich sie Amelies Verhalten auch im Nachhinein nicht beschönigte. Sie war immer eine kapriziöse Diva gewesen, die sie im Wesen sehr an Ava erinnerte und die sich Annabelle gegenüber stets zurückgesetzt gefühlt und keine Gelegenheit ausgelassen hatte, sich mit der älteren Schwester anzulegen.

Vicky stieß erneut einen tiefen Seufzer aus, als sie an dem Gatter zu den Schafsweiden Scarlet und Benjamin erblickte. Sie steckten die Köpfe für ihren Geschmack ein wenig zu dicht zusammen. Offenbar hielt Benjamin ihrer Tochter einen Vortrag über Emmas Schafzucht. Und immer, wenn es um Tiere und Pflanzen ging, hatte Scarlet ein offenes Ohr. *Aber was ist schlimmer*, fragte sich Vicky resigniert, *dass meine Tochter den Sohn eines dreckigen Vergewaltigers heiraten möchte oder meine Enkelin womöglich dem Charme des Sohnes eines miesen Vatermörders verfällt?* Vordringlicher war es, Amelie reinen Wein einzuschenken, denn dieser Phillip Caldwell sollte sie bereits in drei Tagen zum Traualtar führen, und davon war Scarlet noch weit entfernt, zumal sie ihr Herz längst an diesen Daniel verloren hatte. Dessen war Vicky sicher. Wenn sie etwas in ih-

147

rem Leben gelernt hatte, war es, die stumme Sprache der Liebe richtig zu deuten. Und Scarlets Blicke in Wentworth Falls hatten Vicky tief in das Herz ihrer Enkelin blicken lassen. Vicky konnte das sogar verstehen. Obwohl er ebenfalls ein Bradshaw war, hatte Vicky den jungen Musiker auf Anhieb in ihr Herz geschlossen und war selbst überaus enttäuscht über seinen feigen Rückzug. Trotzdem, mit ihm als Scarlets Partner hätte sie leben können, aber nicht mit seinem Bruder. Sie wusste nicht genau, was ihr an diesem Burschen so missfiel, denn es war reines Bauchgefühl, dass sie ihm nicht über den Weg traute.

13

Scarlet hatte Benjamins lebhaftem Vortrag über die Kreuzung von Haar- und Fleischschafen aufmerksam gelauscht, doch kaum, dass er ihn beendet hatte, konnte sie die Frage, die ihr auf der Seele brannte, nicht mehr länger zurückhalten.

»Hast du deinem Bruder inzwischen geschrieben, dass ich ihn niemals wiedersehen will?«

Benjamin nickte eifrig. Dass er seinem Bruder einen Brief schreiben wollte, entsprach durchaus der Wahrheit, nur war der Inhalt garantiert ein völlig anderer, als Scarlet es vermutete. Seit Tagen versuchte er, die richtigen Formulierungen zu finden. Trotz seiner sich noch einmal aufbäumenden Skrupel wollte er ganze Arbeit leisten, um Scarlets und Daniels Liebe den endgültigen Todesstoß zu versetzen. Er hatte bereits begonnen, dieses Schreiben aufzusetzen, es jedoch nicht zu Ende geführt, weil er nicht zufrieden mit seinen Worten war. Den angefangenen Brief trug er seit Tagen in seiner Jackentasche mit sich herum, aber er konnte sich einfach nicht dazu durchringen, ihn tatsächlich abzuschicken, solange die Formulierungen ihn noch nicht komplett überzeugten. Ein paar besonders niederträchtige Sätze waren Benjamin bereits gelungen, und die kannte er auswendig. Ja, der Anfang war in seinen Augen wirklich perfekt, aber er hatte noch keinen überzeugenden Schluss gefunden. Er ging in Gedanken noch einmal durch, was er bisher zu Papier gebracht hatte:

Lieber Bruder,

ich kann dich nicht mit der Wahrheit verschonen, denn sie stand neben mir, als sie deinen Brief, den du mir zu treuen Händen für sie mitgegeben hast und den ich ihr gleich aushändigte, las. Ich mag es dir kaum schreiben, aber ihre Reaktion hat mich schwer schockiert. Sie hat den Kopf in den Nacken geworfen und wiehernd gelacht, als sie bei deinem Antrag angelangt war. Und dann hat sie mich gefragt, ob du im Fieber den Verstand verloren hättest. Sie wäre doch nur so nett zu dir gewesen, damit du den Schlangenbiss überlebst. Sie wollte dir das Leben retten. Das hätte sie für jeden getan. Mehr als das fühle sie nicht für dich. Daniel, es tut mir so unendlich leid, dir das mitteilen zu müssen. Hör auf meinen Rat: Vergiss sie! Ich bin von Melbourne weiter nach Brisbane gereist, um einige Zuchtböcke zu kaufen. Ich habe Vater in einem getrennten Brief von meinen Plänen geschrieben. Er heißt sie sicher gut. Lass den Kopf nicht hängen, alter Junge. Sie ist es nicht wert. Und hübsch ist sie auch nicht wirklich. Sie ist viel zu dünn und hat zu wenig ... na, du weißt schon. Da ist ihre rassige Schwester ein ganz anderes Kaliber, aber keine Sorge, ich habe ihr keine schönen Augen gemacht. Ich glaube, wir sollten um diese Parker-Mädchen einen großen Bogen machen. Ich vermute, Vater hat recht, und bei denen herrschen merkwürdige Zustände, wenn du verstehst, was ich meine. Diese Granny Vicky hat wohl in jungen Jahren auch nichts anbrennen lassen. Erst unseren einen Großvater, dann den anderen. Ich habe mich anständig benommen, keine Sorge, und nun ist mein Interesse an der neuen Verwandtschaft und besonders an den neuen Cousinen mehr als gedeckt. Ich befürchte, diese Scarlet kommt ganz nach der Alten und ist genauso eine Spielerin. Es tut mir leid, dass ich dir keine besseren Nachrichten überbringen kann, aber dir das zu verschweigen könnte ich nicht verantworten ...

»Und hat er schon geantwortet? Nun rede doch endlich!«, fasste Scarlet ungeduldig nach.

»Noch gar nichts, aber mach dir keine Illusionen, selbst wenn er schriebe, dich würde er sicher mit keinem Wort erwähnen. Außerdem gibt es da noch seine Flamme aus St. Kilda. Wahrscheinlich tröstet er sich mit ihr, denn sie kommt aus gutem Haus und ist meinen Eltern als Schwiegertochter durchaus willkommen. So ein braver Sohn, wie mein Bruder einer ist, wird er sich wohl nun ihrem Wunsch beugen.«

Benjamin hatte selbst keine Ahnung, wie er sich diese faustdicke Lüge so schnell einfallen lassen konnte, aber sie verfehlte ihre Wirkung nicht. Scarlet sah ihn an wie ein waidwundes Reh. So hart es war, aber Benjamin schien sich fast sicher, dass dies der Todesstoß für die junge Liebe gewesen war.

»Und wie ist dein Hotel?«, fragte Scarlet übergangslos. Das bestätigte ihn in seiner Hoffnung, denn obwohl sie versuchte, kühl zu wirken, verrieten ihre zitternden Hände, dass seine Bemerkung ein Volltreffer gewesen war.

»Es liegt sehr malerisch am Brisbane River«, entgegnete er. »Vielleicht kommst du mich in den nächsten Tagen einmal besuchen, und dann machen wir einen Stadtbummel.«

»Gern, aber erst nach der Hochzeit. Wir bleiben ja noch ein paar Tage. Du kommst doch mit zur Hochzeit, oder?« Es kostete Scarlet ungeheure Kraft weiterzuplaudern, als hätte man ihr nicht eben gerade das Herz herausgerissen, aber sie hatte immer schon über ein besonderes Maß an Selbstdisziplin verfügt.

Benjamin zuckte die Schultern. »Ich weiß nicht. Ich habe das Gefühl, deine Familie ist nicht besonders erfreut darüber, dass ich zur gleichen Zeit wie ihr nach Brisbane reisen musste.«

»Ach, Blödsinn. Dann kommst du eben meinetwegen mit. Ich brauche schließlich einen Mann, der mit mir tanzt.«

151

»Ja, gut. Wenn ich eingeladen bin, begleite ich dich gern.«

»Ich kenne meine Tante zwar nicht, aber ...« Scarlet stockte, weil eine vornehme Lady, die direkt auf sie zusteuerte, ihre ganze Aufmerksamkeit auf sich zog.

»Du musst Scarlet sein«, bemerkte die Dame lächelnd, bevor Scarlet sie ansprechen konnte.

»Ja, das bin ich, bist du ... Tante Amelie?«

»Genau, die bin ich! Schön, dich kennenzulernen. Du hast eine verblüffende Ähnlichkeit mit meiner Mutter in jungen Jahren. Da gibt es ein Bild, auf dem sie fast genauso aussieht.«

»Du bist nicht die Erste, die das behauptet. Sag mal, Tante Amelie, ich möchte nicht unhöflich sein, aber jetzt, wo wir uns zufällig begegnet sind, habe ich eine Bitte.«

»Nur zu! Wenn ich sie dir erfüllen kann, gern!«

Scarlet deutete zaghaft auf Benjamin. »Ich wollte fragen, ob ich Benjamin mit zu deiner Hochzeit bringen darf.«

»Selbstverständlich ist dein Verlobter auch eingeladen«, erwiderte Amelie in äußerst zugewandtem Ton.

Scarlet lief knallrot an. »Das ... das ist nicht mein Verlobter. Er ist ... ein ... ja, mein Cousin«, stellte sie ihre Verbindung zu Benjamin rasch richtig.

»Cousin? Bist du der Sohn von George? Ich dachte, die Ehe zwischen Myriam und ihm wäre kinderlos geblieben.«

»Nein, George ist nicht mein Vater, mein Name ist Benjamin Bradshaw. Mein Vater ist Ihr Stiefbruder William ...«

»Du bist Williams Sohn?« Das klang erfreut und überrascht zugleich. »Wie geht es ihm? Wo ist er?«

»Mein Vater hat eine Farm bei Melbourne gekauft, nachdem wir Ende letzten Jahres aus Neuseeland zurückgekommen sind.«

Amelie strahlte Benjamin versonnen an.

Scarlet musterte ihre Tante überrascht. Bisher hatte ihre Familie völlig anders reagiert, wenn sie den Namen William Bradshaw gehört hatte. Ihre Tante Amelie war die erste Person, die positiv darauf ansprach.

»Natürlich bist du zu meiner Hochzeit herzlich willkommen«, sagte sie lächelnd. »Und wenn du deinem Vater schreibst, grüß ihn von mir. Ich muss mich jetzt beeilen, weil der Schneider gleich kommt«, fügte sie rasch hinzu.

Scarlet sah ihr entgeistert hinterher. »Verstehst du das?«, fragte sie kopfschüttelnd.

»Nein, aber es ist eine angenehme Abwechslung, dass jemand aus deiner Sippe strahlt, wenn ich den Namen meines Vaters erwähne. Das lässt hoffen, dass es womöglich doch noch zu einer Familienversöhnung kommt.«

Scarlet stupste ihm liebevoll in die Seite. »Träum schön weiter! Jetzt, wo ich weiß, dass Daniel sich den Kontakt zu mir hat verbieten lassen, lege ich nicht mehr den geringsten Wert darauf, deine Eltern kennenzulernen. Für mich gibt es nur einen aus eurer Sippe, zu dem ich eine Verbindung wünsche, und das bist du!«

»Ach, meine Eltern sind eigentlich ganz umgänglich, wenn es nicht gerade um deine Granny Vicky und Moms Dad Jonathan geht. Moment, du hast da was.« Benjamin strich ihr zärtlich eine Strähne, die sich aus ihrer Frisur gelöst hatte, aus dem Gesicht. »Weißt du eigentlich, dass du wunderschöne Augen hast?«, fragte er versonnen. Das Kompliment würde sie ihm ohne Weiteres zurückgeben können, aber sie schwieg. Nicht dass er das falsch verstand, denn sie war, was ihre Gefühle zu Daniels Bruder anging, ziemlich hin- und hergerissen. Einerseits mochte sie ihn wirklich gern, aber die Ähnlichkeit mit Daniel verwirrte sie auch. Und dass er mehr von ihr wollte, war ihr natürlich nicht verborgen geblieben. Benjamin zeigte seine Zuneigung für sie recht offen. »Und einen sinnlichen Mund.« Er sah ihr tief in die Augen, während er sich ihrem Gesicht näherte.

Scarlet war zunächst versucht, den Kopf rasch zur Seite zu drehen, denn sie ahnte, dass es auf einen Kuss hinauslaufen würde, aber dann siegte der Trotz. Wenn Daniel eine andere küsste, konnte sie das auch. Und wenigstens tat sie es mit einem Mann, der ihm wenigstens äußerlich wie ein Ei dem anderen glich!

Als ihre Lippen sich berührten, bereute sie bereits, dass sie sich in diese Niederungen der Rache begeben hatte, doch dann ließ sie es geschehen in dem Glauben, es würde sie kaltlassen. Doch kaum, dass sich ihre Zungen berührten, wurde Benjamin so leidenschaftlich, dass sie erschrak. *Er hat im Gegensatz zu seinem Bruder schon viele Frauen geküsst*, vermutete sie insgeheim, und gab sich diesem Kuss dann zögernd hin. Kaum dass sich ihre Lippen voneinander gelöst hatten, verspürte sie fast ein schlechtes Gewissen. Sie versuchte es rasch zu verscheuchen, denn nicht sie hatte Daniel schroff abgewiesen, sondern er sie! Trotzdem würde sie ihn bestimmt nicht gegen seinen Bruder austauschen. Daran konnte auch der Umstand nichts ändern, dass er sie nun verträumt musterte. »Das war schöner als in meiner Fantasie«, schwärmte er. Scarlet war völlig verunsichert. Ihr erster Impuls war, ihm an den Kopf zu werfen, dass sie nicht bereit war, Daniel so leichtfertig durch seinen Zwilling zu ersetzen, aber hatte Benjamin es wirklich verdient, dass sie ihren Kummer an ihm ausließ? Sie rang sich zu einem Lächeln durch. »Ben, bitte, vergiss den Kuss. Ich kann nicht einfach mit dir anbändeln. Mir geht das mit Daniel wirklich nahe, auch wenn ich es burschikos zu überspielen suche. Ich hatte mich ernsthaft in ihn verliebt und kann das alles nicht verstehen. Mir bricht es das Herz bei dem Gedanken, dass er schon mit einer anderen tändelt. Sei mir nicht böse, aber ich bin nicht so leichtfertig, selbst wenn es durchaus verlockend wäre, mich mit dir zu trösten, aber dazu ist viel zu viel zwischen Daniel und mir geschehen …«

Benjamin musterte sie mit zärtlichem Blick. »Verzeih mir, dass ich dich so überrumpelt habe, aber ich glaube, du weißt, was ich für dich empfinde. Habe ich gar keine Chance, dein Herz zu erobern?«, fragte er geknickt.

»Ich weiß es nicht. Bitte lass mir Zeit«, bat sie ihn inständig. »Solange ich deinen Bruder nicht vergessen kann, sollten wir einfach Freunde sein.«

»Gut, ich werde mich zurückhalten, aber sag mir ehrlich: Hat dir der Kuss eben gar nichts bedeutet?«

Scarlet wand sich. Was sollte sie ihm sagen? Wenn sie ihm verriet, dass er sie keineswegs so kaltgelassen hatte, wie sie es sich gewünscht hätte, würde er doch wieder Hoffnung schöpfen. »Bitte, ich möchte nicht darüber reden. Respektiere, dass mein Herz noch besetzt ist und ich nicht einfach den einen Bruder gegen den anderen austauschen kann.«

»Ich habe alle Zeit der Welt«, seufzte Benjamin.

14

Vicky stand immer noch am Fenster und war wider Willen Zeugin des Kusses zwischen ihrer Enkelin und Benjamin geworden. Es gefiel ihr ganz und gar nicht, was sie da mit ansehen musste. Sie konnte sich nicht helfen, aber der Bursche war ihr nicht geheuer. Obwohl er der Zwillingsbruder von Daniel war, hätte es vom Wesen der beiden keinen größeren Kontrast geben können. Benjamin hatte nichts von der feingeistigen Ausstrahlung seines Bruders. Dabei konnte Vicky konkret gar nichts Negatives gegen Benjamin vorbringen, denn er benahm sich ihr und ihrer Familie gegenüber tadellos. Und trotzdem würde sie mit Scarlet ein ernstes Wort reden müssen.

Doch zunächst stand das Gespräch mit Amelie an. Vicky hatte eben schier der Atem gestockt, als sie ihre jüngste Tochter von ihrem Beobachtungsposten aus gesehen hatte. Sie war eine elegante Erscheinung, keine Frage, und sie strotzte vor Selbstbewusstsein. Und noch immer dominierte eine gewisse Verschlossenheit ihre schönen, ebenmäßigen Gesichtszüge. Würde sie sich also ausgerechnet etwas von ihr sagen lassen? Ihrer eigenen Mutter, von der sie sich einst so brutal abgewandt hatte? Vicky hegte allergrößte Zweifel am Erfolg ihres Vorhabens und spürte, wie sie nervös bei dem Gedanken wurde, ihrer Tochter gleich die Wahrheit über James Caldwells Schandtat zu erzählen. Sie spürte regelrecht Angst in sich aufsteigen. Angst, dass ihre gut gemeinten Worte an Amelie abperlen würden wie Regentropfen an einem Gummibaumblatt. Angst davor, dass ihre Tochter sie dafür nur noch mehr ablehnen würde …

Vickys Stimmung wurde nicht besser, als sie sah, wie zugewandt Scarlet nach dem Kuss mit diesem Benjamin sprach. Seufzend zog sie sich ins Innere des Zimmers zurück und setzte sich an den kleinen Sekretär. Gedankenverloren nahm sie den Füllfederhalter und begann, ihre größten Ängste mit zitternder Hand auf ein Blatt Papier zu schreiben: *Es kommt zum Streit. Amelie wirft mir an den Kopf, dass ich ihr gar nichts zu sagen hätte. Sie lädt mich von der Hochzeit aus. Sie heiratet den Mann aus Trotz erst recht. Sie glaubt mir nicht und denkt, ich sage das nur, weil ich James Caldwell nicht leiden konnte. Sie glaubt mir, und ihr ist gleichgültig, was der Vater ihres Mannes getan hat. Sie gibt Meeri die Schuld, weil sie noch immer ihre alten Vorurteile gegen Aborigines pflegt.*

Als es an Vickys Zimmertür klopfte, ließ sie hastig das Blatt Papier verschwinden, auf dem sie ihre schlimmsten Befürchtungen notiert hatte, und rief: »Herein!« Ihr Herz klopfte bis zum Hals, als Amelie das Zimmer betrat, doch als ihre Tochter freudestrahlend auf sie zukam, vergaß sie für einen Augenblick ihre schweren Gedanken und umarmte Amelie wieder und wieder.

»Lass dich ansehen, mein Kind. Ach, du bist noch hübscher geworden«, seufzte sie gerührt.

»Du wirst aber auch nicht älter«, gab Amelie bewundernd zurück. »Mutter, ich meine Emma, hat mir gesagt, du willst mich unter vier Augen sprechen. Das ist eine gute Idee. Schön, dass wir kurz allein sind, ich muss dir nämlich noch etwas erzählen. Wir haben gedacht, es ist besser, wenn du den Namen meines Mannes erst erfährst, sobald du in Brisbane bist«, fügte sie gehetzt hinzu.

»Ich weiß, du hast vor, Phillip Caldwell zu heiraten.«

Amelies Miene verdüsterte sich. »Wie du das sagst. Als wäre das ein Verbrechen. Nur weil du seinen Vater nicht leiden konntest und damals überstürzt mit diesem dummen Aborigine-Mädchen abgereist bist!«

Vicky schnappte nach Luft vor Empörung. Nun waren sie bereits mitten in dem unangenehmen Thema, und es gab kein Zurück mehr.

»Amelie, es gibt noch etwas über James Caldwell zu sagen, das ich dir nicht vorenthalten möchte und das dich deinen Entschluss, diesen Mann zu heiraten, vielleicht noch einmal überdenken lässt.«

Amelie sprang von dem Stuhl auf, auf den sie sich gerade erst gesetzt hatte. »Das ist nicht dein Ernst, Mutter. Wir sehen uns nach so vielen Jahren wieder, und du mischst dich gleich in mein Leben ein. Da gibt es nichts zu überdenken, ganz egal, was du mir Wichtiges zu sagen hast!« Ihre Augen funkelten vor Zorn.

»Bitte, nun hör dir doch erst einmal an, was ich dir zu sagen habe!« Vicky war sehr laut geworden.

»Rede! Aber mach es kurz! Ich habe nämlich noch einiges für die Hochzeit vorzubereiten«, befahl Amelie in giftigem Ton.

Vicky räusperte sich ein paarmal, bevor sie ihrer Tochter schonungslos offenbarte, dass James Caldwell Meeri damals vergewaltigt hatte. Bevor sie jedoch ihren Satz zu Ende bringen konnte, hatte Amelie sie bereits unterbrochen. »Was redest du da für einen Unsinn? Das ist wieder typisch für dich. Das ist wie damals, als du uns das Märchen aufgetischt hast, dass Dad dich geheiratet haben soll, obwohl er wusste, dass du das Blag von einem anderen Kerl erwartest.«

»Amelie, bitte. Ich sage es dir nur zu deinem Besten«, entgegnete Vicky gequält.

»Zu meinem Besten! Dass ich nicht lache. Und ich dachte, wir könnten einen Neuanfang wagen, jetzt, wo der Goldgräber tot ist, aber du musst alles wieder kaputt machen«, brüllte Amelie wie von Sinnen.

»Aber ich meine es nur gut, denn ich habe damals das Kind adoptiert, das Meeri von deinem Schwiegervater erwartet hat!«

»Hör auf! Hör endlich auf mit deinen Schauergeschichten. James Caldwell war ein angesehener Mann, und du wirst nicht auf seinem Grab herumtrampeln, wie du es bei Vater getan hast. Er konnte sich genauso wenig wehren.«

»Aber es ist die Wahrheit. Meeri hat es mir kurz vor ihrem Tod gestanden. James Caldwell hat sie vergewaltigt, und aus dieser Schandtat ist Victoria entstanden.«

»Und wenn schon! Was geht es mich an, dass du diese Aborigine und ihr uneheliches Blag aufgenommen hast? Ich habe nichts damit zu tun. Phillip auch nicht. Wir haben beide kein Herz für diese Schwarzen so wie du. Und ich hatte inständig gehofft, du wärest inzwischen etwas vernünftiger geworden!«

»Amelie, wach auf! Oder willst du wirklich einen Mann heiraten, dessen Vater ein junges Mädchen vergewaltigt und mit ihr ein Kind gezeugt hat? Victoria ist die Halbschwester deines Mannes und darf das niemals erfahren. Aber du hast eine Wahl!« Sie merkte gar nicht, dass sie das alles laut herausschrie. Erst als die Tür aufging und sie eine schreckensbleiche Victoria erblickte, ahnte sie, dass ihr Streit bis auf den Flur zu hören gewesen war. Sie stürzte auf ihre Adoptivtochter zu und wollte sie in den Arm nehmen, doch Victoria trat entschieden zur Seite.

»Ist es wahr, Mutter? Stimmt es, was du da gerade behauptet hast? Ich bin das Ergebnis einer Vergewaltigung?«

»Nein, da musst du dich ... verhört haben, Liebes«, versuchte Vicky zu retten, was zu retten war.

»Ich habe jedes Wort gehört. Wer ist dieser Mann, der meiner Mutter das angetan hat?«

Amelie zog die Augenbrauen hoch und spie verächtlich aus: »Meine Mutter behauptet, dass es der Vater meines Zukünftigen war, der angesehene Farmer James Caldwell, aber da kann ich Sie beruhigen. Niemals hätte der sich an einer dreckigen Schwarzen vergriffen!«

Victoria wurde kreidebleich, trat entschlossen auf Amelie zu und versetzte ihr eine schallende Ohrfeige, die Amelie ohne mit der Wimper zu zucken erwiderte. Vicky sah diesem Ausbruch unversöhnlichen Hasses entsetzt zu.

»Aufhören!«, schrie sie schließlich. »Amelie, du darfst das Kind nicht schlagen!«

Amelie musterte ihre Mutter mit herablassender Miene. »Dir waren diese Schwarzen schon immer näher als ich. Das sieht man an Annabelle. Jede Wette, da war in der Familie deines Goldgräbers etwas nicht in Ordnung. Und nun diese Abo. Aber damit du es weißt: Ich werde mir mein Glück gewiss nicht von dir zerstören lassen. Das Beste wird sein, ihr beide bleibt meiner Hochzeit fern. Nicht auszudenken, du würdest diesen Schwachsinn womöglich auf unserer Feier verbreiten. Die anderen können kommen. Besonders Scarlet und dieser Benjamin. Es wundert mich, dass du deiner Enkelin noch nicht verboten hast, sich mit diesem Burschen einzulassen. William Bradshaw war doch in deinen Augen auch nichts als ein gemeiner Schurke.«

Vicky wurde kreidebleich angesichts dieser wortgewaltigen Abrechnung ihrer Tochter. Während sie noch überlegte, was sie ihr antworten sollte, hatte Amelie bereits die Tür hinter sich zugeknallt.

Wie betäubt wandte sich Vicky an Victoria, um ihr zu versichern, dass das alles nicht für ihre Ohren bestimmt gewesen war. »Süße, bitte, denk nicht mehr daran!«, bat sie ihre Ziehtochter verzweifelt.

»Warum hast du das getan und mir irgendetwas von einem Farmarbeiter vorgeschwindelt?« Mit versteinerter Miene starrte Victoria ihre Mutter an.

»Warum? Kannst du dir das nicht denken? Ich wollte dir die schmutzige Wahrheit ersparen«, stöhnte Vicky.

»Dann hättest du mich nicht herbringen dürfen! Und wo ist es geschehen? In diesem Haus? Unter diesem Dach?«, hakte sie nach.

»Ich weiß es nicht. Ich habe es auch erst erfahren, nachdem deine Mutter es mir kurz vor deiner Geburt gestanden hat. Du hast recht, ich hätte dich nicht herbringen dürfen. Verzeih mir, das habe ich falsch eingeschätzt. Nach dem Tod deines Vaters bin ich etwas durcheinander. Ich schlage vor, wir reisen so bald wie möglich ab. Amelie hat uns ohnehin von der Hochzeit ausgeladen, und ich lasse es nicht zu, dass du hier beleidigt und geschlagen wirst.«

Victoria aber blickte wie betäubt in die Ferne, als wäre sie in Gedanken ganz woanders und hätte kein Wort verstanden.

»Was weißt du über meine Mutter? Wo kommt sie her? Warum hast du damals nicht dafür gesorgt, dass dieser Mensch seine gerechte Strafe bekommt?«

»Das ist keineswegs so einfach, wie du denkst«, stöhnte Vicky. »Aborigines werden teilweise wie Tiere betrachtet, deren Leben nichts zählt. Emma hätte mir niemals geglaubt, was Meeri mir berichtet hat. Dann hätte ihr Wort gegen das von James Caldwell gestanden. Ich dachte, das Beste sei es, dir ein schönes, unbeschwertes Leben zu ermöglichen, ohne die Schatten der Vergangenheit.«

»Mutter, meinst du nicht, ich hätte mir selbst ein Urteil bilden können? Aber jetzt ist das alles umso entsetzlicher für mich. Ich kann doch nicht so tun, als wäre das alles nie passiert. Und ich will auch nicht ignorieren, dass deine Tochter den Sohn meines Erzeugers heiratet. Ich halte es hier keine Sekunde länger aus. Ich muss weg, und zwar sofort.«

Vicky war noch bleicher geworden. Wie gut sie Victorias Verzweiflung verstehen konnte. Was hatte sie sich nur dabei gedacht, die junge Frau in dieses Haus zu bringen und zu hoffen, dass die Vergangenheit sie nicht einholen würde? Hatte Annabelle doch recht, wenn sie ihr manchmal vorwarf, dass sie die Wahrheit aus Sorge um ihre Lieben verschwieg?

Vicky straffte die Schultern. »Gut, Victoria, pack deine Sachen. Bis zur Abreise gehen wir in ein Hotel. Und es tut mir so unendlich leid, dass du es auf diese Weise erfahren musstest.« Sie trat einen Schritt auf ihre Ziehtochter zu, die sich widerspruchslos von ihr in den Arm nehmen ließ.

»Ich habe dich lieb«, raunte Victoria, während sie sich aus der Umarmung löste.

»Ich dich auch«, seufzte Vicky. »Und ich werde nicht zulassen, dass man dir wehtut. Ich werde rasch packen, und dann sehen wir uns gleich unten, nachdem ich mich von den anderen verabschiedet habe.«

»Ist gut«, erwiderte Victoria mit einem seltsamen Blick, den Vicky nicht an ihr kannte. Wie oft sollte sie später noch an diese Mischung aus Verletzung und Entschlossenheit denken, die sie in den Augen ihrer Tochter in diesem Moment hatte lesen können. Und daran, dass sie die Zeichen nicht richtig gedeutet hatte …

15

Wie in Trance sammelte Vicky ihre Sachen, die sie erst vor wenigen Stunden in den Schrank gehängt hatte, und stopfte sie wahllos in ihren Koffer. Nein, hier konnte sie auf keinen Fall bleiben! Nun musste sie ihren Entschluss nur noch den anderen mitteilen. Sie fand Annabelle, George und Myriam auf der Veranda.

»Mutter, was ist geschehen?«, fragte ihre Tochter entsetzt. »Du siehst aus wie der Tod.«

Obwohl es Vicky schwerfiel, war sie fest entschlossen, ihnen die ganze Wahrheit zu offenbaren. *Ich habe genug Unheil mit meiner gut gemeinten Geheimniskrämerei angerichtet*, dachte sie bitter.

»Kinder, ich mache es kurz. Ich werde mit Victoria sofort nach Melbourne abreisen«, erklärte sie mit fester Stimme.

»Es ist fünf Uhr abends«, erwiderte George fassungslos. »Und warum jetzt? Und überhaupt, warum wollt ihr abreisen?«

Vicky beugte sich über den Tisch und versuchte, leise zu reden. »Ich hatte eben eine schlimme Auseinandersetzung mit Amelie. Ich habe erfahren, wen sie heiraten wird. Es ist Phillip Caldwell.«

»Der Sohn von Tante Emmas Ehemann etwa?«

Vicky seufzte schwer. »Genau! Und dieser James ist der Vater von Victoria. Er hat Meeri damals in der Nacht, bevor ich mit ihr abgereist bin, vergewaltigt.«

»Wie bitte? Und das sagst du uns erst jetzt?«, fragte Annabelle entsetzt.

Vicky machte eine abwehrende Handbewegung. »Ich weiß, was du sagen willst. Ich mit meinen wohlbehüteten Geheimnissen, um meine Lieben zu schützen. Nun ist es passiert. Victoria hat den Streit um dieses Thema auf dem Flur durch die geschlossene Tür mit angehört. Sie möchte keine Sekunde länger unter diesem Dach bleiben. Amelie leugnet die Geschichte und hat Victoria geohrfeigt. Ich kann es Victoria nicht zumuten, länger in Brisbane zu bleiben. Ich will euch aber nicht in diese Geschichte hineinziehen. Bleibt nur und feiert mit eurer Schwester!«

George war vor lauter Empörung von seinem Stuhl aufgesprungen. »Das ist nicht dein Ernst, oder? Du denkst doch nicht, dass wir so tun, als wäre nichts geschehen. Wir reisen geschlossen ab!«, ereiferte er sich.

»George hat recht«, pflichtete Myriam ihm bei.

»Ja, wir fahren alle gemeinsam nach Brisbane und suchen uns ein Hotel. Dort bleiben wir, bis Walters Kongress zu Ende ist, und dann reisen wir nach Wentworth Falls«, sagte Annabelle entschlossen.

Vicky warf ihrer Tochter einen dankbaren Blick zu. *Wie sie es immer wieder schafft, für alle Probleme die richtige Lösung zu finden*, dachte sie gerührt.

»Gut, dann reisen wir gemeinsam ab. Ich muss nur noch Emma Bescheid sagen«, entgegnete Vicky gerührt.

»Und wir packen derweil. Wir haben Amelie auch noch gar nicht zu Gesicht bekommen. Es ist vielleicht besser, wenn wir das vermeiden. Ach, es wäre alles zu schön gewesen, um wahr zu sein«, seufzte Annabelle, während sie sich entschieden von ihrem Stuhl erhob. In diesem Augenblick trat eine sichtlich aufgebrachte Amelie auf die Veranda.

»Schön, euch wiederzusehen«, begrüßte sie ihre Geschwister kühl, während sie in die betretenen Mienen sah. »Ach, hat

Mutter euch schon aufgehetzt und euch das Märchen von der Gräueltat meines Schwiegervaters aufgetischt?«

»Guten Tag, Amelie«, sagte George. »Es tut uns leid, aber wir glauben das, was Meeri einst behauptet hat. Schließlich war sie fast noch ein Kind, als sie schwanger wurde, und überdies ein sehr schüchternes, aber bislang dachten wir, es wäre ein Bursche aus Melbourne gewesen, der ihr das angetan hätte. Mutter hat uns mit der Wahrheit verschonen wollen, aber jetzt? Sie konnte wohl kaum tatenlos zusehen, wie du den Sohn dieses Schweins heiratest«, fügte er sichtlich erregt hinzu.

Amelie warf ihm einen abschätzigen Blick zu. »Es hat sich nichts geändert. Du bist immer noch das Sprachrohr unserer Mutter, aber dieses Mal ist sie zu weit gegangen. Ich möchte weder Mutter noch dieses weiße Aborigine-Mädchen auf meiner Hochzeit sehen.«

»Das musst du gar nicht«, mischte sich Annabelle in ruhigem Ton ein. »Wir reisen sofort ab. Wir können dir nicht vorschreiben, wen du heiratest, aber wir wollen das nicht mitfeiern.«

Annabelle traf ein hasserfüllter Blick ihrer Schwester. »Natürlich, die brave Annabelle. Immer einer Meinung mit unserer Mutter. Tja, dann bleibt mir nur noch eines zu sagen: Gute Reise!«, ätzte Amelie.

Energisch wandte sie sich um, doch dann blieb sie stehen und blickte triumphierend von einem zum anderen. »Aber lasst mir doch bitte Scarlet und den jungen Mann hier. Ich fühle mich geehrt, wenn ein Sohn Williams zu meinen Gästen gehört.«

George hatte bereits den Mund geöffnet, um seiner Schwester eine gepfefferte Antwort auf ihre gehässige Bemerkung zu geben, doch Annabelle warf ihm einen bittenden Blick zu. Er stieß stattdessen einen genervten Seufzer aus. Kaum war Amelie im Haus verschwunden, wandte sich Vicky sichtlich angeschlagen an ihre Kinder. »Ich danke euch, und es tut mir unendlich leid, dass ich euch in diese Lage gebracht habe …«

»Tja, Mutter, hättest du uns vorher reinen Wein eingeschenkt, ich hätte dir dringend davon abgeraten, Victoria mit nach Brisbane zu nehmen.«

»Ach, George, wie sollte sie ahnen, dass Amelie ausgerechnet den Sohn von diesem Mistkerl heiratet?«, mischte sich Myriam versöhnlich ein.

»Sie hat recht«, seufzte Annabelle. »Auch wenn ich von diesen Geheimnissen nichts halte, das konnte sie wirklich nicht ahnen. Mir tut nur Amelie leid. Wieder fällt sie auf den falschen Mann rein. Wie sie schon damals unseren Stiefbruder William so unkritisch vergöttert hat.«

»Da können wir nur hoffen, dass der Apfel in diesem Fall weit vom Stamm fällt«, bemerkte George zweifelnd.

»Wohl leider nicht, wie Emma es angedeutet hat! Dieser Phillip vertritt wohl ähnliche Ansichten über die Aborigines wie sein Vater«, warf Vicky zögernd ein. »Aber nun lasst uns schnell aufbrechen, damit wir vor Beginn der Dunkelheit in Brisbane sind. Ich gehe jetzt zu Emma.«

Annabelle folgte ihrer Mutter ins Haus. »Und ich sollte meinen Töchtern Bescheid sagen. Scarlet flaniert wohl mit diesem Benjamin, während Ava schmollend auf ihrem Zimmer sitzt, weil der junge Mann sich offenbar in Scarlet verguckt hat. Ich glaube, es ist gut, wenn der junge Mister Bradshaw damit endlich aus dem Dunstkreis meiner Töchter verschwindet.«

»Wer weiß. Vielleicht fällt ihm dann, wenn er weiß, wohin wir reisen, ganz plötzlich ein, dass er Schafböcke in Wentworth Falls kaufen muss«, versuchte Vicky zu scherzen, und entlockte ihrer Tochter zumindest ein flüchtiges Lächeln, bevor sie alle eilig auseinanderstoben.

Vicky war unwohl bei dem Gedanken, auf der Suche nach Emma womöglich noch einmal auf Amelie zu treffen, aber sie konnte sich kaum ohne Abschied aus dem Staub machen. Natürlich wollte es ihr schier das Herz brechen, dass sie ihre Tochter Amelie nun endgültig verloren hatte, aber sie musste zwischen Victoria und Amelie wählen, und da brauchte sie nicht lange zu überlegen, wer von den beiden unter ihrem besonderen Schutz stand.

Im Flur traf sie auf das Hausmädchen ihrer Schwägerin, das sie mit schreckensweiten Augen ansah. »Misses Melrose, ich muss Sie kurz sprechen. Ich glaube, ich habe großen Unsinn angestellt«, murmelte sie schuldbewusst.

»So? Was ist geschehen?«, fragte Vicky mitfühlend.

»Ihre Tochter hat mich vorhin in der Küche aufgesucht. Sie war völlig aufgelöst und fragte, ob ich weiß, wo Mister Phillip Caldwell lebt. Ich habe es ihr gesagt, und dann hat sie wissen wollen, ob ich ihre Mutter Meeri gekannt hätte. Ich habe ihr erzählt, dass sie meine Tante gewesen ist, ich sie aber nie kennengelernt habe, weil sie schon in Melbourne lebte, als ich geboren wurde. Dann wollte sie wissen, wo meine Mutter lebt. Ich habe ihr gesagt, dass sie in einem Reservat bei Bundaberg wohnt. Sie machte einen merkwürdigen Eindruck. Jedenfalls habe ich sie wenig später wie von Sinnen aus dem Haus rennen sehen. Sie hat mich nicht wahrgenommen, obwohl sie mich beinahe umgerannt hätte.«

»Gut, dass Sie sich mir gleich anvertraut haben«, erwiderte Vicky und versuchte, das Beben in ihrer Stimme zu unterdrücken, denn die Worte der jungen Frau hatten sie in äußerste Alarmbereitschaft versetzt. »Und wissen Sie zufällig, wo meine Schwägerin ist?«, fügte sie hastig hinzu.

»Ja, sie hat sich gerade zurückgezogen und wollte sich für das Dinner umziehen«, sagte die junge Frau.

167

»Danke«, murmelte Vicky und eilte in die obere Etage. Ohne zu klopfen, betrat sie Emmas Zimmer. Ihre Schwägerin war gerade dabei, sich ein Kleid aus dem Schrank zu holen.

»Emma, stellt dir vor, was geschehen ist!«, rief sie verzweifelt aus und erzählte ihrer Schwägerin alles. Auch dass sie befürchtete, Victoria würde Amelies Verlobten einen unerwünschten Besuch abstatten.

»Gut, dann haben wir keine Zeit zu verlieren. Es ist ja nicht weit. Komm, wir laufen hinüber zur Caldwell-Farm. Vielleicht hat sich Nomea auch getäuscht, und Victoria ist nur mal Luft schnappen gegangen. Aber warum hast du mir das nicht schon vor Jahren mitgeteilt, was James getan hat?« Emmas Ton klang vorwurfsvoll.

»Ich dachte, es würde dir nur unnötig dein Herz beschweren«, stöhnte Vicky. Emma verdrehte die Augen und nahm ihre Schwägerin bei der Hand. Gemeinsam eilten sie über das weite Land, bis das Herrenhaus der Caldwells in Sicht kam. Als sie das Haus betraten, hörten sie lautes Geschrei. Ein Dienstmädchen, das sie auf dem Flur trafen, berichtete ihnen aufgeregt, dass Mister Caldwell von einer jungen Frau angegriffen worden wäre.

Emma und Vicky sahen einander erschrocken an, bevor sie dem Gebrüll folgten. Mitten im Salon des Hauses stand Phillip Caldwell. Aus einem Riss am Arm seines weißen Hemdes tropfte Blut auf den Boden.

»Um Himmels willen, was ist passiert?«, fragte Emma den jungen Mann.

»Plötzlich stand eine junge Frau vor mir und redete wirres Zeug. Dass ich ihr Bruder wäre, und ob ich gewusst hätte, was unser Vater ihrer Mutter angetan hätte. Und als sie dann behauptete, mein Vater hätte ihre Mutter, eine Aborigine, vergewaltigt, habe ich sie ›dreckige Lügnerin‹ genannt und wollte sie packen und aus dem Haus werfen. Da hat sie ein Messer genommen und es mir ohne Vorwarnung in den Arm gerammt.«

»Wo ist sie?«, fragte Vicky wie von Sinnen.

»Weg. Sie ist weg. Aber sie kann nicht weit sein. Ich habe meine Landarbeiter bereits losgeschickt, sie einzufangen. Na, die kann was erleben!«, schrie er.

»Bitte, Mister Caldwell, tun Sie ihr nichts. Bringen Sie sie unversehrt zur Farm meiner Schwägerin!«, bat ihn Vicky mit bebender Stimme.

Phillip stutzte kurz und musterte Vicky durchdringend. »Wer sind Sie?«

»Ich bin Amelies Mutter, und nun, bitte, versprechen Sie es!«

»Ach, Sie sind diese Person, die mein Vater damals aus dem Haus gejagt hat. Was haben Sie mit dieser Verrückten zu tun?«

»Sie ist nicht verrückt. Es ist wahr. Ihr Vater hat ihre Mutter Meeri, die damals Hausangestellte meiner Schwägerin war, vergewaltigt. Und das Ergebnis dieser Tat ist Victoria, meine Adoptivtochter. Sie hat es leider heute erst erfahren müssen und ist, wie Sie vielleicht verstehen können, außer sich. Sie ist keine Verbrecherin, die Sie wie einen räudigen Hund jagen müssen!«

Phillip warf Emma einen bösen Blick zu. »Sag du doch auch mal was! Hier, sieh dir an, was dieses Weib angerichtet hat!« Er streckte Emma seinen verletzten Arm entgegen.

»Ich befürchte, meine Schwägerin sagt die Wahrheit, und ich kann ihr nur beipflichten. Lass das Mädchen sicher zu meiner Farm bringen, und krümm ihr kein Haar.«

»Du verlangst allen Ernstes, dass sie ihrer gerechten Strafe entgehen soll? Und du willst sie unter deinem Dach beherbergen? Das kann doch wohl nicht wahr sein!« Er wandte sich wütend an Vicky. »Auch wenn Sie Amelies Mutter sind, ich verbiete Ihnen, zu unserer Hochzeit zu kommen!«

169

»Das hat sich eh schon erledigt. Sobald Sie Victoria sicher auf die Farm zurückgebracht haben, reisen wir nach Melbourne ab!«, entgegnete Vicky mit fester Stimme.

»Raus! Alle beide raus hier!«, brüllte Phillip so laut, dass sich seine Stimme überschlug. Die Adern auf seiner Stirn waren gefährlich angeschwollen.

Emma griff nach Vickys Hand, und die beiden verließen hocherhobenen Hauptes das Haus. Kaum waren sie aus der Tür, als Vicky in lautes Schluchzen ausbrach.

»Was sollen wir nur tun? Was, wenn er sie ins Gefängnis bringt. Das hält das Kind nicht aus. Ob wir die Polizei bitten, sie zu suchen?«

Emma legte tröstend den Arm um ihre Schultern. »Das ist leider keine gute Idee. Die nehmen sie gleich mit, wenn Phillip ihnen seine Geschichte erzählt. Nein, ich werde, sobald wir zurück sind, meine Leute bitten, auszuschwärmen und das Mädchen sicher zurückbringen. Sie müssen sie nur vor Phillips Kettenhunden finden!«, seufzte sie.

Vicky blickte Emma voller Bewunderung an. »Danke, dass du zu uns hältst«, erklärte sie gerührt.

»Das ist doch das Mindeste. Schließlich habe ich mich damals unendlich mies benommen, als ich dich mit Meeri habe gehen lassen, statt James Caldwell in die Wüste zu jagen.«

»Aber was ist mit Amelie? Das wird sie dir niemals verzeihen«, jammerte Vicky.

»Ich weiß, aber ich kann nicht anders. Ich habe einmal einen furchtbaren Fehler begangen. Amelie wird mich hassen, aber soll ich nur, um mir die Gunst deiner Tochter zu erhalten, gegen mein Gewissen handeln? Nein, so traurig es ist, ich habe Amelie wie eine eigene Tochter lieb, aber in dieser Sache irrt sie. Der Kerl ist genauso ein Schwein wie sein Vater. Hast du schon vergessen, was ich dir damals schrieb? James ist feige in das Rettungsboot gesprungen, das für Frauen und Kinder bestimmt war. Mich hätte er eiskalt absaufen lassen.«

»Und es hat ihm gar nichts genützt, weil sie dann mit dem Boot gekentert sind«, murmelte Vicky.

»Genau, aber spätestens in dem Augenblick habe ich begriffen, was für ein Monster ich geheiratet habe. Aber nun komm, wir müssen meine Leute losschicken. Nicht auszudenken, wenn sie in die Hände von den Caldwell-Kerlen fällt.«

»Es ist alles meine Schuld! Oh Gott, wenn ihr was geschieht, das könnte ich mir nie verzeihen!«, rief Vicky verzweifelt aus, während sie losrannten, um einen Suchtrupp loszuschicken.

»Mal jetzt bloß nicht den Teufel an die Wand!«, widersprach ihr Emma energisch. »Wenn wir Glück haben, ist sie längst auf meiner Farm in Sicherheit.«

In diesem Augenblick tauchte Emmas Haus in der Ferne auf, und Vicky betete, dass ihre Schwägerin recht behalten möge.

16

Victoria war bereits seit über einer Woche spurlos verschwunden. Auch Phillip Caldwells Häscher hatten sie nicht gefunden, wie Emma von ihren Landarbeitern erfahren konnte. Obwohl zumindest das eine gute Nachricht war, war Vicky am Boden zerstört. Sie machte sich in einem fort schwere Vorwürfe, weil sie Victoria überhaupt mit nach Brisbane genommen und im Streit mit Amelie die Wahrheit so laut herausgebrüllt hatte, dass Victoria Zeugin ihrer Worte geworden war. Da half alles gute Zureden von Emma, Annabelle und den anderen wenig. Inzwischen war Amelies Hochzeit vorüber, an der keiner von ihnen teilgenommen hatte. Selbst Emma nicht. Amelie war zwar todtraurig darüber gewesen, aber Phillip hatte ihre Anwesenheit strikt abgelehnt. Emma trug das allerdings mit Fassung.

Vicky hingegen war nur noch ein Schatten ihrer selbst. Sie aß nichts mehr, saß eigentlich nur den ganzen Tag lang auf der Veranda herum und stierte in die Ferne. George war jeden Tag erneut mit einem Trupp von Farmarbeitern aufgebrochen, um sich auf die Suche nach Victoria zu machen.

Als er erschöpft von seiner Suche auf die Farm zurückkehrte, runzelte er beim Anblick seiner fast apathisch wirkenden Mutter die Stirn. Obwohl die subtropische Sonne vom Himmel brannte, saß Vicky ohne Kopfbedeckung außerhalb des Sonnendachs. Ihm gefiel ihr Zustand ganz und gar nicht. Sie machte den Eindruck, als würde sie sich aufgeben. Er hoffte, er würde sie mit dem, was er unterwegs erfahren hatte, aus ihrem lethargischen Zustand reißen.

»Mutter, bitte setz dich in den Schatten. Sonst bekommst du noch einen Sonnenstich«, ermahnte George sie. Vicky sah kurz auf, rang sich zu einem Lächeln durch und setzte sich auf einen anderen Stuhl. »Wieder nichts?«, fragte sie ihn bang.

»Wir haben sie nicht gefunden, aber wir haben etwas Wichtiges erfahren.«

Nun kam etwas Leben in Vickys scheinbar leblose Augen. »Was habt ihr erfahren?«

George setzte sich neben seine Mutter. Seine Kleidung war staubig, er sah müde und blass aus, denn er war bereits in den frühen Morgenstunden aufgebrochen. »Du musst ein wenig schlafen«, sagte sie in dem Ton, in dem sie ihm als Jungen mütterliche Ratschläge erteilt hatte.

»Ja, Mutter, das werde ich auch gleich tun, sonst halte ich den Abend nicht durch.«

»Was ist heute Abend?«, fragte Vicky.

»Ach, Mutter, das haben wir dir schon hundertmal gesagt. Heute findet das große Galadinner statt, das die Delegierten der Kolonien geben. Walter hat unsere Familie dazu eingeladen. Dich übrigens auch, aber du hast ihm bereits abgesagt, was jeder gut verstehen kann.«

Vicky fasste sich an den Kopf. »Natürlich, ich habe es glatt vergessen, aber nicht, weil mein Gehirn nicht mehr richtig arbeitet, sondern weil ich an nichts anderes mehr denken kann als daran, wie es meinem kleinen Mädchen wohl ergeht da draußen so allein.« Vicky liefen, während sie sprach, Tränen über die Wangen. George nahm ihre Hand und drückte sie tröstend. »Mutter, ich kann sie dir nicht zurückzaubern, aber wir haben Anhaltspunkte, dass sie zu ihrer Familie zurückgegangen ist.«

»Ihrer Familie? Aber ich bin ihre Familie, wir sind ihre Familie!«, widersprach Vicky empört.

173

»Natürlich, ich meine zu ihrem Stamm, also dem ihrer Mutter.« Vicky sah ihren Sohn fassungslos an. »Aber sie hat doch keine Ahnung, wer und wo ihr Stamm ...« Vicky unterbrach sich und schlug sich entsetzt die Hand vor den Mund. »Die junge Haushaltshilfe. Victoria hat sie nach ihrer Mutter ausgefragt, und da die junge Frau eine Nichte von Meeri ist, hat sie Victoria gesagt, wo Meeris Schwester wohnt. Sie wird dort sein. Wir müssen sofort hin.« Vicky wollte aufspringen. George hinderte sie daran, indem er sie sanft auf den Stuhl zurückdrückte. »Wir werden gleich Genaueres wissen. Bill, einer der Schafscherer, weiß mehr. Ich habe ihn gebeten, uns persönlich zu erzählen, was er weiß. Er wollte sich nur noch kurz waschen, bevor er sich zum Wohnhaus der Familie traut.«

In diesem Augenblick näherte sich der Schafscherer mit schweren Schritten dem Haus.

»Danke, dass Sie hergekommen sind. Setzen Sie sich doch. Möchten Sie etwas trinken?«

»Nö«, erwiderte der Schafscherer und reichte Vicky seine Riesenpranke. Sie wollte vor Ungeduld schier platzen. »Nun sprechen Sie schon, wo haben Sie meine Tochter gesehen?«

»Ich habe sie gar nicht gesehen, aber Tom, ein Freund von mir, den ich noch vom zweiten Schafschererstreik kenne. Letztes Jahr, als uns die Züchter statt der zwanzig Schilling für hundert Schafe nur noch siebzehn geben wollten. Da haben wir ihnen aber Feuer unterm Hintern gemacht, als sie die Streikbrecher per Schiff geschickt haben. Wir haben das abgefackelt ...«

George sah seiner Mutter an, dass sie Höllenqualen litt, weil Bill nicht auf den Punkt kam, und schritt helfend ein.

»Ja, ja, lieber Bill, da habt ihr Jungs hart gekämpft, aber nun sagen Sie schon, was Sie mir vorhin erzählt haben. Was weiß dieser Tom über Victoria?«

»Tom ist gerade zum Schafscheren auf einer Farm, auf der während der Schur auch eine gewisse Alba aus dem Reservat gearbeitet hat. Sie hat den Scherern das Essen gebracht. So kam er mit ihr in Kontakt. Und Alba hat ihm erzählt, dass ihre Tochter Nomea für Misses Emma Caldwell arbeitet. Er hat erfahren, dass wir auf der Suche nach einem weißen Aborigine-Mädchen sind, und hat sich daran erinnert, dass vor ungefähr einer Woche eine hübsche junge Frau bei den Unterkünften der Schafscherer auftauchte und Alba suchte. Das Nächste, was er erfuhr, war, dass Alba in Begleitung der jungen Frau von der Farm geflüchtet und nicht ins Reservat zurückgekehrt ist. Ein Kumpel von ihm hat die beiden auf einem Pferdewagen ein Stück auf der Piste mitgenommen, die in den Regenwald führt. Und als er gefragt hat, was die beiden Frauen allein im Regenwald wollen, hat Alba ihm verraten, dass sie auf der Suche nach den letzten freien Turrbal, also Mitgliedern ihres Stammes sind.« Bill sah George abgekämpft an. »Jetzt würde ich vielleicht doch einen Schluck nehmen. Mein Mund ist von dem vielen Reden ganz ausgetrocknet. Und es darf gern etwas Härteres sein.«

Während George dem Schafscherer einen Whisky holte, murmelte Vicky: »Wir müssen gleich in den Urwald. Wir müssen sie aufhalten.«

»Entschuldigen Sie, M'am, wenn ich mich einmische, aber Sie können nicht so einfach in den Urwald. Das ist lebensgefährlich. Was meinen Sie, was da alles so kreucht und fleucht? Und die Turrbal sind garantiert dort, wo keiner von uns sie kriegt, man behauptet, sie leben im Outback. Nö, M'am, da kann man nichts machen!«

Vicky sah den Schafscherer aus schreckgeweiteten Augen an. »Wir müssen etwas unternehmen!«, schrie sie.

»Mutter, was ist passiert?«, erkundigte sich George, als er im Laufschritt mit dem Glas Whisky in der Hand herbeieilte.

»Er sagt, wir können nichts machen, um sie zurückzuholen, aber wir müssen ins Outback. Ohne uns ist sie hilflos!«

»Nun beruhige dich doch. Sie ist nicht allein. Ihre Tante wird für sie sorgen. Die Aborigines kennen im Wald jeden Baum und jeden Strauch. Sie ist dort sicher, und ich bin der festen Überzeugung, dass die Frau sie unversehrt zu uns zurückbringt«, versuchte George seine völlig aufgelöste Mutter zu beruhigen, bevor er sich an Bill wandte. »Sie dürfen diese Sache nur Caldwells Leuten gegenüber mit keinem Wort erwähnen. Der bringt es fertig und schickt ihr einen einheimischen Spurensucher hinterher.«

»Wo denken Sie hin? Ich schweige wie ein Grab«, versicherte Bill und trank sein Glas in einem Zug leer.

Nachdem sich der Mann kurz darauf verabschiedet hatte, überredete George seine Mutter, sich ein wenig auszuruhen. Widerspruchslos erhob sie sich und verschwand im Haus, während George seinen Whisky in kleinen Schlucken austrank. Er wollte seiner Mutter gerade ins Haus folgen, als Scarlet in Begleitung von Benjamin auf der Veranda auftauchte. Seine Nichte hatte rote Wangen und einen Sonnenhut auf dem Kopf. Offenbar hatte sie ihrem Galan wieder einmal die Schönheit der Natur gezeigt. George war gar nicht glücklich darüber, dass die beiden jungen Leute unzertrennlich waren. Nicht dass er solche Vorbehalte gegen Benjamin hatte wie seine Mutter, aber der Bursche erinnerte ihn stets daran, dass er, sobald er zurück in Sydney war, nicht länger zögern würde, William vor ein Gericht zu zerren. Sein Bekannter, der Richter in Melbourne, hatte ihm zwar nicht gerade große Hoffnungen gemacht und zu bedenken gegeben, dass es wegen der mangelnden Beweise womöglich überhaupt nicht zu einem Prozess kommen würde, aber George wollte nichts unversucht lassen. Und dann würde die Freundschaft seiner Nichte mit diesem jungen Mann oh-

176

nehin der Vergangenheit angehören. Er für seinen Teil glaubte nicht, dass sich zwischen den beiden je mehr als das entwickeln würde. In den Augen seiner Nichte fehlte dieses Glänzen, das er bei ihr erlebt hat, nachdem sie Daniel nach Wentworth Paradise gebracht hatte.

»Habt ihr eine Spur von ihr?«, fragte Scarlet aufgeregt.

George nickte. »Offenbar ist Victoria mit Meeris Schwester zusammen auf dem Weg ins Outback, um zu den Mitgliedern vom Stamm ihrer Mutter zu gelangen, die aus den Reservaten geflüchtet sind«, seufzte er.

»Und? Werdet ihr sie dort finden und zurückholen?«

»Ich befürchte, das steht nicht in unserer Macht. Wir würden uns bloß heillos verirren. Ich glaube fest daran, dass sie bald zurückkehren wird.«

»Heißt das, wir bleiben noch?«

»Ich habe noch zwei Wochen Urlaub. Dann muss ich nach Sydney zurück, aber Granny Vicky wird Brisbane sicher nicht verlassen, bevor sie Victoria unversehrt im Arm hält. Dein Vater reist in ein paar Tagen ab, Annabelle möchte noch in Wentworth Falls vorbeischauen, und ich denke, eure Eltern werden euch mitnehmen.«

»Ich möchte aber gar nicht zurück. Mir gefällt es hier auf dem Land. Du glaubst ja gar nicht, was wir alles auf unserer Wanderung gesehen haben. Ganze Koala-Familien, und ein Riesenkänguru stand plötzlich direkt vor uns!«

»Und? Gefällt es Ihnen auch so sehr hier in Queensland wie meiner Nichte?«, fragte George Benjamin lauernd. »Und müssen Sie nicht auch wieder zurück nach Melbourne, oder haben Sie noch keine passenden Zuchtböcke gefunden?«

Benjamin errötete leicht. »Doch, also … nein, also nichts, was für unsere Zucht infrage käme. Ich werde sicher bald nach Hause zurückkehren müssen«, stammelte er verlegen.

»Onkel George? Kannst du nicht ein gutes Wort bei meinem Vater einlegen, dass Benjamin heute Abend mit zu diesem Dinner kann? Dad ist so streng und meint, die Plätze seien begrenzt.«

George kannte den Grund, warum Walter sich in dieser Sache so stur gebärdete. Ihm missfiel, wie sich seine Töchter seit der ständigen Anwesenheit Benjamins voneinander entfremdet hatten. Scarlet verbrachte jede freie Minute mit dem jungen Mann, was Ava mit wachsender Eifersucht wahrnahm. George fand, dass man das nicht Benjamin anlasten könnte, aber Walter hatte nur einen Wunsch: dass der junge Bradshaw endlich dorthin verschwand, wo er hingehörte, nämlich auf seine Farm bei Melbourne.

Allerdings hatte George seinen Schwager während der vergangenen Tage selten gesehen, und wenn, dann hatte er meist nur von den Streitereien unter den Delegierten berichtet. Auf der Konferenz schien es demnach hoch herzugehen. Es ging um die Rechte der Aborigines, die in allen Kolonien durch extra dafür eingesetzte Vorstände und Verordnungen weiter beschnitten werden sollten. Man wollte bei diesem Kongress versuchen, eine einheitliche Gesetzeslage zu erreichen. Am radikalsten war offensichtlich ausgerechnet der Vertreter der Kolonie Queensland, Phillip Caldwell. Er wollte, wie Walter es neulich Abend George bekümmert berichtet hatte, alles bestimmen lassen, was das Leben der Aborigines und der Mischlinge anging. Er ging so weit, zu beantragen, den Aborigines die Mischlingskinder zu nehmen, damit diese schon in jungen Jahren von der Kultur ihrer Stämme entfremdet würden und man sie dann für die weiße Gesellschaft nutzbar machen konnte. Walter gingen diese Ansichten vollkommen gegen den Strich, aber ihm waren die Hände gebunden. Auch seine Regierung in New South Wales fuhr einen harten Kurs. Betrübt hatte Walter angekündigt, bei seiner Rückkehr der Regierung den Rücken zu kehren und wieder als Arzt zu arbeiten, etwas, was er eigentlich noch nie getan hatte, weil er schon in jungen Jahren in die Politik gegangen war. George hatte ihm angeboten, wenn er wirklich Ernst machte, seine Stellung im Krankenhaus aufzugeben und mit seinem Schwager gemeinsam eine Praxis in Sydney aufzumachen. An all das musste George denken, während seine Nichte ihn flehend ansah.

George aber schüttelte bedauernd den Kopf. »Ich werde deinen Vater erst zum Fest heute Abend sehen. Er bleibt nach dem heutigen letzten Verhandlungstag gleich in Brisbane, und wir nehmen die Kutsche dorthin. Ich befürchte, da kann ich nichts für euch tun.«

»Schon gut, Mister Bradshaw«, entgegnete Benjamin artig. »Ich wollte mich nicht aufdrängen.«

»Ach, wie schade«, stöhnte Scarlet. »Jetzt habe ich gar keinen Tänzer.«

George rang sich zu einem Lächeln durch. »Oh doch, wenn du mit deinem alten Onkel das Tanzbein schwingst.«

»Ach du!« Sie stupste ihm liebevoll gegen die Brust. »Das macht doch keinen Spaß. Ben ist ein begnadeter Tänzer.«

»Und woher willst du das wissen?«, fragte George umgehend.

»Ich habe ihr auf unserer Wanderung ein paar Tanzschritte vorgeführt«, erklärte Benjamin. »Aber das holen wir nach, Scarlet. Ich hoffe, wir haben in Zukunft noch viele Gelegenheiten dazu.«

George betrachtete diese verschlüsselte mit der Hoffnung auf eine gemeinsame Zukunft verbundene Liebeserklärung mit gemischten Gefühlen. Einerseits bewunderte er den jungen Mann, der sich nicht im Geringsten dadurch irritieren ließ, dass Scarlet ihm offenbar nur eine gute Freundin sein wollte. Und trotzdem war er der Meinung, dass der Junge lieber dorthin zurückkehren sollte, woher er gekommen war. Nicht dass sein hartnäckiges Werben doch noch mit Erfolg gekrönt werden würde, und diese Nähe zu einem von Williams Söhnen wünschte sich keiner in der Familie. Auch Annabelle nicht, die zwar nicht so offen darüber sprach wie ihr Mann, der es aber eindeutig anzumerken war, dass sie Benjamin ganz bestimmt nicht zum Schwiegersohn wollte. George stand auf. »Ich ruhe mich noch einen Augenblick aus, und um Punkt siebzehn Uhr treffen wir uns vor dem Eingang«, sagte er und gähnte demonstrativ. Als er im Gästezimmer auf Myriam traf, berichtete er ihr aufgeregt von der Suche nach Victoria und dem Gespräch mit Bill.

»Und du meinst, wir können sie da wirklich nicht suchen?«, fragte sie besorgt.

»Nein, das ist eine Welt, die uns fremd ist und in der wir nicht lange überleben könnten, weil wir uns gnadenlos verirren würden, aber ich glaube, sie kommt schneller zurück, als wir denken«, erwiderte er und nahm seine Frau fest in den Arm.

»Ich habe überlegt, ob wir ihnen einen einheimischen Spurensucher hinterherschicken sollen, aber ich befürchte, das würde Phillip Caldwell schneller zu Ohren kommen, als uns lieb ist, und er würde sie dann womöglich vor uns finden.«

»Ach George, hoffen wir das Beste. Ich halte Victoria für so verantwortungsvoll, dass sie so bald als möglich zu uns zurückkehrt«, seufzte Myriam und schmiegte sich noch tiefer in den Arm ihres Mannes.

Die Erste, die in ihrem Ballkleid vor dem Eingang stand, war Ava. Ihre schlecht gelaunte Miene passte überhaupt nicht zu dem golden schimmernden Traum aus Seide. Es brachte ihre ebenmäßige und leicht getönte Haut förmlich zum Leuchten. Ihr Kleid war weder hoch geknöpft bis zum Kehlkopf, wie es in der Regel bei viktorianischen Abendkleidern der Fall war, noch trug sie ein Brusttuch, um ihren schönen Hals und den Ansatz der Schultern zu verdecken. Trotzdem war sie missmutig bei der Vorstellung, dass dieser Benjamin wie ein Hund hinter ihrer Schwester herlaufen würde. Es ärgerte sie maßlos, dass er sie überhaupt nicht wahrnahm. Und überhaupt fühlte sie sich zurückgesetzt, seit sie in Brisbane angekommen waren. Alles drehte sich nur noch um Victoria. *Was für ein dummes Ding, einfach fortzulaufen*, dachte sie, als sie Benjamin in seiner Straßenkleidung und mit finsterer Miene aus dem Haus kommen sah.

»Welche Laus ist dir über die Leber gelaufen?«, fragte sie ihn ganz direkt. »Und wieso bist du noch nicht umgezogen?«

»Weil ich nicht mitgehe«, erwiderte er knapp und wollte seinen Weg fortsetzen. Er hatte sich in Brisbane ein Pferd besorgt, mit dem er schnell von der Stadt bis zur Farm und zurück gelangen konnte.

»Das verstehe ich nicht«, sagte sie, während sie sich ihm in den Weg stellte.

»Angeblich gibt es nur begrenzte Plätze«, knurrte er.

»Aber Granny kommt doch nicht mit. Du kannst doch ihren Platz bekommen.«

»Daran hat dein Vater wohl nicht gedacht, aber jetzt ist es ohnehin zu spät. Ich reite in die Stadt zurück, denn eure Kutsche ist auch voll, wie man mir sagte.«

Ava überlegte und fasste blitzschnell einen Entschluss. »Dann bleibe ich ebenfalls hier und leiste dir Gesellschaft.«

Das brachte ihr einen irritierten Blick Benjamins ein. »Du willst meinetwegen auf das Fest verzichten? Das verstehe ich nicht.«

Ava schenkte ihm ein Lächeln. »Ich würde so gern einmal Domino mit dir spielen, wie du es neulich mit Scarlet getan hast.«

»Du verzichtest auf das Essen und den anschließenden Tanz, weil du mit mir Domino spielen willst? Ich fühle mich geehrt.« Seine Miene erhellte sich. »Aber ich glaube kaum, dass deine Eltern damit einverstanden wären«, bemerkte er, als Annabelle, Emma, Myriam, George und Scarlet in ihren Abendgarderoben aus der Tür traten.

»Geh jetzt! Ich bin in einer halben Stunde auf der Veranda«, raunte sie ihm verschwörerisch zu, bevor sie sich theatralisch an den Bauch fasste und laut aufstöhnte.

»Ava, was hast du? Kann ich dir helfen?«, fragte George besorgt.

»Nein, ich habe nur Bauchweh und muss mich hinlegen«, erwiderte sie leidend.

»Kind, dann bleib ich bei dir«, protestierte Annabelle.

»Nein, bitte geht nur«, stöhnte Ava.

»Aber ich würde dich gern vorher untersuchen. Mit Bauchschmerzen ist nicht zu spaßen«, widersprach George.

»Nein, alles gut. Ich bin selbst schuld, ich habe vorhin einen unreifen Apfel gegessen und dann kaltes Wasser getrunken. Lasst mich nur hierbleiben. Wenn ihr wiederkommt, geht es mir wieder viel besser«, entgegnete Ava in energischem Ton und drückte sich an der Familie vorbei zur Haustür. Auf dem Weg dahin zwinkerte sie dem völlig verdutzten Benjamin geheimnisvoll zu.

17

Das Abschlussfest der Delegiertenkonferenz fand im großen Ballsaal des Creek Hotels in Brisbane statt. Das prächtige Gebäude lag etwas außerhalb des Ortskerns direkt am Fluss. Annabelle war allerdings gar nicht mehr feierlich zumute, musste sie doch die ganze Zeit an ihr vermeintlich krankes Kind denken. Ihre Stimmung wurde auch nicht besser, als sie im Saal ihre Schwester Amelie erblickte. *Sie hat sich mit dem eleganten Kleid mal wieder selbst übertroffen*, dachte sie, aber dann zog der Mann an ihrer Seite Annabelles Aufmerksamkeit auf sich. Eine durchaus stattliche Erscheinung, groß, breitschultrig, mit blonden Locken, wenngleich seine überhebliche Miene Annabelle frösteln ließ.

»Hoffentlich sitzen wir nicht in deren Nähe«, murmelte Walter, der das Paar ebenfalls entdeckt hatte, doch da kam bereits der Organisator des Kongresses und dieses festlichen Abschlussaktes auf sie zu.

»Doktor Parker, bitte kommen Sie und Ihre Gattin doch mit an den Delegiertentisch«, bat er höflich, bevor er sich George, Myriam, Emma und Scarlet zuwandte. »Sie können an dem Tisch dort Platz nehmen. Ich hoffe, es stört Sie nicht, wenn ich Ihre Familie für das Dinner auseinanderreiße. Beim Tanz können Sie sich ja wieder vereinen.«

Annabelle schluckte. Am Delegiertentisch würde auch Amelie sitzen. Deshalb wollte sie gerade erwidern, dass sie lieber bei ihrer Familie bleiben wollten, als sie ihren Mann seufzen hörte: »Gut, dann gehen wir zu den anderen Regierungsvertretern.« Nun war es zu spät für Protest, und Annabelle folgte ihrem Mann zögernd. Sie hoffte, dass sie wenigstens möglichst weit entfernt von Amelie sitzen würden, aber der füllige Herr wies ihnen den Platz genau gegenüber ihrer Schwester und deren Ehemann zu. Nun konnte sie nur noch gute Miene zum bösen Spiel machen, doch auch aus Amelies Augen sprach keine Freude über dieses unverhoffte Wiedersehen.

»Guten Tag, Annabelle«, begrüßte sie ihre Halbschwester steif.

»Guten Tag, Amelie«, entgegnete Annabelle nicht minder förmlich.

Auch Phillip schien alles andere als begeistert, dass sein Widersacher in seiner Nähe platziert wurde. Er nickte Annabelle und Walter knapp zu. Annabelle hatte überdies den Eindruck, dass der Mann bereits alkoholisiert war, denn seine Wangen waren gerötet, und sie meinte sogar über den Tisch seine Fahne zu riechen.

»Wie geht es dir?«, fragte Annabelle schließlich ihre Schwester, denn sie hielt das angespannte Schweigen nicht länger aus.

»Gut. Sehr gut sogar.« Demonstrativ warf sie ihrem Mann ein verliebtes Lächeln zu. »Mal abgesehen von dem endgültigen Zerwürfnis mit unserer Mutter.«

»Ja, das ist bedauerlich, sind wir doch in bester Absicht zu deiner Hochzeit angereist.«

»Und ich habe euch in bester Absicht eingeladen, aber wenn ich gewusst hätte, dass Mutter inzwischen ein verrücktes und überdies gewalttätiges Abo-Mädchen adoptiert hat, ich hätte davon Abstand genommen. Aber eigentlich hätte ich es mir denken können, dass sie noch ganz die Alte ist.«

Annabelle ballte die Fäuste unter dem Tisch. War es nicht ihre Pflicht, Vicky zu verteidigen, auch wenn die Personen, die rechts und links von ihnen saßen, bereits die Ohren spitzten

184

und Amelies Anwürfen neugierig lauschten? Oder wäre es klüger, einfach den Mund zu halten? Sie würde ihre Schwester ohnehin nicht mehr ändern können. Während sie noch darüber nachgrübelte, wie sie sich verhalten sollte, hatte Walter das Wort ergriffen.

»Verehrte Amelie, ich kann nicht unwidersprochen hinnehmen, was Sie da über die Adoptivtochter meiner Schwiegermutter behaupten. Ich kenne Victoria, seit sie ein Baby ist. Sie war stets ein besonnenes Mädchen und ist eine überaus vernünftige junge Frau. Was zwischen ihr und Ihrem Mann in dessen Haus abgelaufen ist, ist in der Tat bedauerlich. Aber ich glaube nicht, dass Sie Victoria verurteilen sollten, bevor sie sich zu dieser Sache geäußert hat. Deshalb darf ich Sie bitten, Ihre Unterstellungen, was Victorias Charakter angeht, für sich zu behalten. Wir befinden uns hier nämlich in der Öffentlichkeit.« Walter hatte die Stimme gesenkt.

Annabelle sah ihren Mann bewundernd an. Niemals hätte sie solche klaren und gleichzeitig diplomatischen Worte gefunden, doch bevor sie seine Hand nehmen und sie drücken konnte zum Zeichen, wie stolz sie auf ihn war, sprang Phillip so heftig von seinem Stuhl auf, dass er ein volles Glas Wein umkippte. Die rote Flüssigkeit verteilte sich über das weiße Tischtuch wie eine Blutlache. Am Tisch erstarb jedes Gespräch. Alle blickten entsetzt zu Phillip. Der hatte drohend die Faust erhoben.

»Doktor Parker, es reicht. Sie haben uns tagelang mit Ihren Einwänden gegen unsere vernünftigen Vorschläge, was den Umgang mit diesen schwarzen Tieren angeht, den letzten Nerv geraubt. Wenn es nach Ihnen ginge, sollten wir die Abos wählen, sie in unseren Städten wohnen und gleichberechtigt Tür an Tür mit uns leben lassen. Aber das wollen wir nicht. Oder, Männer?«

Provozierend blickte er in die Runde, doch die übrigen De-

185

legierten sahen betreten auf ihre Teller, auch wenn sie vielleicht in der Sache sogar seine Meinung teilten.

»Mister Caldwell, lassen Sie es gut sein«, versuchte Annabelle den jähzornigen Ehemann ihrer Schwester zu beruhigen, obwohl er ihr entsetzlich zuwider war, denn dieses gesellschaftliche Ereignis war nicht der geeignete Ort, um derart ausfallend zu werden. Zumal seine verwaschene Sprache sie in ihrem Verdacht bestätigte, dass der Mann bereits angetrunken war.

»Du hältst deinen Mund. Das sieht doch ein Blinder, dass du auch Abo-Blut in dir trägst«, brüllte er Annabelle an. »Und diesem Miststück von Abo-Mädchen, das mich mit dem Messer attackiert hat, werde ich eine Lektion erteilen, die es nie vergisst! Und ich schwöre euch, ich kriege sie vor euch in die Finger!«

Walter reagierte auf diese üblen Drohungen, indem er mit seiner Faust krachend auf den Tisch schlug. »Der Einzige, der seinen Mund halten sollte, sind Sie. Sie sind ja betrunken!«, zischte er. Walter hatte seinen Satz noch gar nicht beendet, als er einen stechenden Schmerz auf der Nase verspürte. Phillip Caldwell hatte sich über den Tisch gebeugt und ihm mit voller Wucht ins Gesicht geschlagen. Blut tropfte auf das weiße Tischtuch und vermischte sich mit dem verschütteten Wein. Annabelle schrie entsetzt auf. Nun herrschte im Saal eine tumultartige Stimmung. Nicht nur an diesem Tisch, sondern überall redeten die Menschen aufgeregt durcheinander. George kam im Laufschritt herbeigeeilt und wollte seinem Schwager helfen. Phillip aber war nicht mehr Herr seiner Sinne. Er beschimpfte Walter auf das Übelste und brüllte, dass sie das Ganze wie richtige Kerle vor der Tür austragen sollten. Walter aber würdigte den Angreifer keines Blickes mehr, sondern holte ein Taschentuch hervor, das er gegen seine Nase presste.

Annabelle fing einen Blick ihrer Schwester auf und war verwundert, dass sie darin keinen Hass lesen konnte, sondern nur pures Entsetzen, doch es wurde noch schlimmer. Phillip stand wie ein Boxer im Ring da, die Fäuste erhoben und mit tänzelnden Beinbewegungen. »Feigling! Komm her!«, schrie er, bis zwei der Delegierten ihn von beiden Seiten an den Armen packten und aus dem Saal bugsierten, was sich als gar nicht einfach erwies, denn in seinem Rausch wehrte sich Phillip mit Händen und Füßen und beschimpfte die Männer als »Ratten und Verräter«.

Annabelle, Scarlet, Emma und Myriam, die auch herbeigeeilt waren, sahen dem Schauspiel mit schreckgeweiteten Augen zu, doch Walter erhob sich nun von seinem Stuhl und sagte nur: »Wir gehen.«

Einige Männer am Tisch flehten ihn an, das Fest nicht zu verlassen, aber Walter war durch nichts von seinem Plan abzubringen. Stumm vor Entsetzen folgte ihm seine Familie zum Ausgang. Nur Scarlet und Emma drehten sich noch einmal um und sahen, wie Amelie schluchzend die Hände vors Gesicht schlug. Emma eilte zurück und wollte ihre verzweifelte Ziehtochter in den Arm nehmen, doch sie wehrte die Berührung ab.

Auch Scarlet verspürte den Impuls, zurückzugehen und ihre Tante zu trösten. »Wir können sie doch nicht einfach so zurücklassen«, sagte sie leise.

»Sie tut mir auch leid, aber wir können nichts für sie tun!«, erwiderte Annabelle in scharfem Ton und zog ihre Tochter mit sich fort aus dem Saal. Scarlet konnte sich nicht helfen. So hartherzig hatte sie ihre Mutter noch nie zuvor erlebt, und sie fragte sich, wie es wohl geschehen konnte, dass Schwestern einander derart feindselig gegenüberstanden. Sie musste an ihr Verhältnis zu Ava denken, das sicherlich nicht das Einfachste war, aber dass es so weit gehen konnte und man keinerlei Empathie mehr für den anderen empfand, das vermochte sich Scarlet beim besten Willen nicht vorzustellen.

18

»Jetzt haben wir aber lange genug gespielt!« Ava packte die Steine des Dominospiels zusammen und legte sie energisch zurück in den Kasten.

»Du hast ja wie eine Löwin gekämpft«, lachte Benjamin.

»Ich mag eben nicht verlieren«, gab sie kokett zurück. »Und was machen wir mit dem angebrochenen Abend?«

»Was du machst, weiß ich nicht, aber ich reite zum Hotel zurück«, entgegnete Benjamin und gähnte laut.

»Du bist langweilig«, maulte sie.

»Was hast du noch vor?«, fragte er, obwohl er im Grunde genau wusste, worauf Ava anspielte, und er musste insgeheim zugeben, dass sie außerordentlich verführerisch war. Er hatte während des Spiels mehrere Gläser Whisky getrunken und fühlte sich ein wenig berauscht. Mit jedem Glas hatte er sie als reizvoller empfunden. Und es war gerade die leicht gebräunte Haut, die das Ballkleid, das sie immer noch trug, an ihren Schultern freigab, die ihn zunehmend erregte.

»Dasselbe wie du«, erwiderte sie mit gurrender Stimme und fuhr mit den Fingerspitzen über ihre eigenen Schultern. »Du träumst doch davon, sie zu berühren, oder?« Ava war sich ihrer Sache ganz sicher. So gierig, wie er auf ihre Schultern starrte, war es nur eine Frage der Zeit, wann er sich nicht mehr würde beherrschen können. Dass er aber in demselben Augenblick aufstand, den Tisch umrundete und sich ganz nahe hinter sie stellte, erschreckte sie doch ein wenig. Sie liebte das Spiel mit dem Feuer, aber bislang hatte es immer gewisse Grenzen gegeben. Kein junger Mann hätte sich ihr jemals so nähern dürfen. Das Herz klopfte ihr bis zum Hals, während sie sich fragte, ob er das wirklich wagen würde. Und schon fühlte sie, wie seine Finger ihren Nacken entlangstrichen. Erst vorsichtig und dann immer fordernder. Was sollte sie tun? Ihm Einhalt gebieten, ihm sagen, dass es doch nur ein gewagtes Spiel war? Dass sie doch nur die Bestätigung wollte, dass kein Mann ihr je widerstehen könnte? Aber dann würde er sie für ein kleines dummes Mädchen halten und sich bei nächster Gelegenheit wieder Scarlet zuwenden. Nein, noch ein bisschen, ein kleines bisschen länger wollte sie mit dem Feuer spielen.

»Willst du nicht aufstehen und mir deine wunderschöne Vorderseite zeigen«, fragte er mit rauer Stimme.

Ava zögerte. Sie hatte Angst, zu weit gegangen zu sein, aber wenn sie sich ihm jetzt entzog, würde sie ihre Macht über ihn verlieren. Ja, genauso empfand sie in diesem Moment. Dass sie endlich sein Interesse geweckt hatte und es in der Hand hatte, das Feuer zu schüren oder zu löschen. Langsam stand sie auf und drehte sich zu ihm um. Aus seinen Augen flackerte die nackte Begierde, etwas, was sie sich die ganze Zeit gewünscht hatte, als er ihrer Schwester wie ein Hündchen hinterhergelaufen war: dass er sie wollte und nicht Scarlet. Und nun war sie am Ziel, aber als sich seine Lippen ihren näherten, überkam sie eine Erkenntnis, die ihr förmlich das Blut in den Adern gefrieren ließ. Sie meinte gar nicht ihn, sondern seinen Bruder. Und er war nicht Daniel. Es fehlte ihm das Seelenvolle in den Augen. Was sie in seinem Blick sah, war nichts als pure Lust. Das war nicht das, was sie wirklich wollte. Ihr wurde schwindlig, ihre Knie wurden weich, aber nicht vor Erregung, sondern weil diese Erkenntnis so ungeheuerlich war, dass es ihr schier den Boden unter den Füßen wegziehen wollte. Benjamin schien von ihrem inneren Beben nichts zu spüren. Er drückte ihr seine Lippen fast grob auf den Mund, während seine Hände nun gierig versuchten, sich in den Ausschnitt ihres Kleides zu schieben. Das war der Augenblick, als sie aufwachte und ihn von sich stieß.

»Bist du übergeschnappt?«, fauchte sie ihn an.

Benjamin musterte sie fassungslos. »Ich? Du hast dich mir doch förmlich aufgedrängt. Ich wollte dir nur einen Gefallen tun!«

»Danke, darauf kann ich gern verzichten«, giftete sie.

»Du glaubst doch nicht allen Ernstes, dass so eine schmutzige Haut wie deine wirklich verführerisch ist«, sagte er in abschätzigem Ton, woraufhin Ava ausholte und ihm eine kräftige Ohrfeige versetzte. Benjamin wollte zurückzuschlagen, aber sie konnte seine Hand rechtzeitig festhalten. Es kam zu einem Gerangel, in dessen Verlauf Benjamin der Brief an seinen Bruder, den er immer noch nicht beendet und abgeschickt hatte, aus der Jackentasche fiel. Ava stutzte, als sie das Kuvert zu Boden fliegen sah, was er gar nicht bemerkte. Dass sie für den Bruchteil einer Sekunde abgelenkt war, nutzte Benjamin dazu, sie zu packen und ihr den Arm umzudrehen. Er war außer sich vor Zorn und hätte wahrscheinlich nicht davor zurückgescheut, ihr furchtbare Schmerzen zuzufügen, als die Tür zum Salon aufging. Benjamin ließ von ihr ab und schubste sie so heftig, dass sie beinahe gestolpert und gefallen wäre, aber sie konnte sich gerade noch fangen. Plötzlich stand Scarlet im Zimmer und ließ ihren Blick irritiert zwischen ihrer Schwester und Benjamin hin- und herwandern. »Was machst du denn noch hier? Wolltest du nicht zum Hotel reiten? Und du, Ava, war dir vorhin nicht noch sterbenselend zumute? Und überhaupt, was treibt ihr hier? Wenn ich es nicht besser wüsste, würde ich sagen, ihr prügelt euch.«

Ava und Benjamin fühlten sich ertappt und rangen nach Worten, aber es fiel beiden keine rechte Erklärung für ihren desolaten Zustand ein. Avas Haar hatte sich aus dem Knoten gelöst, und an Benjamins Jacke war ein Knopf abgerissen. Bevor sie ihre Sprache wiederfanden, kamen auch die anderen in den Salon und starrten die beiden ebenso entgeistert an.

»Kind, du hast ja immer noch dein Ballkleid an. Ich denke, du wolltest dich hinlegen?«, fragte Annabelle mit leichtem Vorwurf in der Stimme.

»Und Sie, junger Mann? Ist es nicht längst Zeit, sich nach Brisbane aufzumachen?«, hakte Walter unwirsch nach.

»Nicht böse sein, Dad, Benjamin hat mir gegen die Übelkeit einen Whisky empfohlen, und das hat tatsächlich geholfen. Mir geht es wieder blendend. Nur hat er leider zu viel getrunken, sodass ich ihn in diesem Zustand nicht mehr in die Nacht hinausschicken wollte. Nachher bricht er sich noch unterwegs das Genick. Aber warum seid ihr schon wieder zurück? Es sollte doch eine rauschende Ballnacht werden?« Ihr Blick blieb an den Blutflecken auf dem Hemd ihres Vaters hängen.

»Es gab einen unangenehmen Zwischenfall mit Mister Caldwell«, erklärte George knapp und trat einen Schritt auf Benjamin zu. »Hauchen Sie mich mal an!«

Benjamin tat, was Scarlets Onkel von ihm verlangte. George verdrehte die Augen. »Tatsächlich. So können wir sie nicht reiten lassen.« Er wandte sich an seine Tante. »Hast du noch ein Gästezimmer frei?«

»Eins ist noch frei«, erwiderte Emma. »In der oberen Etage. Gleich neben dem Zimmer der Mädchen.«

»Gut, geht bitte ins Bett, Kinder! Wir brechen in den nächsten Tagen nach Sydney auf, und dann verbringt ihr noch ein paar Tage mit Mutter in Wentworth Falls. Eure Großmutter wird sicher in Brisbane bleiben, bis Victoria unversehrt zurück ist«, kündigte Walter an.

Scarlet war gar nicht begeistert über die von den Erwachsenen in der Kutsche getroffene Entscheidung, Brisbane zu verlassen, zumal sie sich damit von Benjamin trennen musste, der sicher noch bleiben und später direkt nach Melbourne zurückkehren würde. Sosehr sie auch im Zweifel über ihre Gefühle ihm gegenüber war, dass sie morgen von ihm Abschied nehmen sollte, passte ihr gar nicht. Sie wäre gern noch so lange in Brisbane geblieben, bis sie ihm eine klare Antwort geben konnte, ob in Zukunft vielleicht doch mehr als Freundschaft zwischen ihnen würde sein können.

»Kann ich nicht noch ein wenig bleiben? Wenigstens bis zum Ferienende?«, fragte sie.

»Nein, wir fahren gemeinsam«, erwiderte ihr Vater entschieden. »Ich muss so schnell wie möglich nach Sydney zurück und werde mich umgehend aus der Politik zurückziehen. Das wird eine große Umstellung für mich, und ich wüsste gern meine Familie in der Nähe. Sobald ich meine Posten bei der Regierung niedergelegt habe, komme ich auch nach Wentworth Falls, und wir machen endlich die ersehnten Familienferien.«

»Aber warum willst du deine Stellung aufgeben?«, fragte Ava erschrocken. Als Tochter eines Abgeordneten wurde sie stets sehr privilegiert behandelt.

»Ich sagte doch bereits, es hat einen unschönen Zwischenfall gegeben. Doch davon abgesehen stimmen meine Ansichten für eine anständige Aborigines-Politik nicht mit den Meinungen der übrigen Delegierten überein. Ich bin dagegen, die Aborigines sämtlicher Rechte zu berauben und sie damit wirklich zu Tieren zu machen. Mit dieser Ansicht stehe ich so ziemlich auf verlorenem Posten und bin als Arzt wesentlich besser dran.«

»Müssen wir dann aus unserem Haus ausziehen und in ein kleineres ziehen, so wie Onkel George?«, fragte Ava entsetzt.

»Nein, das müssen wir nicht, weil ich über genügend Vermögen verfüge, aber jetzt genug gefragt, liebe Ava, ab ins Bett! Wir Erwachsenen haben noch etwas zu besprechen.«

Murrend verließ Ava den Salon, nicht ohne sich unauffällig nach dem Brief zu bücken, den Benjamin verloren hatte, und ihn in ihrem Ausschnitt verschwinden zu lassen.

19

Auf der Treppe nach oben wurde Ava von Scarlet und Benjamin eingeholt. »Was war los auf dem Fest? Nun erzähl schon!«, fragte Ava ihre Schwester neugierig.

»Ach, es war entsetzlich. Dieser Mister Caldwell war betrunken und hat Vater auf die Nase geboxt. Es hat fürchterlich geblutet und ...«

»Warum hat er das getan?«

»Es ging wohl um Victoria. Mister Caldwell hat ganz übel über sie geredet«, erwiderte Scarlet.

Ava verdrehte die Augen. »Dann kann ich mir schon denken, worum es ging. Unsere Familie hat wahrscheinlich auch noch verteidigt, dass sie mit dem Messer auf ihn losgegangen ist. Ich habe doch immer gesagt, sie ist einfach eine dumme Abo.«

»Ava! Du bist so gemein!«, schalt Scarlet ihre Schwester.

»Ich sage nur die Wahrheit«, gab sie schnippisch zurück.

Scarlet wollte etwas erwidern, aber da hatte Benjamin beschwichtigend ihre Hand genommen. Sie ließ es geschehen und schwieg. Als sie vor ihrem Gästezimmer angekommen waren, bat er sie, noch kurz auf dem Flur zu bleiben, weil er ihr etwas Wichtiges zu sagen hätte. Ava, die seine Worte, in denen ein flehender Unterton gewesen war, mit angehört hatte, verdrehte genervt die Augen, bevor sie im Zimmer verschwand und die Tür mit einem lauten Knall hinter sich zuzog.

Im Zimmer warf sie sich wütend auf ihr Bett. Dass Benjamin nun wieder um Scarlet herumscharwenzelte, störte sie weniger als das ganze Getue um Victoria. Wenn es nach ihr ginge, könnte sie gern verschwunden bleiben, denn in ihren Augen gehörte sie nicht zur Familie, sondern hatte die Familie nur in unnötige Schwierigkeiten gebracht. Dass sogar ihr Vater seinen Posten aufgeben wollte, weil ihm die Rechte dieser Aborigines dermaßen am Herzen lagen, wurmte sie besonders, und auch daran schob sie Victoria die Schuld in die Schuhe.

In dem Moment fiel ihr der Brief ein, der Benjamin während der Rangelei aus der Tasche gerutscht war, und sie zog ihn hervor. Beim Lesen stockte ihr förmlich der Atem. Das war ja ungeheuerlich, welche Abgründe sich da auftaten. Benjamin belog seinen Bruder nach Strich und Faden. Und sie hatte sich schon sehr gewundert, dass sich Daniel als derartiger Feigling entpuppt hatte. Sie hätte ihn eher so eingeschätzt, dass er wie ein Löwe für Scarlet kämpfen und sich niemals so jämmerlich von ihr lossagen würde. Schlagartig wurde ihr bewusst, dass Daniel das Opfer einer miesen Intrige seines Bruders geworden war, weil der Scarlet für sich haben wollte. Sie schüttelte sich bei dem Gedanken daran, wie verliebt er ihre Schwester eben angesehen hatte. Dabei war nicht mehr die Eifersucht Triebfeder ihrer Abscheu, sondern das Wissen, dass er, um bei Scarlet eine Chance zu haben, seinen Bruder auf übelste Weise hinterging. *Na warte, Bürschchen*, dachte sie, *sie wird dir einen Tritt in den Hintern verpassen, wenn sie erfährt, was für ein armseliger Drecksskerl du bist!* Das wäre dann ihre Rache, weil er sie wegen ihrer Hautfarbe beleidigt hatte. Damit hatte er nicht nur ihren wundesten Punkt getroffen, sondern auch noch Salz in die Wunde gestreut. Und was Daniel wohl sagen würde, wenn er erfuhr …

Ava unterbrach ihre Gedanken an Rache, weil ihr plötzlich eine ganz andere Idee kam, die ihr Herz kräftig zum Pochen brachte. Sie hatte bislang nicht annähernd gewusst, wie sie Daniel jemals für sich hätte gewinnen können. Ein Ding der Unmöglichkeit, wie sie bis eben gerade geglaubt hatte, aber nun zeigte sich die Lage in ganz anderem Licht! Würde sie nicht zumindest versuchen können, Daniels Liebe zu gewinnen, wenn sie ihn in dem Glauben ließ, dass seine Schwester jene gefühllose Person war, die Benjamin in seinem Briefentwurf aus ihr gemacht hatte? Durch gemeine Lügen?

Avas Herzschlag beschleunigte sich noch mehr, als sie erkannte, dass es ihre einzige Chance war, das Wissen um Benjamins fiese Intrige einfach für sich zu behalten. Ava musste wider Willen lächeln bei dem Gedanken, dass sie nun die Fäden in der Hand hielt.

Als Scarlet nach einer ganzen Weile ins Zimmer kam, konnte Ava den Brief gerade noch rechtzeitig unter ihrem Kopfkissen verschwinden lassen. Wenn sie auf ganzer Linie Erfolg haben wollte, sollte sie bei ihrer Schwester anfangen und sie für Benjamin einnehmen. Was konnte ihr Besseres passieren, als wenn Scarlet sich auf Daniels Bruder einließ?

»Du wirkst so bedrückt? Was hat der Kerl dir getan?«

»Nichts«, seufzte Scarlet. »Das ist es ja gerade. Er hat mir nichts Böses getan. Im Gegenteil. Er liebt mich offenbar.«

»Und? Wie ist das für dich?«

»Ich habe ihn ziemlich schroff abblitzen lassen.«

»Warum? Er ist doch ein attraktiver Kerl. Ich beneide dich darum, dass er sich in dich verliebt hat.«

Scarlet warf ihrer Schwester einen verwunderten Blick zu. »Dass du ihn auch magst, habe ich natürlich schon gemerkt, aber bislang dachte ich eher, du würdest es mir neiden.«

Ava machte eine wegwerfende Bewegung. »Aber nein. Natürlich wurmt es mich ein bisschen, dass mich Benjamin nicht so hofiert wie die jungen Männer, die ich aus Sydney kenne,

196

aber ich gönne ihn dir. Ich finde, er passt zu dir. Viel besser als sein Bruder. Der ist ein Weichei.«

»Du findest Benjamin anziehender als Daniel? Ich hatte das Gefühl, dass du Daniel zu Weihnachten, als er bei uns in Wentworth Falls übernachtet hat, sehr zugetan warst.«

Ava stieß einen Unmutslaut aus. »Ja, die beiden sind nun mal besonders hübsche Kerle, und mich hat natürlich Daniels Faible für die Musik fasziniert. Und er ist wirklich ein begnadeter Pianist, aber was will man mit einem Kerl, der sich von seinen Eltern vorschreiben lässt, welche Frau er treffen darf? Ich meine, er hat es dir doch versprochen, zu Großvater Jonathans Beerdigung zu kommen. Und sich einfach nicht mehr zu melden, nein, der Mann hat kein Rückgrat. Der hätte bei mir nie wieder eine Chance.«

Scarlet stieß einen tiefen Seufzer aus.

Ava musterte ihre Schwester durchdringend. »Du würdest ihm doch nicht etwa eine zweite Chance geben, oder?«, fragte sie lauernd.

»Nein, nein, natürlich nicht, aber ich kann mich auch nicht mit seinem Zwillingsbruder trösten.«

»Warum denn nicht?«, hakte Ava nach.

Scarlet war etwas irritiert über den Zuspruch, den sie von ihrer Schwester bekam. So kannte sie Ava gar nicht. Über junge Männer hatte sie noch nie mit ihr geredet. Und ihre Blicke, mit denen sie jede Begegnung zwischen Benjamin und ihr eifersüchtig beäugt hatte, waren nicht gerade freundlich gewesen.

»Ich weiß nicht. Ich käme mir schäbig vor. Und sie sind auch sehr unterschiedlich. Daniel hat bestimmt noch nicht so viele Erfahrungen mit anderen Mädchen gemacht, während Benjamin so erfahren küsst …« Sie stockte und wurde rot.

»Er hat dich schon geküsst?«

Scarlet nickte verlegen.

»Und? Wie war es?«

»Ich sagte es doch bereits. Er tut es sehr überzeugend. Für einen winzigen Augenblick habe ich befürchtet, schwach zu werden, aber das musst du auf jeden Fall für dich behalten. Wenn das unsere Eltern erfahren oder gar Granny Vicky! Ich glaube, sie kann ihn am allerwenigsten leiden. Das liegt aber wohl eher daran, dass er der Sohn von diesem William ist, wobei er ja nur ado...« Scarlet zögerte, das Geheimnis der Brüder auszuplaudern, doch Ava fixierte sie lauernd.

»Was wolltest du da gerade sagen?«

»Ich weiß nicht, ob ich dir das verraten darf, aber ... wenn du es für dich behältst. Daniel und Benjamin wurden von diesem Bradshaw als Säuglinge adoptiert.«

»Wow, aber dann könnten unsere Eltern doch eigentlich gar nichts mehr gegen eine Ehe mit ihm haben. Er sollte es Großmutter mal sagen.«

»Jetzt fängst du auch schon an mit dem Heiraten! Ich möchte die Schule zu Ende machen und dann studieren. Vielleicht werde ich eine große Forscherin und heirate nie!« Das klang trotzig.

»Und was sagt Benjamin dazu?«

»Er sagt, dass wir auf jeden Fall warten sollten, bis ich die Schule fertig habe, und dass er nichts dagegen hätte, wenn seine Frau studieren würde ...«

»Hast du ein Glück! Welcher Ehemann würde das schon so problemlos gutheißen? Der Mann gefällt mir immer besser. Wenn du ihn nicht nimmst, schnappe ich ihn dir weg!«

»Was war vorhin eigentlich zwischen euch vorgefallen, als ich unerwartet in den Salon kam? Ich dachte wirklich, ihr hättet euch gestritten. Ihr hättet mal eure Mienen sehen sollen. Eine finsterer als die andere!«

»Nein, nein, das hat getäuscht. Ich habe mich nur darüber

aufgeregt, dass er in seinem angetrunkenen Zustand noch aufs Pferd steigen wollte.« Ava war erstaunt, wie leicht ihr das Lügen fiel.

»Nun gut, ich werde über alles nachdenken, aber erst mal ist es vielleicht besser, wenn ich von Benjamin Abstand gewinne, denn ...« Scarlet stockte. War es richtig, ausgerechnet Ava ihr Herz zu öffnen? Ava, die sowohl um Daniel als auch um Benjamin mit ihr hatte konkurrieren wollen? Sie musterte ihre Schwester durchdringend, doch aus Avas Augen sprach in diesem Augenblick so viel Wärme und Verständnis, wie sie es bei ihrer Schwester selten erlebt hatte.

»Ach, es ist vielleicht dumm von mir, aber ich kann nichts dagegen tun. Vor dem Einschlafen und beim Aufwachen kann ich an nichts anderes denken als an Daniel. Tief in mir weigert sich etwas, daran zu glauben, dass er so ein niederträchtiger Feigling sein soll. Ich kann mich doch nicht so getäuscht haben, als er mich mit dem Blick der Liebe angesehen hat«, stieß Scarlet verzweifelt hervor.

Ava schnappte nach Luft. Sie durfte jetzt keinen Fehler machen und plump gegen Daniel hetzen. Vorsichtig legte sie den Arm um ihre Schwester. »Ich war ja noch nie verliebt, aber ich kann mir vorstellen, wie es sein muss, wenn man sein Herz an den falschen Mann hängt. Nur ... es spricht einfach alles gegen ihn. Sonst hätte er dir wohl geschrieben oder wäre zu Großvaters Beerdigung gekommen.«

»Und Benjamin behauptet, es gäbe da eine junge Frau, die seine Eltern gern als ihre Schwiegertochter sehen würden, und dass er glaubt, Daniel hätte dem Wunsch seiner Eltern nachgegeben ...«

Ava fuhr ein eiskalter Schreck durch alle Glieder, doch dann begriff sie sofort, dass diese faustdicke Lüge zu Benjamins perfidem Plan gehörte. Wahrscheinlich würde Daniel seinerseits

199

krank vor Liebeskummer um Scarlet sein und nicht verstehen, was in seine Geliebte gefahren war.

»Ich will kein Öl ins Feuer gießen«, heuchelte Ava. »Aber so, wie er sich aus der Affäre gezogen hat, würde das zu ihm passen. Du darfst ihm keine Träne hinterherweinen. Das Leben geht weiter und bietet dir doch eine einmalige Chance, ihn zu vergessen.«

Scarlet sah Ava ungläubig an. »Du meinst, Benjamin ist wirklich eine Chance für mich, oder? Aber ich liebe ihn nicht.«

»Noch nicht, aber er liebt dich abgöttisch. Er sieht blendend aus, und er pfeift auf das, was seine Eltern sagen, und würde dich sogar gegen ihren Willen heiraten. Ich meine, sagt das nicht alles?«

»Schon, aber was, wenn Daniel bereits bereut, dass er mich so leichtfertig aufgegeben hat?«

Ava lachte bitter. »Dann, liebste Schwester, hätte er dir das wohl längst mitgeteilt, oder? Aber wer weicht nicht von deiner Seite und steht dir bei? Das ist wohl nicht Daniel!«

»Ich weiß. Und vielleicht war ich eben zu hart«, seufzte Scarlet.

»Was hast du ihm denn gesagt?«, fragte Ava erschrocken.

»Dass ich seinen Antrag nicht annehme und dass er so etwas nicht mehr sagen soll, weil er nie mehr als ein Freund für mich sein wird«, gab Scarlet zögernd zu.

»Das hast du ihm an den Kopf geworfen?« Ava tippte sich an die Stirn.

»Was soll ich denn machen? Ich kann ihn doch nicht als Ersatz für seinen Bruder lieben. Und Benjamin wird mich immer an Daniel erinnern.«

»Gut, Scarlet, dann kann man dir nicht helfen. Lass ihn gehen, aber beklag dich nicht, wenn er sich nach diesem Korb von dir abwendet«, bemerkte Ava in vorwurfsvollem Ton.

»Aber was soll ich tun? Ich kann ihm keine falschen Versprechungen machen«, erklärte Scarlet verzweifelt.

Ava zuckte mit den Schultern. »Dann musst du wohl damit leben«, erwiderte sie, während sie jede Regung ihrer Schwester beobachtete und zu ihrer Erleichterung bemerkte, dass ihre Strategie Wirkung zeigte. Scarlet schien der Gedanke, Benjamins Gunst für alle Zeiten zu verlieren, nicht zu behagen.

»Also wenn ich an deiner Stelle wäre, ich würde mir eine Bedenkzeit ausbitten und ihn nicht endgültig in die Flucht schlagen.«

»Vielleicht hast du recht, und wir sollten nicht auf diese Weise auseinandergehen«, stöhnte Scarlet. »Ich werde es ihm morgen früh sagen.«

»Wenn es dann nicht zu spät ist«, entgegnete Ava.

»Nein, ich werde vor ihm wach sein, und er wird das Haus sicher nicht verlassen, ohne sich von mir zu verabschieden.«

Ava schluckte ihre Bemerkung, dass sie sich da mal nicht zu sicher sein sollte, hinunter, war sie ihrem eigenen Ziel, Scarlet mit Benjamin zu verkuppeln, doch bereits zum Greifen nahe. Ach, was würde sie darum geben, wenn aus den beiden alsbald ein Paar werden würde und sie Daniel die »freudige Nachricht« überbringen konnte. Denn genau das war ihr Plan. Sobald Scarlet Benjamins Werben nachgegeben hätte, würde sie ihm in einem herzzerreißenden Brief vorheucheln, wie traurig sie darüber wäre, dass ihre Schwester Daniel gegen seinen Zwillingsbruder ausgetauscht hätte.

»Gute Nacht, Ava. Und danke, dass du mir so gut zugeraten hast«, hörte sie Scarlet gerührt raunen.

In diesem Augenblick beschlich Ava ein leiser Zweifel, ob es wirklich fair war, ein derart mieses Spiel zu betreiben, aber sie tröstete sich schnell mit dem Gedanken, dass ja nicht sie die

Intrigantin war, sondern Benjamin offenbar jedes Mittel recht war, um Scarlet für sich zu gewinnen. Nein, sie wäre niemals von sich aus auf einen so perfiden Gedanken gekommen, sie machte sich nur Benjamins Plan zunutze. Das jedenfalls redete sich Ava so lange ein, bis sie selbst daran glaubte.

20

Scarlet erwachte am nächsten Morgen in aller Frühe. Als sie aus dem Fenster sah, lag noch die Dämmerung über der Farm. Alles war still. Sie trat ins Zimmer zurück und warf ihrer Schwester einen liebevollen Blick zu. So nahe wie am vergangenen Abend waren sie einander schon lange nicht mehr gewesen. Das letzte Mal, soweit sich Scarlet erinnerte, hatte sie Ava so zugewandt erlebt, als sie an ihrem Krankenbett geweint hatte vor lauter Angst, sie könnte nicht mehr gesund werden. Damals hatte Scarlet an einem Fieber gelitten und tatsächlich zwischen Leben und Tod geschwebt. Ava war nicht von ihrer Seite gewichen, obwohl Annabelle große Angst gehabt hatte, sie könnte sich anstecken. Nichts und niemand hatte die damals Fünfjährige davon abhalten können, am Bett ihrer großen Schwester zu wachen.

Ein warmes Gefühl für Ava durchflutete Scarlet. In diesem Augenblick stöhnte ihre Schwester laut auf und schlug im Schlaf um sich, als wollte sie einen Schwarm Mücken vertreiben, doch sie wachte nicht auf. *Vielleicht erinnert sie sich nachher noch an ihren Traum und berichtet mir davon*, dachte Scarlet und zog sich leise an. Sie wollte auf keinen Fall Benjamin verpassen. So geknickt, wie er gestern Abend gewirkt hatte, traute sie ihm durchaus zu, dass er tatsächlich abreisen würde, ohne sich von ihr zu verabschieden. Auf Zehenspitzen verließ sie das Zimmer und schlich sich die Treppe hinunter. Die Standuhr im Salon zeigte ihr an, dass es kurz vor fünf war. Sie trat auf die Veranda ins Freie und sah die Sonne am Horizont aufgehen. Ein herrliches Naturschauspiel, das sie gern genossen hätte, wenn nicht ein Geräusch aus dem Inneren des Hauses sie davon abgehalten hätte. Sie fuhr herum und ging wieder hinein, doch da war niemand. Aber was war das? Sie meinte, das Klappen der Eingangstür gehört zu haben. Mit pochendem Herzen eilte sie hin, riss sie hektisch auf und erschrak. Benjamin war gerade dabei, sich auf sein Pferd zu setzen. Er sah schlecht aus, hatte Ringe unter den Augen und machte den Eindruck, als hätte er überhaupt nicht geschlafen.

»Ben, warte!«, rief sie und eilte auf ihn zu.

Er musterte sie mit traurigem Blick.

»Du wolltest doch nicht ohne Abschied verschwinden?«, fragte sie ihn bang.

»Ich dachte, das ist besser, nachdem du mir gestern jegliche Hoffnung genommen hast, dass ich eine Chance bei dir haben könnte«, entgegnete er gequält.

»Es tut mir leid«, erklärte sie mit aufrichtigem Bedauern. »Ich wollte gar nicht so hart zu dir sein.«

»Und warum hast du mir dann jegliche Hoffnung geraubt?«, fragte er vorwurfsvoll.

»Ich … ich, ach, komm, wir setzen uns auf die Veranda, sehen uns gemeinsam den Sonnenaufgang an und reden noch einmal«, schlug sie vor.

»Ich glaube kaum, dass ein romantischer Sonnenaufgang das Richtige für uns beide wäre«, seufzte er.

»Und wenn ich dich darum bitte?«

Benjamin schien zu überlegen. »Gut, dann meinetwegen.«

Schweigend folgte er ihr zurück ins Haus und hinaus auf die Veranda.

»Ich habe Angst, dich zu verletzen«, sagte sie, als sie eine Weile stumm nebeneinander gesessen hatten.

»Scarlet, was willst du mir eigentlich damit sagen?«, fragte er barsch. »Deutlicher konntest du mir gar keinen Korb geben!«

»Ich habe gedacht, es ist besser, ich mache dir keinerlei Hoffnungen, weil ich doch selbst nicht weiß, wie ich zu dir stehe«, entgegnete sie gequält.

Er maß sie mit einem prüfenden Blick. »Das hörte sich gestern aber ganz anders an. Du hast ausdrücklich gesagt, dass aus uns beiden niemals ein Paar werden kann.«

»Ja, aber es stimmt so nicht. Ich bin mir furchtbar unsicher. Ich mag dich wirklich gern und auch der Kuss …«

»Ach, du erinnerst dich?«, fragte er spitz.

Scarlet nickte schwach. »Natürlich, und es hat mir … irgendwie gefallen, aber ich habe Sorge, dass du mich stets an Daniel erinnern wirst. Und ich kann ihn nun einmal nicht so einfach aus meinem Herzen streichen, selbst wenn er sich mir gegenüber so mies verhalten hat. Ich will es manchmal kaum glauben, dass er mir in Wentworth Paradise etwas vorgemacht hat.«

Benjamin warf ihr einen abschätzigen Blick zu. »Wenn du so an seiner Feigheit zweifelst, schreib ihm doch einen Brief und flehe ihn an, zu dir zurückzukommen.« Innerlich jubilierte er, während er nach außen den harten Kerl gab. Bis eben gerade hatte er ernsthaft geglaubt, dass sein Plan, Scarlet für sich zu gewinnen, donnernd gescheitert war. Ihr Verhalten am gestrigen Abend hatte keinen Zweifel offengelassen. Wie sie jetzt allerdings sichtlich bemüht war, ihre Abfuhr zu relativieren, ließ ihn erneut hoffen, und er wusste, dass er gewonnen hatte, auch wenn er sich eher abweisend gab. Ihr verzweifelter Blick schien ihm Recht zu geben.

»Ach, Benjamin, so habe ich das nicht gemeint. Ob ich will oder nicht, ich muss akzeptieren, dass Daniel ein Feigling ist. Dass er einen Rückzieher gemacht hat! Die Fakten sprechen für sich. Zu Großvaters Beerdigung ist er nicht erschienen, obwohl er es mir versprochen hatte. Dafür bist du gegen den Willen deiner Eltern gekommen, obwohl du uns gar nicht kanntest. Ich wollte doch nur damit sagen, dass es unfair wäre, wenn ich trotz alledem immer noch an ihn denken müsste, wenn wir beide …« Sie sah ihn flehend an.

»Was möchtest du mir eigentlich sagen?«, hakte er unwirsch nach.

»Dass ich dich wirklich sehr gern habe, und dass ich mir auch vorstellen kann, dass wir beide …« Wieder brach sie ihren Satz ab.

Benjamin hielt diesen Augenblick für geeignet, ihr nun etwas entgegenzukommen. Vorsichtig nahm er ihre Hand.

»Heißt das, du könntest dir doch vorstellen, dass wir beide ein Paar werden?«

Scarlet stieß einen tiefen Seufzer aus. »Ja und nein. Also, wenn Daniel nicht wäre, dann hätte ich mich vielleicht gleich in dich verliebt. Ich weiß es nicht. In mir ist alles durcheinander. Ich kann einfach keine Entscheidung treffen. Weder für dich noch gegen dich.«

Benjamin strich zärtlich über ihre Hand. »Also hat das, was du gestern gesagt hast, keine Geltung mehr. Bedeutet das, ich kann noch hoffen?«

Scarlet nickte schwach. »Die Vorstellung, du wärest eben fortgeritten, und ich hätte dich niemals wiedergesehen, ist ganz schrecklich. Ich denke, das sagt alles.«

»Ja, das gibt mir die Hoffnung, die ich brauche, um auf dich zu warten.«

»Aber was, wenn ich mich doch nicht für dich entscheide? Du kannst nicht auf mich warten, obwohl ich dir nichts versprechen kann.«

Benjamin suchte ihren Blick. »Doch, das kann ich, denn ich bin mir ganz sicher, dass ich dich will und keine andere. Und solange es noch einen berechtigten Hoffnungsschimmer gibt, warte ich auf dich.«

»Wie lange?«

»Das kann ich dir genau sagen. Im Juli bist du mit der Schule fertig, und dann möchte ich eine Antwort von dir. Das ist ein halbes Jahr hin. Entweder heiratest du mich dann, oder du siehst mich nie wieder!«

Obwohl das in Scarlets Ohren sehr rigoros klang, war sie Benjamin dankbar, dass er ihr eine echte Bedenkzeit ließ. Zum Zeichen ihres Einverständnisses drückte sie seine Hand.

»Darf ich dich zum Abschied noch einmal küssen?«, fragte er.

Statt mit Worten zu antworten, bot Scarlet ihm ihre Lippen zum Kuss. Zärtlich presste er seinen Mund auf ihren. Sie war sehr überrascht, wie anders er sie küsste als beim ersten Mal. Er tat es nicht mehr wie ein Lebemann, der schon viele Frauen geküsst hatte, sondern sanft und behutsam, als wäre es das erste Mal. Als sie ein wenig mehr Leidenschaft in das Spiel ihrer Zungen legte, zog er sich zurück und sah sie liebevoll an.

»Danke«, hauchte er. »Aber ich muss jetzt gehen. Bitte grüß die anderen. Ich möchte keinem aus deiner Familie mehr begegnen, bevor ich im Juli nach Sydney komme«, fügte er mit ernster Miene hinzu.

»Das verstehe ich«, seufzte Scarlet und spürte plötzlich einen Anflug von Abschiedsschmerz, vor allem weil Benjamin es nun sehr eilig hatte, die Farm zu verlassen. Sie blieb noch einen Moment neben seinem Pferd stehen, doch als er sich gerade auf den Rücken des Gauls schwingen wollte, überkam sie aus heiterem Himmel eine Übelkeit mit solcher Heftigkeit, dass sie es nur noch knapp schaffte, sich hinter einem kleinen Busch zu übergeben. Schlimmer als das körperliche Unwohlsein war die blitzartige Erkenntnis, dass sie seit einer Woche mit ihren Blutungen überfällig war. Was, wenn es da einen Zusammenhang gab? Kalkweiß tauchte sie hinter dem Busch auf und schaffte es nicht, ihr Entsetzen vor Benjamin zu verbergen. Doch der war von dem Pferderücken zurück auf den Boden geglitten und reichte ihr seine Hand, die sie dankbar entgegennahm, weil sie plötzlich wackelig auf den Beinen war.

Benjamin nahm sie schweigend in den Arm und drückte sie fest. Sie aber machte sich hastig los. »Ich möchte mich schnell frisch machen. Wartest du?«

Benjamin nickte und sah ihr irritiert hinterher, als sie im Haus verschwand.

Sein Herz klopfte derweil zum Zerbersten. Er wusste nicht viel über körperliche Befindlichkeiten, aber fast immer, wenn eines der Hausmädchen über Übelkeit geklagt hatte, war sie in freudiger Erwartung gewesen. Was, wenn die gemeinsame Nacht, die sein Bruder und Scarlet verbracht hatten, Folgen gehabt hatte? Der unerfahrene Daniel hatte bestimmt nicht an Verhütung gedacht. *Dann sollte ich schnellstens auf mein Pferd steigen und mich aus dem Staub machen*, dachte Benjamin. Aber er blieb wie angewurzelt stehen und überlegte. Wäre das nicht seine Chance? Wenn sie ein Kind erwartete, befand sie sich in einer existenziellen Notsituation und brauchte mehr als einen Tröster der guten Worte, sie brauchte einen Mann der Tat. Als Scarlet zurückkehrte, riss er sie stürmisch in seine Arme. Ihr Kopf an seiner Brust fühlte sich zu gut an, als dass er sie jemals aufgeben würde.

Er trat einen Schritt zurück und musterte sie durchdringend. Sie war weiß wie eine Kalkwand. »Kann es sein, dass du schwanger bist?«

Scarlet zuckte zusammen. »Ich, nein, wieso, ich … ich habe sicher etwas Verkehrtes gegessen, ich …«

Er fasste vorsichtig mit der Hand unter ihr Kinn. »Versprich mir eines! Sollte sich das bewahrheiten, darfst du nicht verzweifeln. Dann werde ich für dich da sein. Hörst du, ich bin dann an deiner Seite!«

»Aber, aber, wenn es so wäre, dann … dann wäre es doch, ich meine, dann wäre dein Bruder …«

Er legte ihr sanft den Finger auf den Mund zum Zeichen, dass sie schweigen möge.

»Wenn, dann bin ich der Übeltäter gewesen, und du wirst niemals in Schwierigkeiten geraten. Ich werde mich der Verantwortung stellen, weil ich im Gegensatz zu meinem Bruder ein Rückgrat besitze. Wie konnte er dich einfach sitzenlassen nach allem, was zwischen euch vorgefallen ist, ohne an die Folgen zu denken?« Benjamin hatte sich in die Vorhaltungen gegen seinen Bruder regelrecht hineingesteigert und glaubte beinahe selbst, was er da von sich gab.

Scarlet wollte immer noch nicht wahrhaben, dass ihr Treiben im Pavillon solche gravierenden Folgen haben sollte, aber es tat ihr auch die Gewissheit gut, dass sie nicht allein wäre, würde sich der Verdacht erhärten.

»Aber wir müssen uns jetzt trennen«, seufzte sie.

»Richtig, aber sag mir nur das eine: Wenn Daniel dich wirklich in Schwierigkeiten gebracht hat, würdest du dann das Angebot annehmen und meine Frau werden?«

In Scarlets Kopf ging alles durcheinander. Hatte sie dann überhaupt eine Wahl?

Sie nickte schwach. Benjamin riss sie übermütig in seine Arme. »Ich nehme dich beim Wort! Heute in vier Wochen stehe ich überraschend bei euch in Sydney vor der Tür, und wenn es dann so mit dir steht, wie ich vermute, halte ich um deine Hand an, und wir heiraten.«

»Aber das werden meine Eltern nie erlauben, bevor ich die Schule beendet habe«, protestierte Scarlet.

»Doch, denn ich werde ihnen beichten, was ich angerichtet habe …«

»Aber du kannst doch nicht den Zorn meiner Eltern auf dich ziehen für etwas, was du gar nicht getan hast. Meinst du nicht, ich sollte deinen Bruder damit konfrontieren, wenn es wirklich stimmen sollte, dass ich ein Baby …« Sie stockte, weil ihr Benjamins finsterer Blick eiskalte Schauer über den Rücken jagte.

»Du musst dich entscheiden. Wenn du ihn einweihst und er dich im Regen stehen lässt, werde ich nicht als dein Retter auftreten. Stell dir nur vor, eines Tages bereut er es und macht Rechte an seinem Kind geltend. Nein, liebste Scarlet, entweder ist es mein Kind oder sein Kind.«

Scarlets Herz schlug bis zum Hals, während sie fieberhaft über seine klaren Worte nachdachte. Und sie verstand sogar, dass sie sich tatsächlich würde entscheiden müssen, und zwar nicht erst in vier Wochen. So gern sie sich auch eingeredet hätte, dass sie hier über Dinge sprachen, die ohnehin nicht eintreten würden, war sie sich insgeheim so gut wie sicher, dass Daniel sie tatsächlich geschwängert hatte.

Sie senkte den Kopf, als sie leise sagte: »Nein, wenn, wird er nichts davon erfahren!« Während sie diese Worte aussprach, musste sie plötzlich an ihre Großmutter denken. Hatte sie ihr nicht einmal im Vertrauen erzählt, dass ihr genau dieses Versprechen damals Frederik Bradshaw abgenommen hatte? Dass er Annabelle als sein Kind aufziehen würde unter der Bedingung, Jonathan niemals von dieser Schwangerschaft zu erzählen. Wie konnte es nur angehen, dass sich ihre Schicksale auf so dramatische Weise wiederholten? Natürlich war sie Granny Vicky ähnlich und eng verbunden, aber dass die Übereinstimmungen so weit gingen? Und war es nicht eine richtige Entscheidung gewesen, dass ihre Annabelle wohlbehütet im

Hause Frederik Bradshaws aufgewachsen war? Und nun erlebte sie, Vickys Enkelin, dasselbe mit seinem Enkel. Das einzig Tröstliche war, dass Benjamin gar kein echter Bradshaw war.

»Und wirst du meine Frau?«, hakte er lauernd nach.

Sie hob den Kopf und suchte seinen Blick. Sie spürte seine Anspannung in Erwartung der Antwort körperlich. Sollte sie ihm wirklich verraten, dass sie zu keiner klaren Entscheidung gekommen war? Dass sich in ihrem Inneren die widerstreitenden Stimmen erbitterte Kämpfe lieferten? Im einen Moment dachte sie, sie könnte ein Kind auch ohne seine Hilfe aufziehen, zusammen mit ihren Eltern, was sie im nächsten Augenblick verwarf. Ihre Eltern waren zwar beide außergewöhnlich aufgeschlossene Menschen, aber würden sie es tatenlos mit ansehen, wie ihre Tochter als ledige Mutter ihre vielversprechende Zukunft wegwarf? Mit aller Macht sträubte sie sich gegen den Gedanken, ihren Berufstraum kampflos aufzugeben. Sie wollte um jeden Preis studieren. Hatte Benjamin nicht gestern noch versprochen, dass er nichts dagegen hatte, dass seine Frau studierte? Aber durfte sie die Annahme des Heiratsantrags wirklich davon abhängig machen, ob sie schwanger war? Wäre es ihm gegenüber fair, seinen Antrag nur in einer Notlage anzunehmen? Nein, das hatte er wirklich nicht verdient!

»Ben, ich bin nicht in der Position, Bedingungen zu stellen, ich weiß, aber ich werde deinen Antrag sicher annehmen, wenn du zu deinem Wort stehst, dass ich meine Schule zu Ende machen und dann studieren kann. Allerdings gilt das auch, wenn ich kein Kind bekomme. Ja, ich werde dich in jedem Fall heiraten!«

Benjamin sah sie ungläubig an, so als könnte er sein Glück kaum fassen. Wenn ihm jemand noch vor ein paar Wochen prophezeit hätte, dass er eine Frau förmlich auf Knien anflehen würde, ihn zu heiraten, er hätte denjenigen einen Idioten genannt. Dazu eine Frau, die wahrscheinlich von seinem Bruder schwanger war. Aber was sollte er dagegen tun? Ihm, der es niemals für möglich gehalten hatte, dass er überhaupt einmal wirklich lieben würde, rieselte ein wahres Glücksgefühl durch den ganzen Körper bei dem Gedanken, dass Scarlet Parker seine Frau werden würde. Und was ihn vollends erstaunte war die Tatsache, dass er nicht ausschließlich an ihren schönen Körper und die Wonne dachte, ihn zu besitzen, sondern er wollte mehr. Benjamin wollte von ihr geliebt werden. Und zwar nicht nur, weil sie immer noch Daniel liebte und er seinen Bruder ausstechen wollte, sondern weil er sie liebte. Mit seinem ganzem Herzen.

Zu Tränen gerührt nahm er sie in den Arm und drückte sie fest an sich.

»Du wirst es niemals bereuen«, flüsterte er und fragte sich, wie das eigentlich alles praktisch vonstatten gehen sollte. Er konnte doch unmöglich riskieren, sie auf der Farm seiner Eltern zu heiraten, wo die Gefahr bestand, dass sie Daniel begegnete. Nicht auszudenken, die beiden kämen ins Gespräch – und damit sicher seiner Intrige auf die Spur. Nein, er sollte sie still und leise in Sydney heiraten und erst im Juli, nachdem sie ihren Schulabschluss hinter sich hatte, mit nach St. Kilda nehmen und seine Eltern vor vollendete Tatsachen stellen. Im Juli war Daniel längst in Adelaide, und das war weit weg. Wenn sie erst seine Frau war und überdies noch Mutter seines Kindes, würde Daniel nicht wagen, sich ihr persönlich zu nähern.

»Worüber grübelst du? Hast du es dir doch anders überlegt?«, fragte Scarlet erschrocken.

»Nein, denn du machst mich zum glücklichsten Mann der Welt«, versicherte er ihr eifrig und fragte sich in demselben Moment, womit ihn diese Frau verhext hatte, denn er wollte schier platzen vor Freude bei dem Gedanken, dass er schneller am Ziel seiner Träume angekommen war, als er es jemals zu hoffen gewagt hätte.

»Ich reite los, bevor deine Familie aufwacht«, bemerkte er entschlossen. »Aber ich möchte dich noch einmal fest in den Arm nehmen. Einen Vorgeschmack auf unser Versprechen. Sozusagen einen Verlobungskuss«, fügte er in sanfterem Ton hinzu.

Scarlet bot ihm ihre Lippen an und war erstaunt, wie behutsam und zart er sie küsste. Der Kuss erinnerte sie fatal an den ersten Kuss mit Daniel, aber den Gedanken schob sie entschlossen zur Seite. Daniel gehörte der Vergangenheit an, und ihre Zukunft hieß Benjamin!

Nachdem sich ihre Lippen voneinander gelöst hatten, ritt Benjamin davon, ohne sich noch einmal nach ihr umzublicken. Scarlet konnte gar nichts dagegen tun, dass ihre Augen feucht wurden. Sollte sie wirklich so viel mehr für ihn empfinden, als sie das gestern noch für möglich gehalten hätte? Sie sah ihm lange hinterher, auch als sie nur eine Staubwolke in der Ferne erkennen konnte.

»Ist er weg?«

Hastig fuhr Scarlet herum. Ihr Vater wirkte sichtlich erleichtert.

»Was hast du eigentlich gegen ihn?«, fragte sie ihn mit leichtem Vorwurf in der Stimme.

»Persönlich habe ich gar nichts gegen ihn. Ich bin es nur leid mit anzusehen, wie meine Töchter sich wegen eines jungen Mannes immer weiter entzweien«, bemerkte Walter versöhnlich.

»Du irrst, Vater. Ich habe es dem Ratschlag meiner Schwester zu verdanken, dass ich ihm keinen endgültigen Korb gegeben habe«, erwiderte sie trotzig.

»Was soll das heißen? Hat er dir etwa einen Antrag gemacht?« Das klang alles andere als begeistert.

»Ja, das hat er, und ich hätte ihn beinahe abgelehnt. Jedenfalls gestern noch, bis Ava mir die Augen geöffnet hat, dass er
viel mehr Charakter hat als der Feigling Daniel.«

»Aha! Und nun denkst du ernsthaft darüber nach?«

»Er lässt mir Bedenkzeit, bis ich mit der Schule fertig bin«,
entgegnete sie ausweichend. Es wäre unklug, ihren Vater vorab
in ihren Pakt mit Benjamin einzuweihen.

»Scarlet. Du kannst den Mann nicht heiraten. George wird
demnächst versuchen, seinen Vater zu verklagen. Und dabei
geht es nicht um ein Kavaliersdelikt, sondern um Mord. Und
du hast es an Daniel erlebt, dass auch William Bradshaw seinen
Söhnen den Kontakt zu euch verboten hat.«

»Wie du weißt, hat sich Benjamin darüber hinweggesetzt,
was doch wohl für ihn spricht, oder?«

»Ja, ja, das schon, aber selbst wenn diese Sache nicht zwischen den Familien stehen würde, dieser Benjamin ist dein
Cousin.«

»Wenn du es genau wissen willst, wir sind überhaupt kein
bisschen verwandt, weil dieser William Bradshaw und seine
Frau Benjamin und seinen Bruder als Säuglinge adoptiert haben.«

»So, wie du ihn verteidigst, muss ich ja bald annehmen, dass
du dich längst für ihn entschieden hast!«, bemerkte ihr Vater.

»Habe ich nicht, aber ich wünsche mir, dass du seinen Antrag akzeptierst, falls ich ihn tatsächlich heiraten werde.«

Walter verdrehte genervt die Augen. »Warten wir es ab.«

»Vater, versprich es mir!«

»Gut, wenn es denn wirklich dazu kommt, meinen Segen
hast du, aber bitte lass es Mutter nicht wissen, dass du mit dem
Gedanken spielst. Für sie ist es schlimm, dass sie auf diese Wei-

se wieder an ihren schrecklichen Stiefbruder William erinnert wird. Sie hat besonders unter ihm gelitten. Auch wenn sie das nicht ständig zum Thema macht. Ich weiß es. Und ich glaube kaum, dass es für sie einen Unterschied macht, ob William diese Jungen adoptiert hat, oder ob es seine leiblichen Söhne sind. Sie stehen unter seinem Einfluss. Und auch gegenüber Onkel George solltest du nichts davon verlauten lassen.«

»Ich weiß. Auch Granny Vicky werde ich nichts verraten. Sie mag Benjamin nicht.«

Walter nahm seine Tochter in den Arm und drückte sie fest. »Und ich will ganz ehrlich sein. Ich wünschte mir, dass du dein Herz an einen anständigen jungen Mann aus Sydney verlierst. Du hast doch noch so viel vor. Was ist mit deinen Plänen, Forscherin zu werden?«

»Benjamin hat nichts dagegen, dass ich studiere.«

Walter lachte laut auf. »Das glaubst du doch selber nicht. Er ist Farmer und braucht eine Frau, die für Haus und Familie sorgt. Das halte ich für leere Versprechungen. Und du brauchst einen Ehemann, der deine Interessen teilt.«

Scarlet löste sich unsanft aus der Umarmung. »Du hast es versprochen, Vater!«

»Ja, ja, aber ich werde meine Bedenken äußern dürfen, oder? Aber nun lass uns ins Haus gehen«, seufzte er und hakte sich bei seiner Tochter unter. »Ich werde gleich zum Hafen fahren und versuchen, uns Passagen für das nächste Schiff nach Sydney zu besorgen.«

»Wo kommt ihr denn her?«, fragte Annabelle, die ihnen im Flur begegnete, erstaunt.

»Ich habe Benjamin verabschiedet«, erklärte Scarlet.

»Ist er fort?«, fragte Annabelle und konnte ihre Erleichterung kaum verbergen, als Scarlet zustimmend nickte.

215

21

Schon am folgenden Tag hieß es für die Familie Parker Abschied nehmen von Emma und Granny Vicky, die so lange in Brisbane bleiben wollte, bis sie ein Lebenszeichen von Victoria hatte. Die Stimmung beim Frühstück war entsprechend gedrückt, obwohl George die Familie kurzfristig mit einem Artikel aus dem Queenslander, der örtlichen Zeitung, erheitern konnte. Dort wurde sehr kritisch über Phillip Caldwells Ausfall auf dem Dinner berichtet. Der Schreiber ging hart mit dem Abgeordneten ins Gericht, und es hieß wörtlich: *Kein Wunder also, wenn die Delegierten daheim berichten, dass Queensland fern der Zivilisation liegt. Schlagende und pöbelnde Abgeordnete sind kein Aushängeschild für unsere Kolonie!*

Die Familie klatschte Beifall, nachdem George den Artikel zu Ende vorgelesen hatte, bis auf Ava, die betonte, das wäre alles nicht geschehen, wenn Victoria Amelies Mann nicht mit dem Messer verletzt hätte, und das hätte sie doch nur getan, weil sie eine Abo wäre. Diese Äußerung brachte Granny Vicky, die den ganzen Morgen lang einen eher teilnahmslosen Eindruck gemacht hatte, in Wallung. Sie funkelte ihre Enkelin zornig an. »Du, mein liebes Kind, solltest dich besonders schämen, über Aborigines so abfällig zu sprechen«, schimpfte sie. Ava wurde knallrot, wagte aber nicht, ihrer Großmutter zu widersprechen.

Annabelle schwieg, aber etwas im Ton ihrer Mutter hatte sie stutzig werden lassen, und sie nahm sich vor, sie direkt darauf anzusprechen, bevor sie abreisten. Die Gelegenheit zu einer Aussprache ergab sich nach dem Frühstück, als ihre Mutter ihr mitteilte, dass ihr nicht wohl war und sie sich wieder hinlegen würde.

»Ich bringe dich auf dein Zimmer«, bot Annabelle ihr rasch an.

»Das ist nicht nötig, mein Kind. Ihr habt doch noch so viel zu erledigen, bis ihr zum Hafen fahrt«, widersprach Vicky, doch Annabelle war bereits von ihrem Stuhl aufgesprungen und hatte ihrer Mutter den Arm gereicht.

Kaum hatten sie das Zimmer erreicht, sah Annabelle ihre Mutter durchdringend an.

»Warum hast du Ava in einem so merkwürdigen Ton gesagt, dass besonders sie sich schämen sollte, so hässlich über Aborigines zu sprechen?«, fragte sie lauernd.

Vicky zuckte mit den Schultern. »Weil ich es eben nicht ertrage, wie abfällig sie über Victoria spricht«, erklärte sie mit fester Stimme.

»Ist das alles?«, hakte Annabelle nach.

»Ja, sicher! Genügt das nicht? Es kann doch auch nicht in deinem Sinn sein, dass sie Victoria verurteilt, ohne zu wissen, was wirklich im Haus von Mister Caldwell vorgefallen ist. Ich meine, dein Mann will in Zukunft auf einen guten Posten verzichten, weil er nicht gutheißt, wie die Aborigines seitens der Regierungen zu Tieren degradiert werden.«

»Ich stehe hinter ihm, falls du das bezweifelst«, erwiderte Annabelle entschieden. »Und ich heiße es überhaupt nicht gut, wie abfällig sich meine Tochter über Victoria äußert, aber ich meine etwas anderes. Glaubst du, ich habe mich niemals gefragt, warum ich einen dunkleren Teint besitze als meine Geschwister? Und warum ich das an Ava vererbt habe? Gibt es da etwas, das du mir verheimlichst?«

»Nein, was sollte ich dir verheimlichen?«, gab Vicky empört zurück, während es in ihrem Kopf fieberhaft arbeitete. War dies nicht eine günstige Gelegenheit, reinen Tisch zu machen und Jonathan den Wunsch zu erfüllen, den er auf dem Sterbebett geäußert hatte? Sollte sie ihrer Tochter nicht endlich die Wahrheit über Jonathans Mutter sagen? Dass sie eine Aborigine gewesen war, die es nur dem Eingreifen seines Vaters zu verdanken gehabt hatte, dass man sie nicht nach Flinders Island geschafft hatte, wie man es mit den übrigen überlebenden einhundert Ureinwohnern Tasmaniens im Jahr 1830 getan hatte? Aber Vicky brachte es einfach nicht über sich, weil sie sich viel zu schwach und verletzlich fühlte, um sich mit ihrer Tochter darüber auseinanderzusetzen, warum sie erst jetzt mit der Wahrheit herausrückte. *Ich werde es ihr sagen*, nahm sich Vicky fest vor, *wenn Victoria wieder zurück ist*. Sie wurde in ihrem Entschluss bestätigt, als sie im Blick ihrer geliebten Tochter eine Spur von Wut zu erkennen glaubte.

»Mutter, bitte, sag mir die Wahrheit. Kann es sein, dass ich Aborigine-Blut in mir habe?«

»Annabelle, mach dich bitte nicht lächerlich. Schau mich doch an und deine Geschwister. Woher soll das wohl kommen? Du weißt, dass ich mit meinen Eltern aus London nach Australien gekommen bin. Du hast zudem deine Großeltern noch gekannt. Sie waren Engländer!«, erwiderte Vicky in scharfem Ton.

»Ich spreche nicht von deiner Familie, Mutter. Das weißt du ganz genau. Ich rede von Vaters Familie.«

»Ach so. Aber das habe ich dir doch schon früher mal erzählt, dass er spanische Vorfahren hat, oder?«

»Nicht dass ich wüsste«, entgegnete Annabelle skeptisch.

»Aber das ist die ganze Wahrheit«, schwindelte Vicky und traute sich in diesem Augenblick nicht, ihrer Tochter in die Augen zu sehen. »Du solltest dir lieber Gedanken darüber machen, wie du es verhindern kannst, dass Ava solche Reden schwingt und dass Scarlet diesen Benjamin nicht wiedersieht!«, fügte sie mit Nachdruck hinzu.

»Mutter, mit Ava werde ich ein ernstes Wort reden, und was diesen Benjamin angeht, bin ich zuversichtlich, dass es sich endgültig erledigt hat. Ich glaube kaum, dass die beiden sich so bald wiedersehen werden, denn meine Tochter macht mir nicht den Eindruck, als wäre sie für ihn wirklich entbrannt. Nicht so wie letzte Weihnachten für seinen Bruder.«

»Hoffentlich, denn ich kann mir nicht helfen. Mit dem Jungen stimmt etwas nicht! Einmal abgesehen davon, dass er Williams Sohn ist«, murmelte Vicky.

»Ach Mutter, was du immer denkst«, erwiderte Annabelle in zärtlichem Ton, bevor sie das Zimmer ihrer Mutter mit gemischten Gefühlen verließ, war sie sich doch nicht gänzlich sicher, ob sie ihr die Wahrheit gesagt hatte. Ein Restzweifel blieb. Den konnte Annabelle beim besten Willen nicht verscheuchen. Waren es tatsächlich die spanischen Vorfahren, denen sie diesen dunklen und zugleich anziehenden Teint zu verdanken hatte? In diesem Augenblick sehnte sich Annabelle fast schmerzhaft nach Wentworth Paradise und betete inniglich, dass ihr Haus vom Feuer verschont geblieben wäre.

22

Die Luft in Sydney war drückend schwül an diesem Februartag. Aber Scarlet schwitzte nicht nur wegen des Wetters, sondern auch, weil Benjamin ihr für diesen Tag seinen Besuch abgekündigt hatte. Sie hatte große Angst vor dem, was ihr der Tag bringen würde. Wie oft hatte sie sich in den vergangenen zwei Wochen gefragt, ob es nicht besser wäre, wenn sie ihre Eltern auf das, was auf sie zukommen würde, schonend vorbereitete, aber jedes Mal hatte der Mut sie einfach verlassen. Inzwischen hatte sie die Gewissheit, dass sie ein Kind von Daniel erwartete. Ihre Blutungen waren ausgeblieben, und ihr Körper veränderte sich, zwar noch nicht sichtbar für andere, aber sie spürte es in jeder Pore. Vielleicht hätte sie sich Granny Vicky anvertraut, aber die war weit weg in Brisbane. Manche Nacht hatte sie leise in die Kissen geweint. Nicht weil sie ein Kind erwartete, sondern weil sie dieses Glück niemals mit Daniel würde teilen können. Es war wie verhext. Immer wenn sie versuchte, an Benjamin und seine Küsse zu denken, überkam sie eine unendliche Sehnsucht nach Daniel. Ein paarmal war sie nahe daran, ihm wenigstens zu schreiben, aber dann hatte Benjamin in einem Brief an sie alle ihre Hoffnungen zunichte gemacht, Daniel jemals wiederzusehen: Offenbar hatte es im Haus Bradshaw einen entsetzlichen Streit zwischen Vater und Sohn gegeben, woraufhin Daniel Hals über Kopf nach Adelaide abgereist war und geschworen hatte, nicht mehr auf die Farm zurückzukehren. William hatte ihm daraufhin eine Summe Geld ausgezahlt, damit er sein Studium finanzieren konnte, wofür er im Gegenzug auf sein Erbe verzichtet hatte.

»Besuch für dich!« Annabelles Stimme riss Scarlet aus ihren Gedanken. Ihre Mutter sah sie fragend an. »Ich wusste gar nicht, dass du noch in Kontakt zu diesem Benjamin stehst«, bemerkte sie und konnte dabei nicht verbergen, dass ihr das nicht behagte.

»Er besucht auch Vater und dich«, entgegnete Scarlet mit fester Stimme. »Meinst du, wir könnten Vater stören?«

Annabelle zuckte die Achseln. »Ich denke schon, du weißt doch, dass er die Arbeit in der Praxis erst im März aufnimmt.«

»Kannst du ihn wohl in den Salon bitten? Und wo ist Benjamin?«

»Im Salon«, erwiderte Annabelle und musterte ihre Tochter durchdringend. »Sag mal, was ist los mit dir? Du bist schon die ganzen letzten Wochen so merkwürdig. Das ist mir bereits in Wentworth Falls aufgefallen. Du bist weder draußen in der Natur gewesen, noch schienst du dich sonderlich darüber gefreut zu haben, dass unser Haus noch steht.«

Statt ihrer Mutter eine Antwort zu geben, fiel sie ihr um den Hals. Erschrocken drückte Annabelle Scarlet an sich. »Kind, du kannst doch über alles mit mir reden.«

»Kannst du bitte Vater holen?«, sagte Scarlet, nachdem sie sich aus der Umarmung gelöst und hastig eine Träne aus dem Augenwinkel gewischt hatte.

»Und du willst mir wirklich nicht sagen, was mit dir ist?«, wiederholte Annabelle bekümmert, doch als Scarlet sanft den Kopf schüttelte, verließ sie das Zimmer ihrer Tochter, um ihren Mann zu holen.

Scarlet atmete ein paarmal tief durch, bevor sie sich zum Salon begab. Während sie die Tür öffnete, rang sie sich zu einem

Lächeln durch. *Es ist nicht fair, Ben mit Leichenbittermiene willkommen zu heißen*, dachte sie seufzend.

Er strahlte über das ganze Gesicht, als er sie erblickte. In der Hand hielt er einen großen Blumenstrauß, den er auf dem Tisch ablegte, um sie zu begrüßen. Scarlet befürchtete in diesem Moment, dass ihre Mutter bereits ahnte, was Benjamins Besuch zu bedeuten hatte, denn wenn Männer mit Blumensträußen zu Besuch kamen, gab es eigentlich wenig Zweifel an ihren Absichten.

»Wie geht es dir? Du bist so blass«, bemerkte Benjamin besorgt. »Heißt das, deine Vermutung hat sich bewahrheitet?«

Scarlet nickte, und Ben riss sie überschwänglich in seine Arme. »Aber deshalb musst du doch nicht verzagen. Ich bin doch jetzt bei dir. Es kann dir nichts geschehen. Verstehst du? Gar nichts!«

»Ich habe bloß Sorge, wie meine Eltern reagieren«, seufzte Scarlet schwach. »Sie ahnen noch nichts.«

»Aber Liebling, es gibt doch Schlimmeres, als einen wohlhabenden Farmer zu heiraten. Ich werde ein reicher Mann sein, jetzt, wo mein Bruder auf sein Erbe verzichtet hat.«

»Worum ging es denn in diesem Streit eigentlich genau? Du hast nur geschrieben, dass sich dein Vater und Daniel heillos zerstritten haben«, fragte Scarlet und ärgerte sich sogleich über ihre unangebrachte Neugier.

Benjamin machte eine wegwerfende Handbewegung. »Ach, mein Vater trinkt manchmal einen über den Durst, und dieses Mal hat er mit Daniel eine Prügelei begonnen, aber Vater wusste davon am nächsten Tag gar nichts mehr. Und statt den Mund zu halten, hat mein Bruder ihm das am nächsten Tag vorgeworfen. So gab ein Wort das andere, tja, und dann ist Daniel abgehauen.«

Scarlet schluckte. »Ja, gut, das geht mich auch gar nichts an«, erwiderte sie rasch, um davon abzulenken, wie sehr sie das alles berührte. Wie gern hätte sie noch gewusst, ob Daniel allein gegangen war oder in Begleitung jener Frau, die Benjamin einmal erwähnt hatte, doch sie wechselte rasch das Thema. »Hast du schon mit deinen Eltern gesprochen?«, fragte sie stattdessen.

»Natürlich«, log Benjamin. »Sie freuen sich auf dich.«

»Wie bitte? Obwohl sie meine Familie hassen?«

»Aber sicher. Und selbst wenn meine Eltern mich deshalb enterbt hätten, ich wäre bei meinem Entschluss geblieben«, verkündete er vollmundig, während ihm bei dem Gedanken, wie sie wohl reagieren würden, wenn er mit seiner Frau auf die Farm zurückkehrte und sie vor vollendete Tatsachen stellte, ganz flau im Magen wurde. Aber Daniels Bruch mit der Familie spielte ihm in die Hand, denn niemals würde sein Vater auch den zweiten Sohn verstoßen. Er brauchte doch einen Erben, und wenn er erst erfuhr, dass er ein Enkelkind bekommen würde … nein, wahrscheinlich würde er gute Miene zum bösen Spiel machen.

In diesem Augenblick betraten Annabelle und Walter zögernd den Salon. Benjamin begrüßte Scarlets Vater formvollendet und überreichte der verblüfften Annabelle den Blumenstrauß.

»Ja, setzen wir uns doch. Möchten Sie zum Essen bleiben? Dann lasse ich ein Gedeck mehr auftragen«, sagte sie verunsichert.

»Gern, aber wir sollten uns vielleicht doch einen Augenblick hinsetzen, denn ich habe Ihnen etwas zu sagen«, erklärte Benjamin, während er demonstrativ Scarlets Hand ergriff, was Walter missbilligend zur Kenntnis nahm.

Als sie alle vier am Tisch Platz genommen hatten, herrschte für einen Augenblick betretenes Schweigen, doch dann räusperte sich Benjamin ein paarmal kräftig.

»Misses Parker, Mister Parker, ich bin heute nach Sydney gekommen, weil ich um die Hand Ihrer Tochter anhalten möchte«, sagte er schließlich mit fester Stimme.

»Ja, etwas in der Art habe ich mir schon gedacht«, entgegnete Walter. »Und deshalb will ich auch nicht lange drumherum reden. Bevor meine Tochter die Schule nicht beendet hat, werde ich sie niemandem zur Frau geben.« Er suchte Scarlets Blick. »Und ich denke, dass auch meine Tochter zurzeit etwas anderes im Sinn hat, als zu heiraten, nicht wahr?«

»Sicher werde ich die Schule beenden und danach studieren, wie das immer schon mein Plan war«, bemerkte Scarlet mit belegter Stimme.

»Das sehe ich ganz genauso. Scarlet wird die Schule beenden und dann in Melbourne studieren. Die Ehe mit mir bedeutet nicht, dass sie ihre Pläne, Forscherin zu werden, aufgeben muss.«

Annabelle stieß einen verächtlichen Zischlaut aus. »Mister Bradshaw, Sie sind Farmer. Sie glauben doch wohl selbst nicht, dass das funktioniert. Und stellen Sie sich nur einmal Ihre Eltern vor. Ich kenne Ihren Vater, und die Vorstellung, dass er eine studierende Schwiegertochter akzeptiert, ist absurd.«

»Sie irren sich, Misses Parker, wir haben alles besprochen. Sobald Scarlet die Schule beendet hat, geht sie mit mir auf die Farm, bekommt ein eigenes Pferd und wird jeden Tag in die Stadt reiten, um zu ihren Vorlesungen zu gehen.«

»Kind, sag du doch mal etwas! Das kann nicht dein Ernst sein, mit Benjamin zu diesen schrecklichen Leuten zu gehen, und überhaupt, du willst ihn nicht etwa wirklich heiraten?« Annabelle war laut geworden.

Scarlet senkte den Blick. »Doch, Mutter, ich möchte seine Frau werden, und das möglichst bald. Im Juli ist es zu spät!«

Annabelle wurde blass, und Walter schnappte nach Luft.

»Soll das etwa heißen …?« Walter war vor Erregung von seinem Stuhl gesprungen und trat bedrohlich auf Benjamin zu. »Sie haben doch nicht etwa … sagen Sie, dass das nicht wahr ist.«

Benjamin stand ebenfalls auf und baute sich kerzengerade vor Walter auf. »Doch, Sir, wir beide haben etwas getan, das wir vielleicht nicht hätten tun sollen, jedenfalls nicht vor unserer Hochzeit, aber jetzt, wo es nicht ohne Folgen geblieben ist, übernehme ich die Verantwortung.«

»Oh nein, oh nein«, jammerte Annabelle. »Ein gemeinsames Enkelkind mit William Bradshaw, das ist doch, das ist doch …« Sie schlug die Hände vors Gesicht, während Walter sich auf einen der Stühle fallen ließ und sich die Schläfen massierte.

»Wenn es Ihnen ein wenig Trost spendet, dann will ich Ihnen verraten, dass mein Bruder und ich von meinen Eltern als Säuglinge adoptiert worden sind. Unser Kind wird also keine Erbanlagen Ihres Stiefbruders haben.«

Annabelle hob den Kopf.

»Aber warum hast du uns denn nichts gesagt, Kind?«, fragte sie ihre Tochter verzweifelt. »Wir hätten vielleicht eine andere Lösung …«

»Sie sprechen aber nicht davon, meine Verlobte den dreckigen Pfoten einer Engelmacherin auszuliefern, oder?«, donnerte Benjamin.

»Nein, das meinte meine Frau ganz bestimmt nicht!«, zischte Walter zurück. »Aber vielleicht hätten wir das Kind auch ohne Ihre Hilfe aufgezogen«, fügte er in scharfem Ton hinzu.

»Bitte, macht euch keine Mühe«, flehte Scarlet. »Es ist die beste Lösung, wenn das Kind mit dem Mann aufwächst, den ich …« Sie zögerte, alles in ihr weigerte sich, diese Lüge auszusprechen, aber sie hatte keine andere Wahl. Allein schon deshalb, weil Benjamin sie in diesem Augenblick mit einem Blick ansah, als würde er genau das von ihr erwarten.»… den ich liebe«, fügte sie leise hinzu.

»Aber, aber, ich dachte, dass … ich glaubte, dass du seinen Bruder …« Annabelle unterbrach sich hastig.

»Nein, Mutter. Daniel hat seine Chance gehabt, und ich habe glücklicherweise noch rechtzeitig erkannt, wer von den beiden der richtige Mann für mich ist.« Zur Bekräftigung ihrer Worte griff sie nach Benjamins Hand, der ihr einen dankbaren Blick zuwarf.

»Also gut, sprechen wir über die Einzelheiten«, stöhnte Walter. »Ihr wollt also so bald wie möglich heiraten. Gut, dann können wir uns unter diesen Umständen wohl kaum gegen eure Entscheidung stellen. Und die Tatsache, dass Sie von William Bradshaw nur adoptiert wurden, mildert die Katastrophe etwas.« Er wandte sich an Annabelle: »Wir müssen dringend mit George sprechen. Er muss von seinen Plänen, William Bradshaw vor ein Gericht zu zerren, Abstand nehmen. Wir können nicht zusehen, wie der Schwiegervater unserer Tochter womöglich im Gefängnis endet.«

»Sie haben recht. Unsere Familien sollten sich in Zukunft nicht länger erbittert bekämpfen, sondern …« Benjamin brach ab, weil ihm ganz übel bei seinen eigenen Worten wurde, wenn er an seinen unversöhnlichen Adoptivvater dachte. George Bradshaw schien ihm da bei Weitem das geringere Übel. Er hielt den Arzt für so vernünftig, den Krieg jedenfalls nach außen hin zu beenden, wenn er erfuhr, dass seine Nichte Williams Schwiegertochter würde.

»Wir werden mit George sprechen, aber es wird niemals eine persönliche familiäre Verbindung zwischen unseren Familien geben«, verkündete Annabelle, während ihr dicke Tränen über die Wangen liefen. Sie wandte sich schluchzend an Scarlet. »Das musst du wissen, bevor du ihn heiratest. Ich werde mich mit William Bradshaw niemals an einen Tisch setzen.«

Walter, der ganz grau im Gesicht geworden war, legte tröstend den Arm um Annabelles Schulter. »Nein, Liebling, das musst du nicht. Nicht nach all dem, was du mit ihm durchgemacht hast.«

Scarlet war bei den Worten ihrer Mutter förmlich erstarrt. Erst in diesem Augenblick erschloss sich ihr die ganze Tragweite ihrer Entscheidung. Wenn sie Benjamin heiratete, hatte ihr Kind niemals eine ganze Familie, sondern zwei miteinander verfeindete Sippen. Aber wäre das nicht ganz genauso gewesen, wenn sie Daniel geheiratet hätte? *Ja*, dachte sie wehmütig, ihre Familien hätten sich wohl auch nie zu Festen getroffen: keine gemeinsame Hochzeitsfeier, keine Taufe, keine Geburtstagsfeier, aber an seiner Seite hätte der Gedanke daran nicht so verdammt wehgetan, weil sie dieses Opfer für die Liebe zu Daniel auf sich genommen hätte. Jetzt tat sie es aus Liebe zu ihrem Kind, einem Wesen, das in ihr wuchs und das sie sich noch gar nicht richtig vorstellen konnte. Ihre Augen wurden feucht, weil sie sich für den Bruchteil einer Sekunde leidtat für das Schicksal, das sie auf sich nehmen würde, doch dann kippte ihre Stimmung ins Gegenteil. *Ja, dieser kleine Mensch in mir hat alles verdient, was ich ihm nur geben kann*, dachte sie entschlossen. Und sie nahm sich vor, niemals mehr einen Gedanken an Daniel zu verschwenden, der es gar nicht wert war, dass sie ihm so intensiv nachtrauerte. Sie wischte sich entschieden mit dem Ärmel über das Gesicht und schenkte Benjamin ein liebevolles Lächeln. »Wir schaffen das. Wenn ich meine kleine Familie mit zu euch bringen kann, wann immer ich darf, wird es gehen«, erklärte sie mit fester Stimme.

»Natürlich, Benjamin ist jederzeit in unserem Haus willkommen und auch euer Kind«, beeilte sich Annabelle ihrer Tochter zu versichern.

Walter streckte Benjamin versöhnlich die Hand hin. »Eines muss man dir ja lassen, mein Junge. Du scheinst meine Tochter aufrichtig zu lieben.« Benjamin schüttelte die Hand seines zukünftigen Schwiegervaters ergriffen. »Ja, Mister Parker, von ganzem Herzen«, sagte er.

»Aber eines müsst ihr mir versprechen. Ihr kommt jedes Jahr in den Weihnachtsferien nach Wentworth Falls.« Annabelle hatte aufgehört zu weinen und blickte erwartungsvoll zwischen ihrer Tochter und dem zukünftigen Schwiegersohn hin und her.

Scarlet fiel ihrer Mutter stürmisch um den Hals und versicherte ihr, dass sie nie ein Weihnachtsfest ohne die Familie verbringen würde, wobei sie ganz vergaß, dass sie diese Entscheidung in Zukunft gar nicht mehr würde allein treffen können.

»Das versprechen wir Ihnen«, pflichtete Benjamin Scarlet eifrig bei.

»Dann wollen wir mal darauf anstoßen«, schlug Walter vor und verließ das Zimmer, um eine Flasche Champagner aus dem Keller zu holen.

In der Tür traf er mit Ava zusammen. »Was ist denn hier los? Ich habe gehört, Benjamin ist zu Besuch.«

»Ja, geh nur hinein. Und stelle fünf Champagnerkelche auf den Tisch.«

Ava sah ihrem Vater irritiert hinterher. Champagner hatte es das letzte Mal zu seinem runden Geburtstag gegeben.

»Was gibt es denn zu feiern?«, fragte sie neugierig, bevor sie Benjamin begrüßte.

»Ich werde bald heiraten«, entgegnete Scarlet und rang sich zu einem Lächeln durch.

»Heiraten? Du?« Ava lachte, und nicht nur, weil der Gedanke, dass ihre Schwester zeitnah heiraten würde, sie erheiterte, sondern weil sie ihr Glück gar nicht fassen konnte. Dann würde sie Daniel ja zwangsläufig wiedersehen zu einem großen Fest. Und er würde sicher untröstlich sein, und das würde sie weidlich ausnutzen, um sich bei dem armen, vermeintlich von ihrer Schwester verschmähten Daniel unentbehrlich zu machen.

»Ja, Benjamin und ich«, fügte Scarlet hinzu.

»Wann? Und wo feiern wir?«, fragte Ava hoffnungsfroh bei der Aussicht, den Mann ihrer Träume bald wiederzusehen.

»Die Einzelheiten müssen wir noch besprechen, wenn Vater mit dem Champagner zurück ist«, erklärte Annabelle sichtlich angespannt.

»Ach, ich freue mich für euch!« Ava umarmte erst ihre Schwester und dann ihren zukünftigen Schwager. »Aber das wird sicher erst im Juli stattfinden, wenn du deine Schule beendet hast, oder?«

»Nein, wir werden heiraten, sobald wir einen Termin bekommen«, widersprach ihr Scarlet entschieden.

»Ach, wie schön, dann gibt es ja bald ein schönes Fest und ein neues Ballkleid.« Ava konnte ihre Begeisterung kaum verbergen.

»Ava, Süße, du brauchst kein neues Kleid. Das findet alles in kleinem Rahmen statt und ohne großen Ball«, klärte Annabelle ihre Jüngere auf.

»Was soll das denn heißen?«

»Das wir das Ganze eher bescheiden angehen«, entgegnete Benjamin. »Nur im kleinsten Familienrahmen.«

»Und was ist mit deiner Familie?«, fragte sie lauernd.

»Seine Familie wird bei der Trauung nicht anwesend sein«, erwiderte Scarlet und wunderte sich, dass ihrer Schwester förmlich die Miene entgleiste. »Aber tröste dich, wir können

229

auch im kleinen Familienkreis ein lustiges Fest haben. Und wir könnten ein paar Freunde einladen.«

Ava aber war den Tränen nahe. Nun war ihr Ziel schon zum Greifen nahe gewesen. Und jetzt diese Enttäuschung!

»Mir ist nicht gut. Ich glaube, ich vertrage gar keinen Champagner«, schwindelte sie und verließ rasch den Salon. In der Tür stieß sie mit ihrem Vater zusammen, dem beinahe die Flasche aus der Hand fiel.

»Welche Laus ist dir denn über die Leber gelaufen?«, versuchte er zu scherzen.

»Ach, lasst mich alle in Ruhe«, entgegnete Ava schroff und rannte auf den Flur hinaus.

Walter bezog ihren Gefühlsausbruch auf die Tatsache, dass Scarlet Benjamin heiraten würde. *Ob sie doch eifersüchtig auf ihre Schwester ist?*, fragte er sich, bevor er an den Tisch trat und den Champagner öffnete.

Ava lief in den Garten hinaus und ließ sich am Stamm einer Palme ins Gras gleiten. *Das ist unendlich gemein*, dachte sie, *es wäre eine so gute Gelegenheit gewesen.* Sie ballte die Fäuste, bis die Knöchel weiß wurden, während sie den Entschluss fasste, ihr Ziel auf anderem Weg zu erreichen. Sie wusste nur noch nicht, wie.

2. TEIL

Ava

23

Ava fühlte sich sehr wohl in Adelaide. Im Gegensatz zu Sydney war die Stadt beschaulich, aber sehr hübsch. Sie erinnerte sie immer ein wenig an Melbourne, wo Granny Vicky lebte. Wie Melbourne war Adelaide einst von einem Platz aus planmäßig in geraden Straßen angelegt worden und auch nie eine Strafkolonie, sondern von Anfang an ein Wohnort für die vorwiegend aus England stammenden Siedler gewesen. Aber Adelaide war weitaus gemütlicher, denn die Stadt hatte nie einen Goldrausch erlebt und war dementsprechend niemals in kürzester Zeit so gigantisch gewachsen. Außerdem behagte Ava das gemäßigte Klima. Es war jetzt im Februar angenehm warm, aber nicht so brütend heiß, wie es in Sydney gewesen war, als sie ihre Reise nach Adelaide angetreten hatte. Ihr Vater war bis zuletzt nicht begeistert gewesen von dem Plan, sie allein nach Adelaide ziehen zu lassen, aber davon hätte Ava nichts auf der Welt abbringen können. Und in diesem Punkt konnte sie ganz auf die Unterstützung ihrer Mutter rechnen, die sehr stolz darauf war, dass sie einen überraschend guten Schulabschluss gemacht hatte. Warum, das ahnte keiner, aber sie selbst wusste, warum sie alles geben musste. Wenn sie es nicht geschafft hätte, hätte man sie nicht zum Studium nach Adelaide schicken können, sodass sie ihre Abneigung gegen die in ihren Augen langweiligen Fächer kurzfristig überwunden und fleißig gelernt hatte.

Die letzten Weihnachtsferien vor ihrer Abreise hatten sie wie jedes Jahr im Familienkreis in Wentworth Falls verbracht,

aber ihr war, als hätte ein unsichtbarer Schatten über diesen gemeinsamen Wochen gelegen. Vielleicht lag es an Granny Vicky, die mehr oder minder teilnahmslos dabeigesessen hatte.
Sie hatte nach Victorias Verschwinden noch ein paar Monate
in Brisbane gelebt, bevor sie völlig gebrochen nach Sydney gekommen war. Annabelle hatte darauf bestanden, dass sie nicht
allein nach Melbourne zurückkehrte, nachdem man die Suche
nach Victoria erfolglos beendet hatte. Ava hasste Victoria dafür, was sie ihrer Großmutter angetan hatte, und verstand überhaupt nicht, warum sich Granny Vicky das Herz von dieser un-
dankbaren und überdies gewalttätigen Person brechen ließ.
Natürlich ahnte sie, was sie an Victoria von jeher am meisten
verabscheut hatte: Sie war eine halbe Abo mit einer weißen
Haut, die ihr nicht wirklich gehörte. Ja, Ava fühlte sich von ihr
bestohlen, weil Victoria als Abo etwas besaß, was ihr als Weißer
nicht vergönnt war. Das Schlimme war, sie konnte nichts gegen
ihre getönte Hautfarbe tun, obwohl sie einiges ausprobiert hatte, bis ihr ein Bleichmittel dicke Pusteln im Gesicht beschert
hatte. Seitdem ließ sie die Finger von Mittelchen, die ihr eine
schneeweiße Haut versprachen. Jedenfalls vermisste sie Victoria kein bisschen und konnte das betroffene Gerede der übrigen
Familie kaum ertragen. Als ihre Großmutter beim Weihnachts-
essen plötzlich in Tränen um ihre verlorene Tochter ausgebrochen war, hatte sie eine bissige Bemerkung nicht mehr zurückhalten können. Sie war nicht gerade stolz darauf, dass sie sich
nicht rechtzeitig auf die Zunge gebissen hatte, aber ein schlechtes Gewissen wollte sich bei ihr auch nicht einstellen, hatte sie
doch nichts als die Wahrheit gesagt: »Warum lasst ihr sie nicht
da, wo sie hingehört? Im Busch bei den anderen Abos?«

Alle am Tisch waren über sie hergefallen wie die Furien, allen voran Scarlet, die sich nach Avas Meinung sehr zu ihrem
Nachteil verändert hatte. Sie war noch dünner und noch blas-

ser geworden und wesentlich schweigsamer, obwohl ihr Ehemann Benjamin ständig um sie herumwuselte und ihr jeden Wunsch von den Augen ablas. Ava ahnte den tieferen Grund, warum ihre Schwester diese ihr gebotene Fürsorge stoisch hinnahm, warum sie sie aber nicht glücklich machte. Offenbar hatte sie die Sache mit Daniel nie verwunden. Ava fragte sich, wann auch ihr Ehemann erkennen würde, dass er nur die zweite Wahl war und das auch immer bleiben würde. Obwohl sie darum wusste, ging es ihr mächtig auf die Nerven, was Benjamin alles anstellte, um die Stimmung seiner Frau zu heben.

Er trug sie förmlich auf Händen. Ständig versuchte er, ihr jeden Wunsch von den Augen abzulesen, was sie, wenn es hochkam, mit einem müden Lächeln quittierte. Ihr ansteckendes Lachen, das früher so oft durch Wentworth Falls geschallt war, gehörte jedenfalls der Vergangenheit an. Nur ihre kleine Tochter schaffte es noch, ihr jenes magische Strahlen ins Gesicht zu zaubern, um das Ava sie stets so beneidet hatte. Julia war mittlerweile ein Jahr alt und ein echter Wonneproppen. Sie hatte hellblonde Locken, große blaue Kulleraugen und das Grübchen ihres Vaters auf dem Kinn. Überhaupt sah sie Benjamin trotz des hellen Haars ähnlicher als Scarlet, fand Ava jedenfalls. Vom Temperament aber war sie, wie Scarlet früher einmal gewesen war. Sie besaß ein fröhliches Wesen, und keiner konnte sich dem Charme der Kleinen entziehen. Sogar über Granny Vickys erloschene Züge huschte manchmal der Anflug eines Lächelns, wenn Julia auf ihren dicken Beinchen ein paar ungelenke Schritte auf sie zumachte und auf ihren Schoß krabbelte, als wenn sie sagen wollte: Sei nicht traurig. Du hast doch mich!

Auch Ava hatte ihre Nichte vom ersten Augenblick ins Herz geschlossen. *So eine Tochter möchte ich auch einmal haben*, dachte sie häufig, und dann malte sie sich aus, eines Tages ein ebenso süßes Kind von Daniel zu haben.

Ava stieß einen tiefen Seufzer aus, während ihr die Erinnerung an das letzte Weihnachten durch den Kopf ging. Sie lebte in einem viktorianischen Haus nahe der Universität bei der Witwe Misses Dickinson, die Zimmer nur an junge, alleinstehende Damen vermietete, ein strenges Regiment führte und unter ihrem Dach keine Herrenbesuche duldete. Es war noch früh am Morgen. Ava hatte nicht mehr schlafen können und lehnte sich aus dem geöffneten Fenster und hing ihren Gedanken nach, während sie ihren Blick auf den träge dahinfließenden River Torrens richtete. Seit sie in Adelaide angekommen war, träumte sie jede Nacht von Daniel. Und waren ihre Träume anfangs jedes Mal süß und verheißungsvoll, brach später immer ein Unheil über sie herein, das alles zerstörte. Mal küsste sie ihn am Fluss, bis eine Flutwelle sie mit sich riss, mal gingen sie Hand in Hand durch ein Blumenmeer, bis eine riesenhafte Braunschlange auftauchte und sie verschlang, und manchmal saßen sie vereint im Pavillon von Wentworth Paradise, bis sie plötzlich von einem Flammenmeer umzingelt waren … Aber an diesem Morgen hatte ihr noch etwas anderes den Schlaf geraubt: die berechtigte Hoffnung, ihm endlich persönlich gegenüberzustehen.

Avas anfängliche Verliebtheit in Daniel war mittlerweile zur Besessenheit geworden. Das bemerkte sie selbst, und es war ihr auch ganz unheimlich zumute zu erleben, wie der Gedanke, Daniel eines Tages doch noch zu erobern, sie zunehmend mehr beherrschte, aber sie konnte nichts dagegen tun. Sie fühlte sich ihren Emotionen hilflos ausgeliefert, als hätte sie ein schweres Fieber, über das sie auch keinerlei Macht besaß. Manchmal zwischendurch, wenn kurzzeitig die Stimme der Vernunft die Oberhand gewann, hinterfragte sie ihren unbändigen Drang, Daniels Frau zu werden, und dann fiel ihr auch wieder das nächtliche Gespräch zwischen Scarlet und ihm ein, das sie von ihrem Fenster aus belauscht hatte. Er hatte sie schließlich als verwöhnt und selbstsüchtig bezeichnet. In solchen Momenten wollte sie ihn gern für diese vernichtenden Worte hassen, doch das gelang ihr nicht. Im Gegenteil, dann wuchs in ihr die Besessenheit nur noch weiter. Sie wollte ihm beweisen, dass sie eine liebende Frau war und dass sie ihn viel mehr lieben würde, als Scarlet das jemals getan hatte. Dann konnte sie sich so sehr in den Gedanken hineinsteigern, ihre Schwester habe ihn schnöde gegen seinen Bruder eingetauscht, dass sie beinahe vergaß, wie Scarlet das Opfer einer hinterhältigen Intrige Benjamins geworden war, die sich Ava zunutze gemacht hatte.

Ava hätte Daniel nur allzu gern einen Brief geschrieben und ihm von der Hochzeit der beiden berichten wollen, aber keiner kannte seine Adresse. So hatte Ava regelrecht auf den Augenblick hingefiebert, ihn in Adelaide endlich wiederzusehen. Obwohl sie in Sydney gleich von drei jungen Burschen einen Heiratsantrag bekommen hatte, war sie niemals auch nur einen Deut von ihrem Ziel abgewichen. Sie wollte Daniel und sonst keinen auf der Welt!

Bei ihrer Ankunft in Adelaide war die Enttäuschung angesichts der Erkenntnis, ihm wohl eher nicht rein zufällig auf dem Campus des Musikkonservatoriums zu begegnen, groß gewesen. Nach einer Woche war sie unruhig geworden, und ein gewisser Zweifel hatte sich in ihre Gedanken eingeschlichen. Vielleicht war er gar nicht nach Adelaide gegangen, sondern nach London oder sonst wohin. Wollte man Benjamins Worten Glauben schenken, hatte er nur den einen Wunsch gehabt: seiner Familie für immer zu entfliehen! *Benjamin hätte gar nichts Besseres passieren können, als dass sein Bruder auf Nimmerwiedersehen verschwunden wäre*, dachte Ava manchmal, so wäre die Gefahr, dass er jemals wieder Scarlet begegnete und

237

die beiden womöglich seiner bösartigen Intrige auf die Spur kommen würden, gebannt.

Jedenfalls war Ava nach einer Woche, in der sie sofort nach Ende ihrer Vorlesungen über den Campus gestreunt war, dazu übergegangen, gezielt vor dem Flügel des Konservatoriums an der North Terrace zu warten, in dem die Klavier-Studenten unterrichtet wurden. Wie oft war der Klang eines virtuos gespielten Pianos durch die geöffneten Fenster bis ins Freie gedrungen. Wie oft hatte sie geglaubt, solche Töne könnte nur Daniel Bradshaw dem Tasteninstrument entlocken. Wie oft war sie schon versucht gewesen, in das Gebäude zu stürmen, um der Herkunft des virtuosen Spiels nachzugehen, doch das traute sie sich nicht.

Sie hatte gerade beschlossen, auch diese vergebliche Warterei aufzugeben und zu versuchen, seine Adresse über die Verwaltung herauszubekommen, da hatte ihr der Zufall in die Hände gespielt. In Gedanken spielte sie alles noch einmal durch, während sie leise in sich hineinlächelte:

Sie lässt die große Eichentür nicht aus den Augen, als nun ein Pulk lärmender Studenten aus dem Inneren ins Freie strömt. Ein vornehm wirkender Herr, den sie auf bestimmt dreißig schätzt, bleibt mit seinem Blick an ihr hängen, kann sich nicht mehr lösen, sondern kommt zielstrebig auf sie zu.

»Warten Sie auf jemanden Bestimmten, junge Dame?«, fragt er höflich.

Avas Herz pocht ihr bis zum Hals, als sie mit fester Stimme sagt: »Ja, auf Daniel, Daniel Bradshaw.«

Der junge Mann wirft ihr einen bedauernden Blick zu. »So, so, Sie wollen also zu unserem jungen Meister.«

»Ist er dort oben in einem der Unterrichtsräume?«

Der fremde Herr zuckt mit den Achseln. »Keine Ahnung,

ich habe unseren Maestro heute noch nicht gesehen, aber das hat nichts zu sagen. Wahrscheinlich bereitet er sich im großen Konzertsaal auf seinen Auftritt vor.«

»Auftritt?« Das ist alles, was Ava hervorbringt, bevor ihr die Stimme vor lauter Aufregung versagt. Sie ist so überwältigt davon, dass die Erfüllung ihres seit zwei Jahren ersehnten Traums nun zum Greifen nahe ist.

Der vornehme Herr mustert sie prüfend. »Wissen Sie denn nichts davon? Ich dachte, Sie seien seine Verlobte.« Er lächelt sie gewinnend an. »Oder sind Sie vielleicht seine Schwester?«

Ava geht seine neugierige Fragerei auf die Nerven.

»Und wer sind Sie, wenn ich mal fragen darf?« Ihre Stimme klingt unwirsch.

Der fremde Herr zieht höflich seinen Hut vor ihr. »Ich bin Professor Arthur Logan und in der glücklichen Lage, dieses Genie zu meinen Schülern zu zählen.«

»Und wann findet das Konzert statt?«, fragt sie.

»Nun sind Sie mir eine Antwort schuldig«, entgegnet er und reicht ihr seinen Arm. »Mit wem habe ich die Ehre?«

»Ich bin eine entfernte Cousine und studiere hier seit Semesterbeginn Gesang. Ich, also wir haben uns länger nicht gesehen, aber nun wollte ich ihn endlich mal treffen.« Ava wundert sich, dass ihr die Worte so flüssig über die Lippen kommen, bebt sie doch innerlich vor Erregung.

»Ach, dann wussten Sie noch gar nicht, dass Ihr Vetter das Wunderkind des Konservatoriums ist? Kommen Sie, ich zeige Ihnen was. Er ist unser und natürlich mein ganzer Stolz.«

Zögernd hakt sich Ava bei Professor Logan unter und folgt ihm in das Innere des prachtvollen Gebäudes. Vor einem bunten Plakat bleibt er stehen und deutet mit dem Finger auf die Schrift unter der Zeichnung, die einen Pianisten an einem Klavier darstellt. »Sehen Sie, so weit hat er es schon gebracht. Gibt eigene Abende. Er wird Klaviersonaten von Mozart vortragen. Haben Sie schon eine Karte? Denn die Konzerte sind schnell ausverkauft. Es wird höchste Zeit, dass sie uns einen größeren Konzertsaal bauen. Ich meine, was nützt es, wenn man hier in Adelaide Vorreiter für das Studium der schönen Künste ist, aber uns nur den kleinen Aufführungssaal zubilligt. Einhundert Plätze sind langsam zu wenig, wenn einer so viel Erfolg hat wie unser Daniel ...«

»Nein, ich ... ich wusste ja nicht ... ich meine, dass er ein Konzert gibt und dass man Karten ...«, stammelt Ava. Ihr Selbstbewusstsein ist schlagartig geschrumpft angesichts der lobenden Worte des Professors. *Wenn Daniel schon so bekannt ist, dann hat er bestimmt längst eine Flamme an seiner Seite.* Ava errötet bei der Vorstellung. Warum hat sie sich eigentlich niemals gefragt, ob er nicht längst über Scarlet hinweggekommen ist und sich inzwischen neu gebunden hat? Und hat der Professor sie nicht eben für seine Verlobte gehalten? Soll jetzt, so kurz vor dem Ziel, alles umsonst gewesen sein?

»Kein Problem. Sie müssen nicht gleich den Kopf hängen lassen. Wenn Sie mögen, können Sie mich morgen Abend dort hinbegleiten. Ich wollte sowieso hingehen, und meine Begleitung hat kurzfristig abgesagt. Aber wahrscheinlich werden Sie Daniel ja noch vorher sehen und von ihm eine Karte bekommen.«

Ava schüttelt den Kopf. Ihr ist so schwindlig zumute, dass sie kurz ins Schwanken kommt, doch der Professor fängt sie auf. »Hoppla, ist Ihnen nicht gut?«, fragt er besorgt.

»Alles in Ordnung. Aber ich denke, ich werde ihn nicht vorher sehen«, erwidert sie hastig. »Und wieso haben Sie mich eigentlich für seine Verlobte gehalten? Kennen Sie die Dame denn nicht?«

Der Professor lacht. »Das war doch nur ein kleiner Trick, um Sie anzusprechen. Soviel ich weiß, hat Daniel keine Braut.

Er hätte auch gar keine Zeit, denn er lebt nur für seine Musik.«

Ava atmet auf und ringt sich sogar zu einem Lächeln durch.

»Ich würde Ihr Angebot gern annehmen, Professor Logan, und ihn mit meinem Besuch überraschen. Verraten Sie ihm also nichts, sollten Sie ihn vorher noch einmal sehen«, flötet sie.

»Mein Mund ist verschlossen wie ein Grab«, lacht er. »Und ich glaube, er wird sich über diese gelungene Überraschung wirklich freuen.«

Ava hegt in diesem Augenblick ihre Zweifel, ob der Professor sie nicht längst durchschaut hat und ihr die Cousine gar nicht abnimmt, aber das sollte ihr egal sein. Jetzt, wo sie weiß, dass es keine andere Dame seines Herzens gibt und sie in Begleitung des freundlichen Professors in sein Konzert gehen wird, ist alles gut. Warum platzt sie nicht vor Freude?

»Ich würde dann um kurz vor acht vor dem Konzertsaal auf Sie warten, aber ich hole Sie auch gern zu Hause ab. Wo wohnen Sie denn?«

»Ich, äh, nein, ich komme zum Konzertsaal.«

Er schenkt ihr erneut ein breites Lächeln. »Ich freue mich, Ihre Bekanntschaft gemacht zu haben. Ihr Cousin ist ein Glückspilz. Nicht nur, weil er mit diesem außerordentlichen Talent gesegnet ist, sondern auch, weil er eine so reizende Cousine hat.« Wie er das sagt! Cousine! Der Mann weiß Bescheid. Dessen ist Ava nun sicher.

Der Professor verabschiedet sich und eilt schnellen Schrittes von dannen. Ava bleibt eine Zeit lang regungslos vor dem Plakat stehen. Warum macht sie keine Luftsprünge? Im Gegenteil, ihr ist plötzlich ganz mulmig zumute. Hatte sie sich das Ganze nicht viel zu einfach vorgestellt? *Wer weiß, ob er überhaupt an Wentworth Paradise erinnert werden will*, denkt sie.

Ava fröstelte und schloss das Fenster. Seit der gestrigen Begegnung mit dem Professor kreiselten ihre Gedanken nur noch um das eine: Wie würde Daniel reagieren, wenn sie nach dem Konzert auf ihn zukäme? Würde er sich überhaupt noch an sie erinnern? Oder besser, wollte er das überhaupt? War sie nicht nur die nervige kleine Schwester jener Frau, die ihn ziemlich böse abserviert hatte? Jedenfalls musste er das glauben!

Sie hatte gestern sogar ihren Unterricht geschwänzt, weil sie sich auf nichts anderes mehr konzentrieren konnte als auf den Augenblick, in dem sie einander gegenüberstehen würden. Dabei musste sie dringend ihre Rolle auswendig lernen, denn ihr Professor Frank Tyler, hatte sie dazu auserwählt, die Carmen in der gleichnamigen Oper von Bizet zu übernehmen. Der Professor hatte sich die Mühe gemacht, eigens für die Aufführung eine englische Übersetzung anfertigen zu lassen. Natürlich war sie stolz, dass schon nach dem ersten Vorsingen klar gewesen war, dass sie die Hauptrolle spielen würde. Mit Feuereifer hatte sie sich daran gemacht, den Text zu lernen, und hätte es niemals für möglich gehalten, dass sie freiwillig eine Probe verpassen würde, aber sie hatte ihrer Mitstudentin Francis so glaubwürdig vorgespielt, dass sie an einem Unwohlsein litt, dass diese ihr am Abend mitfühlende Genesungswünsche des Professors überbracht hatte. Natürlich hatte sie ein schlechtes Gewissen, den Mann, der ein solches Vertrauen in sie setzte, schamlos zu belügen, aber was sollte sie tun? Sie würde weder einen klaren Gedanken fassen noch einen geraden Ton herausbringen, bevor sie nicht endlich Daniel getroffen hatte.

Ava schlüpfte noch einmal zurück ins Bett. Sie wusste nicht so recht, wie sie die Stunden bis zum Abend überstehen sollte. Ein paarmal hatte sie mit dem Gedanken gespielt, ihn doch nicht bei dem Konzert zu überraschen, sondern sich lieber seine Adresse zu besorgen und ihn dort aufzusuchen, aber dann verwarf sie den Gedanken jedes Mal wieder. Ihn vor dem Konzert zu überfallen hielt sie auch für keine gute Idee, und noch einen Tag länger zu warten, das würden ihre ohnehin schon überreizten Nerven nicht verkraften.

Widerwillig schnappte sich Ava die Mappe mit den Libretti und versuchte, sich auf das Lernen der Texte zu konzentrieren, bis es klopfte und Francis' Rotschopf im Spalt der Zimmertür auftauchte.

»Ach, du Arme, du siehst immer noch so mitgenommen aus. Soll ich nicht doch lieber einen Arzt holen?«, fragte sie mitfühlend, während sie sich Avas Bett näherte.

Ava machte eine abwehrende Handbewegung. »Nein, nicht nötig, es geht mir schon viel besser. Ich bin sicher, morgen kann ich wieder am Unterricht teilnehmen«, entgegnete sie.

Francis legte prüfend ihre Hand auf Avas Stirn. »Fieber hast du offenbar nicht mehr«, stellte sie mit Erleichterung fest. »Dann ruhe dich noch schön aus. Ich schaue noch einmal nach dir, wenn ich gegen achtzehn Uhr zurück bin.«

Achtzehn Uhr, dachte Ava erschrocken, da begann Daniels Konzert.

»Nein, bitte, lass nur, ich werde mich heute einfach gesundschlafen.«

»Aber du musst doch etwas essen«, protestierte Francis.

»Dafür wird Misses Dickinson schon sorgen«, schwindelte Ava, denn seit sie vor dem Konzertplakat gestanden hatte, bekam sie sowieso keinen einzigen Bissen hinunter. »Aber ich verspreche dir, morgen gehen wir gemeinsam zum Unterricht!«

»Wie du meinst«, seufzte Francis und verließ das Zimmer.

Kaum war Ava wieder allein, schweiften ihre Gedanken erneut zu Daniel ab, und sie spürte die Aufregung bei der Vorstellung, ihn heute Abend wiederzusehen, in jeder Pore. Was, wenn sie einer Chimäre nachgejagt und er nur in ihrer Fantasie zu ihrer großen Liebe geworden wäre? Schließlich hatte es niemals auch nur den Hauch einer Annäherung zwischen ihnen gegeben. Im Gegenteil, er hatte sich damals in Wentworth Paradise nicht gerade schmeichelhaft über sie geäußert.

Sosehr sie sich auch bemühte, sie konnte sich nicht auf das Lernen des Textes konzentrieren, sondern die Gedanken in ihrem Kopf schwirrten wild im Kreis herum. So ging es den ganzen Tag, den sie grübelnd im Bett verbrachte. Erst gegen Nachmittag konnte sie sich dazu durchringen aufzustehen, sich zu waschen und anzuziehen. Sie brauchte eine ganze Zeit lang, um sich ein passendes Kleid herauszusuchen.

Als sie sich schließlich in einem hellblauen Satinkleid vor dem Spiegel drehte, fiel ihr sofort ihre Blässe ins Auge. Ihr sonst bronzefarbener Teint hatte an Leuchtkraft verloren und wirkte eher matt und hell, aber sie mochte das, was andere als Zeichen der Erschöpfung werten würden. Zu ihrem großen Bedauern wirkten allerdings auch ihre Augen müde und nicht so strahlend, wie sie es erwartet hätte, jetzt, wo sie so kurz vor dem Ziel stand, Daniel wiederzusehen. Natürlich wusste sie, dass dies das Ergebnis ihrer intensiven Grübeleien war. Weitaus lieber wäre ihr gewesen, sie würde vor Vorfreude vibrieren, aber dazu hatten sich im Laufe des Tages viel zu viele Bedenken eingeschlichen. Bedenken, die ihr vorher nicht in den Sinn gekommen waren. Einen winzigen Augenblick lang spielte sie mit dem Gedanken, ihren Plan aufzugeben, aber dann fiel ihr plötzlich ein, wie er sie im Pavillon am Piano begleitet hatte, und ihr wurde bei der Erinnerung ganz warm ums Herz. Sie konnte regelrecht dabei zusehen, wie ihre Augen zu glänzen begannen. *Schluss mit diesen trüben Gedanken*, sprach sie sich gut zu und löste sich von ihrem Spiegelbild.

24

Als Ava gerade das Haus verlassen wollte, kam ihr unten im Flur Misses Dickinson entgegen, die sie voller Empörung musterte.

»Aber Miss Ava, ich denke, Sie sind krank. Sie wollen in Ihrem Zustand doch nicht etwa ausgehen?«

»Ich muss, Misses Dickinson, ich muss«, seufzte sie. »Es ist eine Pflichtveranstaltung am Konservatorium, der ich leider nicht fernbleiben darf. Aber ich fühle mich auch schon wieder viel besser.«

»Sie sehen aber so aus, als ob sie lieber noch das Bett hüten sollten«, knurrte ihre Vermieterin.

Ava musste kurz blinzeln, als sie ins Freie trat, denn die Sonne schien noch immer voller Kraft vom Himmel. Von dem schönen Wetter dort draußen hatte Ava in ihrem Zimmer wenig mitbekommen, denn sie hatte den ganzen Tag über die Vorhänge zugezogen gehabt. Kaum war sie ein paar Schritte gegangen, begann sie zu schwitzen. Der schwere Satinstoff ihres Kleides klebte ihr förmlich am Körper, und sie bedauerte, nichts Leichteres angezogen zu haben. Sie verlangsamte ihren Schritt, als sie das Gebäude vor sich auftauchen sah, in dem sich der große Konzertsaal befand. Derselbe Saal, in dem sie in ein paar Wochen als Carmen auf der Bühne stehen würde.

Von allen Seiten strömten Menschen in feiner Kleidung herbei, die Damen in Abendgarderobe, die Herren im Anzug. Mit pochendem Herzen betrat Ava das Gebäude und sah am

Eingang des Konzertsaals bereits Daniels Professor stehen. Er winkte ihr eifrig zu, als er sie erkannte.

»Sie sehen bezaubernd aus, Miss, äh, auch Bradshaw wie ihr Cousin?«

»Nein, ich heiße Ava Parker«, entgegnete sie mit belegter Stimme.

Professor Logan bot ihr seinen Arm. »Dann darf ich die hübsche Lady bitten, mich zu unseren Plätzen zu begleiten.«

Ava hakte sich bei ihm unter und ließ sich in den Saal führen. Als er gezielt auf die erste Reihe zusteuerte, wurde ihr mulmig zumute. Sie hätte sich während des Konzerts gern in der Menge der Zuschauer versteckt und nicht direkt vor der Bühne gesessen, aber offenbar genoss der Professor das Privileg, in der Nähe seines begabten Schülers seinen Klavierkünsten zu lauschen.

Ava setzte sich mit immer noch laut klopfendem Herzen neben ihn und ließ ihren Blick zur Bühne schweifen. Dort stand ein Flügel, es fehlte nur noch der Virtuose. *Wenn er auch nur einmal ins Publikum blickt, wird er mich sehen*, dachte Ava erschrocken, doch es blieb ihr nicht mehr viel Zeit zum Grübeln, weil nun der Saal verdunkelt und dafür die Bühne in helles, warmes Licht getaucht wurde. Wie gebannt starrte sie in den Kegel des Scheinwerfers, in den wenige Sekunden später Daniel trat. Er sah hinreißend aus in seinem vornehmen Anzug. Bei seinem Anblick verflüchtigten sich all ihre Zweifel, ob er wirklich jener Mann war, den sie um jeden Preis für sich gewinnen wollte. Im Gegenteil, ihr Herzschlag beschleunigte sich in einem Maß, dass sie Sorge hatte, er würde bis zum Ohr des Professors vordringen. Der aber hatte nur noch Augen für seinen talentierten Schüler, der sich mit beinahe schüchterner Geste vor dem Publikum verbeugte, bevor er sich auf den Klavierhocker setzte und zu spielen begann.

Ava hörte gebannt den Klängen der Mozartsonaten zu, die den Saal in einen verzauberten Raum verwandelten. Ganz so, als würde es nur noch diese Töne geben auf der Welt.

Immer wieder blieb ihr Blick an seinen schönen Händen hängen, die mit unendlicher Leichtigkeit über die Tastatur tanzten. Alles in Ava vibrierte. Sie verspürte ein nie gekanntes Glücksgefühl und gab sich ganz der Musik hin. Ihre Gedanken, ihre Pläne verschmolzen mit den virtuosen Klängen. Erst als sie einen salzigen Geschmack auf der Zunge wahrnahm, merkte sie, dass ihr die Tränen in Strömen übers Gesicht liefen. Nicht etwa aus Trauer, sondern vor lauter Ergriffenheit, weil es ihr vergönnt war, ihn wie einen jungen Gott spielen zu hören.

Nachdem der letzte Ton verklungen war, herrschte im Saal gespenstisches Schweigen, bevor ein frenetischer Applaus aufbrandete, die Leute von den Stühlen sprangen und dem jungen Künstler stehend ihren Beifall zollten.

»Bravo«, rief der Professor begeistert. »Bravo!«

Auch Ava erhob sich wie betäubt von ihrem Stuhl und klatschte, bis ihr die Hände schmerzten. In diesem Augenblick stand Daniel von seinem Klavierhocker auf und trat an die Rampe. Er verbeugte sich und war sichtlich gerührt. Sein Blick wanderte gezielt in Richtung des Professors, und er rang sich zu einem Lächeln durch, doch dann entgleisten ihm die Gesichtszüge. Ava war sicher, er hatte sie erkannt. Der Ausdruck der Rührung verwandelte sich in grenzenloses Erstaunen. Ihm stand der Mund offen, und er konnte den Blick gar nicht abwenden, doch als die »Bravo«-Rufe immer lauter wurden, sah er ins Publikum und äußerte stumme Gesten des Dankes.

Es dauerte eine halbe Ewigkeit, bis der Applaus gänzlich verebbt war und die Zuschauer ihre Plätze verließen und zum Ausgang strebten. In dem Moment gab es für den Professor kein Halten mehr, und er stürzte auf die Bühne, um seinen

Schüler stürmisch zu umarmen. Daniel aber blickte über die Schulter des Professors fassungslos in Avas Richtung, die sich nicht von der Stelle rührte.

Daniel löste sich aus der Umarmung mit seinem Professor, stieg die Bühnentreppe hinab, während er die junge Frau mit seinen Blicken förmlich aufspießte, und kam zögernd auf sie zu.

»Ava?«, fragte er. »Bist du es wirklich?«

Sie rang sich zu einem Lächeln durch. »Ja, Daniel, ich habe es dir doch damals gesagt, dass wir uns eines Tages in Adelaide wiedersehen.«

»Du hast dich verändert. Du bist so erwachsen geworden. Fast eine Dame«, murmelte er bewundernd.

»Nicht mehr das verwöhnte und selbstsüchtige junge Ding, wie du mich mal genannt hast«, lachte sie. Jegliche Verspannung war durch seine Worte und seinen wohlwollenden Blick von ihr abgefallen. Sie fühlte sich leicht und unbeschwert. Fast ein wenig übermütig.

»Das soll ich gesagt haben?«

»Ja, ich habe es mit eigenen Ohren gehört damals in Wentworth Falls, als ich an meinem Fenster voller Eifersucht eurem Gespräch ...« Sie brach den Satz ab, als sie sah, wie sich seine Miene verdüsterte. *Wie dumm von mir, ihn mit der Nase auf seine nächtliche Begegnung mit Scarlet zu stoßen*, schalt sich Ava und überlegte, wie sie das Thema möglichst schnell wechseln konnte.

»Du warst wundervoll«, schwärmte sie und legte ihm wie zufällig die Hand auf den Unterarm. »Ich habe noch nie jemanden die Klaviersonate Nummer 11 derart ausdrucksvoll und beseelt spielen hören. Ich hätte dir die ganze Nacht lauschen können. Wenn ich dich spielen höre, existiert nur noch die Musik, und der Rest der Welt verblasst zu einem großen Nichts.«

»Wie schön du das gesagt hast. Ich komme aus dem Staunen nicht heraus, aus dem Mund des verwöhnten und selbstsüchtigen Mädchens solche Worte zu hören. Magst du uns zum Dinner begleiten?«

»Aber nicht, dass ich störe. Du wirst doch sicher einen Schwarm von Bewunderinnen um dich haben«, flötete Ava, wohl wissend, dass er auf ihre Begleitung bestehen würde.

»Du glaubst doch nicht, dass ich dich jetzt einfach so gehen lasse, nachdem ich dich gerade erst wiedergefunden habe.«

In Ava jubilierte alles, und sie konnte ihr Glück kaum fassen. Und wie er sie ansah! Nicht ganz so, wie er damals Scarlet angeschwärmt hatte, aber bei Weitem nicht mehr wie die kleine lästige Schwester seiner Angebeteten.

»Da freut sich aber einer, seine Cousine wiederzusehen«, hörte sie wie von Ferne den Professor sagen.

»Cousine?«, fragte Daniel etwas irritiert.

»Ist sie vielleicht doch nicht nur eine Cousine?«, scherzte der Professor wissend.

»Doch, ich bin seine Cousine. Das vergisst er nur manchmal«, erwiderte Ava locker.

Daniel stieß einen Seufzer aus. »Sie hat recht, aber Sie wissen ja, Professor, dass ich mit meiner Familie gebrochen habe. Deshalb habe ich das glatt verdrängt. Aber dieses Familienmitglied ist eine Ausnahme. Ich denke, sie wird uns zum Dinner begleiten müssen.« Daniel reichte ihr höflich seinen Arm, und Ava hakte sich freudig bei ihm unter. *Er hat sich aber auch verändert*, ging es ihr durch den Kopf, während sie voller Stolz an seiner Seite den Saal verließ. Überall standen noch Grüppchen von Zuschauern, die sich die Hälse nach dem jungen Talent und seiner Begleitung verrenkten. *Er ist ein richtiger Gentleman geworden, ein Mann von Welt*, dachte sie und schmiegte sich noch ein bisschen dichter an ihn. Wie oft hatte sie sich in ihrer Fantasie dieses Wiedersehen ausgemalt, aber dass er sie mit Komplimenten überhäufen und gleich mit zu einem Dinner nehmen würde, hätte sie in ihren kühnsten Träumen nicht für möglich gehalten.

Das Restaurant lag ganz in der Nähe des Konservatoriums. Ava hatte es bereits von außen bewundert und sich von ihrer Mitbewohnerin erklären lassen, dass hier die Schönen und Reichen speisten. *Wie gut, dass ich mich auf dem gesellschaftlichen Parkett sicher bewegen kann*, frohlockte Ava, denn in den Zeiten, in denen ihr Vater noch Abgeordneter gewesen war, hatte er seine Töchter des Öfteren in die besten Lokale Sydneys ausgeführt.

Weder die festlich gedeckte Tafel noch die livrierten Kellner oder die schweren Lüster an den Decken konnten Ava verunsichern. Nein, sie betrat hoch erhobenen Hauptes das Lokal. Worauf sie allerdings nicht gefasst war, waren die vielen Leute, die nun alle auf einmal auf Daniel zugestürzt kamen und ihn mit Komplimenten überhäuften. Der Andrang war so groß, dass sie seinen Arm losließ, um von den anstürmenden Verehrern nicht zerdrückt zu werden. Aus sicherer Entfernung beobachtete sie das Schauspiel und musste feststellen, dass die Mehrzahl seiner Bewunderer weiblich, attraktiv und jung war. Und die meisten von ihnen in Begleitung ihrer Mütter gekommen waren. Keine Frage, Daniel schien als vielversprechender Heiratskandidat gehandelt zu werden.

Mit einem einzigen Blick erkannte Ava allerdings, dass weit und breit keine Frau ihrer Schwester auch nur annähernd ähnelte. Das beruhigte sie ungemein, weil sie selbstsicher genug war, einzuschätzen, dass sie durchaus mit den Damen konkurrieren konnte. Nein, es gab keinen Grund, sich vorzudrängeln und die anderen wegzubeißen. Im Gegenteil, je vornehmer sie sich zurückhielt, umso mehr wuchsen ihre Chancen, sein Interesse an ihr zu stärken. Dass sie mit ihrer Intuition richtig lag, merkte sie, als er sich suchend umblickte und ihr vertraulich zuwinkte, obwohl er immer noch von diversen Verehrerinnen umringt war. Als der Professor mit einem Glas Champagner auf sie zutrat und es ihr reichte, konzentrierte sie sich ganz auf das Gespräch mit ihm. Er war äußerst interessiert, als sie ihm erzählte, dass sie Gesang studiere. »Ach, da müssten sie beide mal einen Liederabend machen«, schlug er begeistert vor.

»Ja, wir haben schon einmal zusammen musiziert, in dem Ferienhaus meiner Eltern in den Blue Mountains«, offenbarte sie ihm.

In diesem Augenblick erklang Daniels Stimme. Er bat die Anwesenden zu Tisch. Ava wollte sich gerade Professor Logan anschließen, als Daniel herbeigeeilt kam und sie bat, seine Tischdame zu sein. *Träume oder wache ich*, durchzuckte es Ava, als er ihr seinen Arm bot und sie unter den eifersüchtigen Blicken der dem Meister zugeneigten Damen zu ihrem Platz führte. Sie war so unendlich froh, dass sie sich für das hellblaue Abendkleid entschieden hatte, denn sie konnte an der Aufmachung der jungen Ladies erkennen, dass auch sie sich mit aller Sorgfalt für diesen Abend hergerichtet hatten. Mit dem einen Ziel: Daniel zu becircen!

Doch der hatte offenbar nur Augen für sie und flüsterte ihr zu, dass sie bezaubernd aussehe. Ava musste sich ein triumphierendes Grinsen verkneifen. Wenn sie nur daran dachte, wie eifersüchtig sie damals in Wentworth Falls gewesen war, als Daniel nur Augen für ihre Schwester gehabt hatte. Und nun konnte sie sich lebhaft vorstellen, wie jede der jungen Damen bei Tisch sie glühend beneidete und vor Eifersucht schier platzte. Ach, wie sie das genoss!

Professor Logan erhob sich von seinem Stuhl und hielt eine

flammende Rede auf seinen begabten Studenten und verkündete zum Abschluss voller Stolz, dass Daniel demnächst in den großen Konzertsälen von Melbourne und Sydney auftreten werde. *Was, wenn zu seinem Konzert in Melbourne Scarlet auftaucht?*, fragte sich Ava. *Ich komme nicht umhin, ihm noch heute zu stecken, dass meine Schwester inzwischen mit seinem Bruder verheiratet ist, denn offensichtlich ist er völlig ahnungslos*, ging es Ava durch den Kopf. Aber erst einmal wollte sie sich in dem Triumph sonnen, dieses Dinner ihm zu Ehren als seine Tischdame zu erleben. Ein Lächeln huschte über ihr Gesicht. Es störte sie auch wenig, dass die Dame zu seiner anderen Seite alles daran setzte, ihn in ein Gespräch zu verwickeln. Es genügte ihr zu spüren, dass er darauf brannte, sich mit ihr zu unterhalten.

»Und du studierst wirklich Gesang?«, fragte er sie schließlich interessiert.

»Ja, und ich werde demnächst sogar in demselben Saal wie du die Carmen singen«, erwiderte sie eifrig.

»Dann werde ich im Publikum sitzen«, gab er begeistert zurück.

»Wenn du nicht gerade auf Tournee bist.«

»Wann wird denn dein großer Auftritt sein?«

»In vier Wochen«, seufzte sie. »Ich muss noch viel Text lernen bis dahin.«

»Ich wäre untröstlich, wenn ich das versäumen würde, kleine Cousine«, entgegnete er charmant. »Aber das könnte leider tatsächlich so kommen, denn ich befürchte, ich reise in drei Wochen ab, und die Tournee wird bestimmt vierzehn Tage dauern, schon weil die Reise ihre Zeit beansprucht.«

»Keine Sorge, wir haben noch einen zweiten Auftritt im April«, bemerkte Ava scheinbar gelassen, während ihr Herz ihr bis zum Hals klopfte bei dem Gedanken, dass sie ihn noch vor seiner Abreise für sich gewinnen musste. Und zwar ganz und gar!

Sie schrak aus ihren Gedanken, als Daniel nach ihrer Hand griff und sie sanft drückte. »Es ist so schön, dich wiederzusehen«, seufzte er und sah sie an. Etwas in seinem Blick irritierte sie. Es lag darin Bewunderung und aufrichtige Freude, aber nichts von dem Glanz, mit dem er Scarlet angesehen hatte. *Ich habe mich zu früh gefreut*, dachte sie enttäuscht, *er meint nicht mich als Frau, sondern nur als Schwester seiner großen Liebe.*

»Was hältst du davon, wenn wir uns nach dem Essen unauffällig davonschleichen? Ich habe noch so viele Fragen an dich«, flüsterte er verschwörerisch.

»Aber gern«, erwiderte sie mit einem falschen Lächeln, obwohl in ihr alles wie betäubt war, denn sie ahnte, worum es ihm wirklich ging: Er wollte mit ihr über Scarlet sprechen!

Was habe ich dummes Ding mir nur eingebildet, schalt sich Ava, und sie empfand eine gewisse Schadenfreude bei der Vorstellung, was ihn in dem Gespräch erwarten würde. Und dann wäre sie da, um ihn tröstend in die Arme zu schließen. Genau so, wie sie sich das immer gewünscht hatte!

25

Ava entging es keinesfalls, wie die diversen Augenpaare der jungen Damen sie voller Neid beobachteten, als sie an Daniels Arm den Saal verließ. Allerdings verschaffte ihr das längst nicht mehr annähernd solche Befriedigung wie vorhin bei ihrer Ankunft. Es wurmte sie ganz schrecklich, dass er offenbar immer noch ihrer Schwester nachtrauerte. Lieber wäre es ihr gewesen, er hätte sich vorbehaltlos in sie verliebt, weil die dumme Vergangenheit nicht mehr für ihn zählte. Sie musste sich sehr zusammenreißen, um wenigstens den Schein zu wahren und ein freundliches Gesicht aufzusetzen.

Doch sobald sie auf der Straße waren, verdüsterte sich ihre Miene. »Du kannst es wohl gar nicht erwarten, über Scarlet zu plaudern, oder?«, stieß sie unwirsch hervor.

»Aber nein, ich ... ich möchte überhaupt wissen, wie es euch ergangen ist. Hat Wentworth Paradise das Feuer überstanden? Und wie hat Granny Vicky Jonathans Tod verkraftet?«

Ava unterdrückte die Bemerkung, die ihr auf der Zunge lag, dass er doch keinen Unsinn erzählen und Interesse an dem Rest der Familie heucheln sollte, wo es ihm doch lediglich um Scarlet ginge.

»Unser Haus steht noch. Zum Glück. Aber Granny Vicky ist nicht mehr die Alte. Sie ist nur noch ein Schatten ihrer selbst. Das liegt aber nicht allein an Großvaters Tod, sondern auch an der unsäglichen Victoria.«

»Was hat Victoria denn verbrochen?«, erkundigte er sich ehrlich interessiert. »Sie ist doch eine folgsame und nette Person.«

Ava stieß einen verächtlichen Unmutslaut aus. »Das wollte sie alle glauben machen. Sie ist nun mal eine Abo ...«

»Ava, bitte ...«

Ava zuckte zusammen. Das war wieder dieser tadelnde Ton, den er ihr gegenüber damals in Wentworth Paradise angeschlagen hatte.

Ava atmete ein paarmal tief durch, um sich nicht weiter ins Unrecht zu setzen, sondern Victorias Schandtat für sich sprechen zu lassen.

»Die liebe Victoria ist bei einem Familienbesuch in Brisbane auf einen Nachbarn unserer Großtante Emma mit dem Messer losgegangen ...«

»Das glaube ich nicht!«, widersprach Daniel im Brustton der Überzeugung. »Die sanftmütige Victoria? Niemals!«

»Willst du behaupten, ich lüge?«, erwiderte Ava wütend.

»Nein, natürlich nicht, aber dann wird er sie erst angegriffen haben, und es war Notwehr«, erklärte er beschwichtigend.

»Du irrst dich. Sie ist in sein Haus eingedrungen, hat das Messer genommen und den Mann verletzt. Ich weiß, dass ihr alle Victoria so etwas nicht zutraut, aber es hat sich genauso abgespielt.«

»Ist sie denn verrückt geworden?«

Ava nickte zustimmend. »Kann schon sein, denn sie ist seitdem spurlos verschwunden, weil sie mit einer Tante zu ihren Abos ins Outback geflohen ist. Wahrscheinlich, um ihrer Strafe zu entgehen.«

»Das hätte ich ihr niemals zugetraut«, sagte Daniel betroffen, bevor er abrupt vor einem kleinen Häuschen stehen blieb. »Wollen wir uns in meinen Garten setzen? Ich habe mir hier ein kleines Reich geschaffen. Was denkst du?«

»Das können wir gern machen«, entgegnete Ava sichtlich bemüht, sich ihre Begeisterung nicht zu sehr anmerken zu lassen.

255

Was gab es Besseres, ihm näherzukommen, als wenn er sie mit in sein Haus nahm?

Er musterte sie zweifelnd. »Ich meine, nicht dass dir das zu intim ist, aber ich dachte, weil du ja schließlich doch so etwas wie eine Cousine für mich bist.«

»Schon gut, ich vertraue dir«, säuselte sie, und ihr Herz tat einen Sprung, als er die Haustür öffnete und ihr den Vortritt ließ. Im Flur gab es nur eine Garderobe, und auch die anderen drei Zimmer, durch die er sie führte, waren nur spärlich möbliert. *Eine Junggesellenbehausung*, dachte Ava, *es fehlt die gestaltende Hand einer Frau.* Unwillkürlich malte sie sich aus, wie man dieses Haus wohnlicher würde einrichten können.

Durch ein kleines Wohnzimmer folgte sie ihm auf die Veranda, auf der zwei wackelig aussehende Korbstühle und ein Tisch standen.

»Setz dich doch. Was möchtest du trinken? Ich könnte dir einen Tee kochen, denn ich werde mir zur Feier des Tages einen Whisky genehmigen.«

»Ach, gib mir doch auch einen«, erklärte sie forsch, obwohl sie noch niemals zuvor Whisky getrunken hatte.

Während Daniel im Inneren des Hauses verschwand, setzte sie sich vorsichtig auf einen der Stühle, aber er hielt ihrem Gewicht stand. Neugierig ließ sie ihren Blick über den kleinen Garten schweifen, der vom Mondlicht hell erleuchtet wurde. Jetzt erst merkte sie, dass es kühler geworden war und sie sich gern etwas über die nackten Schultern gelegt hätte, aber bei dem Gedanken, dadurch womöglich an Reiz zu verlieren, würde sie nicht nach einer Decke verlangen.

Daniel kehrte mit einer Flasche und zwei Gläsern zurück und schenkte den Whisky ein. Bei ihrem Glas zögerte er. »Ich wusste gar nicht, dass du solche harten Sachen trinkst«, lachte er.

»Habe ich ja auch nie zuvor, aber irgendwann ist immer das erste Mal«, erwiderte sie kokett.

Er stieß mit ihr an und betrachtete sie eine Zeit lang versonnen, aber dabei war er mit den Gedanken weit weg und ganz sicher nicht bei ihren verführerischen Schultern. Natürlich ahnte sie, an was er dachte, aber sie wollte nicht noch einmal so schnippisch reagieren wie vorhin. Also schwieg sie ebenfalls.

»Ich habe das nie verstanden, was damals in Scarlet gefahren ist«, murmelte er schließlich mehr zu sich selbst.

»Was hast du daran nicht verstanden?«, erwiderte sie und ärgerte sich zugleich über ihren schroffen Ton.

»Ich verstehe nicht, warum sie nichts mehr von mir wissen wollte nach allem, was zwischen uns geschehen ist in jener Nacht …« Seine Stimme klang gequält, und er trank seinen Whisky in einem Zug aus.

Ein eiskalter Schrecken durchzuckte Ava, während ein furchtbarer Verdacht in ihr aufkeimte.

»Ach, Daniel, ein Kuss bedeutet manchmal nicht ganz so viel, wie es der andere in dem Augenblick vermutet. Ich habe auch schon den ein oder anderen geküsst und habe daraufhin einen Heiratsantrag bekommen, obwohl ich den Kuss am folgenden Morgen schon wieder vergessen hatte. Bedeutung bekommt ein Kuss nur dann, wenn alle beide den Zauber spüren.«

Daniel schenkte sich hastig ein neues Glas ein. »Genau, aber das habe ich gespürt in jener Nacht. Die Magie der großen Liebe. Und ich spreche nicht nur von einem Kuss … doch lass es gut sein. Ich werde das wohl niemals verstehen können.«

Also doch, dachte Ava, *sie sind einander viel näher gekommen als …* Plötzlich keimte ein weiterer, viel schlimmerer Verdacht in ihr auf. Was, wenn die Liebesnacht der beiden nicht ohne Folgen geblieben war? Ihr wurde ganz flau im Magen.

»Und du verträgst den Whisky wirklich? Du bist fast weiß im Gesicht geworden.« Daniel sah sie besorgt an.

»Ich habe doch noch gar nichts davon getrunken«, versuchte sie zu scherzen, nahm das Glas und stürzte die braune Flüssigkeit in einem Zug hinunter. Der Geschmack war so ungewohnt, dass sie sich schüttelte, aber dann genoss sie die angenehme Wärme in ihrem Bauch. »Ich habe gerade ein kleines Fieber überstanden. Und da fühle ich mich manchmal noch ein wenig wackelig auf den Beinen, aber der Whisky scheint mir wahre Medizin zu sein, denn mir ist jetzt ganz heiß.«

Daniel rang sich zu einem Lächeln durch. »Möchtest du noch einen?«

»Einen ganz kleinen bitte«, erwiderte sie und versuchte, nicht mehr an das zu denken, was sich wie ein Gift in ihren Gedanken ausbreitete. *Wie gut, dass er davon niemals erfahren wird*, dachte sie und empfand ein wenig Mitleid mit ihm bei der Vorstellung, dass sie nicht länger umhin kam, ihm den Dolch ins Herz zu rammen.

»Du willst also wirklich wissen, warum sie nichts mehr für dich empfunden hat, obwohl ihr euch recht nahegekommen seid?«

Daniel sah sie beinahe furchtsam an, während er das zweite Glas hastig leerte. Ava hatte große Mühe, ihr Mitgefühl für ihn im Zaum zu halten.

»Sie hat sich in deinen Bruder verliebt.«

Daniel musterte Ava fassungslos. »In Benjamin?«

»Ja, in wen sonst?«, entgegnete Ava nicht gerade feinfühlig, aber es ging an ihre Grenzen, ihn Scarlets wegen so bitter leiden zu sehen.

»Woher weißt du das? Ich meine, wie kommst du darauf?« Daniels Gesichtsfarbe hatte sich ins Grünliche verfärbt. Er sah aus, als müsste er sich jeden Augenblick übergeben.

Ava atmete noch einmal tief durch, bevor sie zum Todesstoß ausholte. »Die beiden haben geheiratet und inzwischen eine kleine Tochter. Julia, ein entzückendes …«

Weiter kam sie nicht, weil Daniel von seinem Stuhl aufsprang, in den Garten stürzte, hinter einem Busch verschwand und sie nur noch ein lautes Würgen hörte. Es kostete Ava unendlich viel Kraft, nicht laut herauszuschreien, dass das alles nur auf einer Intrige seines Bruders gebaut war, denn sein Leid drohte auch ihr das Herz zu zerreißen. In diesem Augenblick wurde ihr noch einmal in aller Deutlichkeit klar, was sie die ganze Zeit über gewusst hatte: Sie liebte diesen Mann wirklich! Nur deshalb konnte sein Leiden sie so tief berühren. Und sie war die Einzige, die ihm diesen Herzschmerz nehmen konnte, wenn sie es nur wollte. Sie musste ihm nur die Wahrheit sagen, aber dann würde sie ihn für immer verlieren. Nein, das brachte sie nicht fertig, und sie versuchte, sich im Geiste Rechtfertigungen für ihr Schweigen zurechtzulegen. Schließlich war Scarlet jetzt tatsächlich Benjamins Frau, und das Kind, wer von den Zwillingsbrüdern es auch immer gezeugt hatte, deren gemeinsame Tochter. Nein, selbst wenn sie es ihm in diesem Augenblick anvertrauen würde, es könnte nichts mehr ändern. Außer dem einen vielleicht: dass sie keinerlei Chance hätte, sich als seine Trösterin in sein Herz zu spielen. Denn dann würde er mit Recht fragen, warum sie dieser Intrige nicht rechtzeitig Einhalt geboten hätte, und sie bestimmt abgrundtief dafür hassen.

Sie ließ ihren Blick erneut zu dem Schatten unter der Palme schweifen. Die Würgegeräusche hatten aufgehört.

»Verzeih, Ava, ich habe etwas Falsches gegessen. Tut mir so leid, aber bitte bleib noch. Ich gehe nur ins Haus, um mich frisch zu machen«, rief er ihr zu.

Sie blickte ihm nachdenklich hinterher, und mit einem Mal waren ihre moralischen Bedenken wie fortgeblasen. Er hatte sie soeben fast flehentlich zum Bleiben aufgefordert, und das wollte etwas heißen. Ihre Rechnung war aufgegangen: Daniel brauchte sie! Davon war Ava in diesem Augenblick fest überzeugt. Das ließ sie alles andere vergessen, und sie beschloss, nichts mehr dem Zufall zu überlassen, was den restlichen Abend anging. *Er wird mir gehören*, dachte sie triumphierend, *und zwar noch heute Nacht!*

26

Als Daniel nach einer halben Ewigkeit bleich wie der Tod aus den Waschräumen zurückkehrte und sich stöhnend auf seinen Stuhl fallen ließ, blickte Ava ihn mitfühlend an.

»Es tut mir so leid«, flüsterte sie und nahm seine Hand. Er wehrte sich nicht, sondern drückte die ihre fest, während ihm stumm Tränen über die Wangen liefen. Ava löste ihre Hände aus seiner Umklammerung und streichelte ihm sanft die Tränen aus dem Gesicht. Er ließ es geschehen und sah sie dabei an wie ein waidwundes Tier.

»Du kannst nichts dafür«, entgegnete er mit belegter Stimme und leicht verwaschen, bevor er sich ein drittes Glas einschenkte und es besinnungslos leer trank. Der Alkohol tat bereits seine Wirkung.

»Aber ich leide mit dir, weil ich dich von Anfang an sehr gern gehabt habe. Damals, als wir gemeinsam musiziert haben. Erinnerst du dich?« Sie nahm ihre Hände von seinem Gesicht und griff erneut nach seiner Hand.

»Natürlich weiß ich das noch. Es war sehr harmonisch, aber ich hatte damals nur Augen für ...« Er stockte. »Vielleicht habe ich einen Fehler gemacht und mich in die falsche Schwester verliebt, weil ich mich in euch beiden getäuscht habe. Ich hielt Scarlet für einen anmutigen Engel und dich für ein kleines Teufelchen in Menschengestalt.«

Obwohl er inzwischen leicht lallte, waren seine Worte Musik in Avas Ohren. Sie mahnte sich zur Vorsicht. Nicht dass sie wieder vorschnell glaubte, am Ziel zu sein, aber die Art, wie

261

er sie in diesem Augenblick ansah, war anders als zuvor. Noch funkelte in seinen Augen nicht derselbe Glanz, den sie so neidvoll in ihnen gesehen hatte, als er ihre Schwester angeschmachtet hatte, aber als sein Blick nun zu ihren nackten Schultern und ihrem verführerischen Dekolleté wanderte, klopfte ihr das Herz bis zum Hals.

»Du bist schön. Weißt du das?«, fragte er und rang sich zu einem Lächeln durch. »Aber natürlich weißt du das. Dir haben ja damals schon alle Männer zu Füßen gelegen«, fügte er fast schüchtern hinzu, bevor er die Flasche an den Hals setzte und ein paar kräftige Schlucke daraus nahm.

Nachdem er sie wieder abgesetzt hatte, starrte er sie an, als hätte er das erste Mal wirklich die Frau in ihr gesehen. Ava spürte, dass dies der Augenblick war, in dem sie die ihr gebotene Chance nicht ungenutzt vorüberziehen lassen durfte. Sie näherte sich ganz langsam seinem Gesicht, während sie ihm tief in die Augen sah. Als sich ihre Lippen sanft berührten, gab es für Daniel kein Halten mehr. Er küsste sie mit einer ungehemmten Leidenschaft, die Ava noch nie zuvor bei einem Mann erlebt hatte. Sie erwiderte seinen Kuss ungeachtet der Tatsache, dass er nicht süß schmeckte, sondern nach zu viel Whisky. Während sie sich küssten, tastete seine Hand begierig nach ihrer nackten Haut, und er stöhnte wolllüstig auf, doch dann ließ er erschrocken von ihr ab.

»Entschuldige bitte, ich bin nicht mehr Herr meiner Sinne. Das ist alles zu viel. Verzeih mir, dass ich dich so überfallen habe. Mir ist ganz schwindlig.«

»Es ist alles gut«, flüsterte sie. »Komm, ich bring dich in dein Zimmer. Du hast den Whisky ein wenig zu hastig getrunken.«

Daniel nickte und versuchte aufzustehen, doch er kam ins Wanken und stützte sich noch rechtzeitig auf ihren Schultern ab. Sie nahm seine Hände, erhob sich von ihrem Stuhl und umfasste seine Hüften. Er legte den Arm um ihre Schulter. So vereint betraten sie das Haus, und Daniel führte sie zu seinem Schlafzimmer. Am Bett angekommen ließ er sich mit einem lauten Stöhnen rückwärts fallen.

»Komm, bleib noch ein wenig. Bis ich eingeschlafen bin«, bat er sie. »Du bist eine so wunderbare Frau«, fügte er leise hinzu.

Ava zögerte nicht und legte sich in seinen Arm, wohl wissend, dass er dieser Verführung in seinem aufgeheizten Zustand nicht widerstehen würde. Sie wusste auch, dass sie ohne diesen Whisky, den sie selbst getrunken hatte, vielleicht sogar Skrupel gehabt hätte, sich ihm derart anzubieten, aber nun gab es kein Zurück mehr. Die Dinge würden ihren Lauf nehmen.

Und genauso war es. Daniel beugte sich über sie und küsste sie erneut wild und ungestüm. Sie heizte seine Lust an, indem sie ihm mit den Fingerspitzen durch seine Locken fuhr. Daniel hielt noch einmal kurz inne, betrachtete sie aus verschleierten Augen und stöhnte: »Das ist nicht richtig. Bitte verzeih mir!« Doch sie bot ihm wieder und wieder ihren Mund zum Kuss an. Und sie genoss es, wie er ihrem Körper verfiel, wie sich seine Hände schließlich unter ihren Rock tasteten und voller Begierde in ihre Schenkel krallten.

»Ich möchte dich in deiner ganzen Schönheit sehen«, forderte er mit einer fremden rauen Stimme. Ava drehte sich auf den Bauch und führte seine Hand zu den Häkchen ihrer Korsage, die er vor Ungeduld vibrierend öffnete, und ihr das Kleid förmlich vom Körper liebkoste. *Ob er Scarlet auch mit dieser rasenden Leidenschaft begehrt hat*, schoss es Ava durch den Kopf, während sie sich wieder auf den Rücken drehte. Er betrachtete sie mit glänzenden Augen. Endlich flackerte es in seinem Blick so, wie sie es sich erträumt hatte.

»Bitte, zieh dich aus«, befal sie heiser. Daniel folgte ihren Anordnungen, und als sie ihn nackt und mit all seiner fordern-

263

den Männlichkeit vor sich stehen sah, wusste sie, dass sie gewonnen hatte. Er riss ihr regelrecht das Unterzeug vom Leib und betrachtete sie wie ein Weltwunder.

»Du bist so schön«, stöhnte er. »So unfassbar schön, und deine dunkel schimmernde Haut ...«

Diese Bemerkung ernüchterte Ava für den Bruchteil einer Sekunde, aber dann zog sie ihn sanft zu sich hinunter. Er vergrub sein Gesicht zwischen ihren üppigen Brüsten und hörte nicht auf zu stöhnen.

Dann spürte sie seine Hände überall auf ihrem Körper und sie vergaß im Rausch der Sinne, dass sie am Ziel ihrer Träume war. Nun erwachte auch ihr Körper, ihr wurde heiß vor Begehren und der Kopf ganz leer. Sie gab sich nur dem Prickeln hin, das die Berührung seiner Hände überall auf ihrer Haut entfachte. Als er sie zwischen den Schenkeln berührte, schrie sie auf vor Lust. Und als er in sie eindrang, war sie einer Ohnmacht nahe. Sie verspürte einen kurzen stechenden Schmerz, aber dann ließ sie sich ganz auf den Rhythmus ihrer vereinten Körper ein. Wenig später schrie er laut auf, und Ava fühlte, dass sich etwas wie warme Lava in ihr Inneres ergoss.

Plötzlich war alles still, und er hielt sie ganz fest im Arm. *Jetzt gehöre ich ganz dir*, dachte Ava beglückt, bis sie ein lautes Schnarchen aus ihrer Trance riss. Daniel war eingeschlafen. Vorsichtig löste sie sich aus der Umarmung und betrachte den schlafenden Liebsten. Er sah aus wie ein zufriedenes Kind, und die Liebe für ihn erfüllte sie in jeder Pore. Doch dann erstarrte sie, denn er öffnete seine Lippen und stöhnte einen Namen, der nicht ihr gehörte. »Scarlet!«

Ava war für einen Augenblick betäubt vor Schmerz, aber dann legte sie sich in seinen Arm zurück und träumte beim Einschlafen davon, dass er eines nicht allzu fernen Tages mit derselben Inbrunst ihren Namen stöhnen würde.

27

Nachdenklich näherte sich Scarlet Granny Vickys Haus. Seit ihre Großmutter schweren Herzens und unverrichteter Dinge wieder von Brisbane nach Melbourne zurückgekehrt war, aß Scarlet einmal in der Woche bei ihr zu Mittag. Immer mittwochs, weil sie dann nur bis ein Uhr Vorlesungen hatte. Sie tat das mit einem leicht schlechten Gewissen, denn Benjamin hatte sie vorgeschwindelt, dass sie auch mittwochs bis zum Nachmittag Vorlesungen hatte. Er hatte Wort gehalten und nicht versucht, ihr das Biologiestudium auszureden, obwohl sein Vater Gift und Galle spuckte, weil seine Schwiegertochter, statt sich auf der Farm nützlich zu machen, überflüssiges Zeug lernte, wie er das nannte. Aber William Bradshaws Meinung interessierte Scarlet herzlich wenig. Zwischen ihnen beiden war es gegenseitige tiefe Abneigung auf den ersten Blick gewesen. Und das lag nicht nur daran, dass die Familie Parker und Granny Vicky William Bradshaw verabscheuten, sondern auch daran, dass er ihr schlicht unsympathisch war. Sie brauchte ihn nur anzusehen und wusste, dass er ein hinterhältiger, verschlagener Kerl war, dessen wahrer Charakter unter Alkoholeinwirkung mehr als deutlich wurde. Sie schüttelte sich bei dem Gedanken, was für eine hässliche Szene sie gerade erst vor ein paar Tagen im Haus Bradshaw hatte miterleben müssen.

Der Herr des Hauses war ihr gegenüber sehr unflätig geworden und hatte sie als »blöde Kuh« bezeichnet. Und dann diese andere Sache, die Sache mit seiner Frau. Allein beim Gedanken daran ballte Scarlet die Fäuste. Sie spielte mit dem Gedanken, sich ihrer Großmutter anzuvertrauen, wenngleich sie die alte Dame nicht zusätzlich belasten wollte. Ihr Zustand bereitete Scarlet große Sorgen, war Granny Vicky doch der einzige Mensch außer ihrer Mutter, den sie bedingungslos liebte. Wenn sie einmal von ihrer Zuneigung für Benjamin absah, aber sosehr sie auch darauf gehofft hatte, dass sie ihn eines Tages wirklich würde lieben können, so traurig machte sie die Gewissheit, dass sich mehr als Sympathie und Dankbarkeit dafür, dass er die Vaterrolle für Julia übernommen hatte, nicht einstellen wollte. Natürlich verbarg sie dies, so gut es ging, vor ihrem Mann und war bemüht, ihm eine gute Ehefrau zu sein. Denn er trug sie förmlich auf Händen und war ein bezaubernder Vater. Manchmal hatte sie auch ein schlechtes Gewissen, dass sie ein Kindermädchen für ihre Tochter beschäftigte, weil sie unbedingt studieren wollte. Doch ohne dieses Studium wäre sie wohl auf der Farm verzweifelt, denn sosehr sie die Natur liebte, war sie alles andere als eine gute Farmersfrau, während Benjamin in dem Leben als Farmer förmlich aufging.

Zögernd betrat sie das Haus ihrer Großmutter. Selbst wenn sie Granny Vicky verschwieg, wie unglücklich sie auf der Farm war, würde sie es ihr nicht ansehen?

Granny Vicky wartete schon im Salon auf sie und kam ihr aufgeregt mit einem Brief in der Hand entgegen. So hatte Scarlet ihre Großmutter lange nicht erlebt. Meist saß sie in einem Lehnstuhl auf der Veranda und wirkte stets müde und erschöpft.

»Sieh nur, Kind, ich habe einen Brief bekommen«, rief sie statt einer Begrüßung und reichte ihrer Enkelin das Schriftstück.

»Stell dir vor, er ist von Victoria«, fügte Granny Vicky gerührt hinzu, während ihr Tränen über die Wangen kullerten. »Lies ihn mir vor, obwohl ich bereits jede Zeile kenne.«

266

Scarlet umarmte ihre Großmutter herzlich, bevor sie begann, den Brief vorzulesen.

Liebe Mutter,

es tut mir so schrecklich leid, dass ich dir Kummer bereitet habe, aber ich musste fliehen, nachdem ich diesen furchtbaren Kerl mit dem Messer attackiert hatte. Fühl dich bitte nicht schuldig, weil ich auf diese Weise von meiner wahren Herkunft erfahren habe. Ich verstehe doch, dass du es gut gemeint hast und mich vor der Wahrheit schützen wolltest. Und du sollst wissen, dass es mir gut geht, wenngleich das Leben im Outback nicht immer ganz einfach ist. Unsere Ansiedlung liegt nahe bei dem Ort Bedourie, weit genug entfernt von Brisbane, dass uns hier, nahe der Simpsonwüste, kein Häscher dieses Caldwell je aufgespürt hätte. Ein paar der alten Männer leben noch wie zu Urzeiten und wandern halb nackt und nur mit ihren Speeren in der Hand das meiste Jahr kreuz und quer durch das Outback. Aber es gibt auch andere, die wie ich hierher geflüchtet sind. Ja, es gibt sogar ein paar Häuser aus Lehm und einen eigenen Brunnen. Die Sanddüne hinter unserem Dorf, wie ich diese paar Häuser nenne, ist tatsächlich von einem leuchtenden Rot wie überhaupt die ganze Erde hier im Outback. Ich habe eine schöne Aufgabe. Ich koche für die anderen, denn kaum einer, der hier lebt, ernährt sich von toten Schlangen, wie es mir die gute Ava einmal vorgaukeln wollte. Ach, was würde ich darum geben, sie wiederzusehen und ihr die Wahrheit über das Leben der Ureinwohner zu sagen. Ich sehe ihr gekräuseltes hochmütiges Näschen förmlich vor mir. Aber du wirst es nicht glauben, so gut es mir hier im Outback ergangen ist und so lieb die Frauen meines Stammes zu mir sind, ich werde in Kürze in die Zivilisation zurückkehren. Ja, du wirst staunen, aber stell dir vor, ich habe hier einen englischen Forscher getroffen, den ich sehr liebe. Selten hat sich einer zu uns verirrt, aber er kam gerade von einer Erforschung der Simpsonwüste und strandete bei uns. Na, der war vielleicht überrascht, hier auf eine hellhäutige junge Dame zu treffen. Ich werde seinen Blick niemals vergessen. Er schaute mich mit Sicherheit eine halbe Stunde lang stumm an, bis er sich mir endlich vorstellte. Er heißt John Fuller ...

Scarlet hielt kurz inne. Der Name sagte ihr etwas, denn John Fuller hatte bereits mehrere Expeditionen zum Ayers Rock gemacht. Und es gab keinen Forscher, den Scarlet nicht kannte, aber noch etwas anderes ließ sie stutzen. Sie hatte seinen Namen erst vor wenigen Tagen in der Zeitung gelesen, aber in welchem Zusammenhang, das wollte ihr nicht einfallen.

»Sagt dir der Name etwas?«, erkundigte sich Vicky interessiert.

Scarlet nickte. »Ja, er ist ein bekannter Zoologe, der die Tiere erforscht, die am Ayers Rock leben.«

Vicky lächelte. »Tja, dann wirst du ihn kennenlernen. Lies nur weiter! Und bitte laut. Ich kann das gar nicht oft genug hören.«

Scarlet fuhr fort, ihrer Großmutter den Brief vorzulesen, den diese fast schon auswendig kannte.

... und ihm zuliebe kehre ich zusammen mit ihm und meiner kleinen Tochter Merinda, die vor ein paar Monaten zur Welt gekommen ist, in die sogenannte Zivilisation zurück, sobald John von einer weiteren Expedition wieder da ist ...

In diesem Augenblick fiel Scarlet ein, was sie über ihn gelesen hatte. Er war bei seiner Forschungsarbeit von einem Inlandtaipan gebissen worden und daran gestorben. Sie versuchte sich nichts anmerken zu lassen, denn auf keinen Fall wollte sie Vickys Hoffnung, ihre geliebte Victoria bald wiederzusehen, zerstören. *Und vielleicht schlägt sie sich auch allein durch*, dachte Scarlet, und die schlechte Nachricht würde ihre Granny nur wieder zu einem Schatten ihrer selbst werden lassen.

Vicky klatschte vor Begeisterung in die Hände. »Lies weiter. Ist das nicht eine wunderbare Nachricht?«

Scarlet nickte eifrig und fuhr mit unveränderter Stimme fort, den Brief vorzulesen.

Wahrscheinlich werden wir danach gemeinsam nach London gehen, aber nicht, ohne dich vorher in Melbourne aufzusuchen, denn wir müssen doch noch ganz offiziell heiraten. Und du sollst schließlich deine Enkelin im Arm halten dürfen. Ich vermisse dich und hätte längst geschrieben, aber dort, wo wir leben, gibt es keine Post. Einer unserer weisen Männer wird allerdings demnächst in die Gegend von Brisbane wandern und hat mir versprochen, diesen Brief auf den Weg zu dir zu schicken. Ach, hoffentlich erreicht er dich wirklich. Sobald John und ich wieder in »der anderen Welt« angekommen sind, versuchen wir, dir noch eine Nachricht zu schicken, damit du weißt, wann wir in etwa in Melbourne sein werden.
Deine dich liebende Tochter
Victoria

Scarlet hatte Mühe, nicht in Tränen auszubrechen, aber sie hielt sich tapfer.

»Das ist eine wunderbare Nachricht«, sagte sie hastig.

»Ja, ich freue mich so sehr und bin gespannt auf ihren Mann und vor allem das Kind«, seufzte Granny Vicky. »Aber nun wollen wir essen. Du hast sicher Hunger, und außerdem bist du viel zu dünn«, fügte sie besorgt hinzu.

269

Als könnte Grannys junge Haushaltshilfe Nelly Gedanken lesen, trat sie in diesem Augenblick mit einer dampfenden Schüssel in den Salon.

»Ich habe mich an den gefüllten Gurken versucht. Ich hoffe, es schmeckt Ihnen.«

»Aber natürlich, mein Kind, bislang war alles köstlich, was du aus dem Kochbuch der Isabella Beeton gezaubert hast.« Granny wandte sich begeistert an ihre Enkelin. »Ich habe Nelly dieses wunderbare Kochbuch geschenkt, und seitdem macht das Essen wieder Spaß.«

Scarlet war froh zu erleben, wie ihre Großmutter regelrecht aufblühte. Nein, es wäre denkbar ungünstig, wenn sie ihr jetzt die Wahrheit sagte, denn Victorias Nachricht hatte Granny Vicky etwas von ihrer alten Kraft und Lebensfreude zurückgegeben. Und die wollte Scarlet auf keinen Fall trüben.

28

Nellys gefüllte Gurken waren köstlich, und auch der Braten, den die Köchin dazu servierte, schmeckte vorzüglich. *Und Großmutter hat ja recht*, dachte Scarlet, *ich werde immer dünner*. Sie wusste auch, woran das lag. Auf der Farm hatte sie nie wirklich Appetit, weil sie so ungern mit William Bradshaw an einem Tisch saß. Manchmal brachte sie kaum einen Bissen herunter, weil ihr seine Anwesenheit das Essen verleidete. Seine groben Scherze auf ihre Kosten waren schier unerträglich. Neulich hatte er gelästert, sie wäre genau so eine Bohnenstange wie »die alte Hexe«, und hatte damit auf ihre Ähnlichkeit mit Granny Vicky angespielt. Natürlich ließ sie solche Gemeinheiten nicht unwidersprochen, sondern hatte ihn im Gegenzug »einen unhöflichen Mann« genannt. Das Schlimme daran war, dass sowohl Benjamin als auch seine Mutter solche Szenen peinlich berührt an sich vorüberziehen ließen und auf ihre Teller starrten, statt dem ungehobelten William den Mund zu verbieten. Scarlet hatte Benjamin schon vorschlagen wollen, die Mahlzeiten getrennt von seinen Eltern zu sich zu nehmen, aber sie ahnte bereits, dass ein solches Ansinnen nur neuen Ärger im Haus Bradshaw heraufbeschwören würde. Daran, dass sie jetzt ebenfalls diesen Namen trug, konnte sie sich nur schwer gewöhnen.

Beim Essen hingen Scarlet und Granny Vicky jede ihren eigenen Gedanken nach. Granny Vicky war, wie Scarlet aus ihrer entspannten Miene schließen konnte, wohl mit Victorias Ankündigung, nach Melbourne zu kommen, beschäftigt. Hin und wieder huschte ein leises Lächeln über ihr Gesicht. Dieser erfreuliche Zustand ihrer Großmutter ließ in ihr die Entscheidung reifen, sie auf keinen Fall mit ihren eigenen Problemen zu belasten.

Plötzlich betrachtete Granny Vicky sie mit prüfendem Blick. »Willst du mir nicht sagen, was dir solchen Kummer macht, mein Kind?«

Scarlet zuckte zusammen. »Wie kommst du darauf, dass ich Kummer habe? Es ist alles gut.« Sie streckte die Hand nach der Hand ihrer Großmutter aus und drückte sie fest.

»Wir sind einander zu ähnlich. Schon vergessen?«, erwiderte Vicky mit Nachdruck. »Ich habe große Hochachtung vor dir, wie stoisch du das Leben unter dem Dach von William Bradshaw erträgst, aber mir kannst du nicht weismachen, dass du dich dort wohlfühlst!«

»Julia ist ein kleiner Engel. Sie macht uns so viel Freude …«, erwiderte Scarlet ausweichend.

»Ach, meine Süße, hast du denn gar kein Vertrauen mehr zu mir?«, hakte Vicky nach.

Scarlet stieß einen tiefen Seufzer aus. »Ach Granny, warum kennst du mich nur so gut? Ich habe mir fest vorgenommen, dir keine unnötigen Sorgen zu machen.«

»Sorgen müsste ich mir machen, wenn es dir in Gegenwart von dem Mistkerl, der sich dein Schwiegervater nennt, gut gehen würde«, erwiderte Granny Vicky trocken.

Scarlet musste wider Willen lächeln. »Wir hassen uns. Zufrieden?«

Granny Vicky rollte mit den Augen. »Du lenkst ab. Wie geht es dir mit deinem Mann unter einem Dach?«

»Granny! Was ist denn das für eine Frage? Wie soll es mir gehen? Benjamin ist bemüht, mir das Leben auf der Farm so angenehm wie möglich zu machen. Aber er kuscht vor seinem

Vater und versucht, dessen ständige Sticheleien gegen mich zu überhören.«

»Und denkst du noch manchmal an seinen Bruder?«

Scarlet lief rot an. Warum musste Granny Vicky den wundesten Punkt ansprechen?

»Verzeih mir, das war eine dumme Frage. Das geht mich altes Weib gar nichts an. Ich habe bei dir nur manchmal das Gefühl, du wiederholst, was ich einst erfahren habe. Den Mann, den ich liebte, konnte ich nicht bekommen, und dann kam ein anderer, und siehe da, er konnte sogar mein Herzen gewinnen. Ich wünsche mir doch so sehr, dass dir ähnliches Glück widerfährt.«

»Ach Granny, natürlich liebe ich Benjamin. Sonst hätte ich ihn nicht geheiratet.«

»Na ja, ich denke, deine Schwangerschaft war auch mit ein Grund. Das Kind brauchte seinen Vater.«

Scarlet wusste selbst nicht warum, aber bei diesen Worten brach sie in Tränen aus. Sie war für den Bruchteil einer Sekunde versucht, ihrer Großmutter die Wahrheit zu sagen. »Julia ist doch gar nicht ...« stieß sie verzweifelt hervor, aber dann stockte sie. Nein, sie hatte es Benjamin geschworen. Dieses Geheimnis würden nur er und sie teilen bis in alle Ewigkeit.

Doch an dem entsetzten Blick ihrer Großmutter war unschwer zu erkennen, dass Scarlet sich soeben verraten hatte.

»Sag, dass das nicht wahr ist. Es kann doch gar nicht angehen, dass du auch in diesem Punkt dasselbe Schicksal erleidest wie ich ...«

Scarlet legte den Finger über ihren Mund. »Bitte, sprich es niemals aus. Ich musste Benjamin schwören, dass es niemals über meine Lippen kommt.«

»Das kenne ich«, stöhnte Granny Vicky. »Das hat Frederik auch von mir verlangt, und ich habe bis über seinen Tod hinaus eisern geschwiegen, bis dein Großvater dann ohne mein Zu-

273

tun auf das Geheimnis gestoßen ist. Deine Mutter sah ihm sehr ähnlich, aber in diesem Punkt musst du ja keine Sorge haben, denn die Zwillinge sehen einander zum Verwechseln ähnlich, sodass man deinem Kind wahrscheinlich niemals ansehen würde, von wem der beiden …« Sie unterbrach sich hastig, als sie Scarlets warnenden Blick wahrnahm.

»Ich habe auch keine Sorge, dass Daniel die Wahrheit herausfinden könnte, aber es gibt etwas Wesentliches, das sich in unseren Geschichten leider unterscheidet. Ich kann Benjamin nicht so inniglich lieben, wie er es verdient hätte. Sosehr ich mich auch bemühe. Er wird für mich immer eher ein guter Freund bleiben.«

Granny Vicky nahm ihre Enkelin nach diesem Geständnis fest in den Arm und strich ihr tröstend über das helle, dichte Haar.

»Ach, mein Kind, wie sehr hätte ich dir gewünscht, dass du mit dem Mann glücklich wirst, den du wirklich liebst. Hast du Daniel denn überhaupt jemals wiedergesehen?«

Scarlet schüttelte heftig den Kopf. »Nein, und das wird auch nicht passieren. Er hat mit seiner Familie gebrochen und wird wohl keinen Kontakt mehr zu ihnen aufnehmen. Ich glaube, er weiß nicht mal, dass ich seinen Bruder geheiratet habe und wir ein Kind …« Sie unterbrach sich hastig.

»Ich möchte keine Wunden aufreißen, aber hast du eine Ahnung, warum sich Daniel so plötzlich von dir zurückgezogen hat? Ich mochte ihn auf Anhieb. Und er wirkte so aufrichtig, und ich müsste blind sein, wenn ich in seinen Augen nicht das Funkeln der Liebe gesehen hätte.«

»Offenbar ist er ein Feigling, der seinen Eltern nichts entgegensetzen konnte …«, sagte Scarlet zögernd.

»Aber jetzt hat er auch auf sein Erbe verzichtet und ist fortgegangen. Das passt doch nicht zusammen.«

274

»Aber er hatte wohl bereits eine andere Verlobte, die er mir verschwiegen hat.«

»Und ist diese Frau zusammen mit ihm fortgegangen?«

»Ich weiß es nicht, und ich möchte es auch nicht wissen. Und ich kann Benjamin unmöglich danach befragen. Er spricht nicht mehr von seinem Bruder.«

»Und wie verhält sich Claire dir gegenüber?«

»Sie ist freundlich zu mir, weil sie Julia über alles liebt. Aber sie steht unter der Fuchtel ihres Mannes, der …« Scarlet unterbrach sich und sah ihre Großmutter gequält an.

»Verzeih mir bitte, ich werde das Geheimnis tief in mir bewahren und nicht länger mit meinen schrecklichen Fragen in dich dringen«, bemerkte Vicky entschuldigend. In Scarlets Kopf arbeitete es fieberhaft. Am liebsten würde sie endlich mit jemandem darüber reden, was sie im Hause Bradshaw jüngst erlebt hatte, aber sie zweifelte, ob es so klug wäre, ausgerechnet die größte Feindin ihres Schwiegervaters in die ganze scheußliche Sache einzuweihen, doch dann sprudelten die Worte wie von selber aus ihrem Mund.

»Dieser widerliche Kerl misshandelt sie. Ich habe es zwar nicht mit eigenen Augen gesehen, aber gehört. Es war neulich Nacht. Ich bin von dem Lärm aufgewacht. Dann hörte ich ihre Stimme. Sie flehte ihn an, ihr nicht wehzutun, aber dann schrie sie auf. Für mich hörte sich das an, als würde sie um ihr Leben fürchten. Da wollte ich ihr helfen, aber in dem Augenblick sprang Benjamin aus dem Bett auf und hinderte mich daran, das Zimmer zu verlassen. Das geht uns nichts an, hat er gesagt. Und dann hat er sogar eine fadenscheinige Entschuldigung für das brutale Verhalten seines Vaters vorgebracht. Dass er solche Ausraster nur hätte, wenn er betrunken wäre, und davon am nächsten Tag nichts mehr wisse. Ich wollte das alles gar nicht hören, mich an ihm vorbeizwängen, um seiner Mutter zu

275

helfen, aber er hatte seine Hand in meinen Oberarm gekrallt. Ich habe versucht, mich zu wehren, aber er war stärker und hat mich zum Bett zurückgezerrt und mir verboten, mich aus dem Zimmer zu bewegen!«

Erschöpft hielt Scarlet inne. Ihr Atem ging stoßweise. Wie gern hätte sie diese schreckliche Szene aus ihrem Gedächtnis gestrichen, aber seit dem Vorfall konnte sie an nichts anderes mehr denken als an die angstverzerrten Schreie ihrer Schwiegermutter und den Schmerz in ihrem Oberarm. Benjamin hatte sich zwar dafür entschuldigt, dass er sie so grob angefasst hatte, aber seitdem wusste sie sicher, was sie zuvor bereits geahnt hatte: dass sie ihn niemals wirklich von Herzen lieben würde. Und dass sie es hasste, unter diesem Dach mit ihm zu leben.

»Oh mein Gott. Das ist ja schlimmer, als ich dachte. Aber, Kind, das geht doch nicht. Kein Mann hat das Recht, seiner Frau wehzutun. Sag mir ehrlich, willst du bei ihm bleiben?«

»Ich muss wegen Julia bleiben! Der Alte hasst mich doch nicht nur, weil ich Mutters Tochter und deine Enkelin bin, sondern weil sein Sohn in seinen Augen eine Memme ist, die mir das Studium erlaubt. Und selbst wenn Benjamin eines Tages Herr über die Farm sein wird: Seine Eltern blieben auch dann in dem Haus wohnen!«

»Wer sagt dir, dass du Julias wegen bei ihm bleiben musst?«, fragte Granny Vicky mit sanfter Stimme.

»Ich kann ihr doch nicht den Vater nehmen! Und wo sollte ich hin? Wieder nach Hause zurück?«

»Nein, ich habe da eine andere Idee. Was hältst du davon, wenn du mit der Kleinen zu mir ziehst? Ich kann mich um sie kümmern, wenn du in der Universität bist.«

»Aber das wird Benjamin niemals erlauben. Wo denkst du hin? Er vergöttert mich und unser Kind. Er ist ein wunder-

barer Vater für die Kleine und würde uns niemals gehen lassen!«

»Ja, das sehe ich ein. Das kannst du unserer Julia nicht antun«, erwiderte Vicky resigniert. »Aber du sollst nur wissen: Ihr
seid bei mir immer willkommen.«

»Ach, Granny, das weiß ich doch«, seufzte Scarlet.

»Habt ihr eigentlich schon etwas von Ava gehört?«

Scarlet zuckte die Schultern. »Ich nicht. Ich habe sie das
letzte Mal zu Weihnachten gesehen, aber ich glaube, ihr geht
es gut, und sie wird sich nicht retten können vor neuen Verehrern.«

Granny Vicky lachte. »Das kann ich mir lebhaft vorstellen.
Aber es scheint ja für die Herren schwer zu sein, ihr Herz zu
erobern.«

»Das kannst du laut sagen. Mutter erzählte mir, dass sie vor
ihrer Abreise nach Adelaide gleich mehreren Galanen einen
Korb gegeben hat. Ich glaube, der Mann, der Gnade vor ihrem
kritischen Auge findet, muss erst noch geboren werden.«

Scarlet warf einen Blick auf die Wanduhr und erhob sich
bedauernd. »Ich muss mich leider sputen. Julia wartet sicher
schon sehnsüchtig auf mich.«

»Schade, aber ich kann deine Sehnsucht gut verstehen. Und
kannst du Julia nicht demnächst wieder einmal mitbringen, und
ich passe dann auf sie auf, wenn du in der Universität bist?«

Scarlet versprach es ihrer Großmutter hoch und heilig.

»Was wirst du eigentlich mit deinem Studium anfangen,
wenn du fertig bist? Ich denke, mit einem kleinen Kind Forscherin zu werden, ist ein Ding der Unmöglichkeit.«

Scarlets Miene verfinsterte sich. »Das höre ich jeden Tag aus
dem Mund meines reizenden Schwiegervaters, wobei er sich
lange nicht so nett ausdrückt wie du. Er bezeichnet mich gern
als ›Spinnerin‹ und als faul, weil ich auf der Farm keine Hilfe

277

bin. Ich habe beschlossen, Lehrerin zu werden. Das ist zwar nicht das, was ich mir erträumt habe, aber es ist immer noch besser, als Farmerin zu sein.«

Sie waren bei der Haustür angekommen.

»Wenn Victoria nach London geht, werde ich mir überlegen müssen, was ich mit diesem Haus anstelle. Für mich allein ist es zu groß, und ich werde auch nicht jünger«, bemerkte Granny Vicky mit einem traurigen Unterton zum Abschied.

Scarlet strich ihr liebevoll eine Haarsträhne, die sich aus ihrem Knoten gelöst hatte, aus dem Gesicht. »Wenn ich könnte, würde ich sofort mit Julia bei dir einziehen, aber daran darf ich gar nicht denken«, seufzte sie und küsste ihre Großmutter zum Abschied zärtlich auf beide Wangen.

29

Der Rausch des donnernden Applauses ließ Ava für einen Augenblick die Enttäuschung darüber vergessen, dass Daniel ihren triumphalen Erfolg nicht miterleben konnte, weil er vor einer Woche zu seiner Tournee aufgebrochen war.

Sie trat strahlend an die Rampe und verbeugte sich noch einmal vor dem vor Begeisterung tobenden Publikum. In der ersten Reihe sah sie Professor Logan euphorisch klatschen. Seine Anwesenheit versöhnte sie wenig mit der Tatsache, dass Daniel nicht dabei sein konnte. Neben ihm saß ihr Gesangsprofessor Frank Tyler, der diese Inszenierung mit seinen Studenten auf die Bühne gebracht hatte und schier vor Stolz platzte. Ava deutete auf ihn und dankte ihm für das Vertrauen, das er in seine Studenten gesetzt hatte, während Gregor, der Kollege, der die Rolle des Don José gesungen hatte, den Professor nach oben auf die Bühne holte. Der Beifall brandete noch einmal auf, und Ava sonnte sich darin. Sie war zweifelsohne der Star des Abends, was sich zeigte, als sie noch einmal allein auf die Bühne geschickt wurde. Der Applaus, der ihr galt, war mit Abstand der stürmischste.

Doch als sie schweißnass und in einem wahren Glückstaumel in ihre Garderobe, die sie als Einzige allein nutzen durfte, zurückkehrte und die Tür hinter sich zuzog, verließ diese berauschende Stimmung sie sofort, und das schale Gefühl, das sie begleitete, seit sie Daniels Verlobte geworden war, ergriff wieder Besitz von ihr.

Sie setzte sich auf den Stuhl vor dem Schminkspiegel und

starrte missbilligend auf ihr Spiegelbild. Wie hatte die Maskenbildnerin vorhin begeistert geschwärmt? »Bei Ihnen benötigen wir ja gar keine braune Paste. Sie haben von Natur aus den idealen Teint der Carmen.« Keine Frage, sie hatte das als ein großes Kompliment gemeint, aber Ava hatte schnippisch erwidert, sie bestehe auf einer Zigeuner-Schminke, denn die Maskenbildnerin wolle doch nicht ernsthaft behaupten, sie besitze die Hautfarbe einer Zigeunerin. Die Maskenbildnerin hatte erschrocken entgegnet, natürlich sei das nicht der Fall.

Aber was sie weitaus stärker belastete, war die Erinnerung an Daniels Versuch, sich nach ihrer gemeinsamen Nacht aus der Affäre zu ziehen. Es ärgerte sie maßlos, dass diese Geschichte ihre Gedanken sogar am Abend ihres phänomenalen Triumphes dominierten, aber sie konnte nichts dagegen tun. Während sie im Spiegel mit finsterer Miene ihr dunkelbraun angemaltes Gesicht betrachtete, zog das entsetzliche Erwachen in Daniels Bett in allen Einzelheiten an ihr vorbei, als wäre es gerade gestern gewesen:

Sie wacht auf, und bevor sie sich fragen kann, wo sie sich befindet, sieht sie in ein Paar schreckgeweiteter Augen, die sie anstarren, als würden sie einen Geist sehen.

»Daniel, was ist mit dir?«, fragt sie irritiert. »Ich bin es doch, Ava.«

»Ja, das … das sehe ich doch, aber, aber … wieso, ich meine, warum …?« Die nackte Panik steht ihm ins Gesicht geschrieben.

Sie versucht zu lächeln, aber Daniels Miene ist wie versteinert.

»Ava, sag mir, was geschehen ist. Ich weiß, dass die Frage nicht höflich ist, aber ich muss es wissen. Warum liegst du in meinem Bett?«

Avas Lächeln gefriert zur Maske. »Sag bloß, du weißt das nicht mehr?«

»Was soll ich wissen? Was, Ava?« Seine Stimme klingt verzweifelt.

»Dass du mich geliebt hast wie ein Mann eine Frau«, entgegnet sie ungerührt.

Daniel fasst sich an den Kopf und lässt sich stöhnend in die Kissen zurückgleiten.

»Mein Gott! Mein Gott!«

»Der kann dir jetzt auch nicht helfen«, bellt Ava, während sich in ihrem Inneren alles zusammenklumpt und wie ein riesiger Kloß in ihrem Magen liegt. Sie hat gestern beim Einschlafen im Geiste alle möglichen Szenarien durchgespielt, wie der erste gemeinsame Morgen wohl ablaufen würde, aber darauf, dass Daniel im Rausch seine Erinnerung verloren haben könnte, jedenfalls was ihre leidenschaftliche Begegnung betrifft, ist sie nicht im Traum gekommen.

Daniel setzt sich mit einem Ruck auf und mustert sie flehend. »Bitte, Ava, nimm es mir nicht übel, aber mein Schädel möchte zerbersten, ich habe einen Geschmack im Mund, als hätte ich eine ganze Flasche Whisky geleert, und in meinem Hirn ist nur noch Brei. Das Letzte, an das ich mich erinnere, ist die Tatsache, dass wir den Konzertsaal zusammen verlassen haben und ich dich in meinen Garten eingeladen habe …« Wieder stöhnt er verzweifelt auf.

»Du willst also behaupten, du weißt nicht mehr, wie du mich förmlich gedrängt hast, dich in dein Schlafzimmer zu begleiten.«

»Nein, das glaube ich nicht. Ich meine, ich würde mich doch nicht an Scarlets kleiner Schwester vergreifen. Sag, dass nichts zwischen uns geschehen ist, für das ich dich um Verzeihung bitten müsste.«

281

Ava zieht spöttisch die Augenbrauen hoch. »Du hast alles daran gesetzt, mich zu verführen. Mit Erfolg.«

»Sag bitte nicht, dass ich mit dir …« Daniel ist grünlich im Gesicht, aber Ava kann in diesem Augenblick kein Mitgefühl für ihn aufbringen. Dass er das Zusammensein mit ihr vergessen hat, trifft sie tief. *Wenn er mit Scarlet geschlafen hätte, wüsste er das auch noch nach zwei Flaschen*, geht ihr erbost durch den Kopf.

»Du hast mich meiner Jungfräulichkeit beraubt«, sagt sie kühl.

Er sieht sie an wie ein angeschossener Koalabär und greift nach ihren Händen. »Bitte, Ava, das hätte ich niemals tun dürfen. Ich möchte es nicht auf den Whisky schieben, aber ich hoffe, du kannst mir verzeih…« Er stutzt. »Jetzt erinnere ich mich wieder, worüber wir als Letztes dort auf meiner Veranda gesprochen haben. Du hast mir berichtet, dass Scarlet meinen Bruder geheiratet und mit ihm eine Tochter hat. Danach muss ich den Whisky literweise in mich hineingeschüttet haben und nicht mehr bei Verstand gewesen sein.«

»Das kann man so nicht sagen«, entgegnet Ava. »Du wusstest noch genau, was du wolltest, nämlich dass ich mit dir das Bett teile, was ich sicher nicht getan hätte, wenn du mir nicht zuvor auch etwas von dem Teufelszeug gegeben hättest«, fügt sie bissig hinzu.

»Ich habe dir Whisky eingeflößt?«, fragt er Ava ungläubig.

»Also geschluckt habe ich allein. Aber du hast gesagt, das würde mich ein wenig lockern, denn schließlich würdest du mich nicht beißen«, lügt Ava.

Obwohl sie der Gedanke, dass ihre gemeinsame Liebesnacht aus seinem Gedächtnis gestrichen ist, schmerzt, hat diese unwürdige Situation auch einen Vorteil. Ava kann ihm jetzt alles Mögliche als Wahrheit verkaufen. Warum kein Hochzeitsversprechen? Aber diesen Triumph würde sie sich noch ein wenig aufsparen. Zum ersten Mal an diesem Morgen gewinnt sie seinem desolaten Zustand etwas Positives ab.

»Ava, das tut mir so schrecklich leid. Ich muss wirklich völlig durcheinander gewesen sein. Wie konnte ich dich bloß in mein Bett locken?«

»Daniel. Ich mag dich, ich mochte dich von Anfang an. Und als du mir schließlich mit zärtlicher Stimme verkündetest, dass du mich heiraten möchtest, habe ich mich eben nicht geziert.«

»Oh Gott, ich habe was?«

»Mich gebeten, deine Frau zu werden«, schwindelt Ava mit fester Stimme.

Daniel springt geschockt aus dem Bett und zieht sich in rasender Eile seine Hose und sein Hemd über.

»Ava, du bist eine wunderschöne Frau, aber ich liebe dich nicht«, stößt er verzweifelt hervor. »Ich weiß nicht, wie ich das je wiedergutmachen kann. Aber bitte, sei vernünftig. Es wäre absurd, wenn wir beide ...«

Nun springt Ava ebenfalls aus dem Bett, rafft zornig ihre auf dem Boden verstreuten Kleidungsstücke zusammen und rennt mit ihnen unter dem Arm aus dem Zimmer. Im Flur bleibt sie mit pochendem Herzen stehen. *Na warte*, denkt sie, während sie sich hastig anzieht, *du wird deine Konsequenzen ziehen*. In ihrer Wut glaubt sie beinahe selbst die Geschichte, die sie sich gerade ausgedacht hat: von dem bösen Daniel, der sie unter falschen Voraussetzungen in sein Bett gelockt hat.

»Ava, bitte, lass uns vernünftig darüber reden«, bettelt er, als er ihr wie ein wandelndes Gespenst folgt. Er ist leichenblass und hat schwarze Ränder unter den Augen.

Sie fährt empört herum und funkelt ihn erbost an. »Wie willst du über etwas reden, von dem du gar nichts mehr weißt? Was bist du bloß für ein Mensch! Was meinst du, was geschieht, wenn ich meiner Schwester erzähle, was du für ein hinterhältiger Verführer bist?«

»Bitte, lass Scarlet aus dem Spiel. Es ist mir egal, was sie über mich denkt. Sie kann mir nicht zweimal das Herz brechen. Das ist bereits damals geschehen, als sie von einem Tag auf den anderen nichts mehr von mir wissen wollte und mich und meinem Heiratsantrag verhöhnt hat!«

»Und was hat meine Schwester, das ich nicht habe? Jedenfalls scheinst du sie gestern nicht sonderlich vermisst zu haben. Allein, wie du meinen Namen gestöhnt hast. Ava! Ava!« Sie äfft seine Stimme nach, während sie doch weiß, dass er sich in Wirklichkeit nach Scarlet verzehrt hat.

Daniel hält sich die Ohren zu und starrt durch sie hindurch. »Das kann nicht sein«, jammert er.

»Komm«, befiehlt Ava und eilt voran ins Schlafzimmer. Dort schlägt sie die Bettdecke zurück und deutet auf den Blutfleck auf dem weißen Laken. »Ist dir das Beweis genug?«, bellt sie.

»Ich glaube dir ja, was geschehen ist, aber ich … ich kann mir nicht vorstellen, dass ich zu so etwas fähig bin.« Tränen stehen ihm in den Augen.

Zeit, meine Taktik zu ändern, denkt Ava und senkt die Stimme. »Du hast gesagt, dass du mich liebst«, sagt sie leise und steigert sich so in diese Lüge hinein, dass ihr tatsächlich die Tränen kommen.

Erschrocken schließt Daniel sie in seine Arme. »Nicht weinen. Natürlich habe ich dich gern, und du bist mir inzwischen viel näher als deine Schwester, aber ich verstehe nicht, wie ich dir so etwas sagen konnte …«

»Es stimmt also nicht?«, schluchzt Ava laut. Sie ist nicht nur eine fantastische Sängerin, sondern auch eine begabte Schauspielerin, wie ihr der Professor während der Proben wiederholt versichert hat.

Daniel wirkt gequält. Wer gibt einer Frau schon gern so eine uncharmante Antwort, vor allem, wenn er fälschlich davon ausgehen muss, dass er sie mit allen Tricks in sein Bett gezogen und ihr die Unschuld genommen hat, mutmaßt Ava zuversichtlich.

»Sagen wir mal so, ich finde, dass du eine begehrenswerte und reizende junge Frau geworden bist, aber wir kennen uns ja gar nicht weiter … nicht genug, um schon von Liebe zu sprechen«, versucht er, sich herauszuwinden.

Ava muss sich sehr zusammenreißen, um ihm nicht an den Kopf zu werfen, dass er Scarlet auch keine vierundzwanzig Stunden gekannt hat, als er sie höchstwahrscheinlich geschwängert hat. Aber das behält sie schön für sich. Das darf er niemals erfahren! Dann würde er wahrscheinlich Himmel und Hölle in Bewegung setzen, um sein Kind zu sehen.

»Und was, wenn unsere Nacht nicht ohne Folgen geblieben ist?«, fragt sie stattdessen, und ihr wird bei der Frage selber ganz schummrig. Ein Kind wünscht sie sich nicht, jedenfalls solange sie studiert, aber es liegt durchaus im Bereich des Möglichen.

»Ava, dann, ich meine, wenn du es einforderst, dann … dann stehe ich zu meinem Wort«, stammelt Daniel.

Sie blickt ihn herausfordernd an. »Was willst du damit sagen?« Ihr Ton wird wieder schärfer. »Heißt das, wenn ich von dir schwanger werde, wirst du mich heiraten?«

»Nein, Ava, wenn du unter diesen Bedingungen meine Frau werden möchtest, werde ich dich trotz allem heiraten. Aber ich möchte dir nichts vormachen. Nein, ich liebe dich nicht so, wie ich für die Frau empfinden möchte, mit der ich den Rest meines Lebens verbringen möchte.«

Er sieht aus wie ein Lamm, das zur Schlachtbank geführt wird, geht es Ava durch den Kopf.

285

»Ich werde es mir überlegen«, lügt sie, damit er nicht glaubt, dass sie sich ihm leichthin vor die Füße wirft. »Du hörst von mir.«

Mit diesen Worten verlässt sie hoch erhobenen Hauptes, aber mit einem bis zum Hals pochenden Herzen Daniels Haus. Kaum auf der Straße angelangt schießen ihr heiße Tränen in die Augen. Ja, ich habe gewonnen, aber was ist das für ein Sieg?, fragt sie sich bitter.

Erst als sie die Treppen zu ihrem Zimmer hinaufsteigt, kommt sie wieder zu sich. *Ich werde dafür sorgen, dass Scarlet nicht mehr als ein undeutlicher Erinnerungsklecks in seinem Leben sein wird*, schwört sie sich und ballt die Fäuste.

Ein Klopfen an der Garderobentür ließ Ava aus ihren Gedanken schrecken.

»Herein!«

Ava drehte sich um. Es war Gregor, ihr Bühnenpartner, der ihr ein charmantes Lächeln schenkte. »Begleitet mich der Stern des Abends gleich zu unserer Premierenfeier?«

Sie lächelte zurück. Gregor war ein gut aussehender, geradezu schöner Mann mit seinen glühenden braunen Augen und seinem pechschwarzen Haar. Und er hatte nicht das geringste Problem mit seiner getönten Hautfarbe, denn seine Vorfahren stammten aus Sizilien, und das erfüllte ihn mit großem Stolz. Er war ein fröhlicher und höflicher Mann und hatte sich in Ava verguckt. Sie aber würde schon allein wegen seines Aussehens nie etwas mit ihm anfangen, einmal davon abgesehen, dass ihr Herz Daniel gehörte. Doch in diesem Augenblick tat ihr die Glut, die bei ihrem Anblick aus seinen Augen sprühte, sehr gut. Das war der völlige Gegensatz zu Daniels verschreckten Blicken.

»Ich komme gleich. Ich ziehe nur noch das Carmen-Kostüm

aus«, flötete sie und machte ein Zeichen, dass er dazu die Garderobe verlassen müsste.

Ava stand auf und ging zu einer Waschschüssel, um sich die braune Schminke vom Gesicht zu waschen. Was sie nun im Spiegel sah, gefiel ihr wesentlich besser. Im Kontrast zu der Bühnenversion wirkte ihre Haut sogar heller als sonst. Dann zog sie das Kostüm aus und griff nach ihrem hellblauen Satinkleid, das sie stets daran erinnerte, wie Daniel ihr geholfen hatte, es auszuziehen. Es war immer noch ein befremdlicher Gedanke für sie, dass er nichts mehr von ihrer Liebesnacht wusste, während sie hingegen jede Einzelheit in ihrem Herzen bewahrte.

Dann steckte sie ihr dichtes schwarzes Haar hoch und betrachtete sich noch einmal nachdenklich im Spiegel. Sie hatte in den letzten Wochen abgenommen, besonders im Gesicht, weil die ganze Geschichte nicht spurlos an ihr vorübergezogen war. Eigentlich hätte sie strahlen sollen vor Glück bei der Aussicht, in knapp drei Wochen Misses Bradshaw zu sein. Ja, ihrer Hochzeit mit Daniel stand nichts mehr im Weg. Er hatte sogar noch versucht, den Schein zu wahren und ihr einen Heiratsantrag gemacht. Das war ein paar Tage nach der vergessenen Liebesnacht gewesen. Da hatte er sie in ihrer Wohnung aufgesucht. Beinahe wäre es an der gestrengen Misses Dickinson gescheitert, aber Daniel hatte es geschafft, Einlass in das Reich der ledigen Damen zu bekommen. Ava war zunächst sehr gerührt gewesen über sein verzweifeltes Bemühen, seinen vermeintlichen Fehler an ihr wiedergutzumachen, doch seine traurigen Augen hatten Bände gesprochen. Ava hatte das Gefühl, als wäre er zu seiner eigenen Beerdigung gekommen.

Das verdarb ihr die Freude auf die bevorstehende Hochzeit gründlich. Jedenfalls hatte sie Daniel davon abbringen können, bei ihren Eltern in Sydney um ihre Hand anzuhalten. Das war ihr alles zu gefährlich. Annabelle würde das doch bestimmt in ihrem nächsten Brief an Scarlet erwähnen. Ava wäre wohler, wenn sie bei der Familie bereits als Ehepaar auftauchten. Und sie hatte auch schon einen Plan. In den nächsten Weihnachtsferien würde sie die Familie vor vollendete Tatsachen stellen und sie mit ihrem Ehemann überraschen. Selbst wenn bei der Gelegenheit herauskommen sollte, was Benjamin verbrochen hatte, ihr war nichts nachzuweisen, und sie konnte sich kaum vorstellen, dass Daniel ein Schuft war, der sie dann noch Scarlets wegen verließ. Nein, zu Weihnachten konnte keiner mehr ihr Glück gefährden. Was ihr allerdings gemischte Gefühle bereitete, war die Tatsache, dass diese Liebesnacht doch ohne Folgen geblieben war. Einerseits war sie erleichtert, weil der Professor ihr demnächst die Hauptstimme bei einem Abend mit Händel-Arien angeboten hatte. Und wenn sie dann einen dicken Bauch hätte, würde er sich bestimmt noch anders entscheiden, andererseits würde ihr eine Schwangerschaft die größere Sicherheit bieten, dass Daniel keinen Rückzieher mehr machen konnte. Deshalb hatte sie ihm bislang verschwiegen, dass sie ihre Monatsblutungen wieder bekommen hatte.

Zögernd löste sie sich von ihrem Spiegelbild und verließ die Garderobe. Gregor wartete geduldig davor auf sie.

»Hübsch siehst du aus, wieder ganz Ava, obwohl die Carmen auch nicht von schlechten Eltern war«, bemerkte er und musterte sie wohlwollend, während er ihr den Arm bot. Ohne zu zögern, hakte sie sich bei ihm unter. Die Premierenfeier fand in demselben Restaurant statt, in dem sie vor wenigen Wochen Daniels Erfolg als Pianist gefeiert hatten. Mit dem Unterschied, dass an diesem Abend statt gut aussehender junger Damen mehr Herren anwesend waren, die sie bei ihrem Eintreten mit bewundernden Blicken empfingen. Natürlich waren auch ein paar Verehrerinnen Gregors erschienen. Ava sonnte sich in der Vorstellung, dass sie Daniel ebenbürtig war, was ihre Erfolge und ihre Beliebtheit beim anderen Geschlecht anging.

»Setzt du dich zu mir?«, bat Ava ihren Begleiter, denn ihr stand nicht der Sinn danach, mit einem der Bewunderer Konversation zu betreiben. In Gregors Gesellschaft fühlte sie sich wohl. Wie bei einem Bruder.

Doch sie musste schnell feststellen, dass er sie mit Sicherheit mit ganz anderen Augen betrachtete als eine Schwester.

Ava verspürte keinen großen Appetit, sodass sie nur ein paar kleine Bissen zu sich nahm. Dafür trank sie hastig von dem roten Wein, der zu dem Rinderbraten serviert wurde. Sie genoss das Gefühl, wie er in heißen Strömen durch ihr Inneres rann, und sie schätzte die beruhigende Wirkung des schweren Getränks. Mit jedem Schluck wurde sie entspannter, und in ihrem Kopf tobten nicht mehr so viele Gedanken wild durcheinander.

»Ava, du trinkst den Wein wie Wasser«, hörte sie plötzlich die besorgte Stimme ihres Bühnenpartners, aber statt sich ertappt zu fühlen, lächelte sie ihn selig an. »Mach dir keine Sorgen, es hilft mir, aus dem Rausch des Erfolgs wieder auf dem Boden anzukommen. Ich finde das gerade so herrlich.«

»Gut, aber dann lasse ich dich heute Abend keine Sekunde aus den Augen und bringe dich nach Hause.«

»Ach, schau mich nicht so an, ich weiß, es schickt sich für eine Lady nicht, ein Glas zu viel zu trinken«, lachte Ava.

»Vielleicht sollten wir dieses Fest bald verlassen, und ich bringe dich lieber sicher nach Hause. Was meinst du?«, hakte Gregor skeptisch nach.

»Gut, aber lass Professor Tyler erst reden. Sonst wäre das unhöflich«, bemerkte Ava mit einem Kopfnicken in Richtung des Professors, der sich gerade umständlich erhoben hatte, bevor sie sich hastig noch einmal nachschenkte.

Professor Tyler hielt eine flammende Lobrede auf seine begabten Studenten und erwähnte insbesondere Gregor und zum Schluss Ava. Alle am Tisch applaudierten, als ihr Name fiel. Sie setzte ihr schönstes Lächeln auf und prostete zu allen Seiten.

Nachdem sich der Professor wieder gesetzt hatte, flüsterte Ava Gregor zu, es wäre unhöflich, jetzt zu gehen, sie müssten das Dessert abwarten.

»Das, wie die anderen Gänge, bei dir allein aus Rotwein bestehen wird«, gab er spöttisch zurück.

»Ich verspreche dir, ich werde weder torkeln noch unflätig werden, wie es die Herren der Schöpfung gern in solchen Situationen machen.« Sie beugte sich vertraulich zu ihm herüber. »Oder gebe ich Anlass zur Peinlichkeit?«

»Gar nicht. Keiner, der dir nicht so wie ich die Schlucke in den Mund zählt, wird etwas merken. Im Gegenteil, du hast lange nicht mehr so bezaubernd gelächelt.«

»Schmeichler«, stieß sie kichernd hervor, doch als sich mehrere Köpfe in ihre Richtung drehten, verstummte sie, und die Traurigkeit überkam sie mit solcher Heftigkeit, dass sie einige Mühe hatte, die Tränen zurückzuhalten. Ohne Daniel war der Abend öde und leer. Was hätte sie darum gegeben, dass er ihren Triumph erlebt und ihr bewundernde Blicke geschenkt hätte! Aber würde er sie je so anschauen, wie es Gregor in diesem Augenblick tat? Verliebt? Begehrlich? Ava bezweifelte das, wenngleich einige seiner gierigen Blicke in der Liebesnacht eine andere Sprache gesprochen hatten, aber die waren offenbar dem Rausch geschuldet gewesen.

Als Gregor nach dem Dessert, das sie nicht angerührt, aber stattdessen noch ein kleines Glas Wein getrunken hatte, unter dem Tisch nach ihrer Hand griff und ihr ins Ohr flüsterte, ob sie aufbrechen sollten, nickte sie. Vor dem Gehen verabschiedete sie sich noch herzlich von Professor Tyler und Professor

Logan. Daniels Professor strahlte vor Stolz, als er ihr von einer Kritik im Sydney Herald vorschwärmte. Daniel wurde als Genie am Piano bezeichnet. Ava fragte sich, ob das wohl ihre Eltern gelesen hatten, aber selbst wenn, es würde sie nicht besonders berühren, denn wie sollten sie ahnen, dass Daniel Bradshaw doch noch ihr Schwiegersohn würde?

»Ach, ich bin so gespannt, ob Daniel morgen Abend in Melbourne ebensolche furiosen Erfolge feiert«, stieß der Professor begeistert hervor.

Ava war froh, dass Gregor in ein Gespräch mit Professor Tyler vertieft war, denn sie hatte ihm gegenüber ihre Verlobung mit Daniel noch mit keinem Wort erwähnt. Und sie wollte nicht, dass er es auf diesem Weg erfuhr. Womöglich würde er sie dann den Rest des Abends nicht mehr so anschwärmen, und genau das brauchte Ava jetzt.

»Bringst du mich nach Hause?«, flötete sie.

»Selbstverständlich«, erwiderte Gregor und schenkte ihr einen Blick, wie sie ihn gern in Daniels Augen gesehen hätte. Funkelnd, voller Leidenschaft und auf jeden Fall schwer verliebt! Er sah sie genauso an, wie Daniel einst Scarlet betrachtet hatte. Und genau so wollte sie heute Nacht angeschwärmt werden.

Arm in Arm verließen sie das Restaurant.

30

»Welche Richtung?«, fragte Gregor mit einem gewissen Bedauern über das baldige Ende des schönen Abends, als sie ins Freie traten. Doch Ava wollte partout noch nicht auf ihr Zimmer bei der Witwe Dickinson, sondern ihren Erfolg gebührend feiern. Der kleine Rausch weckte pure Lebenslust in ihr.

»Ach, können wir nicht noch etwas Verrücktes anstellen?«

»Gern, aber ...« Gregor sah sich ratlos um. Die Stadt machte eher den Eindruck, als schliefe sie schon, doch dann hörte er das herannahende Pferdegetrappel der Tramwagen, die neben ihnen hielten. »Sie fährt nach Glenelg, was meinst du, wäre es verrückt genug, einen nächtlichen Spaziergang am Meer zu machen?«

»Ich kann nicht schwimmen, aber Strand, das hört sich romantisch an. Ich habe schon gehört, was das für ein netter Strandort sein soll, aber bislang hatte ich keine Gelegenheit, dorthin zu fahren«, stieß sie begeistert aus und hatte ihn bereits auf die Plattform des Straßenbahnwagens gezogen. Der Wagen war halb leer, und die Passagiere bestanden fast nur aus verliebten jungen Pärchen.

»Was wollen die denn alle noch so spät am Strand?«, fragte Ava unbedarft.

Gregors Mund umspielte ein wissendes Grinsen. »Sie wollen alle zusammen aufs nächtliche Meer blicken«, erwiderte er mit einem Augenzwinkern.

Nun fiel es Ava wie Schuppen von den Augen. Es waren alles Liebespaare, die in der Weite des nächtlichen Strands ein diskretes Plätzchen suchten. Bei dieser Erkenntnis wurde ihr ein wenig mulmig. Was, wenn Gregor ihre Bereitschaft, mit ihm an den nächtlichen Strand zu fahren, falsch verstand?

Ihre Gedanken verflogen so schnell, wie sie gekommen waren, denn Gregor war ein äußerst eloquenter Gesprächspartner, und sie unterhielten sich angeregt, bis die Tram in Glenelg hielt.

Sie sprangen mit den anderen Paaren aus der Bahn. »Ihr wisst aber, dass heute keine Bahn mehr zurückfährt. Die nächste geht morgen früh um sechs«, rief ihnen der Fahrer hinterher.

Gregor blieb abrupt stehen. »Hast du das gehört? Wenn wir jetzt an den Strand gehen, kommen wir erst morgen früh wieder weg. Ich weiß nicht, ob dir das recht ist. Ich meine, wo du doch nun verlobt bist.«

Ava musterte ihn erschrocken. »Du weißt von Daniel?«

Er zuckte die Achseln. »Professor Tyler hat mir gesteckt, dass er euer Trauzeuge sein wird.«

»Aber … ich … ich meine, du bist trotzdem so nett zu mir?«

»Solange du keinen Ring am Finger trägst, gebe ich nicht auf.« Er sah ihr tief in die Augen. »Es wird dich kaum überraschen, wenn ich dir jetzt sage, dass ich alles tun würde, dein Herz zu gewinnen.« Er näherte sich ihrem Gesicht und küsste sie zu ihrer großen Verwunderung auf den Mund. Ava war so überrumpelt, dass sie sich nicht wehrte. Im Gegenteil, es tat gut, jemanden zu küssen, der das im Vollbesitz seiner geistigen Kräfte tat, während sie ein klein wenig berauscht war, wenn auch auf keinen Fall so sehr, dass sie diesen Kuss einfach würde vergessen können. Und sie spürte eine gewisse Befriedigung bei dem Gedanken, ihren zukünftigen Mann ein klein bisschen zu betrügen. Schließlich heiratete er sie nur aus Vernunftgründen.

»Liebst du dieses Pianisten-Genie?«, fragte er sie lauernd.

»Ja, er ist der Mann meines Lebens«, erwiderte sie mit klarer Stimme.

Gregors Miene verdüsterte sich. »Und was bin ich für dich?«

»Der Mann dieses Augenblicks«, flötete sie keck und lächelte ihn gewinnend an.

»Vielleicht sollten wir doch lieber zurückfahren?«, gab er zu bedenken, doch in dem Augenblick setzte sich die Tram in Fahrt.

»Zu spät! Was ist denn dabei, wenn wir einen kleinen Spaziergang am Strand entlang machen?«, lachte Ava.

Gregor runzelte die Stirn. »Das wird aber ein langer Spaziergang«, seufzte er, aber als sie sich bei ihm unterhakte und sich dicht an ihn kuschelte, waren seine Einwände bereits geschmolzen.

Als sie den im Mondlicht weiß schimmernden Sand betraten, zog Ava übermütig ihre Schuhe und Strümpfe aus. »Er ist sogar noch warm«, rief sie begeistert aus und forderte Gregor auf, es ihr gleichzutun, bevor sie zum Wasser lief, um die Zehen ins kühle Nass zu stecken. Zögernd entledigte auch er sich seines Schuhwerks. Eng umschlungen wanderten sie eine ganze Weile am Wasser entlang. Auf dem Meer glitzerten tausend Sterne um die Wette, denn es herrschte Vollmond.

Schweigend hingen sie ihren Gedanken nach. Ava bedauerte inzwischen ein wenig, sich Gregor an den Hals geworfen zu haben. *Er ist ein feiner Kerl, der es nicht verdient hat, dass ich ihn als Trost missbrauche*, dachte sie, aber immerhin wusste er Bescheid über Daniel und sie, sodass er nie behaupten konnte, sie habe ihn unter falschen Voraussetzungen hierher gelockt.

»Bereust du, dass wir die Tram nicht genommen haben?«, fragte er, als könnte er ihre Gedanken lesen.

Sie zuckte die Schultern. »Es ist zwar eine selten schöne Nacht, aber es ist schon ärgerlich, dass wir nicht zurückkönnen.« Ava blieb stehen und atmete tief durch. »Was für eine Luft, und schau …« Aufgeregt deutete sie auf einen stahlgraue Flosse, die aus dem Wasser ragte. »Wie gut, dass wir nicht ins Meer gegangen sind. Es soll hier vor weißen Haien nur so wimmeln.«

»Aber was machen wir nun mit dem Rest der Nacht?«, fragte er unschlüssig.

»Wir suchen uns ein Plätzchen zum Ausruhen«, schlug sie vor.

Wortlos wandten sie sich vom Meer ab und schlugen den Weg zu ein paar großen Steinen ein, an denen der Strand aufhörte. Davor ließen sie sich im Sand nieder, und zwar auf Gregors Jackett, das er wie ein Gentleman ausgezogen hatte, damit Ava sich nicht direkt in den Sand setzen musste.

Er legte den Arm um sie. »Ach, Ava«, stöhnte er. »Warum willst du unseren Wunderknaben heiraten? Was denkst du denn, was für ein Leben du an seiner Seite führen wirst? Es wird sich bestimmt alles um sein Talent drehen, und du wirst die Frau sein, die ihm den Rücken freihält, und kein Mensch wird sich mehr daran erinnern, dass du ebenfalls über ein besonderes Talent verfügst.«

Ava machte eine abwehrende Handbewegung. »Das sagst du doch nur, um mir Daniel auszureden. Nein, ich werde natürlich eine große Sängerin. Und das wird er fördern.«

Gregor zog es vor zu schweigen.

»Was magst du eigentlich an mir?«, fragte Ava in die Stille hinein.

»Ich mag dein Haar, deine leuchtenden Augen, die einen so durchdringend ansehen können, ich liebe deine Stimme und könnte alles um mich vergessen, wenn ich dich singen höre …«

Sie gab ihm einen freundschaftlichen Stups in die Seite. »Du warst aber auch ziemlich genial auf der Bühne und hast einen sehr feurigen José abgegeben«, witzelte sie. »Aber nicht, dass du dir deine Rolle zum Vorbild nimmst.«

»Nein, so weit würde ich nicht gehen. Also, du kannst dich ruhig in meinen Arm kuscheln. Ich werde dich nicht aus Eifersucht erstechen, aber nur, wenn du mich noch einmal küsst.«

»Das ist Erpressung«, gab sie kokett zurück und genoss die Leidenschaft, mit der er sie küsste, in vollen Zügen. Nein, Gregor würde diese Küsse niemals einfach vergessen, wie Daniel es getan hatte.

Als sich ihre Lippen voneinander gelöst hatten, musterte sie ihn fordernd. »Was magst du noch an mir?«

Gregor stieß einen tiefen Seufzer aus, während sie hoffte, er würde auf keinen Fall ihren Teint ansprechen. »Wenn ich jetzt sage: alles?«

»Nein, ich möchte es genau wissen. Überleg mal.«

»Du bist unmöglich. Eigentlich stehen dir solche Fragen nicht zu, da du bald einen anderen heiraten wirst. Aber gut: Es ist deine Stimme, auch wenn du sprichst. Du hast die schönste Frauenstimme, die ich kenne. Dann liebe ich deine Figur. Du bist schlank, aber du hast die Rundungen, die ich bei einer Frau mag. Du bist ehrgeizig, ein wenig kapriziös und nicht langweilig.«

Ava zog einen Schmollmund. »Sind das Komplimente, über die sich eine Frau freuen sollte?«

Er zuckte die Achseln. »Das weiß ich nicht. Ich sage nur, was mir an dir ganz besonders gefällt und warum ich in dich verliebt bin.«

»Und was machst du, wenn ich Daniel geheiratet habe?«

»Dann versuche ich mein Glück bei unserer bezaubernden Kollegin, die die Rolle der Micaëla singt«, erwiderte er in scherzhaftem Ton.

»Aber Christin ist blond und klein«, gab Ava zurück, entrüstet darüber, dass er offenbar schon wusste, welcher Frau er nach ihr den Hof machen würde. Keine Frage, die Darstellerin der Micaëla war eine sehr hübsche Person, aber das absolute Gegenteil von ihr. Diese Vorstellung schürte ihre Eifersucht, und sie bot ihm erneut ihren Mund zum Kuss. Als der Kuss nach einer halben Ewigkeit beendet war, musterte sie ihn prüfend. »Du hast etwas vergessen. Ich kann sehr leidenschaftlich sein. Ich kann mir unsere bezaubernde Christin kaum beim Küssen vorstellen.«

Ein Lächeln huschte über Gregors Gesicht. »Ich wollte doch nur wissen, ob ich dir völlig gleichgültig bin.«

Ava funkelte ihn wütend an. »Hast du mich etwa an der Nase herumgeführt? Bilde dir ja nicht zu viel ein!« Im Grunde war sie erleichtert, dass er sie mit Christin gefoppt hatte, denn nach der Erfahrung mit Daniel hatte sie den unbedingten Wunsch, dass es wenigstens einen Mann gab, der sich ohne Wenn und Aber nach ihr verzehrte. Daniels Gedächtnislücke hatte sie schwerer getroffen, als sie zugeben wollte. Natürlich liebte sie ihn immer noch, aber sie wollte mit jeder Faser spüren, dass ein Mann sie begehrte. So wie in diesem Augenblick, in dem Gregor sich über sie beugte und ihren Mund erneut mit einem Kuss verschloss. Seine leidenschaftliche Art war ansteckend, und Ava wehrte sich nicht, als er anfing, sie zu streicheln. Obwohl sie sich in diesem Augenblick wünschte, es wären Daniels Hände, die sie auf ihren nackten Armen spürte, erwiderte sie seine fordernden Zärtlichkeiten und ließ es zu, dass er ihr das Kleid vom Körper liebkoste.

»Du bist so schön«, stöhnte er, als er ihren nackten Körper betrachtete. Hatte Daniel nicht genau die gleichen Worte gebraucht? *Nein, es ist nicht richtig, was ich tue*, schoss es ihr durch den Kopf, aber der Rotwein, den sie getrunken hatte, ließ ihren Widerstand schmelzen. Sie fühlte sich immer noch ein wenig berauscht und forderte ihn mit heiserer Stimme auf, sich ebenfalls auszuziehen. Wie durch einen Nebel nahm sie wahr, wie sich Gregor die Kleidung vom Körper riss. Auch alles, was dann folgte, erlebte sie wie in Trance und konnte keinen klaren Gedanken mehr fassen. Erst als er in sie eindrang, wachte sie auf und wollte ihn fortstoßen, aber Gregor schien ihren Widerstand für einen Ausdruck ihrer Leidenschaft zu halten. Ava rannen heiße Tränen über das Gesicht, denn sie empfand nichts als Leere und Scham.

»Ava, um Himmels willen, du weinst ja«, hörte sie seine Stimme schließlich besorgt wie von Ferne sagen. »Ich habe dir hoffentlich nicht wehgetan?«

Sie aber stand wortlos auf und versuchte, sich von dem Sand zu befreien, der an ihrem Körper klebte, bevor sie sich hektisch anzog.

»Lass uns zurückgehen«, bat sie mit belegter Stimme. »Und vergiss, was da eben geschehen ist. Ich befürchte, ich war nicht ganz bei Sinnen. Das war eher dem Wein geschuldet.«

Gregor sah sie aus traurigen Augen an. Offenbar verletzte sie ihn mit ihrer schonungslosen Offenheit.

»Gut, wenn du möchtest, können wir die sechs Meilen auch zu Fuß in die Stadt zurückgehen, denn die Tram fährt erst in ein paar Stunden«, seufzte er, während er seine Kleidung zusammensuchte und sich anzog. Als er fertig war, bot er ihr seinen Arm, aber Ava wollte ihn nicht berühren. Sie hatte nur einen Wunsch: alles ungeschehen zu machen! Das Hochgefühl, das sie empfunden hatte, weil er sie so sehr begehrte, hatte sich in einen entsetzlichen Katzenjammer verwandelt. Zumindest konnte sie nun verstehen, wie es zu so einem Gedächtnisverlust kommen konnte, denn außer seinem Stöhnen, das ihr immer noch in den Ohren klang, erinnerte sie sich bereits an nichts mehr von dem, was eben zwischen ihnen geschehen war.

Der Weg zurück in die Stadt war beschwerlich und wollte gar nicht enden. Zudem führten die sechs Meilen sie auch nicht gerade durch eine spannende Landschaft. Im Gegenteil, es war eine öde und völlig verlassene Strecke. Der Morgen graute schon, als die ersten Häuser von Adelaide vor ihnen auftauchten. Gregor hatte ein paarmal versucht, ein Gespräch mit ihr anzufangen, aber Ava war nicht darauf eingegangen. Düster schweigend ging sie in einem Abstand neben ihm, damit sie einander ja nicht berührten.

»Ich bringe dich noch sicher nach Hause«, schlug er vor, als sie gerade die Universität passierten.

»Nein, das ist nicht nötig«, entgegnete sie unwirsch.

»Aber Ava, sei doch vernünftig. Auch wenn du unser Zusammensein bereust, wir können doch Freunde bleiben. Ich meine, wir werden uns täglich bei den Vorlesungen sehen.« Er klang verzweifelt.

»Ich denke, wir sollten uns aus dem Weg gehen«, entgegnete sie barsch, bevor sie ihn einfach stehen ließ und schnellen Schrittes davoneilte.

31

Scarlet war schon mehrfach vor dem bunten Plakat stehen geblieben, das ein einmaliges Gastspiel des Pianisten Daniel Bradshaw im Princess Theatre ankündigte. Das prunkvolle Opernhaus hatte erst zehn Jahre zuvor im Stil des Second Empire seine Neueröffnung gefeiert.

Das Herz klopfte ihr jedes Mal bis zum Hals, wenn sie die Zeichnung betrachtete, die den Künstler abbildete. Was würde sie darum geben, sich in sein Konzert zu schleichen und ihm von einem der hinteren Plätze zuzuhören! Bislang hatte sie sich schließlich jedes Mal von dem Plakat losgerissen und hastig ihren Weg fortgesetzt, aber an diesem Tag zauderte sie ein wenig. Wäre es nicht heilsam, wenn sie ihn wenigstens noch einmal aus der Ferne sehen würde? Das Konzert fand in drei Tagen statt, und er würde Opernmelodien aus dem Repertoire der Werke spielen, die in dem Haus in dieser Saison aufgeführt wurden.

Plötzlich hatte sie eine traumhafte Idee, wie sie fand. Wäre das nicht ein schönes Geschenk für Benjamin, der übermorgen Geburtstag hatte? Vielleicht wäre das auch für ihn eine wunderbare Gelegenheit, seinen Bruder einmal wiederzusehen, und wenn es nur aus dem Zuschauerraum war? Dann würde sie sich auch nicht allein in die Vorstellung schleichen müssen. Aufgeregt betrat sie das Foyer des Theaters, in dem die Karten verkauft wurden.

Als sie ihren Wunsch äußerte, traf sie ein mitleidiger Blick der Kartenverkäuferin. »Ich befürchte, da kommen Sie zu spät.

Die beiden Vorstellungen sind restlos ausverkauft. Schon seit Wochen. Nach den Jubelkritiken, die er in Sydney bekommen hat, will jeder ihn spielen hören.«

Scarlet nahm diese Nachricht mit gemischten Gefühlen auf. Einerseits war sie enttäuscht, andererseits auch ein wenig erleichtert, weil sie sich nicht sicher war, ob Benjamin sich über das Geschenk wirklich von Herzen hätte freuen können. Nicht dass seine alte Eifersucht auf seinen Bruder wieder aufflammte.

Scarlet hatte sich bereits zum Gehen gewandt, als sie die Kartenverkäuferin aufgeregt rufen hörte: »Warten Sie, Misses, hier liegen zwei Karten, die zurückgegeben wurden.« Als Scarlet sich umwandte, wedelte die Dame mit zwei Billets. »Es sind aber teure Plätze in der dritten Reihe. Wollen Sie die?« Scarlet wirkte so unschlüssig, dass die Dame schnippisch bemerkte: »Also, wenn Sie die nicht wollen, die werden mir aus der Hand gerissen.«

»Nein, ich nehme sie«, erwiderte Scarlet hastig und gab der Verkäuferin das Geld. Auf dem Weg zu der Straßenbahn, die die Innenstadt von Melbourne mit St. Kilda verband, brannten die Karten förmlich in ihrer Jackentasche, denn je näher sie der Farm kam, desto größer wurden ihre Bedenken, ob der Kauf der Konzertkarten wirklich eine gute Idee gewesen war. In St. Kilda wartete ihr Pferd auf sie, das sie dort in einer Station untergestellt hatte, in der die Tiere versorgt wurden, bis ihre Besitzer aus der Stadt zurückkehrten, um mit ihnen zu den abgelegenen Farmen zu gelangen. Das Reiten hatte ihr Benjamin beigebracht und sie hatte sich als gelehrige Schülerin erwiesen. Stormy war ein geschecktes und sehr gutmütiges Pferd, das Scarlet mit gespitzten Ohren begrüßte. Sie gab ihm einen halben Apfel. Der Stallbursche auf der Station winkte ihr zu. Er hatte ihr Pferd besonders ins Herz geschlossen, und sie

301

hatte ihm erlaubt, dass er es auch reiten durfte, während sie an der Universität war.

Sie liebte den Heimritt durch das einsame Buschland bis zur Bradshaw-Farm, aber an diesem Tag war sie nicht ganz bei der Sache, weil sie immerzu daran denken musste, wie Benjamin wohl auf ihr Geschenk reagieren würde. Kurz vor der Farm musste sie ein flaches Flussbett durchqueren, was sie fast wie im Schlaf machte. Doch an diesem Tag war sie nicht konzentriert, als Stormy am anderen Ende die Böschung hinaufgaloppierte, und sie fand sich plötzlich im Buschwerk wieder, während Stormy in Richtung der Farm davontrabte. Vorsichtig rappelte sie sich auf und stellte fest, dass ihre Arme, jedenfalls dort, wo sie nicht von ihrer Jacke bedeckt waren, völlig zerschrammt waren. Mit einem Kennerblick bemerkte sie, dass sie in eine Südseemyrte gestürzt war, deren Blätter spitz und stechend waren. Viel ärgerlicher aber war die Tatsache, dass sie bei dem Sturz ihren Strohhut verloren hatte, und ohne Kopfbedeckung stand ihr helles Haar in der sengenden Sonne schnell wie in Flammen. Doch sosehr sie auch nach dem Hut suchte, er blieb verschwunden. Um die Hitze auf dem Kopf erträglicher zu machen, kletterte sie zum Fluss hinunter und feuchtete ihr Haar an. Es waren bis zur Farm weniger als drei Meilen, und sie hoffte, die Strecke zu schaffen, ohne sich einen Sonnenstich einzufangen.

Schnellen Schrittes machte sie sich auf und überlegte kurz, ob sie sich die Jacke zum Schutz über den Kopf legen sollte, aber dann würden ihre Arme ungeschützt der Sonne ausgesetzt sein. Als sie in der Ferne das hochherrschaftliche Farmhaus auftauchen sah, atmete sie auf und fasste unwillkürlich in ihre Jackentasche, um sich zu vergewissern, dass sie die Karten beim Sturz nicht verloren hatte. Da sah sie, wie sich ihr von der Farm kommend ein Reiter näherte. Es war Benjamin.

Er sah besorgt aus und sprang hektisch vom Pferd, als er sie erreicht hatte.

»Um Himmels willen, was ist passiert? Ich habe Todesangst ausgestanden, als Stormy ohne dich auf die Farm geprescht kam ...« Er stockte und blickte sie entsetzt an. »Dein ganzes Gesicht ist voller Schrammen. Du blutest.«

Scarlet fasste sich an die Wangen und spürte die Feuchtigkeit. Als sie das Blut an ihren Händen betrachtete, zuckte sie zusammen. Außerdem brannte die Hitze auf ihrem hellen Haar wie Feuer. Gegen ihre Stirn pochte ein dumpfer Schmerz. Sie fühlte sich auf einmal ganz wackelig auf den Beinen, und bevor sie noch einen weiteren Gedanken fassen konnte, wurde ihr schwarz vor Augen.

Sie wachte erst in ihrem Schlafzimmer wieder auf. Benjamin saß auf ihrer Bettkante und musterte sie, doch außer Besorgnis konnte sie noch etwas anderes in seinem Blick lesen, etwas, das sie nicht sofort deuten konnte. Und noch etwas befremdete sie. Benjamin hatte eine Fahne.

Scarlet setzte sich mit einem Ruck auf. »Es geht schon wieder. Ich bin nur am Fluss vom Pferd gestürzt und in einen Busch Südseemyrte gefallen. Aber sonst geht es mir schon wieder viel besser. Ich würde gern aufstehen. Ich muss doch Julia begrüßen.«

»Sie ist mit meinen Eltern in die Stadt gefahren«, entgegnete er in einem befremdlichen Ton, der sehr unwirsch klang. »Bleib bitte liegen. Du hast zu viel Sonne bekommen. Warum hast du deinen Hut nicht aufgesetzt?«

»Den habe ich beim Sturz verloren«, erklärte sie kleinlaut. »Aber ich fühle mich wirklich wieder besser und würde mir gern anschauen, was die Dornen in meinem Gesicht angerichtet haben.«

»Du bleibst liegen«, befahl er ihr in strengem Ton.

303

Sie sah ihn fassungslos an. Was war bloß in ihn gefahren, dass er sie derart anblaffte? Sein Verhalten stachelte ihren Widerstandsgeist an.

»Bitte, Ben, sei nicht albern. Ich möchte jetzt einen Blick in den Spiegel werfen.« Sie machte sich daran, aus dem Bett zu klettern, doch Ben schubste sie grob in die Kissen zurück.

Empört richtete sie sich wieder auf. »Ben, bist du verrückt geworden? Du wirst mich nicht daran hindern aufzustehen. Sag mal, hast du am helllichten Tag getrunken?«

»Ich hatte einen guten Grund«, bellte er.

Scarlet atmete ein paarmal tief durch, bevor sie einen weiteren Versuch unternahm, das Bett zu verlassen. Dieses Mal ließ er sie gewähren. Sie verließ eilig das Zimmer und lief ins Bad, um einen Blick in den Spiegel zu werfen. Beim Anblick ihres zerschrammten Gesichts erschrak sie. Es waren nicht die vielen kleinen Kratzer, die ihr Sorge bereiteten, sondern eine rote Schramme, die über ihre ganze Wange ging. Doch bei näherem Hinsehen beruhigte sie sich wieder. Es hatte auf den ersten Blick gefährlicher ausgesehen, denn die Wunde war nicht besonders tief. *Es wird mich nicht entstellen*, dachte sie erleichtert, bevor sie seufzend ins Schlafzimmer zurückkehrte. Ben saß immer noch auf der Bettkante und starrte ins Leere. In der Hand hielt er ein volles Whiskyglas, das er in einem Zug leerte.

Zögernd näherte sie sich ihm und legte ihm die Hand auf die Schulter. »Ben, was ist mit dir? Hat dich mein kleiner Unfall so erschreckt?«

Er blieb ihr eine Antwort schuldig und starrte sie nur mit finsterer Miene an, doch dann holte er aus seiner Jackentasche zwei Karten, die er ihr vor die Nase hielt. Da ahnte sie, was ihn so erbost hatte.

»Was soll das?«, fragte er sie und musterte sie aus glasigen

Augen. Scarlet war unschlüssig, was sie tun sollte. Er war offenbar betrunkener, als sie es anfangs vermutet hatte.

»Ich mache dir einen Vorschlag. Du schläfst deinen Rausch aus, während ich mich von dem kleinen Unfall erhole. Und danach erkläre ich dir alles.«

»Ich will sofort wissen, was das zu bedeuten hat«, erwiderte er nun mit verwaschener Stimme.

»Ben, nun sei doch vernünftig! Ich will es dir doch erklären, aber ich befürchte, du bist nicht ganz in der Verfassung, mir zuzuhören.«

»Mit wem wolltest du in das Konzert meines Bruders gehen? Mit deiner Großmutter? Heimlich hinter meinem Rücken?«

Scarlet stöhnte genervt auf. »Aber nein, gut, du gibst ja eh keine Ruhe. Die Karten sind ein Geburtstagsgeschenk für dich. Ich dachte, du würdest dich vielleicht freuen, deinen Bruder wiederzusehen, und wenn es nur aus dem Zuschauerraum ist.«

»Ach, eine Freude wolltest du *mir* machen? Erzähl doch keinen Unsinn. Du wolltest ihn wiedersehen und bewundern!«

Scarlet baute sich kämpferisch vor ihm auf. Auch wenn er mit seiner Vermutung vielleicht gar nicht ganz unrecht hatte, war sie nicht gewillt, in seinem Zustand weiter mit ihm über dieses heikle Thema zu streiten.

»Ich gehe jetzt nach Stormy sehen, und wir reden später«, sagte sie mit fester Stimme und wandte sich von ihm ab, aber da spürte sie eine eiserne Faust in ihrem Nacken. Er hatte sie so grob angepackt, dass sie vor Schmerz laut aufschrie.

»Lass mich sofort los«, schrie sie, doch da hatte er sie bereits an den Schultern gepackt und zu sich gedreht. »Du gehst nirgendwo hin«, brüllte er. »Außerdem ist Stormy tot.«

Scarlet war starr vor Entsetzen. »Aber er ist doch unversehrt davongetrabt. Er war nicht verletzt.«

305

»Nein, aber er ist ohne dich zurückgekommen. Er hat dich abgeworfen, und dafür musste ich ihn bestrafen.«

Scarlet spürte, wie ihre Knie weich wurden. »Ich … ich, bitte, ich möchte mich setzen«, stöhnte sie.

Benjamin ließ sie auf das Bett gleiten.

Fassungslos sah sie ihn an. »Du hast mein Pferd erschossen? Das glaube ich nicht. Stormy hat nichts Böses getan! Ich habe den Fehler gemacht.« Plötzlich dämmerte es ihr. »Wann und wo hast du die Karten gefunden?«

»Sie sind dir aus der Tasche gerutscht, als du die Besinnung verloren hast«, entgegnete er ungerührt.

»Und hast du Stormy erschossen, als er ohne mich zurückgekehrt ist oder nachdem du die Karten gefunden hast?«

Er zuckte die Achseln. »Was geht es dich an?«

»Danach oder davor?«, wiederholte sie mit bebender Stimme.

Er musterte sie mit einem hämischen Grinsen. Das war wie ein Schuldeingeständnis. Scarlet fröstelte. War dieser fremde grausame Kerl der Mann, den sie geheiratet hatte? Der einmal ihr guter Freund gewesen war? Der Julia stets ein liebevoller Vater war?

Sie hatte dies alles auf sich genommen, um ihrer Tochter eine Familie zu geben, aber sie war nicht bereit, sich selbst aufzugeben. Ihr fielen Granny Vickys Worte ein. »Aber du sollst nur wissen: Ihr seid bei mir immer willkommen.« Sie hätte nicht geglaubt, dass sie so schnell auf das Angebot ihrer Großmutter zurückkommen würde. Nein, mit diesem Mann, der seine glühende Eifersucht auf seinen Bruder an einem unschuldigen Pferd ausließ, würde sie keine Nacht länger unter einem Dach leben. Sie wunderte sich, dass sie nicht einmal um Stormy weinen konnte, aber sie fühlte, dass es der Schock war, der sie hart und nicht weich werden ließ.

Vorsichtig erhob sie sich vom Bett. »Das verzeihe ich dir nie. Du bist genauso gemein wie dein Vater, wenn er betrunken ist, aber im Gegensatz zu deiner Mutter sehe ich nicht darüber hinweg. Nein, ich verlasse dich!«

Scarlet hatte mit allem gerechnet, aber nicht damit, dass er in ein teuflisches Lachen ausbrechen würde.

»Du willst also zu ihm kriechen wie eine läufige Hündin? Zu dem Mann, der dich verschmäht hat? Und du glaubst, das lasse ich mir gefallen nach allem, was ich für dich getan habe?« Seine Augen funkelten voller Zorn.

»Nein, ich werde nicht zu deinem Bruder gehen, aber nichts auf der Welt wird mich davon abhalten, dich zu verlassen!«, entgegnete sie kalt.

Sie war in dem Augenblick nicht darauf vorbereitet, dass er in seinem Zustand zu allem fähig sein würde. Deshalb ahnte sie von der Gefahr auch noch nichts, als er sie an den Schultern packte und in die Kissen drückte. Erst als er sich stöhnend mit seinem Gewicht auf sie rollte, spürte sie, dass er nicht mehr Herr seiner Sinne war.

»Bitte lass das!«, bettelte sie mit sanfter Stimme, weil sie vermutete, dass ihre Widerborstigkeit ihn nur noch mehr anstacheln würde, ihr etwas Unaussprechliches anzutun, aber ihr Flehen erreichte ihn nicht mehr. Sie versuchte, sich mit aller Kraft von seinem Gewicht zu befreien, aber Benjamin war auch in seinem berauschten Zustand noch ein durchtrainierter und kräftiger Farmer.

»Du Miststück, du gehörst mir«, stöhnte er voller Erregung, während er ihr grob den Rock hochschob.

»Bitte, Ben, tu das nicht. Ich tue alles, was du willst«, flehte sie ihn an, aber seine Antwort war wieder nur ein gemeines Lachen.

Sie versuchte, seine Hände wegzuschieben, aber er war viel

307

stärker, hob wütend die Faust und schlug ihr ins Gesicht. Er traf sie am Auge, was ihr einen höllischen Schmerz bereitete, aber sie gab keinen Laut von sich, sondern sah ihn nur starr vor Schreck an.

»Jetzt hast du Angst, aber ich bin dein Mann, schon vergessen, und ich bin es leid, eine Frau im Arm zu halten, die einen anderen begehrt. Glaubst du, ich merke das nicht, wie ungern du das Bett mit mir teilst? Denkst du, ich merke nicht, wie du dich nach meinem Bruder verzehrst? Aber du bist meine Frau, und ich entscheide, wann du mir gehörst.«

Ein Schaudern erfasste Scarlet, und sie verfluchte, dass er noch nicht zu betrunken war, um ihr seinen Willen gewaltsam aufzuzwingen. Sie ahnte, dass sie mit körperlicher Gegenwehr nur das Gegenteil erreichen würde. Ihr linkes Auge, auf dem sie kaum mehr sehen konnte, weil es langsam zuschwoll, sprach eine deutliche Sprache.

Ein letztes Mal bat sie ihn inständig, ihr keine weitere Gewalt anzutun, doch in seinen Augen konnte sie nichts als wilde Entschlossenheit und Zorn lesen. Das war der Augenblick, in dem sie sich nicht mehr wehrte, sondern auch das gesunde Auge schloss, um das, was nicht mehr aufzuhalten war, über sich ergehen zu lassen. Sie gab keinen Laut von sich, als er in grenzenloser Erregung mit harten Stößen in sie eindrang. Wie ein Brett lag sie da und versuchte, an etwas Schönes zu denken. An den Blick in Wentworth Falls auf die blauen Berge und an die Schönheit der Südseemyrte, an der sie sich heute verletzt hatte. Aber was waren diese Kratzer gegen die Wunden, die ihr dieser rasende Mann zufügte, für den sie nichts mehr als Verachtung übrig hatte.

Und sie hatte nur ein Ziel. Wenn das alles vorüber war, würde sie ihn verlassen. Der unsinnige Tod ihres geliebten Pferdes hatte ihr bereits als Grund gedient, aber das hier würde sie ihm niemals verzeihen. Sie wollte nur warten, bis er sein teuflisches Werk vollendet hatte, um vor diesem Satan zu Großmutter Vicky flüchten würde.

Mit einem lauten Schrei ergoss er sich in ihr, und Scarlet hatte Mühe, ihren Brechreiz zu unterdrücken. Kaum dass er seine grausame Tat vollendet hatte und sich grunzend zur Seite rollte, hörte sie im Flur die Stimme ihrer Tochter. Sie sprang auf und wollte ihren Plan sofort in die Tat umsetzen, aber da riss Benjamin sie zurück.

»Du wirst unser Kind nicht zu Gesicht bekommen, solange du keine Vernunft angenommen hast«, zischte er und stand auf. »Ich werde den anderen sagen, dass du einen kleinen Unfall hattest und im Bett bleiben musst«, sagte er mit erstaunlich klarer Stimme. Dann verließ er das Zimmer, aber nicht ohne vorher den Schlüssel abzuziehen und die Tür von außen abzuschließen.

Scarlet blieb zitternd am ganzen Körper liegen und zog sich die Bettdecke bis zum Hals. Obwohl der Ekel ihr einen Brechreiz verursachte, war sie noch in der Lage, klare Gedanken zu fassen. Nein, sie war kein Opfer und würde sich auch nicht als solches gebärden, und ein Plan reifte in ihr. Die Vorstellung, noch eine weitere Nacht mit ihm in einem Bett zu verbringen, verursachte ihr erneut Übelkeit, aber sie war sich sicher, dass dies der einzige Weg war, diese Hölle für immer zu verlassen. Nachdem sie ihre Entscheidung getroffen hatte, erhob sie sich aus dem Bett und ging zum Spiegel. Vor Schreck presste sie die Hände vor den Mund. Ihr Auge war nun komplett zugeschwollen und schimmerte bereits in schillernden Farben von Grün bis Violett. Falls sie in diesem Augenblick noch Zweifel gehegt hätte, ob sie ihm Julia wirklich nehmen durfte, wären ihr diese bei ihrem entsetzlichen Anblick mit Sicherheit vergangen.

Zu allem entschlossen kehrte sie ins Bett zurück und schlief schließlich erschöpft ein. Sie fiel in einen traumlosen Schlaf, aus dem sie erst erwachte, als er ins Zimmer trat. Draußen war es längst dunkel. *Nur noch diese Nacht*, dachte sie entschlossen, *das halte ich durch.*

Trotzdem zuckte sie zusammen, weil er ihr beinahe zärtlich über das Gesicht streichelte.

»Hast du inzwischen ein Einsehen, dass ich nicht anders konnte?«, fragte er lauernd und strich sanft über ihr blaues Auge, was ihr große Schmerzen bereitete, aber sie verzog keine Miene.

»Natürlich, du bist doch mein Mann«, log sie und schaffte es sogar, sich zu einem falschen Lächeln durchzuringen.

»Vernünftiges Mädchen«, entgegnete er, und er klang dabei ziemlich nüchtern. »Ich hoffe, ich habe dir meinen Bruder für alle Zeiten ausgetrieben«, fügte er zufrieden hinzu. Es schauderte sie bei dem Gedanken, dass er offenbar nicht den Hauch eines schlechten Gewissens verspürte, sondern tatsächlich glaubte, sie bezwungen zu haben.

»Ich habe auch vorher nicht mehr an ihn gedacht«, erwiderte sie heuchlerisch.

»Gut, dann hätten wir das ja geklärt.« Seine Stimme klang selbstgefällig. »Ich würde ja gern noch einmal in den Genuss kommen, meine Frau zu beschlafen, aber morgen früh werden neue Zuchtschafe geliefert, da muss ich ausgeruht sein«, fügte er bedauernd hinzu und gab ihr einen Kuss auf den Mund. Er roch immer noch nach Alkohol. Scarlet wurde erneut speiübel, aber sie wollte jetzt keinen Fehler machen.

»Es tut mir so leid, dass du das mit den Karten falsch verstanden hast, und ich hätte das nicht machen dürfen, ohne die Unternehmung vorher mit dir abzusprechen, aber glaube mir, ich habe die Karten auch gekauft, um dir eine Freude zu machen.« Scarlet war froh, dass sie wenigstens in diesem Punkt die Wahrheit sagte und deshalb auch überzeugend klang. So überzeugend, dass sich Benjamin mit zufriedener Miene neben sie ins Bett legte, sich noch einmal über sie beugte und küsste. Dieses Mal verspürte sie den Brechreiz so intensiv und hatte Panik, er würde sich gleich über sie rollen und mehr wollen. Sie befürchtete, das würde sie nicht überstehen, ohne sich zu übergeben. Glücklicherweise ließ er es bei diesem Kuss bewenden.

Allerdings tat Scarlet in dieser Nacht kein Auge zu, und ihre Gedanken waren so bei Daniel und ihrer gemeinsam verbrachten Liebesnacht, dass sie förmlich seine zärtlich gehauchten Worte im Ohr hatte. Und immer wenn sie sich zu dem Mann in ihrem Bett umsah, der dem Geliebten wie aus dem Gesicht geschnitten war und zufrieden vor sich hinschnarchte, überfiel sie ein Schaudern. Nein, da konnten zwei Menschen sich ähneln wie ein Ei dem anderen, zwischen ihnen lagen Welten.

Irgendwann schlief sie ein und erwachte, weil sie von Daniel geträumt hatte. Als sie die Augen öffnete, nahm sie sein Gesicht über sich wahr und zuckte zusammen. Es war Benjamin, der sie prüfend betrachtete.

»Du lächelst so versonnen. Hast du von uns geträumt?«, fragte er lauernd.

Scarlet strich ihm über seine Bartstoppeln und lächelte. »Ja, mein Schatz«, log sie.

Beim Frühstück flog ihr Julia förmlich in den Arm.

»Mein Liebling! Und heute kommst du mit in die Stadt und bleibst bei Granny Vicky.«

»Ich könnte sie aber auch hier behalten«, mischte sich Claire ein.

»Das weiß ich doch, aber ihre Urgroßmutter hat auch ein Recht, sie gelegentlich zu sehen, was ihr auch immer von ihr

311

haltet«, entgegnete Scarlet mit fester Stimme und wunderte sich darüber, dass Benjamin ihr zustimmte.

»Ich halte das für überflüssig«, bellte William, doch keiner hörte ihm zu.

Benjamin brachte Scarlet und Julia sogar noch in einem Pferdewagen bis zur Tramstation nach St. Kilda und gab beiden einen zärtlichen Abschiedskuss. Obwohl Scarlet unendlich erleichtert war, all das hinter sich zu lassen, und ungeachtet der Tatsache, was ihr Benjamin alles angetan hatte, empfand sie fast so etwas wie Mitleid, als er ihnen vertrauensvoll zuwinkte, während die Straßenbahn den Bahnhof verließ.

32

Ava fröstelte, als Francis sie in den dunklen Hauseingang schob.

»Die erste Tür links ist es. Soll ich draußen warten?«, fragte Francis.

Ava aber klammerte sich in Panik an die junge Frau, die ihr in den vergangenen qualvollen Tagen zu einer guten Freundin geworden war. Erst hatte Ava partout nicht glauben wollen, dass ihre Strandromanze mit Gregor nicht ohne Folgen geblieben war, aber dann hatte sie die Augen vor der Wahrheit nicht länger verschließen können. Ihre Blutungen waren seit über vier Wochen ausgeblieben, und sie hatte das Gefühl, dass sich in ihrem Körper etwas Unheilvolles tat. Sie war nur froh, dass Daniel nach den Erfolgen von Sydney und Melbourne zu einer neuerlichen Konzertreise, dieses Mal nach Brisbane, aufgebrochen war. Natürlich hatte sie mit dem Gedanken gespielt, das Kind zu bekommen und zu behaupten, es wäre von Daniel. Aber dann hatte sie sich entschieden, ihm zwar vorzumachen, sie wäre schwanger, aber »sein Kind« dann bei einer tragischen Fehlgeburt zu verlieren. Bei seiner Rückkehr von der letzten Konzertreise hatte sie weder Liebe noch Wiedersehensfreude in seinen Augen erkennen können, als sie ihn am Bahnhof von Adelaide abgeholt hatte. Sie hatte kurz befürchtet, er würde von seinem Versprechen, sie zu heiraten, zurücktreten. Und damit er gar nicht erst auf dumme Gedanken kommen konnte, hatte sie ihn gleich mit der Schwangerschaft überfallen. Daniel, ganz Ehrenmann, hatte die Neuigkeit mit Fassung getra-

gen und einen verbindlichen Hochzeitstermin mit ihr verein-
bart.

Der tiefe Grund, ihn doch nicht zum Vater dieses Kindes zu
machen, war nicht nur die Sorge, dass sie wahrscheinlich ein
Kind mit einer auffällig dunklen Haut bekommen würde, sondern auch die Tatsache, dass sie nicht die Spur von Liebe für
dieses unschuldige Ding empfinden konnte. Im Gegenteil, ihr
wurde jedes Mal fast übel, wenn sie dem Erzeuger im gemeinsamen Unterricht begegnete. Obwohl sie im Grunde wusste,
dass ihn nicht die Schuld an dieser Geschichte traf, machte
sie ihn insgeheim für ihr Dilemma verantwortlich und strafte
ihn mit eisernem Schweigen. Inzwischen hatte er sich tief verletzt tatsächlich Christin zugewandt, was bei der ansonsten leidenschaftlich eifersüchtigen Ava nicht einmal den Hauch von
Missgunst entfachte.

»Gut, dann begleite ich dich«, seufzte Francis. »Ich weiß ja,
wie schrecklich das Ganze ist!«

»Wenn ich dieses verdammte Ding doch bloß endlich los
wäre«, fluchte Ava.

Francis runzelte die Stirn. Sie hatte ihrer Freundin die Adresse von Miss Duncan zwar gegeben, nachdem Ava ihr unter
Tränen versichert hatte, dass sie das Monster schnell loswerden
wollte, aber obwohl Francis selbst schon einmal Miss Duncans
Hilfe in Anspruch genommen hatte, befremdete sie die Kalt-
herzigkeit, mit der Ava darüber sprach.

Francis hatte unsagbare Qualen ausgestanden, als ihr ver-
heirateter Liebhaber sie in die Wohnung an der West Terrace
nahe des Friedhofs geschleppt hatte.

Es war eine entsetzliche Seelentortur für sie gewesen, dieses
Kind sterben zu lassen, aber Ava schien genau das regelrecht
herbeizusehnen.

Bevor Francis gegen die Tür klopfte, an der kein Namensschild angebracht war, musterte sie ihre Freundin noch einmal durchdringend. »Schau mir in die Augen und sage mir, dass du dir ganz sicher bist!«

Francis schauderte, als sie neben der Entschlossenheit in Avas Blick den Ekel vor dem wahrnahm, was da in ihr wuchs.

»Francis, hör endlich auf damit. Ich weiß ja, dass du das für eine große Sünde hältst und wahrscheinlich noch auf dem Sterbebett einen Priester holen wirst, um dein Vergehen zu beichten, aber ich will kein dunkelhäutiges Kind von José, dem Zigeuner. Aber keine Sorge, ich werde noch viele blasse Kinder von Daniel bekommen!«

Francis zuckte zusammen. Ava hatte ihren wunden Punkt angesprochen. Sie hatte schottische Wurzeln, und ihre Familie war streng katholisch. Tatsächlich verging kein Morgen, an dem sie die arme Seele nicht in ihr Gebet einschloss.

»Das wünsche ich dir sehr«, seufzte Francis und behielt für sich, was Miss Duncan ihr damals vor dem Eingriff gesagt hatte: Sie verbürge sich nicht dafür, dass sie noch weitere Kinder bekommen könne. Und Francis hatte auch die Worte des Mannes im Ohr, den sie einst für die Liebe ihres Lebens gehalten hatte. »Nun machen Sie schon! Du willst es doch auch, oder?« Und Francis hatte unter Tränen genickt.

Nachdem Ava ungeduldig an die Tür geklopft hatte, öffnete eine blonde Frau, die nicht viel älter war als die Freundinnen.

Ava stutzte. Sie hatte sich keinen blonden Engel vorgestellt, sondern eine alte Hexe. Und besonders keine Frau, die sie voller Empathie ansah und Francis mit einer Umarmung wie eine alte Freundin begrüßte. »Wie geht es Ihnen?«, fragte sie mitfühlend. Francis rang sich zu einem Lächeln durch. »Ich habe den Kerl rausgeworfen, nachdem er mich besucht hat, weil er dachte, nun könnte er wieder mit mir schlafen.« Ein Lächeln huschte über Miss Duncans freundliches, weiches und schönes

315

Gesicht. »Ach, ich hätte ihn damals auch gern rausgeworfen, als er Sie zu mir geschleppt hat. Widerlicher Kerl.«

Ava sah dieser herzlichen Begrüßung mit Argwohn zu. Sie hatte sich vorgestellt, die unselige Frucht in einer dunklen Absteige ohne großes Tamtam loszuwerden, und nun spielte sich die Engelmacherin wie eine Beichtmutter auf. Nein, das missfiel ihr. Emotionen konnte sie wahrlich nicht gebrauchen.

»Können wir?«, fragte sie ungeduldig, was ihr einen kritischen Blick von Miss Duncan einbrachte.

»Setzen Sie sich doch erst einmal.« Sie bot den beiden jungen Frauen gemütliche Korbsessel an. Ava folgte dem Angebot nur zögernd und sah sich irritiert um. In diesem Raum wirkte gar nichts düster und verboten. Im Gegenteil, Miss Duncan schien daran gelegen, dass ihre Kundinnen sich wohlfühlten. *Was für ein Blödsinn*, dachte Ava erbost, als sich Miss Duncan ihr liebevoll zuwandte.

»Bevor ich meine Arbeit mache, möchte ich wissen, warum Sie dieses Kind nicht wollen.«

»Was geht Sie das an?«, schnaubte Ava.

Miss Duncans Miene verfinsterte sich. »Wie Sie vielleicht wissen, bin ich Hebamme und helfe lieber Kindern auf die Welt, als ihnen zu verwehren, das Licht dieser Welt zu erblicken.«

»Schön, aber können wir jetzt zur Sache kommen?«, verlangte Ava.

»Das gehört zur Sache, mein liebes Kind. Wenn ich die Umstände nicht kenne, kann ich Ihnen nicht helfen. Denn das ist es, was ich möchte. Verzweifelte Frauen davor bewahren, sich einem der Schlächter auszuliefern und dann elendig zu verbluten. Ich wurde einmal zu so einer armen Frau gerufen, und seitdem versuche ich, diesen bemitleidenswerten Dingern eine Alternative zu bieten.«

Ava sprang erbost auf. »Und wenn Ihnen meine Geschichte nicht passt, wollen Sie mir die Hilfe verweigern? Oder wie darf ich Ihre Predigt verstehen? Ich würde vorschlagen, Sie befreien mich von dem Ding und halten lieber ihren Mund. Sonst müsste ich … also, soviel ich weiß, steht Abtreibung unter Strafe.«

Ava konnte aus dem Augenwinkel sehen, wie Francis bei ihren Worten zusammenzuckte und ihr einen warnenden Blick zuwarf.

Miss Duncan aber blieb erstaunlich ruhig. »Dann zeigen Sie mich doch an. Ich lasse mich nicht erpressen, sondern ich helfe Ihnen, wenn ich es mit meinem Gewissen vereinbaren kann. Und dazu gehört, dass ich mir ein Bild von Ihrer Lage machen kann. Und mit Verlaub, Sie wirken mir nicht gerade verzweifelt.«

Ava lief knallrot an, denn sie ahnte, dass sie den Bogen überspannt hatte, und sie erkannte, dass sie mit diesem Trotz nicht weiterkam.

»Ich bekomme das Kind eines verheirateten Mannes. Genügt das?« Während ihr diese Lüge problemlos über die Lippen kam, schickte sie ihrerseits einen warnenden Blick in Richtung ihrer Freundin, der das blanke Entsetzen anzusehen war.

»Gut, dann werde ich Ihnen helfen«, entgegnete die Hebamme. »Kommen Sie bitte mit. Ich denke, Sie bleiben besser hier«, fügte sie an Francis gewandt hinzu.

Ava folgte ihr in einen Nebenraum, wo sie sich auf Miss Duncans Anweisung hin auf eine mit einem weißen Tuch bezogene Liege legte, während die Hebamme einen Trank aus Kräutern mischte.

»So, das müssen Sie zu sich nehmen, und in den meisten Fällen setzen dann die Blutungen zeitnah ein«, erklärte ihr Miss Duncan geschäftsmäßig.

317

Ava fuhr hoch. »Was heißt, in den meisten Fällen? Und was, wenn nicht? Sie wollen mir nur dieses Gesöff geben? Mehr nicht?«

»Nein, mehr nicht«, entgegnete die Hebamme in scharfem Ton. »Ich werde nicht mit Nadeln in Ihren Körper stechen, falls Sie das geglaubt haben sollten. Und ja, meistens funktioniert es mit dieser besonderen Mischung, aber ich kann Ihnen den Erfolg nicht garantieren. Nur das eine. Nach meiner Behandlung ist die Chance, dass Sie weitere Kinder bekommen, nicht von vorneherein ausgeschlossen.«

»Wie bitte? Sie wollen mir doch nicht sagen, dass ich womöglich …« Ava unterbrach sich, weil ihr plötzlich die Tränen kamen und sie laut aufschluchzte. Sie wehrte sich auch nicht, als ihr Miss Duncan tröstend über die Wange strich.

»Ich weiß, das ist sicher nicht einfach für Sie«, murmelte sie. Ihr Trost beschämte Ava zutiefst, denn ihr wurde in diesem Augenblick klar, dass ihr ganzer Trotz doch nur dazu diente, kein Mitgefühl aufkommen zu lassen. Weder für das Wesen in ihrem Bauch noch für sich selbst, weil sie diese Tortur über sich ergehen lassen musste. In diesem Augenblick hasste sie Gregor abgrundtief, weil sie allein ihm die Schuld daran gab, wenn sie Daniel womöglich keine Kinder würde schenken können. Aber auch diese Gefahr konnte nichts an ihrem Entschluss ändern, sich von Gregors Blag zu befreien.

Entschieden wischte sie sich mit dem Ärmel ihrer Bluse übers Gesicht. »Es ist schon wieder gut«, erklärte sie mit Nachdruck, denn sie wollte es endlich hinter sich bringen. Für einen winzigen Augenblick dachte sie daran, was der Trank auslösen würde, und sie verspürte einen Hauch von Trauer, der aber sofort wieder verflog.

Miss Duncan reichte ihr nun einen großen Becher, in dem sie ihre Mixtur mit etwas Wasser verdünnt hatte. Ava nahm das

Getränk mit spitzen Fingern entgegen und trank angewidert den ersten Schluck, der auf der Stelle Übelkeit auslöste, weil er nicht nur bitter schmeckte, sondern auch scheußlich roch. Sie fühlte sich, als würde sie einen Schierlingsbecher leeren. Sie brauchte ein paar Minuten, bis sie das Gesöff bis zum letzten Tropfen ausgetrunken hatte. Als sie Miss Duncan den leeren Becher zurückgab, schüttelte sie sich vor Ekel.

»Und wie lange dauert es, bis es wirkt?«, fragte sie.

»Das kann zwischen zwei und drei Tagen dauern.«

»Und wenn ich am vierten Tag immer noch keine Blutungen habe? Was dann?«, erkundigte sich Ava bang.

»Dann kommen Sie noch einmal her, und wir versuchen es noch mal mit diesem Mittelchen, aber ganz ehrlich, ich glaube, es wird funktionieren. Es sind eher Ausnahmen, bei denen diese Mischung nicht anschlägt.«

Ava setzte sich nun hastig auf, weil sie gar nicht schnell genug aus diesem Raum fliehen konnte. Obwohl sie das, was sie da eben getan hatte, nicht sonderlich quälte, aber daran erinnert werden mochte sie auch nicht. Nein, sie würde es gern schnellstens vergessen.

Sie drückte Miss Duncan das Honorar in die Hand, eilte in den Vorraum mit den Korbstühlen und rief Francis im Vorübereilen zu, dass sie schnellstens an die Luft müsste. Draußen vor der Tür atmete sie ein paarmal tief durch, bevor sie sich bei Francis unterhakte und sie mit sich die West Terrace entlangzog, als wäre der Teufel hinter ihr her, bis sie in der Innenstadt angekommen waren. Francis sagte währenddessen kein Wort. Erst als sie sich erschöpft auf eine Parkbank fallen ließen, musterte sie ihre Freundin eine Weile prüfend, bevor sie Ava fragte, warum sie gelogen hatte.

Ava stieß einen zischelnden Unmutslaut aus: »Ich glaube, wenn ich der Frau die Wahrheit gesagt hätte, die hätte mir glatt

319

die Hilfe verweigert und mich in Gregors Arme geschickt. Aber sag mal, wie lange hat es bei dir gedauert, bis die Blutungen eingesetzt haben?«

»Am Morgen des zweiten Tages war alles vorbei«, erwiderte Francis. Die Traurigkeit in ihrer Stimme war nicht zu überhören.

»Dann bleibt mir nur noch eins. Warten! Aber übermorgen muss es vorüber sein, denn da kommt Daniel zurück, und wir wollen tags darauf heiraten. Du kommst doch, oder?«

Francis nickte gedankenverloren und wünschte ihrer Freundin insgeheim, dass alles nach Plan laufen würde, obwohl sie das kalte Kalkül, mit dem Ava ihr Kind loswerden wollte, frösteln ließ.

»Und wann wirst du Daniel sagen, dass du das Kind, das angeblich von ihm ist, verloren hast?«, fragte sie schließlich. »Du kannst ihm doch nicht ewig vormachen, dass du schwanger bist. Ich meine, irgendwann wird er doch merken, dass dein Körper sich nicht verändert.«

»Das lass mal meine Sorge sein. Erst mal muss das Ding weg und ich seine Frau geworden sein. Dann kann ich es mir leisten, eine Fehlgeburt vorzutäuschen.«

Francis betrachtete Ava mit einer Mischung aus Bewunderung und Abscheu. »Aber was wirst du tun, wenn es nicht klappt?«, hakte sie vorsichtig nach.

»Wir statten Miss Duncan einen erneuten Besuch ab, aber ich bin mir sicher, ich werde es schnellstens los. Am liebsten noch heute Nacht!«, erwiderte Ava entschieden.

Ihr Wunsch sollte sich indessen nicht erfüllen. Weder in der kommenden Nacht noch am folgenden Tag.

33

Als Ava an diesem Morgen aus einem unruhigen Schlaf erwachte, wurde sie nervös. Gegen Mittag würde Daniel sie am Bahnhof erwarten, und dann sollte der Spuk möglichst vorüber sein, aber auch im Laufe des Vormittags tat sich nichts. Ava blieb nichts anderes übrig, als sich dennoch auf den Weg zum Adelaide Parklands Terminal zu machen. Daniel kam mit dem Ghan, dem Fernzug aus Port Augusta, in den er nach einer beschwerlichen Fahrt von Brisbane umgestiegen war.

Gerade in dem Augenblick, als der Zug majestätisch in den Bahnhof einfuhr, verspürte Ava einen stechenden Schmerz, der ihr schier den Unterleib zerreißen wollte. Sie schrie so laut auf, dass die umstehenden Wartenden erschrocken in ihre Richtung sahen und ihr zu Hilfe eilen wollten, doch Ava presste die Zähne fest aufeinander und betete, dass es nicht hier geschehen sollte. Als der Schmerz nachließ, atmete sie auf. Und gerade als sie Daniel auf sich zukommen sah mit einem freundlichen, aber nicht strahlenden Lächeln auf den Lippen und sie ihm in die Arme fliegen wollte, kehrte der Schmerz mit aller Macht zurück, diesmal weit heftiger als beim ersten Krampf. Sie schaffte es noch, ihm einen Kuss auf die Wange zu geben, dann wollte es sie förmlich zerreißen. Sie stöhnte laut auf und presste ihre Hände gegen den Unterleib. Daniel stellte seinen Koffer ab und wollte sich um sie kümmern, aber da sie nicht sagte, was ihr fehlte, wusste er nicht recht, was er tun sollte.

Ava war in die Hocke gegangen, weil der Schmerz in dieser Haltung wenigstens ein wenig gelindert wurde, und dann spürte sie, wie etwas Warmes, Feuchtes an den Innenseiten ihrer Schenkel entlanglief. Das Blut kam in solchen Mengen aus ihrem Körper geschossen, dass es durch ihre Unterkleidung zu Boden tropfte.

»Oh meine Güte«, schrie eine Frau. »Sie verliert ein Kind!«

Daniel war kreidebleich und versuchte, ihr aufzuhelfen, aber Ava war so geschwächt, dass sie sich nicht auf ihren Beinen halten konnte und wie ein nasser Sack in seinem Arm hing. Aber sie war bei vollem Bewusstsein und meinte plötzlich, in der Menge ein ihr bekanntes Gesicht zu erkennen. Die Frau, der es gehörte, rannte auf sie zu.

Als Miss Duncan bei ihr angekommen war, brüllte sie wie eine Furie in die Menge, dass es hier nichts zu gaffen gab. Und tatsächlich, die neugierigen Zuschauer trollten sich.

»Was … was ist mit meiner Verlobten?«, fragte Daniel, dem die nackte Panik ins Gesicht geschrieben stand, während er Ava mit aller Kraft festhielt.

»Ihre Verlobte …« Miss Duncan dehnte das Wort, während sie Ava einen strafenden Blick zuwarf. »Ihre Verlobte verliert ein Kind. Wussten Sie, dass sie schwanger ist?«, fügte sie lauernd hinzu, ohne Avas neuerlichem Schmerzensschrei Aufmerksamkeit zu schenken.

»Ja, wir wollen morgen heiraten. Aber so tun Sie doch etwas, statt zu reden. Holen Sie einen Arzt!«, befahl Daniel mit überkippender Stimme.

»Ihre Verlobte benötigt keinen Arzt. Das hört gleich auf. Glauben Sie mir. Ich bin Hebamme und weiß, wovon ich rede.«

»Aber was soll ich tun? Sehen Sie nur, das viele Blut!«

»Wie weit ist es von hier zu Ihrer Wohnung?«

»Nur ein paar Schritte«, entgegnete er mit angsterfüllter Stimme.

»Gut, dann haken wir sie von beiden Seiten unter und bringen sie dorthin. Ich werde sie dort versorgen, und Sie bringen mir Tücher und Wasser.«

Ava wollte den Arm wegziehen, als Miss Duncan sie anfasste, aber die ließ sich nicht abwimmeln. Der Gedanke, dass die Hebamme mit in Daniels Wohnung kam, war Ava schier unerträglich, aber es blieb ihr keine Zeit, sich damit zu befassen, weil der teuflische Schmerz immer noch in Wellen durch ihren Unterleib fuhr. So ergab sie sich ihrem Schicksal. Die starke Blutung hatte inzwischen nachgelassen.

Als sie schließlich auf Daniels Bett lag, nachdem die Hebamme sie gewaschen hatte, hörte der Schmerz ganz auf. So dankbar sie Miss Duncan einerseits war, so sehr wünschte sie sich auch, sie würde endlich gehen und Daniel und sie allein lassen. Und natürlich hoffte sie inständig, dass Miss Duncan sie nicht auf ihre Lüge ansprechen würde, doch sie ahnte, dass die Hebamme keine Frau war, die über einen solchen Verrat wortlos hinwegging. Sie hatte Daniel aus dem Zimmer geschickt mit der Bitte, noch ein paar trockene saubere Tücher zu besorgen. Kaum dass er aus der Tür war, musterte sie Ava lauernd. »Haben Sie mir etwas zu sagen?«

Avas Antwort war ein genervtes Stöhnen. »Was soll ich denn dazu sagen? Sie wissen doch jetzt, dass der Herr mein Verlobter ist. Und wenn Sie es genau wissen, dieses Kind war von einem anderen. Deshalb wollte ich es loswerden. Wenn Sie das gewusst hätten, hätten Sie mir sicher eine Ihrer Predigten gehalten, oder?«

»Gut möglich, aber nun kommen Sie wohl allein zurecht. Ich werde mich jetzt verabschieden und keine Sorge. Ihr Verlobter wird nichts erfahren. Jedenfalls nicht aus meinem Mund. Machen Sie es gut.«

Obwohl Miss Duncan höflich gewesen war, konnte Ava ihr

die Verachtung, die sie ihr gegenüber empfand, förmlich ansehen.

In der Tür stieß Miss Duncan mit Daniel zusammen. »Sie wollen schon gehen?«, fragte er bedauernd. »Sie haben uns so sehr geholfen.«

»Das habe ich gern getan«, entgegnete Miss Duncan förmlich.

»Aber darf ich Ihnen wenigstens ein bisschen Geld dafür geben. Das ist schließlich Ihr Beruf«, insistierte er.

»Nein, schon gut, ich …« Sie stutzte. »Sagen Sie, sind Sie nicht Daniel Bradshaw, das junge Klavier-Genie? Ich habe die Plakate überall in der Stadt gesehen. Und treten Sie nicht demnächst in der Adelaide Town Hall auf?«

Daniel wand sich. Nicht dass er immun gegen Komplimente war, aber in dieser privaten und unschönen Situation wurde er ungern auf sein Können angesprochen.

»Ja, übermorgen«, erklärte er knapp.

»Ach, ich würde so gern in das Konzert kommen, aber ich will nicht aufdringlich sein. Ich kann mir auch eine Karte besorgen.«

»Tja, das wird wohl nicht leicht sein. Es ist erstaunlich, aber soweit ich weiß, sind offenbar schon alle Karten weg. Aber ich habe noch ein gewisses Kontingent zur Verfügung. Auf welchen Namen soll ich die Karte zurücklegen lassen?«

»Auf Duncan, bitte!«

»Wird gemacht, Misses Duncan.«

»Miss Duncan«, korrigierte sie ihn höflich.

Dann verabschiedete sich die Hebamme von Ava und ließ keinen Zweifel daran, wie sehr sie sie verachtete. Das brachte Ava in Rage, denn sie fand es nicht angemessen, dass sich die Engelmacherin als moralische Instanz aufspielte, und zudem höchst unangebracht, dass sich diese Person Konzertkarten erschlichen hatte, aber sie verstand es, ihre Gefühle zu verbergen.

Daniels bekümmerter Blick, mit dem er sie nun musterte, brachte Ava auf andere Gedanken. Es tat ihr wohl, dass er sich um sie sorgte.

»Es tut mir so leid«, sagte er und drückte ihre Hand.

Ava wäre gern in Tränen ausgebrochen, um ihre Trauer über den Verlust des vermeintlich gemeinsamen Kindes zu unterstreichen, aber es gelang ihr nicht, auf Kommando zu weinen.

»Ach, wir werden noch viele Kinder bekommen«, seufzte sie.

Täuschte sie sich, oder lag da ein gewisser Zweifel in seinem Blick?

»Ava, ich könnte verstehen, wenn du die Hochzeit verschieben möchtest. Du musst doch erst einmal wieder ganz auf die Beine kommen.«

Am liebsten hätte sie ihr »Nein!« laut und vernehmlich herausgeschrien, aber sie konnte sich gerade noch beherrschen. Stattdessen sah sie ihn aus großen Augen verwundert an. »Nein, nein, ich werde nachher wieder aufstehen. Ich möchte das Ganze vergessen und endlich deine Frau werden«, sagte sie mit leidender Stimme.

»Aber meinst du nicht, es wäre besser, wenn wir noch ein wenig damit warten würden? Wir stehen nun ja nicht mehr unter diesem Druck, sondern können uns Zeit lassen. Und uns vielleicht einen Tag aussuchen, an dem ich abends nicht auf der Bühne stehen muss.«

Ava setzte sich mit einem Ruck auf. »Gib zu, du suchst nur nach einem Vorwand, dein Wort zu brechen! Du denkst, jetzt müsstest du mich nicht mehr heiraten. Wo du weißt, dass diese Nacht mit uns folgenlos geblieben ist.« Sie erschrak selbst über ihren scharfen Ton, aber diese Worte waren einfach aus ihr herausgeplatzt.

325

Daniel zuckte zusammen. Nicht weil sie ihn derart anfauchte, sondern weil ein Körnchen Wahrheit in ihren Vermutungen lag. Was würde er darum geben, wenn er nicht gezwungen war, Ava zu heiraten. Er mochte sie, keine Frage, ja, er fand sie sogar sehr anziehend, aber sein Herz, das erreichte sie nicht. Wie gern würde er den Rest seines Lebens mit einer Frau verbringen, die sein Herz höher schlagen ließ. Wie Scarlet! Er schämte sich für seine Gedanken. Nein, das war nur ein Traum. Er war sich nämlich keinesfalls sicher, ob ihm dieses Glück im Leben überhaupt noch einmal widerfahren würde. Und er trug Ava gegenüber, die ihn zweifelsohne über alles liebte, eine Verantwortung.

»Wie kannst du so etwas sagen? Natürlich werden wir heiraten. Und wenn du möchtest, gleich übermorgen. Und abends sitzt du dann in der ersten Reihe als meine Frau.«

Daniel hatte das in einem sehr überzeugenden Ton gesagt, der bei Ava alle Zweifel an seiner Aufrichtigkeit schwinden ließ. Sie schlang stürmisch die Arme um seinen Hals, während Tränen der Erleichterung über ihre Wangen rannen.

»Verzeih mir, dass ich so etwas Hässliches gesagt habe«, schluchzte sie. »Ich bin einfach nicht ganz bei mir. Was heute geschehen ist, war zu viel für mich.«

Daniel strich ihr mitfühlend durch das Haar.

»Das verstehe ich. Und du hast völlig recht. Wir werden noch viele Kinder bekommen.«

Ava ließ sich seufzend zurück in die Kissen sinken. Ihre Tränen waren bei seinen zärtlich klingenden Worten versiegt.

»Trotzdem musst du jetzt etwas essen. Ich habe etwas kaltes Lammfleisch in meiner Speisekammer. Kann ich dir damit wohl eine Freude machen?«

Ava strahlte ihn an. »Ach, das wäre schön«, säuselte sie, aber es war nicht die Aussicht auf ein Stück Fleisch, die wahre Glücksgefühle in ihr hervorriefen, sondern die Gewissheit, dass sie am Ziel ihrer Träume angekommen war. Daniel stand rückhaltlos zu ihr, obwohl sie kein Kind von ihm erwartete. So grausam das Erlebnis am Bahnhof für sie auch gewesen war, es hatte einen unverhofften Nutzen mit sich gebracht. Glaubwürdiger hätte sie ihm den Verlust ihres gemeinsamen Kindes nicht vorspielen können. Und sie war sich in diesem Augenblick ganz sicher, dass er sie eines Tages genauso ansehen würde, wie er damals in Wentworth Falls Scarlet angeschmachtet hatte.

Als er ihr nun, bevor er das Zimmer verließ, einen sanften Kuss auf den Mund gab, hätte sie schwören können, dass nichts und niemand sie beide je wieder trennen würde.

34

Zwei Wochen lebten Julia und Scarlet mittlerweile bei Granny Vicky, die regelrecht aufgeblüht war, weil endlich wieder Leben im Haus war. Scarlet war allerdings sehr nervös, weil sie ständig Sorge hatte, dass ihr Benjamin vor dem Haus auflauerte, aber bislang war alles ruhig. Zu ruhig für ihr Empfinden, ja, es fühlte sich ein wenig an wie die Ruhe vor dem Sturm, denn sie konnte sich partout nicht vorstellen, dass er gar nicht versuchen würde, sie zurückzuholen.

Scarlet war bereits bei einem Anwalt gewesen und hatte ihn beauftragt, die Scheidung von Benjamin zu beantragen, doch Mister Wilson, ein gutmütiger älterer Herr, hatte ihr keine allzu großen Hoffnungen darauf gemacht, dass ihr Antrag Erfolg haben könnte. Die Scheidungsgesetze in Victoria waren streng, jedenfalls was die Voraussetzungen für scheidungswillige Frauen anging. Die Männer mussten nur behaupten, dass ihre Frau einen Ehebruch begangen oder sich besonderer Grausamkeiten schuldig gemacht hatte, während die Frauen dies überdies beweisen mussten.

Nach dem Gesetz gab es für Scarlet nur eine einzige Möglichkeit, die Scheidung zu erreichen: Sie musste Benjamin besondere Grausamkeiten nachweisen. Als sie dem Anwalt ihr immer noch grünlich schimmerndes Auge gezeigt hatte, hatte er besorgt mit der Stirn gerunzelt. »Ich glaube Ihnen gern, dass Ihnen Ihr Mann das angetan hat, aber Sie werden es wohl schlecht beweisen können, oder glauben Sie, Ihr Mann wird das vor Gericht zugeben?«

»Aber er hat mich vergewaltigt«, hatte sie empört hinzugefügt.

»Das ist eine hässliche Sache, keine Frage, aber auch das
wird schwer zu beweisen sein, zumal die Richter es gar nicht
mögen, wenn Frauen ihren Männern dergleichen vor Gericht
vorwerfen. Viele von ihnen denken, das wäre allein eine Sache
zwischen den Eheleuten.«

»Und was soll ich jetzt tun?«, hatte Scarlet verzweifelt gefragt.

Der Anwalt hatte eine Weile über die Frage nachgegrübelt,
bevor er ihr den Vorschlag gemacht hatte, im Augenblick gar
nichts zu unternehmen und darauf zu hoffen, dass Benjamin
sich nicht seinerseits an die Gerichtsbarkeit wandte mit dem
Antrag, dass sie in das eheliche Haus zurückkehren müsse.

»Aber das werde ich nicht tun! Um keinen Preis. Und auch
meine Tochter nicht!«

»Ist Ihnen klar, dass er zumindest verlangen könnte, dass
Ihre Tochter zu ihm zurückgebracht wird? Ich meine, wenn
man Ihnen böswilliges Verlassen unterstellen würde …«

Scarlet war kalkweiß geworden. »Wenn er das verlangt, habe
ich meine Mittel, ihn davon abzubringen«, hatte sie dem Anwalt mit bebender Stimme versichert.

Mister Wilson hatte sie mit einem mitleidigen Blick bedacht,
aus dem sie unschwer lesen konnte, dass er, was Benjamins
Recht anging, seine Tochter zu sich zu holen, keinen Zweifel
hegte.

Das alles ging Scarlet durch den Kopf, während sie in einem
Liegestuhl im Schatten döste. Es war ein wunderschöner son-
niger Sonntag. Granny Vicky malte gerade ihren Garten in
Öl, während Julia mit einem bunten Kreisel spielte und hoch-
zufrieden mit sich und der Welt war.

Scarlet bemerkte, dass Granny Vicky sie besorgt von der Seite ansah.

329

»Grübelst du schon wieder darüber, wann er wohl vor unserer Tür steht?«, fragte Granny Vicky in dem Augenblick.

»Ja, ich habe gerade noch einmal über meinen Besuch beim Anwalt nachgedacht. Ich bin mir nicht sicher, ob ich seinem Vorschlag, die Scheidung nicht zu beantragen, folge oder einen Prozess riskiere, den ich ziemlich sicher verlieren werde, aber dann müsste ich seine Frau bleiben«, stöhnte Scarlet.

»Gut, das müsstest du auch, wenn du die Scheidung gar nicht erst einreichst, aber ehrlich gesagt, ist das das Schlimmste, was dir geschehen könnte? Ich meine, du hast ja nicht vor, in absehbarer Zeit einen anderen zu heiraten, oder?«

Scarlet rang sich zu einem Lächeln durch. Sie wusste genau, worauf ihre Großmutter anspielte, und seit sie die Bradshaw-Farm verlassen hatte, hatte sie zumindest einen Hauch ihres Humors wiedergefunden.

»Nein, ich gedenke nicht, das eiskalte Herz des großen Meisters zu erobern«, entgegnete sie scherzhaft. Obwohl sie sich an dem Abend, an dem Daniel im Princess Theatre aufgetreten war, in einer schrecklichen Verfassung befunden hatte, hatte sie sich von Granny Vicky überreden lassen, mit ihr in sein Konzert zu gehen. Scarlet hatte schließlich zugestimmt, aber nur unter einer Bedingung: Sie hatte die schönen teuren Karten einem Paar geschenkt, das nur noch Plätze in der letzten Reihe bekommen hatte. Die guten Leute hatten sie zwar angeguckt, als wäre sie irre, aber hinten in der letzten Reihe hatte sich Scarlet sicherer gefühlt. Und doch hatte sie nicht damit gerechnet, dass ihr der Augenblick, in dem Daniel die Bühne betreten hatte, derart nahegehen würde. Er hatte so attraktiv ausgesehen in seinem Anzug, und selbst aus der letzten Reihe konnte sie erkennen, dass er in den vergangenen Jahren gereift war und dass ihm das sehr gut stand.

»Du liebst ihn immer noch, oder?«, hatte Granny Vicky geflüstert, tröstend ihre Hand genommen und den ganzen Abend nicht mehr losgelassen.

Scarlet aber hatte wie gebannt auf seine Hände und sein Profil geblickt, während er den Arien diverser Opern einen ganz neuen, erhabenen Klang schenkte.

Der Schlussapplaus war gigantisch gewesen, aber da war Scarlet aufgewacht und hatte Granny Vicky dazu gedrängt, ihre Plätze hastig zu verlassen und sich ins Freie zu retten. Erst als sie ein ganzes Stück gegangen waren, hatte Scarlet ihre Sprache wiedergefunden. »Wie, Granny, wie konnte ich mich nur dermaßen irren?«

»Kind, wenn ich darauf eine Antwort hätte, wäre ich schlauer. Ich habe das nie verstanden. Und nach dem zu urteilen, wie ich ihn heute Abend erlebt habe, wird es mir immer ein Rätsel bleiben.«

»Er wirkt so ernsthaft, so zuverlässig, so unbestechlich, so integer«, hatte Scarlet heiser hervorgestoßen und war in Tränen ausgebrochen. Ihre Großmutter hatte sie fest in den Arm genommen, und dann waren sie schweigend und ratlos zugleich zu Granny Vickys Elternhaus, der Villa im Italianate-Stil in der Spencer Street zurückgekehrt.

Granny Vicky schenkte ihrer Enkelin ein warmes Lächeln. »Du weißt, dass er kein eiskaltes Herz besitzt. Was ihn auch immer dazu bewogen hat, dich so schnöde zu verlassen, er hat dich genauso geliebt wie du ihn.«

»Woher weißt du das? Hast du ihn gefragt?«, witzelte Scarlet, obwohl ihr bei diesem Thema das Herz immer noch schwer wie Blei war.

»Ich habe Augen im Kopf. Wie er dich in Wentworth Falls angesehen hat, das war die reine Liebe. Und glaub mir, ich weiß, wovon ich spreche«, bemerkte Granny Vicky mit Nachdruck.

»Ich weiß. So hat Großvater dich angesehen und auch dein erster Mann. Aber die haben beide zu dir gestanden im Gegensatz zu Daniel, der sich feige dem Willen seiner Eltern gebeugt hat.«

»Ach, Kind, ich möchte wirklich nicht als merkwürdige Alte dastehen, die Märchen erzählt, aber woher kannst du wissen, ob da nicht auch irgendwer seine Hände im Spiel hatte wie mein Vater und mein Schwager damals, die vor keinem Mittel zurückgeschreckt sind, um Jonathans und meine Liebe zu hintertreiben?«

Scarlet musterte ihre Großmutter belustigt. »Kannst du dir meinen wunderbaren Vater vorstellen, wie er Intrigen spinnt, um die Liebe zwischen Daniel und mir zu vereiteln? Oder vielleicht deine Tochter Annabelle? Oder Onkel George, der meinen Schwiegervater wirklich abgrundtief hasst und ihn nur mir zuliebe nicht vor ein Gericht gezerrt hat? Nein, meine Familie ist zu solchen Gemeinheiten bestimmt nicht fähig.«

»Natürlich nicht«, gab Granny Vicky kleinlaut zu. »Mir ist die Fantasie ein wenig durchgegangen, aber nun lass uns über deine Scheidung sprechen. Was mir viel mehr Sorge bereitet als die Tatsache, dass du mit diesem Kerl vielleicht ein Leben lang verheiratet bleibst, ist die Frage, ob er nicht verlangen kann, dass Julia unter dem Dach der Bradshaws aufwächst, und ich denke, das darfst du nicht zulassen.«

»Und was soll ich deiner Meinung nach dagegen tun?«, fragte Scarlet und musterte ihre Großmutter durchdringend. Sie hoffte insgeheim, dass Granny Vicky ihr das anraten würde, was sie selbst seit dem Anwaltsgespräch in Erwägung zog.

Granny Vicky stöhnte gequält auf. »Ich weiß, du möchtest nicht, dass ich darüber spreche, aber jetzt geht es um die Zukunft deiner Tochter, meiner Urenkelin. Denn natürlich ahne ich die Wahrheit, obwohl du sie mir nie letztendlich bestätigt hast.«

»Ach Granny, ich weiß, dass du es weißt, und du weißt, dass ich das weiß. Ja, Julia ist Daniels Tochter, und ich habe genauso wie du einst Frederik gegenüber einen Schwur abgelegt zu behaupten, sie sei Benjamins Kind, komme, was wolle …«

»Aber bedenke, wohin mich der Schwur gebracht hat. Beinahe hätten sich alle meine drei Kinder von mir abgewandt …«, unterbrach Granny Vicky ihre Enkelin heftig.

»Deshalb spiele ich ja auch mit dem Gedanken, ihm damit zu drohen, dass ich meinen Schwur breche und Daniel die Wahrheit sage.«

»Das ist ein guter Plan! Geh zu Daniel und sage ihm die Wahrheit!«, entgegnete Vicky entschlossen.

»Nein, das werde ich nicht tun, Granny, auf keinen Fall! Aber wenn Benjamin mir droht, mir Julia zu nehmen, dann werde ich ihm drohen, genau das zu tun. Und ich bin überzeugt, dass er mir Julia dann überlässt.«

»Dein Wort in Gottes Ohr«, seufzte Granny Vicky.

»Nun lass uns ein wenig ruhen. Ich bin erschöpft, und ich glaube, Julia braucht einen Mittagsschlaf«, bemerkte Scarlet hektisch. Insgeheim hoffte sie, dass Benjamin sie schlichtweg in Ruhe lassen würde.

»Ach meine Kleine, das kann doch nicht sein, dass sich das Schicksal auf so infame Weise wiederholt«, stöhnte Granny Vicky. »Ich hätte das keinem je gegönnt, zuallerletzt dir, aber warum vertraust du dich nicht Daniel an? Ich meine, ich habe damals geglaubt, der Vater deiner Mutter wäre tot. Aber Julias Vater lebt …« fügte sie eifrig hinzu.

»Für mich ist Daniel Bradshaw auch gestorben«, erklärte Scarlet mit Nachdruck.

»Den Eindruck hatte ich bei seinem Konzert aber nicht«, widersprach Granny Vicky vehement.

»Aber er hat mich tief verletzt! Ich werde niemals bei ihm ankriechen und ihm jammernd verkünden, dass unsere Liebesnacht in Wentworth Falls nicht folgenlos geblieben ist. Kannst du das nicht verstehen? Das Schicksal wiederholt sich nicht wirklich. Großvater hätte alles getan, um meiner Mutter ein guter Vater zu sein, wenn er von ihrer Existenz auch nur etwas geahnt hätte. Aber glaubst du, Daniel würde plötzlich zu mir stehen, nur weil wir ein Kind haben? Nein! Niemals wird er von seiner Vaterschaft erfahren! Selbst wenn er sich dann als Ehrenmann erweisen und die Verantwortung übernehmen würde, darauf pfeife ich!«

Zu Scarlets Verwunderung huschte ein Lächeln über Granny Vickys Gesicht. »Ach, mein Kind, wir sind uns wirklich ähnlich. Stur, stolz und mutig!«

Julia war übermüdet und fing an zu quengeln. »Ich bringe die Kleine jetzt ins Bett. Und mach dir keine Sorgen. Der süße Schatz bleibt bei uns. Das ist doch die Hauptsache, was Benjamin sich auch immer ausrechnet.«

Scarlet nahm ihre Tochter auf den Arm und trug sie in ihr Bettchen. Julia schlief sofort ein. Sie betrachtete sie noch eine Weile voller Zärtlichkeit, bevor sie sich auf ihr eigenes Bett legte und versuchte, ebenfalls ein wenig zu schlafen, aber ihre wild durcheinanderwirbelnden Gedanken hinderten sie daran.

Ein lautes Gebrüll ließ sie hochfahren. Sie meinte, Granny Vickys und Benjamins Stimmen zu erkennen. Wie der Blitz fuhr sie auf und verließ das Zimmer, nicht ohne noch einen Blick auf ihre immer noch selig schlafende Tochter zu werfen.

Unten auf der Terrasse fand sie Granny Vicky und ihren Ehemann vor, die sich beide in kämpferischer Pose gegenüberstanden.

»Julia bleibt hier!«, brüllte ihre Großmutter.

»Nein, meine Frau hat mich mutwillig verlassen, ich will mein Kind«, schrie Benjamin.

»Du hast sie misshandelt, du Mistkerl«, konterte Vicky.

»Beweist es doch! Mein Vater hatte recht. Du bist eine alte Hexe!«, bellte er.

Scarlet blieb wie betäubt in der Terrassentür stehen.

»Ich will meine Tochter. Soll deine Enkelin doch zum Teufel gehen!«, hörte sie ihren Mann fordern.

»Sie ist …«

Das war der Augenblick, in dem Scarlet aus ihrer Erstarrung erwachte. Nein, es wäre fatal, wenn Granny ihrem Mann die Wahrheit an den Kopf schleudern würde. Die Tatsache, dass sie ihren Schwur gebrochen hatte, würde ihn nur noch mehr in Rage bringen.

»Benjamin, lass uns bitte unter vier Augen über alles reden«, mischte sie sich lautstark ein.

Er fuhr herum und starrte sie mit vor Hass funkelnden Augen an.

»Gut. Dann sag der Hexe, sie soll verschwinden!«

»Granny, bitte geh ins Haus und schau nach Julia!«, flehte Scarlet. Ihre Großmutter zögerte einen Augenblick, dann zog sie sich ins Haus zurück.

Nun war Scarlet allein mit diesem vor Zorn rasenden Mann, aber sie verspürte merkwürdigerweise nicht einen Hauch von Angst, obwohl Benjamin bedrohlich auf sie zutrat. Auch als er seine Faust erhob, blieb sie ruhig. *Soll er mich doch schlagen*, dachte sie noch, während er die Hände sinken ließ und zu ihrem Entsetzen in Tränen ausbrach.

»Scarlet, es tut mir so leid. Bitte, verzeih mir. Ich schwöre dir, es wird nie wieder vorkommen«, schluchzte er. »Bitte, komm mit mir auf die Farm zurück.«

Scarlet erstarrte. Er tat ihr leid, und sie war ganz sicher, dass seine Worte in diesem Augenblick ehrlich gemeint waren und aus vollem Herzen kamen, aber wie sie ihn so jämmerlich vor sich stehen sah, war es auch nicht mehr als Mitleid, das sie für ihn empfand. Die Vorstellung, jemals wieder das Bett mit ihm zu teilen, schien ihr geradezu absurd. Wenn sie nur an seinen nach Alkohol stinkenden Atem dachte, als er ihr seine Zunge in den Mund geschoben und sie befürchtet hatte, sich übergeben zu müssen … *Ich sollte versuchen, meinen Ekel zu verbergen*, dachte sie noch, als er bereits auf sie zugetreten war und sie in seine Arme gerissen hatte. Es kostete sie sehr viel Selbstbeherrschung, ihm keine Ohrfeige zu versetzen. Also wartete sie mit zusammengebissenen Zähnen, bis er sie wieder freigab.

»Ich habe das doch nur getan, weil ich so wahnsinnig eifersüchtig auf meinen Bruder bin. Als ich die Karten am Boden liegend fand, dachte ich, du triffst ihn heimlich und …«

»Das ist kein Grund, deinen Zorn an meinem unschuldigen Pferd auszulassen«, gab sie empört zurück.

»Ich weiß, ich hätte dir vertrauen sollen. Scarlet, ich weiß doch im Grunde, dass du nur mich liebst. Nur bitte, ich möchte es aus deinem Mund hören. Dann ist alles wieder gut«, bettelte er.

Scarlet fröstelte. Lange würde sie ihre körperliche Abneigung gegen ihn nicht mehr verbergen können. Sie hasste die gewalttätige Seite an ihm genauso wie die unterwürfige. *Was für Welten liegen nur zwischen den beiden Brüdern*, dachte sie, während vor ihrem inneren Auge Daniel auftauchte, wie souverän er die Bühne des Princess Theatres betreten hatte. Ein feingeistiger Mann von Welt auf der einen und ein grobschlächtiger Farmer auf der anderen Seite.

»Bitte, bitte, sag, dass du mich liebst, und ich schwöre dir, ich fasse dich nie mehr gegen deinen Willen an.«

Scarlet atmete ein paarmal tief durch, bevor sie ihm mit ruhiger Stimme die Wahrheit sagte, oder besser gesagt, die halbe Wahrheit.

»Es tut mir leid, ich kann nicht vergessen, was du getan hast. Nein, und ich kann dich nicht mehr lieben. Und ich werde nicht zu dir zurückkehren. Im Gegenteil, ich möchte die Scheidung.«

Er sah sie fassungslos an, bevor seine Miene erneut hasserfüllte Züge annahm und er in ein grausam klingendes Lachen ausbrach.

»Du willst die Scheidung? Niemals! Und du weißt genau, dass du damit nicht durchkommst. Ich bin nicht so dumm wie du denkst, und kenne die Gesetze. Ich würde alles leugnen und schwören, dass ich dich auf Händen getragen habe. Und dafür gibt es Zeugen.«

»Du würdest doch nicht etwa deine Eltern für dich aussagen lassen? Nicht deine Mutter, die selbst oft genug Opfer dieser Gewalttätigkeiten durch deinen Vater wird?«

»Selbstverständlich würde ich das tun, damit du niemals in deinem ganzen Leben frei von mir sein wirst!«

»Aber Ben, wir waren doch einmal Freunde, es hat keinen Sinn, an unserer Ehe festzuhalten, wenn sie nicht mehr wirklich existiert. Und du willst mich doch nicht mit einer Lüge auf ewig an dich binden?«

Er lachte immer noch laut und gehässig. »Soll ich etwa wie ein Büßer vor dem Richter zugeben, dass ich dich geschlagen habe? Ich denke nicht daran. Außerdem würde das jeder verstehen, wenn er erführe, dass du mich mit meinem Bruder betrügen wolltest.«

»Aber das ist nicht wahr. Bitte, lass mich gehen!« Jetzt war sie diejenige, die bettelte.

337

»Nein, du wirst, solange wir leben, meine Frau bleiben, damit du niemals meinen Bruder heiraten kannst«, stieß er verächtlich aus.

»Dein Bruder hat mich schmählich im Stich gelassen. Schon vergessen? Und ich werde dir ewig dankbar sein, dass du Julia und mich …«

Seine Antwort war eine schallende Ohrfeige. »Halt deinen Mund!«, brüllte er.

Scarlet spürte kurz einen brennenden Schmerz auf der Wange, aber sie kümmerte sich nicht weiter darum, sondern war nun fest entschlossen, das zu tun, was ihr vor dieser neuerlichen Tätlichkeit seinerseits noch gewisse Skrupel bereitet hätte.

»Gut, dann bleiben wir eben auf dem Papier Mann und Frau, aber Julia wird niemals mehr auf die Farm zurückkehren, sondern bei mir leben!«, erklärte sie fest entschlossen.

»Willst du dir gleich noch eine einfangen?«, zischte er. »Mach, was du willst, aber ich verlasse dieses Haus nicht ohne meine Tochter, verstanden?« Dabei fuchtelte er mit der Faust vor ihrem Gesicht herum, doch Scarlet hatte nicht mehr die Spur von Angst, auch kein Mitleid mehr, nur abgrundtiefe Verachtung. Sie baute sich kämpferisch vor ihm auf, und statt sie erneut zu schlagen, trat er einen Schritt zurück und ließ die Fäuste sinken. Offenbar flößte ihm ihr zu allem entschlossener Ausdruck Angst ein.

»Sie ist nicht deine Tochter, und ich habe dir geschworen, dass dieses Geheimnis unter uns bleibt«, sagte sie mit klarer Stimme.

Benjamin wurde kreidebleich. »Nicht so laut! Oder soll die alte Hexe das mitbekommen? Ja, das hast du mir geschworen, und warum solltest du diesen Schwur brechen? Willst du vielleicht zu Daniel kriechen und ihm die Wahrheit sagen?« Wieder lachte er hässlich auf. »Na, der wird sich bedanken, wenn er erfährt, dass du mir sein Kind untergeschoben hast!«

»Was redest du da? Du hast es so gewollt!«

»Glaubst du, das würde ich zugeben? Ich hatte keine Ahnung.«

Scarlet hielt einen Augenblick irritiert inne. Was, wenn Ben seinen Bruder wirklich so gemein anlügen würde? Und das Schlimme war, sie wollte ja selbst auf keinen Fall, dass Daniel je davon erfuhr. Julia sollte unbedingt Bens Tochter bleiben! Wenn sie gewinnen wollte, musste sie hoch pokern. Das ahnte sie in diesem Augenblick, und es half alles nichts. Sie musste es zumindest versuchen.

Sie räusperte sich ein paarmal. »Dann wollen wir mal sehen, wem von uns beiden er Glauben schenkt. Er muss doch bloß nachrechnen. Und glaubst du, er hält dich für so dumm, dass du dir ein Kind unterschieben lässt, das zweifelsohne aus seiner und meiner gemeinsamen Liebesnacht stammt?« Sie stockte. Seiner Gesichtsfarbe nach zu urteilen hatte sie bereits den Sieg davongetragen, denn Benjamins Haut hatte eine graugrünliche Färbung angenommen. Und er ließ sich schnaufend auf einen der Korbsessel fallen.

»Du würdest es ihm also wirklich sagen?«, fragte er ungläubig.

»Wenn ich damit verhindern kann, dass mir mein Kind genommen wird, dann ja. Und wenn er bestätigt, dass Julia wirklich nur von ihm sein kann, wird dir auch kein Richter das Kind zusprechen.«

»Du hast gewonnen«, sagte er leise. »Ich werde keine Rechte an ihr geltend machen. Unter einer Bedingung.«

Scarlet atmete auf vor Erleichterung, denn was er auch immer von ihr verlangte: Wenn sie nicht zurück auf die Farm musste und Julia bei ihr blieb, war sie zu allen Opfern bereit.

339

Oh Gott, lass alles gut sein, betete sie. *Wenn Ben wüsste, dass ich um keinen Preis der Welt möchte, dass Daniel von seiner Vaterschaft erfährt, wäre ich jetzt erpressbar.*

»Du bleibst meine Frau, wir verfolgen einander nicht mit Gerichten, sondern dulden unsere Trennung. Und es wird kein Mensch je erfahren, dass Julia Daniels Tochter ist, am allerwenigsten er selbst! Dafür darf ich Julia in regelmäßigen Abständen wie ein Vater sehen. Du wirst mir gestatten, sie, sobald sie größer ist, auch über die Ferien mit auf die Farm zu nehmen ...«

»Aber Ben, ich möchte nicht, dass sie bei deinen Eltern ...«, protestierte Scarlet schwach, wohl wissend, dass sie keine andere Wahl hatte, als auf seine Bedingungen einzugehen.

Er aber fuhr unbeirrt fort. »Julia darf die Ferien bei mir verbringen, und wenn sie alt genug ist, darf sie wählen, ob sie nicht vielleicht doch Farmerin wird.«

»Ben, das wird sie zerreißen. Lass sie allein unter meiner Obhut aufwachsen. Du kannst sie in diesem Haus besuchen, so oft zu magst.«

»In dieses Haus werde ich keinen Fuß mehr setzen. Mein Vater hat recht. Du bist genau so ein unmoralisches Weibsbild wie deine Großmutter. Ich will dich nie wiedersehen. Hörst du? Geh mir in Zukunft aus den Augen! Und schick eher die alte Hexe, um mir Julia zu übergeben, als dass du dich blicken lässt. Ich hole sie übernächstes Wochenende ab!«

Mit diesen Worten erhob sich Benjamin, spuckte ihr in hohem Bogen vor die Füße und ging. Scarlet zitterte am ganzen Körper. Am liebsten würde sie auf Nimmerwiedersehen von hier verschwinden, irgendwo neu anfangen, an einem Ort, wo keiner sie kannte, aber sie war vernünftig genug einzusehen, dass sie wahrscheinlich nirgends auf der Welt vor Benjamin si-

340

cher wäre. Und außerdem konnte sie das weder ihren Eltern noch ihrer Großmutter antun.

»Ist er weg?«, hörte sie Granny Vicky von der Verandatür her raunen.

»Ja, und wir haben uns geeinigt«, seufzte Scarlet. »Wir bleiben verheiratet, Julia bleibt bei mir, aber er darf sie weiterhin sehen.«

»Oh je, dann wird das Scheusal von William keine Gelegenheit auslassen, Julia gegen uns aufzuhetzen«, stöhnte Granny Vicky.

»Ich weiß, aber ich habe keine andere Wahl, wenn ich verhindern möchte, dass Daniel je von seiner Vaterschaft erfährt. Und das ist Benjamins Bedingung.«

»Aber wäre es nicht besser, wenn du Daniel die Wahrheit …«

»Granny, nein und noch mal nein! Ich möchte das nicht. Bitte respektiere das! Und du solltest mir nicht raten, was du selber damals nicht getan hast! Es gibt noch eine andere Möglichkeit. Ich schnappe mir Julia, und wir gehen nach England.«

»Das kannst du mir nicht antun!«, erwiderte Vicky empört. »Du wirst doch nicht vor ihm flüchten …«

Weiter kam sie nicht, denn nun trat ihr neues Hausmädchen, die junge deutschstämmige Elfie, auf die Veranda und kündigte eine Besucherin an.

»Wer kann das sein?«, fragte Vicky unwirsch.

»Sie hat ihren Namen nicht genannt, Misses Melrose, aber dem Aussehen nach zu urteilen ist sie wohl eine Aborigine«, entgegnete Elfie in ihrem harten Englisch.

Scarlet wurde blass und vergaß ihre eigenen Sorgen, weil sie ahnte, was das zu bedeuten hatte. Victoria war es wohl kaum selbst, aber vielleicht jemand, der Granny Vicky eine Nachricht von ihr überbringen sollte.

341

35

Wie ein Kaninchen auf die Schlange, die es fressen will, starrte Scarlet zur Tür.

»Die Aborigine hat sicher eine Nachricht von Victoria!«, rief Vicky aufgeregt aus.

Scarlet schluckte. Sie hatte es immer noch nicht über sich gebracht, ihrer Großmutter von dem traurigen Schicksal zu berichten, das Victorias Mann erlitten hatte, und betete, dass es eine gute Nachricht sein würde, wenngleich ihr etwas mulmig zumute war. Denn warum stand Victoria nicht selbst vor der Tür, sondern eine Botin?

Die Frau, die jetzt schüchtern auf die Veranda trat, war sehr dunkelhäutig, besaß pechschwarzes Haar, trug aber sehr feine englische Kleidung.

Neugierig musterte Scarlet die Fremde, die sie auf höchstens Mitte zwanzig schätzte, stumm, während Granny Vicky auf sie zuging und sie formvollendet mit Handschlag begrüßte.

»Guten Tag, ich bin Vicky Melrose, ich hoffe, sie bringen mir eine Nachricht von meiner Tochter Victoria, deren Ankunft ich täglich erwarte.«

Die Gesichtszüge der Fremden verdüsterten sich merklich. »Mein Name ist Kylie. Meine jüngere Schwester Nomea arbeitet im Haushalt Ihrer Schwägerin Emma Caldwell. Meine Mutter Alba hat Ihre Tochter Victoria nach dieser Sache mit Phillip Caldwell ins Outback in Sicherheit gebracht ...«

»Ich weiß, aber wann kommt mein Engel endlich?«, unterbrach Granny Vicky sie ungeduldig.

Scarlet hielt den Atem an. Ihr schwante Übles, und sie bedauerte zutiefst, dass ihre eigenen Probleme in den letzten Wochen alles überlagert hatten und sie nicht den Mut gefunden hatte, Granny Vicky schonend darauf vorzubereiten, dass Victoria nach dem Tod ihres Mannes vielleicht doch bei ihrem Stamm bleiben würde.

»Misses Melrose, ich komme aus einem traurigen Anlass«, erklärte Kylie mit belegter Stimme und in perfektem Englisch. »Ihre Tochter wird nicht nach Melbourne kommen. Sie ist …«

»Warten Sie, ich helfe Ihnen«, mischte sich Scarlet eifrig ein. »Ich hätte es dir längst sagen müssen, aber ich habe es in der Zeitung gelesen. Der Forscher, den Victoria geheiratet hat, ist am Uluru am Biss eines Inlandtaipans gestorben. Es tut mir so leid, dass ich es dir bislang verschwiegen habe, aber ich wollte dich nicht noch mehr aufregen.«

»Danke, Miss«, sagte Kylie leise. »Aber das ist nicht der Grund meines Kommens.« Sie senkte den Blick. »Ihre Tochter ist, kurz nachdem sie die Nachricht vom Tod ihres Mannes erhalten hat, an einem Fieber gestorben.«

»Nein!«, schrie Granny Vicky. »Nein, das glaube ich nicht!«, bevor sie gefährlich ins Wanken kam.

Scarlet konnte gerade noch rechtzeitig auf ihre Großmutter zustürzen und sie auffangen.

»Es tut mir so leid«, murmelte Kylie, während Scarlet Granny Vicky zu einem Stuhl geleitete.

Ihre Großmutter schlug sich die Hände vors Gesicht und brach in verzweifeltes Schluchzen aus.

Kylie beobachtete das Ganze bekümmert. Scarlet wandte sich ihr zu. »Wer hat Sie gebeten, meiner Großmutter die traurige Nachricht zu überbringen?«

»Meine Mutter: Sie war bei Victoria, als sie starb, und wollte ihr den letzten Wunsch erfüllen, unbedingt Misses Melrose zu informieren. Und da ich in Melbourne in einem Haushalt arbeiten werde, habe ich es übernommen, es Ihnen persönlich zu sagen. Sonst hätte meine Mutter Ihnen einen Brief geschrieben.«

»Und das Kind? Wo ist Victorias Kind?«, hakte sie nach.

»Die Stammesältesten haben beschlossen, dass es bei ihnen aufwächst. Es gibt mehrere junge Frauen, die sich ihrer annehmen werden.«

Scarlet hatte den Impuls, infrage zu stellen, ob es für das Baby wirklich das Beste wäre, fernab der Zivilisation heranzuwachsen, aber im selben Moment wurde ihr klar, dass weder Granny Vicky noch sie an dieser Entscheidung etwas würden ändern können, denn die Menschen dort im Busch, wie fremd ihnen deren Kultur auch immer bleiben würde, waren die rechtmäßige Familie des Kindes.

Auch bei Granny Vicky schienen Kylies Worte angekommen zu sein, denn sie hob den Kopf, und Scarlet erschrak. Ihre Großmutter sah zum Fürchten aus, aber sie kommentierte das, was sie über das Schicksal von Victorias Kind erfahren hatte, mit keinem Wort.

Kylie war anzumerken, dass sie sich sehr unwohl in der Rolle der Überbringerin solch schlechter Nachrichten fühlte. Sie trat nervös von einem Bein auf das andere.

»Möchten Sie noch eine Kleinigkeit essen? Sie haben doch sicher eine weite Reise hinter sich«, bot Scarlet ihr an, doch Kylie schüttelte den Kopf. »Nein, ich werde schon erwartet, wollte aber den Besuch bei Ihnen nicht unnötig nach hinten verschieben.« Sie trat einen Schritt auf Vicky zu. »Misses Melrose, es tut mir so schrecklich leid, was geschehen ist. Ich glaube, Victoria hat den Tod ihres Mannes nicht verwunden. Zwischen John und ihr war es die ganz große Liebe. Und sie hatten so viele Pläne, und nun mussten sie beide so jung gehen. Es ist zu traurig. Ich hätte Ihnen gern bessere Nachrichten über-bracht«, erklärte sie mit aufrichtigem Bedauern.

»Sie können nichts dafür«, entgegnete Vicky gefasst. »Aber hat Ihre Mutter noch irgendetwas über die kleine Merinda gesagt? Wie sieht sie aus? Ich meine, sieht sie meiner Victoria ein wenig ähnlich?«

Ein Lächeln huschte über Kylies Gesicht. »Sie ist ihr wie aus dem Gesicht geschnitten, sagte meine Mutter. Und ein entzückendes Kind. Mutters Cousinen sind ganz verrückt nach ihr. Glauben Sie mir, es wird ihr gut ergehen.«

»Danke«, hauchte Granny Vicky. Scarlet brachte Kylie noch zur Tür und kehrte nachdenklich auf die Veranda zurück.

Granny Vicky sah sie flehend an. »Bitte versprich mir, dass du nie mehr daran denkst, von hier fortzugehen. Ich brauche dich so sehr.«

»Granny, ich schwöre. Das war doch auch nur so ein Gedanke, und ich möchte ja gar nicht fort. Besser als in deinem Haus kann es mir doch nirgendwo gehen. Wir beide werden das schon schaffen.« Zur Bekräftigung gab sie ihrer Großmutter einen Kuss auf die Wange.

»Ach, es ist entsetzlich. Als ob ein grausamer Fluch über Meeri und ihrer Tochter liegt. Dass sie beide so jung sterben mussten.«

»Aber im Unterschied zu Meeri hat Victoria die wahre Liebe erleben dürfen«, seufzte Scarlet und merkte erst an Granny Vickys Reaktion, dass sie das in einem Ton gesagt hatte, als würde sie Victoria um dieses Erlebnis beneiden.

»Ich bin mir sicher, mein Kind, du wirst eines Tages auch noch in den Genuss kommen, die Liebe zu erfahren.«

»Das glaube ich kaum. Dazu war diese eine Nacht mit Daniel und die darauffolgenden Tage zu prägend. Ich glaube kaum, dass ich das je für einen anderen Mann empfinden wer-

345

de. Außerdem habe ich ganz andere Aufgaben zu erledigen. Julia eine gute Mutter zu sein, obwohl ich sie aus ihrem Zuhause gerissen habe und nebenbei noch mein Studium beenden will.«

»Vergiss nie, dass du mich hast. Jede Wette, Julia fühlt sich bald in diesem Haus viel wohler, als sie sich je auf der Farm gefühlt hat. Daran wird sie sich irgendwann gar nicht mehr erinnern.«

»Du vergisst, dass Benjamin dafür sorgen wird, dass das nicht geschieht«, seufzte Scarlet, und ihr wurde ganz schwer ums Herz. Nun erst kam die Trauer über den Verlust von Victoria in ihrem Herzen an, und sie weinte um Victoria, die ihr stets ein wenig nähergestanden hatte als die eigene Schwester. *Wie es wohl Ava in Adelaide ergangen ist*, dachte sie, nachdem sie sich die letzte Träne abgewischt hatte. Ob sie die Eltern nach ihrer Adresse fragen sollte, um ihr von Victorias Schicksal zu berichten, fragte sie sich, doch da fiel Scarlet ein, wie bösartig Ava sich Victoria gegenüber schon von Kindesbeinen an benommen hatte. Nein, das ließ ihr die Lust vergehen, ihrer Schwester zu schreiben. Es reichte völlig aus, wenn sie einander zu Weihnachten sahen.

36

Annabelle war in diesen Ferien mit ihrer Schwägerin Myriam nach Wentworth Falls vorgefahren. Sie wollte noch das Haus herrichten und ihre Einkäufe im Ort erledigen. Eigentlich wäre sie lieber ganz allein gereist, aber Myriam gehörte zu den wenigen Menschen, die sie um sich haben konnte, auch wenn sie ein starkes Bedürfnis nach Alleinsein verspürte, denn Myriam konnte sich gut beschäftigen und war alles andere als beleidigt, wenn sich Annabelle gelegentlich zurückzog. Außerdem war Myriam seit Monaten genauso eine Strohwitwe wie sie selbst. Walter und George waren nämlich intensiv mit dem Aufbau ihrer gemeinsamen Praxis beschäftigt, sodass sie beide ihre Männer kaum noch zu Gesicht bekamen, jedenfalls nicht privat. Die beiden Frauen unterstützten sie nämlich, wo sie nur konnten, und arbeiteten teilweise sogar mit. Schließlich kannten sie aus ihrer sozialen Arbeit viele Frauen, die ärztliche Hilfe benötigten.

An diesem Tag, an dem der Rest der Familie eintreffen sollte, machten sie einen ausgiebigen Spaziergang durch die Schlucht und am Wasserfall entlang bis in den Eukalyptuswald. Dort blühte und grünte es, als hätte das verheerende Feuer niemals so höllisch gewütet. Im Gegenteil, Annabelle hatte den Eindruck, als wäre dadurch alles noch viel üppiger geworden.

»Weißt du, wie es deiner Mutter geht?«, fragte Myriam, als sie eine Lichtung erreichten.

»Erstaunlich gut, wie Scarlet mir in ihren Briefen berichtet hat. Offenbar trösten Julia und sie meine Mutter über den

347

Schmerz wegen Victoria hinweg. Ich bin sehr froh, dass sie jetzt in der Spencer Street leben. Ich war von Anfang an skeptisch, ob es mit diesem Benjamin und ihr gutgehen würde. Aber dass er ihr so etwas antun würde, hätte ich nie für möglich gehalten. Ich bin stolz auf sie, dass sie nicht bereit war, mit einem Mann zusammenzuleben, der seine Hand gegen sie erhoben hat.«

»Mit Recht. Denk an die meisten unserer Frauen, die bei ihren Männern bleiben, selbst wenn die sie halb tot prügeln.«

»Da zahlt sich aus, dass sie die Tochter einer Frauenrechtlerin ist und sie meine Meinung, dass wir Frauen uns dergleichen nicht gefallen lassen müssen, angenommen hat«, lachte Annabelle.

»Sie kommt eben ganz nach dir«, erwiderte Myriam.

»Und nach meiner Mutter! Ach, und ich mache drei Kreuze, dass sie nicht mehr mit diesem Mistkerl William unter einem Dach leben muss. Schade ist nur, dass George die Hände gebunden sind, was eine Klage gegen ihn angeht. Scarlet möchte das auf keinen Fall, solange ihre Tochter manchmal auf der Farm ist.«

»Aber ist es nicht furchtbar für sie, dass er das Kind gelegentlich mit dorthin nimmt?«, fragte Myriam mitfühlend.

»Du kennst doch meine tapfere Scarlet. Darüber schweigt sie sich aus, aber wenn du mich fragst, William wird keinerlei Skrupel haben, das Kind gegen seine Mutter und meine Mutter aufzubringen.«

»Und was meinst du, was sich hinter der Überraschung verbirgt, die Ava angekündigt hat? Sie wird doch keinen Verlobten mitbringen, oder?«, fragte Myriam scherzhaft.

Annabelle lachte. »Bestimmt nicht. Ich glaube, der Mann, der meine kapriziöse Jüngere vor den Traualtar bekommt, muss noch geboren werden. Aber ich glaube, wir sollten uns auf den Rückweg machen, damit wir das Essen noch vorbereiten können.«

Annabelle hakte sich bei ihrer Schwägerin unter, und die beiden gingen schnellen Schrittes zurück zum Wochenendhaus. Dort kümmerten sie sich gemeinsam um den Lammbraten und die Minzsoße, die sie der Familie heute Abend servieren würden. Sie hatten gerade den Tisch gedeckt, als George und Walter eintrafen. Die beiden Frauen warfen sich einen besorgten Blick zu. Den beiden Männern waren die Strapazen der vergangenen Wochen gleichermaßen anzusehen.

»Ich glaube, ihr beiden braucht erst einmal einen Drink auf der Veranda, bevor der Rest der Familie eintrudelt«, schlug Annabelle vor, nachdem sie ihren Mann und ihren Bruder begrüßt hatte.

»Gute Idee, Schwesterchen«, pflichtete ihr George bei, während er vier Gläser und eine Flasche Whisky aus der Hausbar holte.

»Ich kann dir gar nicht sagen, wie froh ich bin, dass dieser Benjamin nicht mitkommt. Auch wenn es mir ein bisschen leidtut, dass ich nun auf den Prozess verzichten muss, die Hauptsache ist doch, dass Scarlet nicht mehr mit diesem Mistkerl von William unter einem Dach wohnen muss.«

»Das habe ich gerade im Wald zu Myriam gesagt. Ich glaube, Benjamin weint keiner von uns eine Träne nach. Sie kann nur froh sein, dass sie ihn los ist«, lachte Annabelle.

»Na ja, los wird sie ihn nie sein, denn offenbar wird sie auf Gedeih und Verderb seine Ehefrau bleiben müssen«, brummte Walter. »Es ist ja nicht so, dass ich mir unbedingt eine geschiedene Tochter wünsche, aber in diesem Fall wäre es mir lieber, der Mann würde ganz aus Scarlets und auch Julias Leben verschwinden.«

Annabelle griff nach Walters Hand und drückte sie zärt-

349

lich. »Das wird wohl ein frommer Wunsch bleiben, aber seien wir doch froh, dass die Sache derart glimpflich verlaufen ist. Schließlich hätte er verlangen können, dass Julia ganz bei ihm lebt. Und auch wenn ich ihn nicht in mein Herz geschlossen habe, rechne ich es ihm hoch an, dass er ihr das Kind gelassen hat.«

»Tja, ehrlich gesagt, mich hat das eher gewundert. Das hätte ich dem Knaben gar nicht zugetraut«, bemerkte George und füllte die Gläser.

Doch bevor sie einander zuprosten konnten, hörten sie das Geräusch einer herannahenden Kutsche.

Annabelle warf einen Blick auf die Wanduhr. »Ob das schon meine Mutter und Scarlet sind? Aber ihr Zug kommt doch erst in einer Stunde«, wunderte sie sich, während sie aufstand und den ankommenden Gästen entgegeneilte. Die anderen nahmen erst einmal einen kräftigen Schluck, dann sahen alle gebannt zur Verandatür.

»Ava, meine Kleine!«, rief Walter erfreut aus, als er seine Jüngere erblickte und ihr entgegeneilte, um sie in den Arm zu nehmen. »Lass dich anschauen. Blendend schaust du aus. Hätte gar nicht gedacht, dass dir dein Studium so gut bekommen ...« Er stutzte, als er den jungen Mann erkannte, der ihr nun fast schüchtern folgte.

»Daniel?«, fragte er ungläubig.

»Ja, Mister Parker, so sieht man sich wieder«, bemerkte Daniel verlegen, während er aus den Augenwinkeln die erstaunten Blicke von Myriam und George wahrnahm.

»Ja ... setzt euch doch erst einmal«, schlug Walter vor und warf Annabelle, die ebenfalls auf die Veranda zurückkehrte, einen fragenden Blick zu. Doch sie signalisierte ihm mit einer stummen, hilflos wirkenden Geste, dass sie genauso überrascht und erstaunt war wie er.

Daniel folgte seiner Einladung zögernd und begrüßte Myriam und George förmlich, bevor er sich auf einen der Korbstühle setzte. Ava ließ sich lächelnd neben ihm nieder und sah in die Runde. Auch Annabelle nahm wieder ihren Platz ein und genehmigte sich auf diese Überraschung erst einmal einen kräftigen Schluck.

»Jetzt spannt uns nicht länger auf die Folter«, sagte Walter ernst.

»Sag bloß, das ist die angekündigte Überraschung«, flüsterte Myriam Annabelle zu.

»Ich hoffe nicht«, gab sie irritiert zurück.

Ava lächelte immer noch. »Es ist gut, dass ihr alle sitzt, denn Daniel und ich müssen euch etwas sagen«, kündigte sie geheimnisvoll an.

Annabelle verspürte ein leichtes Unwohlsein, denn entfernt ahnte sie, was das alles zu bedeuten hatte. Dass ihre Tochter den jungen Bradshaw zufällig unterwegs getroffen hatte, vermochte sie nicht zu hoffen.

»Ich habe euch ja bereits in meinem letzten Brief eine Überraschung angekündigt.« Sie zeigte auf Daniel, der den Eindruck machte, als wäre ihm das alles ganz entsetzlich unangenehm. »Darf ich vorstellen, das ist mein Ehemann!«

Annabelle verschluckte sich vor Schreck an dem Whisky und bekam einen Hustenanfall. Myriam brach in ein hysterisches Gekicher aus. »Ava, du überraschst mich mit deiner Art von Humor«, gluckste sie. Walter und George waren beide blass geworden, und es war ihnen anzusehen, dass sie das keinesfalls für einen Scherz hielten.

»Ist das wahr, Mister Bradshaw?«, wandte sich Walter in strengem Ton an Daniel. »Sie haben unsere Tochter geheiratet, ohne bei uns um ihre Hand anzuhalten?«

Daniel hüstelte verlegen, bevor er das Wort ergriff. »Mister

Parker, ich weiß, das ist nicht die feine Art, aber Ava, ich … ich meine … wir hielten es für besser, dass wir, also …«

»Was stottern Sie denn da für einen Unsinn zusammen? Warum haben Sie das hinter unserem Rücken getan? Das hätte ich Ihnen nicht zugetraut. Ich hielt Sie für einen jungen Mann, der weiß, was sich gehört!«

»Vater, bitte schimpf nicht mit Daniel, denn wir hatten einen triftigen Grund, schnell zu heiraten«, mischte sich Ava ein.

»Da fällt mir aber nur einer ein«, bemerkte George spöttisch, während er Ava intensiv auf den Bauch sah. »Und der wäre wohl für uns alle sichtbar.«

»George, bitte«, flüsterte Myriam ihrem Mann zu.

»Du hast völlig recht, Onkel George, der Grund wäre in der Tat sichtbar, aber ich habe mein Kind verloren«, murmelte Ava unter Tränen.

Sofort kippte die Stimmung. Annabelle riss Ava in ihre Arme. »Oh Gott, meine arme Kleine, das tut mir leid.« Sie wandte sich bedauernd an Daniel. »Sie müssen unsere Reaktion entschuldigen, aber das kommt alles so plötzlich und unerwartet. Natürlich heißen wir Sie in der Familie herzlich willkommen und haben volles Verständnis, dass Sie sich unter den Umständen die Formalitäten gespart haben.«

»Ja, dann entschuldige ich mich bei Ihnen, ich meine … bei dir, Daniel«, brummte Walter. »Mannomann, dieses Kind ist aber auch für jede Überraschung gut.«

»Es tut mir leid, dass wir Sie derart überfallen haben, aber wir wollten schnell klare Verhältnisse schaffen, und es Ihnen per Brief mitzuteilen, schien uns auch nicht angebracht«, erklärte Daniel.

Annabelle konnte dem jungen Mann seine Anspannung ansehen, und sie fragte sich in diesem Augenblick bang, wie Scarlet dieses neue Familienmitglied wohl aufnehmen würde. Immerhin hatte ihr Daniel großen Kummer zugefügt, und nun war er plötzlich ihr Schwager. Sie warf Ava einen skeptischen Blick zu. *Wie es wohl zu dieser Verbindung gekommen ist*, fragte sie sich.

»Gut, dann wollen wir nicht mehr länger über euren Fauxpas diskutieren, sondern Daniel als Familienmitglied willkommen heißen«, bemerkte Walter. »Deine Erfolge sind uns natürlich nicht verborgen geblieben. Wir lesen schließlich Zeitung. Junge, dann mach meine Tochter glücklich! Ich glaube, wir sollten mit einer Flasche von dem französischen Schaumwein anstoßen.«

»Ich geh schon«, sagte Annabelle hastig und verschwand im Inneren des Hauses. Sie konnte sich nicht helfen, aber ihr war gar nicht wohl bei der Sache, seit sie darüber nachgedacht hatte, wie Scarlet das Ganze aufnehmen würde. Und sie konnte sich des Gedankens nicht erwehren, dass ihre Tochter Ava schon seit damals den Plan verfolgt hatte, Daniel für sich zu gewinnen. Ja, sie sah noch förmlich vor sich, wie Ava den jungen Mann angehimmelt hatte. Ob er der Grund gewesen war, dass sie all den anderen Bewerbern einen Korb gegeben hatte? Und wieso hatte Daniel Bradshaw ohne Zögern Ava geheiratet, obwohl er damals den Anordnungen seiner Eltern Folge geleistet und Scarlet so gemein den Laufpass gegeben hatte? Schließlich war auch Ava ihre Tochter und den Schwiegereltern ein Dorn im Auge.

Nachdenklich kehrte Annabelle mit einer Flasche Champagner und einem Tablett voller Gläser zu den anderen zurück. Während sie einschenkte, kreisten ihre Gedanken weiter um die Frage, wie wohl William und Claire auf ihre Schwiegertochter aus dem Haus Parker reagiert hatten.

»Ich will ja nicht neugierig sein, aber wie finden es denn deine Eltern, dass du nun doch eine Parker geheiratet hast? Immerhin haben sie dich doch damals dazu bewegen können, unserer Älteren wegen der Familienfehde den Laufpass zu geben!«

Annabelle hatte mit allem gerechnet, nur nicht damit, dass Daniel sie aus großen Augen ungläubig anschauen würde.

»Ich, ich habe doch niemals …«

Weiter kam er nicht, weil Ava sie hektisch unterbrach. »Mutter, bitte! Jetzt grab doch nicht die alten Geschichten aus. Das ist sicher auch nicht im Sinn meiner Schwester, die schließlich inzwischen Daniels Bruder geheiratet hat. Lass es ruhen. Bitte!«

»Ja, in dem Punkt stimme ich dir zu, Ava«, erklärte Walter. »Da sollten wir uns nicht einmischen.«

»Ich habe doch nur gefragt, was Claire und William zu ihrer neuen Schwiegertochter sagen? Ist das denn so schlimm?«, insistierte Annabelle und ließ Daniel dabei keine Sekunde aus den Augen. Er machte den Eindruck, als hätte sie ihm soeben etwas Ungeheuerliches offenbart.

»Nein, Misses Parker, ich finde, diese Frage ist durchaus gestattet bei dieser familiären Konstellation. Aber ich kann sie Ihnen nicht beantworten, weil meine Eltern nichts davon wissen. Denn ich habe den Kontakt zu meiner Familie vor einiger Zeit abgebrochen und lege auch keinen Wert auf ihr Urteil.«

Am Tisch herrschte eine Weile betretenes Schweigen, bis Ava sich aufgebracht an ihre Mutter wandte. »Ist deine Neugier nun gestillt, Mutter? Und können wir jetzt vielleicht auf unser Glück anstoßen, denn ich bin wieder schwanger und kann es in meinem Zustand schwer verkraften, wenn wir über Probleme sprechen, die es gar nicht gibt.«

Ava verkündete diese Neuigkeit mit fester Stimme, wenngleich ihr ebenfalls ein wenig mulmig zumute war. Was, wenn Scarlet und Daniel in den kommenden Tagen eine Gelegenheit fanden, unter vier Augen miteinander zu sprechen? Ihr war

354

das Entsetzen, das aus Daniels Blick gesprochen hatte, als ihre Mutter den Laufpass erwähnt hatte, keinesfalls entgangen. Zu einem Vieraugengespräch der beiden durfte es auf keinen Fall kommen, auch wenn kein Mensch je von ihrer Rolle in dem gemeinen Spiel erfahren würde. Doch würde es nicht schon genügen, die alte Liebe zwischen den beiden aufflammen zu lassen, wenn sie erfuhren, dass sie Opfer von Benjamins Intrige geworden waren?

»Ach, das freut mich für dich, Ava«, sagte Myriam aus vollem Herzen.

»Aber dein Studium bringst du schon zu Ende, oder?«, bemerkte Annabelle, was ihr einen mahnenden Blick Walters einbrachte.

»Wir freuen uns für euch beide«, sagte er und erhob das Glas. Sie prosteten einander freundlich zu, obwohl eine gewisse Spannung über allem lag, was man unschwer an Annabelles verschlossener Miene erkennen konnte. Sie fühlte sich überhaupt nicht wohl in ihrer Haut und fand, dass sie Ava in dieser Situation gar nicht gerecht wurde, aber sie konnte nicht über ihren Schatten springen. Irgendetwas stimmte hier nicht, und das spürte sie mit jeder Faser ihres Körpers.

»Und du, Mutter, freust du dich auch?«, fragte Ava in scharfem Ton.

»Aber natürlich, meine Süße, ich wünsche euch beiden alles Glück dieser Welt!« Das klang hölzern, aber zu mehr war Annabelle gerade nicht in der Lage.

»Und was mein Studium angeht, ich werde es abbrechen, denn ich habe eingesehen, dass nur einer von uns beiden Karriere machen kann.« Sie griff demonstrativ nach Daniels Hand, der immer noch wie versteinert wirkte. »Und mein Mann ist nun einmal das größere Genie von uns beiden.«

Es fiel Annabelle sehr schwer, sich mit ihrer Meinung zurückzuhalten, aber als Walter ihre Hand nahm, gelang es ihr immerhin, den Mund zu halten, bevor sie aufstand. »Kinder, ich muss jetzt in die Küche, um das Essen vorzubereiten.«

»Ich begleite dich«, sagte Myriam rasch und folgte Annabelle.

Kaum war die Küchentür hinter ihnen zugefallen, stöhnte Annabelle laut auf. Ihre Schwägerin nahm sie vorsichtig in den Arm. »Ich verstehe ja, dass du dir für deine begabte Tochter etwas anderes gewünscht hast, als einem ebenfalls begabten Ehemann den Rücken freizuhalten, aber glaub mir, es ist vernünftig. Denk doch an das Kind.«

»Ja, ja, ich sehe schon, dass ihr mich alle für reichlich überspannt haltet, aber es ist ja nicht nur die Tatsache, dass sie ihr Studium hinwirft. Ich frage mich die ganze Zeit, wieso Daniel jetzt die Falsche geheiratet hat«, stieß sie bekümmert aus.

Myriam ließ ihre Schwägerin erschrocken los. »Wie kannst du das sagen? Du sprichst doch nicht von Scarlet, oder?«

»Doch, ich werde den Eindruck nicht los, dass da etwas nicht stimmt. Hast du Daniels waidwunden Blick gesehen, als ich das unrühmliche Ende seiner Liebe zu Scarlet erwähnt habe? Als würde er das erste Mal davon hören. Und wieso heiratet Ava ausgerechnet die große Liebe ihrer Schwester?«

»Annabelle, ich glaube, du siehst Gespenster, wenn du mehr dahinter vermutest, als dass die beiden sich ineinander verliebt haben. Du hast doch selbst gehört, dass er inzwischen mit seiner Familie gebrochen hat. Ava und Daniel werden sich in Adelaide wiedergetroffen haben. Ava ist eine äußerst attraktive junge Frau, und die beiden verbindet die Musik.«

»Du hast ja recht. Mir tut nur Scarlet leid. Nach allem, was sie mit diesem Benjamin durchgemacht hat, muss sie ausgerechnet hier in Wentworth Falls unvorbereitet auf Daniel treffen.«

»Ich weiß, wie nahe dir Scarlet steht, aber du darfst das Glück der einen Tochter nicht über das Wohl der anderen stellen.«

»Das möchte ich auch gar nicht«, seufzte Annabelle.

»Wenn du magst, erledige ich die Vorbereitungen allein, und du fährst zum Bahnhof, holst sie ab und warnst sie vor«, schlug Myriam mitfühlend vor.

Annabelle dachte kurz über den Vorschlag nach. Vom Herzen wäre ihr durchaus danach, Scarlet diese Überraschung zu ersparen, aber würde sie sich damit nicht allzu sehr einmischen?

»Nein, ich lasse dem Schicksal lieber seinen Lauf. Wenn Ava das spitzkriegt, wird sie zu Recht kritisieren, dass ich, statt mich über ihr Glück zu freuen, nur damit beschäftigt bin, Scarlet zu beschützen.«

»Ich finde es richtig, dass du dich raushältst, aber jetzt sag mir, was ich tun kann, damit wir der lieben Familie wie immer am Vorabend dein köstliches Essen kredenzen können.«

»Schade, dass deine Eltern dieses Jahr nicht kommen können«, erwiderte Annabelle bedauernd.

»Ja, sie werden mir fehlen, aber es war nun einmal der Herzenswunsch meiner Mutter, noch einmal in ihrem Leben London zu sehen, und sie werden auch nicht jünger. Eigentlich wollten sie deine Mutter ja mitnehmen, aber Vicky geht voll und ganz in der Betreuung deiner Enkelin auf.«

»Ich weiß, ich bin gespannt, ob Julia noch weiß, dass ich ihre Granny bin und nicht meine Mutter, aber ganz im Ernst, es tröstet sie schon ein wenig über den Tod Victorias hinweg. Scarlet schrieb neulich, Granny Vicky wäre in den letzten Monaten glatt um zwanzig Jahre jünger geworden.«

»Ich freue mich, die beiden und auch die kleine Julia wiederzusehen. Ein Jahr ist eine lange Zeit, aber was Scarlet und

357

Benjamin angeht, hatte ich bereits im letzten Jahr ein ungutes Gefühl. Meinst du, sie hat ihn je geliebt?«

»Das bezweifele ich. Er ist mir zwar nie ans Herz gewachsen, aber er hat ihr wirklich jeden Wunsch von den Augen abgelesen. Und sie hat das alles nur mehr oder weniger stoisch über sich ergehen lassen. Nein, ich befürchte, sie hat sich lediglich aus Kummer mit Daniels Bruder eingelassen und ist dann gleich von ihm schwanger geworden. Glücklich wären die beiden nie geworden. Kannst du wenigstens ein bisschen meine Sorge verstehen, wie das für Scarlet sein muss, wenn sie ihrer großen Liebe so unvermutet gegenübersteht?«

»Natürlich, aber ich halte deine Tochter für eine vernünftige Frau, die sich das nicht anmerken lässt und ihrer Schwester alles Gute wünscht. Annabelle, die beiden sind inzwischen verheiratet und bekommen ein Kind. Das wird auch Scarlet zu denken geben. Und vielleicht ist sie längst über ihn hinweg, und du zerbrichst dir unnötig den Kopf«, erklärte Myriam eifrig.

»Ich hoffe, du hast recht«, erwiderte Annabelle, bevor sie ihrer Schwägerin eine Schüssel mit Süßkartoffeln reichte. »Kannst du die bitte schälen?«

Myriam machte sich sofort an die Arbeit und wechselte ganz unauffällig das Thema, um ihre Schwägerin auf andere Gedanken zu bringen, was ihr gelang, denn schnell waren die beiden in ein angeregtes Gespräch über ihre ehrenamtliche Arbeit in der Mütterbetreuung und für das Frauenwahlrecht vertieft.

»Es ist doch ärgerlich, wie rückständig unsere Politiker in New South Wales sind«, ereiferte sich Annabelle. »Die blockieren alles, was in die Richtung geht. Ich bin froh, dass Walter seinen Abgeordnetenposten aufgegeben hat.«

»Und ich erst. Er ist als Arzt eine Bereicherung für unsere Sache. Aber wenn ich mir vorstelle, dass in South Australia nicht nur das aktive Wahlrecht für Frauen durch ist, sondern auch das passive, sind wir in Sydney schon sehr rückständig.«

»Genau, aber freuen wir uns, dass wenigstens dort mit Catherine Helen Spence die erste Frau für das Parlament kandidierte. Das hat Sogwirkung, ich schwöre es dir, der Fortschritt ist auch bei uns nicht mehr aufzuhalten.«

»Na, hoffen wir, dass es noch in diesem Jahrhundert geschieht«, stöhnte Annabelle mit einen Schmunzeln auf den Lippen und spielte damit auf den Jahrhundertwechsel an.

»Die Spence wird Ende Januar einen Vortrag in Sydney halten. Ich hoffe, das beschleunigt die Einsicht unserer Abgeordneten, sich nicht länger gegen unsere Forderungen zu sperren.«

»Ich denke, das wäre ein schöner Anlass, einmal wieder vereint durch die Straßen zu ziehen«, seufzte Annabelle.

Die beiden waren so mit der Vorbereitung des Essens und ihren Plänen für eine Demonstration in Sydney beschäftigt, dass sie nicht gehört hatten, wie eine Kutsche vor dem Haus gehalten hatte.

Erst als die Tür aufflog und die kleine Julia neugierig einen Blick hinein wagte, merkten sie, dass der Rest der Familie eingetroffen war. Annabelle ließ alles stehen und liegen und riss ihre Enkelin hoch. »Bist du aber groß geworden!«, rief sie erstaunt aus. Das letzte Mal hatte sie Julia ein Jahr zuvor gesehen.

Julia ließ sich das gefallen, aber sie musterte Annabelle mit einer gewissen Skepsis. »Ich bin es doch, deine Granny!«

Über das Gesicht der kleinen Julia huschte ein Lächeln. »Nein, Granny is da!« Sie deutete zur Tür. »Wie ich befürchtet habe«, lachte Annabelle. »Meine Mutter hat sich meinen Platz erschlichen.« Sie sah das Kind lachend an. »Pass auf, das

359

ist Granny Vicky, und ich bin Granny Annabelle.« Julia zog ihr Näschen kraus. »Granny Anna«, wiederholte sie.

»Genau«, entgegnete Annabelle gerührt darüber, dass ihre Enkelin sich im letzten Jahr so prächtig entwickelt hatte.

In diesem Augenblick trat Granny Vicky in die Küche, und Julia deutete aufgeregt auf ihre Urgroßmutter: »Granny Vicky!«

»Schlaues Mädchen«, lobte Annabelle ihre Enkelin, bevor sie das Kind auf den Boden hinunterließ, um ihre Mutter zu begrüßen, die wirklich blendend aussah. Die beiden umarmten sich herzlich.

»Schön, dass ihr da seid. Wo ist Scarlet?«

»Hier«, ertönte eine fröhliche Stimme, und Annabelle fiel ihrer Tochter stürmisch um den Hals.

»Wart ihr schon bei den anderen?«, fragte Annabelle hastig.

»Nein, Vater hat uns kommen hören und ist uns entgegengeeilt, um uns beim Gepäck zu helfen.« Scarlet löste sich aus der Umarmung, um ihre Tante zu begrüßen.

»Scarlet, da wäre noch etwas …«, murmelte Annabelle, doch Myriams warnender Blick ließ sie verstummen. Sie beschloss insgeheim, ihrer Tochter nicht von der Seite zu weichen und in ihrer Nähe zu bleiben, wenn sie Daniel begegnete. *Vielleicht hat Myriam ja auch recht, und sie ist längst über ihn hinweg*, sagte sie sich, während sie Scarlet nach oben zu den Gästezimmern begleitete.

»Ich ziehe mich rasch um, und dann komme ich nach unten, um Onkel George zu begrüßen«, erklärte Scarlet fröhlich, während Julia auf Annabelle deutete. »Granny Anna«, verkündete sie grinsend.

»Richtig, meine Kleine«, erwiderte Scarlet und warf ihrer Mutter, die abwartend mitten im Zimmer stand, einen fragenden Blick zu. »Das kenne ich ja gar nicht von dir, dass du deine geheiligte Vorweihnachtsküche so lange allein lässt.«

»Myriam kümmert sich um alles. Ich warte auf dich.«

»Gut, dann kannst du mir bei der Auswahl helfen«, erwiderte Scarlet vergnügt, während sie ein Kleid aus dem Koffer zog und es ihrer Mutter hinhielt. »Ich habe einige Kleider auf der Farm gelassen und musste mir notgedrungen etwas Neues kaufen. Mir hätten ja Blusen und Röcke genügt, denn ich habe zurzeit keine Abendeinladungen, aber Granny Vicky hat darauf bestanden.«

Annabelle betrachtete verzückt das weinrote schlichte Abendkleid. »Das wird wunderschön an dir aussehen. Sag mal, wie geht es dir nach der Trennung?«

»Sehr gut, Mutter, ich bin heilfroh, dass ich das Ekel William nicht mehr sehen muss, und, na ja, Benjamin vermisse ich auch nicht gerade.«

»Und wie oft holt er Julia auf die Farm?«

»Viel zu oft für meinen Geschmack, aber ich kann es nicht verhindern. Noch scheint die Kleine keine gegen mich gerichteten Hasstiraden über sich hat ergehen lassen müssen. Jedenfalls ist sie ziemlich normal, wenn sie von ihrem Vater zurückkommt«, entgegnete Scarlet in lockerem Ton, doch Annabelle spürte, dass ihre Tochter sehr wohl darunter litt. Jetzt wäre der geeignete Augenblick, sie vor dem zu warnen, was gleich auf sie zukam, dachte Annabelle, doch in dem Augenblick trat ihre Mutter ins Zimmer. Auch sie hatte sich bereits umgezogen und trug zum ersten Mal seit Jonathans Tod wieder helle Farben. Das zarte Grün ihres Kleides ließ sie frisch und jung aussehen.

»Das hat mir deine Tochter aufgeschwatzt«, erklärte Vicky belustigt, als sie den bewundernden Blick Annabelles wahrnahm.

»Ihr habt ja ein gutes Händchen bei der Kleiderwahl«, sagte Annabelle, während sie ihrer Tochter verstohlen beim Umziehen zusah. Täuschte sie sich, oder war Scarlet nur noch Haut und Knochen? »Du musst mehr essen«, entfuhr es ihr besorgt.

»Mein Reden«, pflichtete Granny Vicky ihrer Tochter bei. »Aber sie vertieft sich lieber in ihre Bücher.«

»Ach, macht euch keine Sorgen um mich. Ich esse genug, aber ich habe nun mal Grannys Veranlagung geerbt, eine Bohnenstange zu bleiben.«

Als sie das Kleid überstreifte, erntete sie bewundernde Blicke. »Ob mir eine von euch mal die Bänder hinten schließen könnte?«, fragte sie lachend.

»Das ist wie für dich gemacht«, bemerkte Annabelle entzückt und konnte gar nicht den Blick abwenden von dem bodenlangen Kleid, das in der Taille schmal war, einen großen Ausschnitt besaß, der die Schultern völlig frei ließ, und kleine kurze Ärmel hatte.

Granny Vicky schnürte ihr derweil die Bänder zu. »Du kennst doch deine Tochter. Sie meinte, sie bräuchte so etwas nicht mehr, aber da habe ich ein Machtwort gesprochen. Und sieht sie nicht hinreißend aus?«

»Oh ja, ein solches Kleid können nur große schlanke Frauen tragen.«

»Schön, dass es euch beiden gefällt. Anderen werde ich damit wohl kaum imponieren können. Ich meine Herren – außer Vater und Onkel George vielleicht.«

Doch, Avas Ehemann womöglich, dachte Annabelle, aber sie schluckte ihre Bemerkung herunter und betete, dass sich ihre Sorge, Scarlet könnte geschockt sein über die Identität ihres neuen Schwagers, als unbegründet erweisen würde.

37

Als Daniel Scarlet erblickte, war er so aufgeregt, dass sein Kiefer unkontrolliert zu mahlen begann.

Scarlet wich sämtliche Farbe aus dem Gesicht, als sie Daniel erkannte, doch dann trat sie hoch erhobenen Hauptes auf den Tisch zu und begrüßte zunächst einmal ihren Onkel, bevor sie sich ihrer Schwester zuwandte. Auch wenn Scarlet ahnte, was Daniels Anwesenheit am vorweihnachtlichen Familientisch zu bedeuten hatte, weigerte sie sich, es wirklich zu Ende zu denken.

Steif umarmte sie Ava, bevor sie Daniel mit einem förmlichen Handschlag begrüßte.

»Das ist ja eine Überraschung«, stieß sie einigermaßen gefasst hervor. »Bist du nach Wentworth Falls gekommen, weil du Sehnsucht nach einer Begegnung mit einer Braunschlange hast?«

Daniel musterte sie nur stumm, und sie meinte in seinem Blick noch etwas anderes zu lesen als entsetzliche Verlegenheit. Es blitzte etwas von dem durch, wie er sie damals an diesem Ort angesehen hatte, aber Scarlet blieb kaum Zeit, auch nur einen weiteren Gedanken daran zu verschwenden, weil ihr Avas nun folgende Worte förmlich einen Dolch in den Rücken rammten: »Meinen Ehemann kennst du ja schon.«

Sie fuhr herum. »Du hast geheiratet. Meinen Glückwunsch«, sagte sie mit eiskalter Stimme, während sie an ihrer Schwester vorbei ins Leere blickte.

»Das ist doch wohl die Höhe«, hörte sie wie von Ferne Granny Vicky schimpfen. Scarlet wurde schwindlig. Der Boden begann sich zu drehen, aber sie hielt sich an einer Stuhllehne fest und atmete gegen den Schwindel an. Nein, diese Blöße würde sie sich nicht geben, vor allen in Ohnmacht zu fallen.

»Auch dir herzlichen Glückwunsch.« Sie gratulierte Daniel ebenfalls, ohne ihn dabei anzusehen.

»Das kann ich doch gleich zurückgeben. Wie mir Ava berichtete, hast du meinen Bruder geheiratet. Wo steckt er denn? Ich habe ihn ja seit Jahren nicht mehr gesehen.«

»Ja, wo hast du Benjamin gelassen?«, echote Ava wie ein Papagei.

In Scarlets Kopf arbeitete es fieberhaft. Sollte sie ihm die glückliche Ehefrau vorgaukeln oder ihm vor allen die schonungslose Wahrheit sagen? Mit einem Seitenblick nahm sie die angespannten Gesichter der übrigen Familienmitglieder wahr. Sogar Ava hielt nun ihr Plappermaul. Scarlet fühlte sich wie auf einer Bühne. Die Hauptdarsteller waren Daniel und sie, während das Publikum dem dramatischen Höhepunkt der Szene entgegenfieberte.

»Er wird nicht kommen, aber unsere Tochter ist mit von der Partie«, erwiderte Scarlet ausweichend. Julia hatte sich nämlich inzwischen ganz nah an Scarlets Bein geschmiegt.

»Willst du Onkel Daniel und Tante Ava nicht Guten Tag sagen?«, fragte Scarlet die Kleine, doch die klammerte sich förmlich an ihr Bein und machte keinerlei Anstalten zu sprechen. *Offenbar spürt sie die Anspannung*, vermutete Scarlet, während es in ihrem Körper verdächtig zu kribbeln begann. Nein, sie konnte sich nicht mit der Familie an den Tisch setzen und so tun, als wenn ihr das alles gar nichts ausmachte. Sie hätte damit umgehen können, Daniel nie wiederzusehen, aber an der Seite ihrer eigenen Schwester, das war zu viel. Wenn sie jetzt nicht gleich in Ohnmacht fiel, würde sie früher oder später einen Schreikrampf erleiden, so wie Ava ihn damals hatte, wenn sie ihren Willen nicht bekommen hatte.

Sie beugte sich zu ihrer Tochter hinunter. »Schatz, gehst du zu Granny Vicky? Die Mama hat Bauchweh und muss sich schnell hinlegen.«

Julia sah ihre Mutter mitleidig an. »Arme Mama aua«, sagte sie, zögerte, doch dann krabbelte sie auf den Schoß ihrer Urgroßmutter.

Aus dem Augenwinkel nahm Scarlet verschwommen wahr, dass Daniel Julia wie einen Geist anstarrte.

Lieber Gott, betete Scarlet, *mach, dass ich mich heil aus dieser Situation rette.*

»Es tut mir leid, aber ich muss mich hinlegen«, sagte sie und setzte vorsichtig einen Fuß vor den anderen. Im Haus angekommen lehnte sie sich gegen die nächste Wand und atmete ein paarmal tief durch. Sie hoffte, dass ihr niemand folgen würde, aber da sah sie bereits ihre Mutter herbeieilen.

»Kind, ich habe es doch geahnt«, stöhnte Annabelle und reichte Scarlet ihren Arm, doch ihre Tochter blickte sie fassungslos an. »Hast du das gewusst? Warum hat mich keiner gewarnt?«

»Nein, wir hatten keine Ahnung und wissen das auch erst, seit die beiden vorhin gemeinsam in Wentworth Paradise eingetroffen sind«, stieß Annabelle gepresst hervor. »Komm, ich bringe dich auf dein Zimmer.«

»Nein Mutter, nicht nötig. Ich möchte jetzt nur allein sein, und morgen bin ich wieder ganz die Alte. Versprochen!«

»Aber du musst dich nicht verstellen. Ich habe befürchtet, dass es dir nahegehen wird, ich meine, das alles ist auch für uns …«, stammelte Annabelle.

365

»Alles gut, Mutter, geh zu den anderen. Sage ihnen, ich habe auf der Reise etwas Schlechtes gegessen. Und sorge dafür, dass mich heute Abend keiner mehr aufsucht. Auch nicht Granny Vicky. Ich muss das mit mir selbst abmachen«, bat Scarlet mit flehender Stimme.

Annabelle schwieg betreten und sah ihrer Tochter, die nun hoch erhobenen Hauptes in Richtung Treppe ging, besorgt nach. Was vorhin noch eine vage Ahnung gewesen war, wurde ihr zur Gewissheit: Scarlet liebte Daniel immer noch, aber was sie viel mehr überraschte, war die Erkenntnis, dass es offensichtlich auf Gegenseitigkeit beruhte, denn ihr waren auch seine Blicke keineswegs entgangen. Und die hatten weit mehr gespiegelt als die Verunsicherung, seiner Schwägerin, mit der ihn einst mehr verbunden hatte, wiederzubegegnen.

Scarlet warf sich in ihrem Festkleid auf das Bett, doch statt in heiße Tränen auszubrechen, wie sie es erwartet hatte, war sie wie erstarrt, aber sie beschloss, sich nichts mehr anmerken zu lassen und ab morgen gute Miene zu diesem bitterbösen Spiel zu machen. Das Verrückte war, sie schaffte es nicht einmal, Daniel zu hassen, weil sie für den Bruchteil eines Augenblicks in seinen Augen nichts als Liebe für sie gelesen hatte. Ich muss ihm unbedingt aus dem Weg gehen, nahm sie sich fest vor, bevor sie sich auszog, ins Bett legte und die halbe Nacht gegen die mondbeschienene Decke stierte. Ihre Gedanken kreisten unentwegt um die Frage, warum er sie so innig angesehen hatte, obwohl er doch damals nichts mehr von ihr hatte wissen wollen … Und noch ein Gefühl ergriff langsam von ihr Besitz: Sie hasste Ava dafür, dass sie den Mann geheiratet hatte, den sie liebte!

38

Scarlet erwachte von ihrem eigenen Schreien. Sie hatte wild geträumt von einem gehetzten Lauf an einem endlosen Strand entlang. Man verfolgte sie, und obwohl sie sich kein einziges Mal umgedreht hatte, wusste sie, dass ihr Verfolger Benjamin war. Doch am Ende des Strandes wartete Daniel, und sie hatte nur ein Ziel: in seine sicheren Arme zu flüchten. Als sie ihn fast erreicht hatte und sie sein Gesicht bereits deutlich vor sich sah, blieb sie stehen und wandte sich um. Sie sah in sein Gesicht – oder war es das von Benjamin? Sie wusste es nicht, denn das Gesicht, das auf sie wartete, sah dem anderen zum Verwechseln ähnlich. Und beide grinsten sie gleichermaßen triumphierend an, sodass sie vor Angst aufschrie.

Schweißgebadet setzte sich Scarlet in ihrem Bett auf und warf einen flüchtigen Blick auf die andere Bettseite, dorthin, wo eigentlich Julia hätte schlafen sollen, aber die Seite war leer. Erleichtert fiel ihr ein, dass Granny Vicky ihre Tochter mit in ihr Zimmer genommen hatte, nachdem sie sich selbst gestern unter dem Vorwand, etwas Falsches gegessen zu haben, in ihr Zimmer zurückgezogen hatte.

Hoffentlich hat mein Schrei keinen der anderen geweckt, dachte sie und stand auf. Der Morgen graute schon, wie sie mit einem Blick aus dem Fenster feststellte. Um ihre angeschlagenen Nerven zu beruhigen, beschloss sie, eine Morgenwanderung in den Eukalyptuswald zu unternehmen. Seit sie Daniel auf der Lichtung hilflos aufgefunden hatte, war sie nicht mehr dort drüben gewesen. Es zog sie mit aller Macht hinaus in die Natur. Hastig wusch sie sich und zog eine Bluse und einen Rock an. Auch wenn die Sonne noch nicht vom Himmel brannte, setzte sie einen Hut auf. Ein Blick auf die Wanduhr zeigte ihr, dass es kurz vor sechs Uhr morgens war. In ein paar Minuten würde die Sonne aufgehen, und dieses Naturschauspiel konnte man am besten beobachten, wenn man sich auf die Bank vor dem Pavillon setzte.

Auf Zehenspitzen verließ sie das Haus, in dem offenbar noch alle schliefen. Draußen war es noch erfrischend kühl, sodass sie ein wenig fröstelte. Zielstrebig steuerte sie die Bank an, auf der sie einst mit Daniel gesessen und die sie seitdem gemieden hatte. Auch den Pavillon selbst hatte sie nie mehr betreten.

Seufzend setzte sie sich und ließ den Blick hinüber zum Wald schweifen. Es würde nur noch wenige Minuten dauern, dann leuchtete der Nebel in einem derart intensiven Blau, wie man es nur im Schein der aufgehenden Sonne erleben konnte.

Es könnte so wunderschön sein, dachte Scarlet, als die ersten Sonnenstrahlen den Wald in ein magisches blaues Licht tauchten, *wenn meine Gedanken nicht so beschwert wären*. Plötzlich meinte sie, hinter sich Schritte zu hören. Erschrocken wandte sie sich um und sah in ein vertrautes Gesicht. Anders als in ihrem Traum gehörte es zweifellos zu Daniel und hatte nur entfernte Ähnlichkeit mit dem von Benjamin.

»Was machst du hier?«, herrschte sie ihn an.

»Ich habe dich schreien gehört. Davon bin ich aufgewacht«, erwiderte er in ruhigem Ton.

»Wie konntest du das hören? Dann müsste ich ja das ganze Haus geweckt haben«, widersprach sie unwirsch.

»Wir schlafen im Nebenzimmer, aber keine Sorge, Ava ist nicht aufgewacht. Sie schläft wie ein Baby. Aber ich habe die ganze Nacht kein Auge zugetan und bin gegen Morgen nur ein wenig eingedöst«, erklärte er ihr, während er sie durchdringend musterte.

Ob ich auch so übernächtigt aussehe wie er, fragte sich Scarlet, als ihr Blick an seinen Augenringen hängen blieb.

»Und was hat dich um den Schlaf gebracht? Du wusstest doch, dass du mich hier treffen würdest. Ganz im Gegensatz zu mir. Ich habe nichts geahnt, und plötzlich hast du auf unserer Veranda gesessen«, sagte Scarlet in vorwurfsvollem Ton, was sie sogleich bereute. »Aber keine Sorge, es interessiert mich nicht besonders, außer dass ich meiner Schwester viel Glück wünsche.« Das klang hölzern, und Scarlet sprang hastig auf. Ihr stand nicht der Sinn danach, mit Daniel im Morgengrauen an dem Ort zu plaudern, an dem sie sich einst in den Armen gelegen und geküsst hatten. Zu ihrem großen Ärger klopfte ihr das Herz bis zum Hals.

»Ich mache eine kleine Wanderung. Wir sehen uns beim Frühstück.« Sie wandte sich abrupt ab.

»Geht es dir denn wieder besser? Ich meine, mit deinem Bauchweh?«, fragte er besorgt.

Wütend fuhr Scarlet herum. »Was geht es dich an? Lass uns beide wie erwachsene Menschen miteinander umgehen und die Vergangenheit ruhen lassen. Trotzdem sollten wir nicht unter vier Augen im Morgengrauen plaudern. Ich schätze, dass meine Schwester das gar nicht gutheißen würde.«

Sie drehte sich um und wollte ohne ein weiteres Wort davoneilen, aber da hatte Daniel sie am Arm gepackt und festgehalten.

»Ich finde schon, dass ich ein Recht darauf habe zu erfahren, was damals geschehen ist«, stieß er mit gepresster Stimme hervor.

Scarlet funkelte ihn zornig an. »Wieso du? Wenn überhaupt, dann sollte ich dich fragen, warum du zu feige warst, zu Groß-

369

vaters Beerdigung zu kommen, aber mich interessiert das ohnehin nicht mehr!«

»Zu feige? Scarlet, du redest Unsinn!« Er hielt sie immer noch am Arm fest.

»Aua, du tust mir weh!«, keuchte sie und musterte ihn abschätzend. »Ach, ich vergaß, das liegt ja bei euch in der Familie, dass ihr Frauen gegenüber gern eure körperliche Überlegenheit demonstriert!«, fügte sie zischend hinzu.

Schreckensbleich ließ er sie los. »Ist das der Grund, warum mein Bruder nicht mitgekommen ist? Ist er etwa in Vaters Fußstapfen getreten, was die brutale Behandlung seiner Frau angeht?«

»Das geht dich gar nichts an! Aber du musst nicht so scheinheilig tun. Vielleicht schlägst du keine Frauen, aber deine Art, Menschen zu verletzen, tut mindestens genauso weh!«, bellte sie, aber sie machte keine Anstalten mehr, vor ihm wegzulaufen. *Womöglich ist es sogar gut, wenn wir uns einmal richtig aussprechen*, dachte sie erbost, *dann ist der Spuk vielleicht vorbei.*

»Richtig, ich habe noch nie meine Hand gegen eine Frau erhoben. Und wenn ich einer Frau je wehgetan habe, dann deiner Schwester, aber nicht mit Absicht, sondern aus Dummheit. Aber du bist die Letzte, die mir vorwerfen sollte, dass ich andere Menschen mutwillig verletze«, schnaubte er.

Scarlet wollte ihm gerade heftig widersprechen, doch etwas in seinem Blick hielt sie davon ab. Statt Zorn sprach aus seinen Augen unendliche Traurigkeit.

»Wie meinst du das?«, fragte sie in etwas moderaterem Ton.

»Das fragst du noch? Ich schreibe dir, kaum dass ich aus dem Fieberwahn erwacht bin, Liebesbriefe, und du lässt mir ausrichten, dass ich dir nur leidgetan habe damals.«

Scarlet ballte die Fäuste. »Du hast mir ja zur Genüge bewiesen, dass du ein Feigling bist, der sich dem Willen seiner Eltern beugt und für den ich nur das Liebchen für eine Nacht gewesen bin, aber dass du dir noch im Nachhinein abstruse Ausreden ausdenkst, um nicht in schlechtem Licht dazustehen, das ist erbärmlich.«

Daniel war kalkweiß geworden. »Dem Willen meiner Eltern beugen? Feige? Liebchen für eine Nacht?«, murmelte er fassungslos. Er schlug die Hände vors Gesicht. Als er sie wieder fortnahm, blickte Scarlet in eine gequälte Miene. »Scarlet, lass uns in den Eukalyptuswald gehen, dorthin, wo wir uns das erste Mal begegnet sind. Ich befürchte, es ist etwas Schreckliches geschehen.«

»Du hast doch nur Angst, dass meine Schwester aufwacht und uns zusammen sieht! Gib es wenigstens zu!«, stieß sie verächtlich aus.

»Nein, ich muss hier weg. Ich, ich … ich, nein das kann nicht sein«, stammelte er. »Bitte, lass uns zusammen in den Wald dort drüben gehen. Vielleicht war das alles nur ein böser Traum, und wenn wir zurückkommen, ist alles wie damals.«

Scarlet lief ein kalter Schauer über den Rücken. Was redete er da? Erst als er ihre Hand nahm, ließ sie sich willenlos von ihm den ganzen Weg bis ins Tal mitziehen. Mit einem Seitenblick stellte sie erschrocken fest, dass sich Daniel offenbar in einem Schockzustand befand. Er mahlte die ganze Zeit mit dem Kiefer, als wollte er jemanden zermalmen, und sprach kein Wort. Und sie hatte das Gefühl, dass sie an einem Abgrund stand und nur an seiner Hand sicher war. Tief im Inneren ahnte sie bereits, dass sie gleich etwas Ungeheuerliches erfahren würde, und das Merkwürdige war, sie vertraute ihm schon in diesem Augenblick blind, obwohl sie noch nicht wusste, was ihm gerade schier den Verstand rauben wollte. Und sie war sich plötzlich sicher, dass Daniel sie niemals so schnöde verlassen hatte, wie sie es damals hatte glauben müssen. Und dann riss die Nebelwand wie ein Schleier, und sie sah plötzlich Benjamin vor sich, wie er ihr in schillernden Farben schilderte, was Daniel doch bloß für ein gottverdammter Feigling wäre, und dass er bereits eine Verlobte in St. Kilda hätte. Dabei war er damals doch gerade erst aus Neuseeland gekommen. Dass ihr das damals nicht aufgefallen war! Ihre Knie wurden weich. Sie blieb abrupt stehen.

»Daniel, sag, dass das nicht wahr ist. Sag nicht, dass dich ein Fieber daran gehindert hat, zu Großvaters Beerdigung zu kommen.«

Sein Atem ging schwer.

»Können wir uns bitte setzen. Mir ist schummrig«, bat Scarlet, und sie zog ihn zu einem Schattenplätzchen am Fuße des Wasserfalls, denn die Sonne besaß schon jetzt am Morgen eine ungeheure Strahlkraft. Dort ließen sie sich ins Gras sinken und sahen sich eine Zeit lang an, als würden sie sich zum ersten Mal begegnen.

»Oh Gott, wie oft ich dein Gesicht vor Augen hatte. Wie oft ich von dir geträumt habe«, seufzte Daniel und strich ihr zärtlich über die Wangen. »Und wenn ich mir vorstelle, dass dieses Glück, das uns hätte vergönnt sein sollen, von einem verdammten Lügenmaul zerstört worden ist.« Jetzt ballte er seine Fäuste, und zwar so fest, dass seine Knöchel weiß wurden.

»Aber wir wissen doch noch gar nicht, was geschehen ist. Dein Bruder hat mir damals gesagt, du willst nichts mehr von mir. Und das soll alles eine Lüge gewesen sein? Warum?«

»Warum?«, fragte Daniel traurig. »Warum wohl? Er hat dich gesehen, und es war um ihn geschehen. Wer kann ihm das verdenken? Aber dass er ein solches Schwein ist.«

»Was war damals? Bitte sag es mir!«, bat Scarlet ihn mit bebender Stimme.

»Meine Bisswunde hatte sich entzündet, und ich lag im Fieber danieder. Für mich war es keine Frage, zu Großvaters Beerdigung zu gehen, ganz gleich, wie mein Vater das fand. Er hat getobt, aber das war mir egal. Ich war es Großvater schuldig, und nichts auf der Welt hätte mich davon abgebracht, dich wiederzusehen.«

Mit Tränen in den Augen nahm sie seine Hand. »Wie konnte ich nur so dumm sein, deinem Bruder zu glauben«, stöhnte Scarlet verzweifelt.

»Aber hast du denn meinen Brief nicht gelesen?«, gab er seufzend zurück.

»Ich habe keinen Brief von dir bekommen«, erwiderte sie leise.

»Ich habe dir einen Antrag gemacht, ich habe dir meine Liebe gestanden, ich habe … das muss doch ein böser Traum sein! Und dann teilt mir Benjamin mit, dass du nur so nett zu mir gewesen bist, weil du mich von dem Schlangenbiss heilen wolltest.« Er riss Scarlet verzweifelt in seine Arme, und sie hörte ihn leise schluchzen.

Als er sie nach einer Ewigkeit wieder losließ, blickte er sie mit einer Mischung aus unendlicher Liebe und Traurigkeit an.

»Und was hat er dir erzählt?«

Scarlet schluckte. »Dass du nicht zu mir stehen kannst, weil es deiner Mutter das Herz brechen würde, und dass du eh schon eine Verlobte in Melbourne hast.«

»Wenn ich ihn jetzt zu fassen bekäme, ich würde ihn umbringen«, schnaufte Daniel. »Und dann hat er sich als dein Tröster aufgespielt, nicht wahr?«

Scarlet nickte, und sie hatte mit einem Mal das unendliche Bedürfnis, Daniel die ganze Wahrheit zu sagen, aber der Gedanke an die Realität hielt sie davon ab. Er war jetzt der Mann ihrer Schwester!

»Liebst du sie?«, fragte sie unvermittelt.

Daniel schwieg, aber sein Blick ließ keinen Zweifel daran, dass er diese Frage, würde er sie beantworten, verneinen musste.

»Wie seid ihr euch wiederbegegnet?«, hakte sie nach.

»Sie war in einem meiner Konzerte«, gab er knapp zurück. Scarlet bemerkte an seinem Ton, dass er gerade nicht darüber sprechen wollte oder konnte.

Daniel nahm ihre Hand. »Komm, wir gehen noch einmal zur Lichtung, auf der du mich damals gefunden hast. Ist das wirklich schon drei Jahre her? Mir kommt es vor, als wäre es gestern gewesen«, raunte er und sah sie voller zärtlichem Erstaunen an.

Hand in Hand gingen sie schweigend den Pfad zum Eukalyptuswald hinauf.

»Es riecht immer noch so betörend.« Daniel legte seinen Arm um ihre Schulter.

Scarlet fühlte sich in diesem Augenblick unendlich geborgen und wünschte sich, mit ihm weit fortzugehen und der grausamen Wirklichkeit, die sie bei ihrer Rückkehr erwarten würde, zu entfliehen, doch dann dachte sie an Julia. Was würde Daniel wohl sagen, wenn sie ihm die Wahrheit offenbarte? Doch sie wollte den trügerischen Moment des gemeinsamen Glücks nicht zerstören. *Es ist uns nur noch dieser Morgenspaziergang vergönnt, bevor wir in unsere getrennten Leben zurückgehen*, durchfuhr es sie wehmütig.

Im Wald war alles vollkommen friedlich. Die bunten Vögel, die in den Kronen der Bäume saßen, zwitscherten und kreischten um die Wette, und dann tauchte die Lichtung vor ihnen auf. Sie war genau wie damals von einem Meer bunter Blumen übersät. Sonnenstrahlen brachen sich in den Gipfeln der gigantischen Bäume und schickten glitzernde goldene Strahlen vom Himmel.

Scarlet wehrte sich nicht, als Daniel sie dicht zu sich heranzog und küsste. Im Gegenteil, sie erwiderte seinen Kuss so intensiv, als wäre es der Letzte. Arm in Arm ließen sie sich in das grüne Gras fallen, ungeachtet der Gefahr, dass auf diesem idyllischen Flecken Erde auch die Schlangen wohnten.

Als sie seine fordernden Hände überall zugleich auf ihrem Körper zu spüren meinte, flogen die belastenden Gedanken einfach fort, und sie fühlte nur noch ihn, den Mann, nach dem sie sich so lange gesehnt hatte. Sie genoss seine Finger auf ihrer nackten Haut und streichelte ihn, als gäbe es kein Morgen. Als er mit der Hand stöhnend unter ihren Rock tastete, wusste sie, dass sie nichts auf der Welt davon abbringen würde, ihn noch einmal in jeder Pore ihres Körpers zu spüren. Im Gegenteil, sie befreite ihn geschickt von seiner störenden Hose und fühlte, wie sich seine drängende Männlichkeit gegen ihren Bauch presste.

»Komm«, hauchte sie.

Er zögerte. »Willst du es wirklich so? Hier auf dem Waldboden und halb angezogen?«, fragte er mit heiserer erregter Stimme, die keinen Zweifel daran ließ, dass er es wollte.

Statt ihm eine Antwort zu geben, bog sie ihm ihren Unterleib fordernd entgegen. Als er in sie eindrang, seufzte sie vor Lust. Sie versenkten sich in die Augen des anderen, während sie sich wild und leidenschaftlich liebten.

»Ich liebe dich«, stöhnte er, bevor er mit einem Aufschrei kam.

»Ich liebe dich auch«, stöhnte sie, während er sich gekonnt zur Seite rollte und begann, sie zwischen den Schenkeln zu streicheln. Es dauerte nur ein paar Minuten, bis es in ihrem Bauch heiß wurde und sie das Gefühl hatte, es würden Hunderte Flammen zugleich in ihrem Inneren züngeln, doch sie schrie ihre Lust nicht heraus, sondern tauchte in das blaue

Meer seiner Augen bis auf den Grund, während immer neue Beben ihren Leib erschütterten.

»Daniel«, flüsterte sie. »Daniel.«

»Ich lasse dich nie wieder gehen«, erwiderte er.

Das war der Augenblick, in dem Scarlet aus diesem Liebestraum erwachte und ihre Gedanken wieder zu ihr zurückflogen. Sie setzte sich abrupt auf.

»Daniel, wir haben keine Zukunft. Du bist mit meiner Schwester verheiratet.«

»Aber ich liebe sie nicht. Ich mag sie, ich schätze sie, aber ich habe niemals aufgehört, dich zu lieben. Und ich lasse dich nie wieder gehen.«

»Wir können unser Glück doch nicht auf ihrem Unglück aufbauen«, protestierte Scarlet schwach, denn in ihrem Inneren schrie alles danach, Daniel niemals mehr zu verlassen. Und war sie nicht um ihre Liebe zu ihm betrogen worden? Hatte sie nicht ein Recht, diese Liebe endlich zu leben?

»Glaubst du, das mache ich gern? Nein, es tut mir unendlich leid, aber du vergisst, dass man uns übel mitgespielt hat und dass wir längst glücklich verheiratet wären, wenn der verdammte Benjamin nicht Teufel gespielt hätte.«

Scarlet stöhnte laut auf. »Glaube mir, er hat seine Strafe bekommen. Ich habe ihn verlassen.« Bei dem Gedanken an die Vergewaltigung senkte sie den Blick, doch Daniel fasste ihr zärtlich unter das Kinn und zwang sie, ihn anzusehen.

»Was hat er dir angetan?«

Zögernd erzählte Scarlet ihm von ihrem Leben auf der Farm und dem grausamen Ende. Sie ließ nichts aus. Weder dass er die Karten für Daniels Konzert gefunden hatte, noch dass er sie in jener Nacht gegen ihren Willen genommen hatte. Und auch nicht die Tatsache, dass er die Misshandlungen seines betrunkenen Vaters gegen seine Mutter duldete.

Daniel hörte sich ihre Schilderung mit gequälter Miene an, während er ihr die ganze Zeit tröstend durch das zerzauste Haar strich.

»Du bist so mutig«, stieß er schließlich hervor. »Aber ich werde ihn zur Scheidung zwingen. Das schwöre ich dir. Er wird unserem Glück nicht länger im Weg stehen. Und dein Kind bleibt bei uns!« Daniels Stimme ließ keinen Zweifel daran, dass er zu allem entschlossen und bereit war, den Kampf gegen seine Familie aufzunehmen.

In diesem Augenblick glaubte Scarlet an eine gemeinsame Zukunft und wollte Daniel gerade die Wahrheit über Julia sagen. Es fiel ihr nicht leicht, und sie rang noch nach den richtigen Worten, als sie Daniel wie von Ferne sagen hörte: »Und meinem und Avas Kind wird es auch an nichts fehlen. Sie werden die Mittel bekommen, die sie brauchen, um ein gutes Leben zu führen.«

Scarlet war, als würde der Boden unter ihr wegbrechen und sie in ein tiefes dunkles Loch stürzen, aus dem es kein Entrinnen gab.

»Euer Kind?«, fragte sie mit bebender Stimme.

»Ja, ich dachte, du wüsstest, dass Ava wieder schwanger ist.«

»Was heißt wieder?« Scarlet wunderte sich selber darüber, dass sie überhaupt noch verständliche Worte herausbrachte.

»Sie hat im vergangenen Jahr unser erstes Kind verloren, aber nun ist sie wieder schwanger geworden, aber darauf können wir beide doch keine Rücksicht nehmen. Nicht nach all dem Unrecht, das uns beiden widerfahren ist. Wir haben genug Opfer gebracht.«

»Sie hat ein Kind verloren?«, fragte Scarlet entsetzt.

Daniel stöhnte laut auf. »Ja, wir haben doch nur geheiratet, weil sie nach unserem ersten Mal schwanger geworden ist. Ich habe das gar nicht gewollt. Es war nach meinem Konzert. Sie

377

hat mir erzählt, dass du Benjamin geheiratet hast. Das hat mich schier um den Verstand gebracht. Ich habe mich betrunken, und dann sind wir wohl in meinem Schlafzimmer gelandet. Ich konnte mich an nichts erinnern, wollte sie nicht heiraten, aber ich kam mir so schäbig vor, dass ich mit ihr geschlafen habe, obwohl ich mich nach dir gesehnt habe. Aber dann wurde sie schwanger. Und hat das Kind verloren. Da konnte ich sie unmöglich verlassen, und nun, vor drei Monaten, wurde sie erneut schwanger ...«

Scarlet hatte sich während seiner Beichte langsam erhoben und griff nun nach ihrem Sonnenhut, der ihr beim Liebesspiel mit Daniel vom Kopf gerutscht war. Sie wusste in diesem Augenblick nicht viel, weil sich in ihrem Kopf alles wie in einem Karussell drehte, aber eines, dessen war sie sich sicher: Es war zu spät, um die Liebe zu Daniel zu leben, als wäre nichts geschehen.

»Scarlet, bitte. Ich kann dir das doch nicht verheimlichen. Aber ich kann nicht anders, als das alles hinter mir zu lassen. Bitte, lass uns gemeinsam fortgehen. Ich habe gerade ein Angebot bekommen, eine Tournee durch Europa zu machen. Und du kommst mit mir!«

»Nein, Daniel!« Scarlet musterte ihn wie einen Fremden, obwohl ihr der Anblick seiner vertrauten und geliebten Gesichtszüge schier das Herz brechen wollte.

»Was heißt das? Du kannst mich nicht verlassen, kaum dass wir einander wiedergefunden haben!«

»Ich kann aber auch dem Kind meiner Schwester nicht den Vater nehmen! Niemals! Ava mag sein, wie sie will, und es ist sicher kein guter Zug, dass sie keine Skrupel hatte, meine große Liebe zu heiraten, aber das hat sie nicht verdient. Sie ist schließlich völlig unschuldig an der ganzen gemeinen Intrige deines Bruders. Wir können sie nicht deshalb leiden lassen.«

Daniel kämpfte mit den Tränen. »Glaubst du, das fällt mir leicht? Aber wie soll ich mit ihr weiterleben, obwohl ich weiß, dass dort draußen die Frau ist, die ich liebe und die mich liebt? Wäre das nicht eine verdammte Lüge?«

»Aber du bist ihr doch auch bisher ein guter Ehemann gewesen!«, gab Scarlet heftig zurück. »Du wirst mich vergessen können, wenn du erst dein Kind auf dem Arm hast. Die Liebe zu einem Kind ist stärker als alles auf der Welt.«

»Aber du hast deinen Mann auch verlassen, obwohl ihr ein Kind habt. Gelten bei dir andere Regeln?«, fragte Daniel provokant.

»Nein, aber das ist etwas ganz anderes, weil Benjamin nicht Julias ...« Scarlet schaffte es noch, sich im allerletzten Augenblick zu unterbrechen. Ihr war schwindlig. War sie noch vor wenigen Minuten bereit gewesen, ihm alles zu verraten, war sie nun felsenfest entschlossen, dass er die Wahrheit niemals erfahren würde!

Daniel wurde noch blasser, als er es ohnehin schon war. »Was wolltest du mir da gerade sagen? Dass Benjamin nicht Julias Vater ist?«

»Blödsinn! Ich wollte sagen, dass ... dass Benjamin ... ach, das geht dich gar nichts an«, blaffte sie ihn in ihrer ganzen Hilflosigkeit an.

Daniel packte sie grob bei den Schultern. »Wie alt ist deine Tochter?«

»Sie wird im nächsten Jahr drei«, entgegnete Scarlet.

»Wann, Scarlet, wann?«

»Im Dezember«, log sie und hoffte, dass Daniel ihr das abnehmen würde, denn wenn sie September sagen würde, wäre es ein Leichtes für ihn, neun Monate zurückzurechnen.

»Schwör mir, dass sie nicht meine Tochter ist«, verlangte Daniel von ihr.

Scarlet sah ihm in die Augen und verzog keine Miene, während sie ihm schwor, dass Julia nicht seine Tochter war. »Ich möchte jetzt gehen, die anderen werden sich schon wundern, dass wir nicht zum Frühstück kommen«, fügte sie hektisch hinzu.

»Es ist mir gleichgültig, was die anderen denken. Ich rühre mich nicht vom Fleck, bevor ich es aus deinem Mund gehört habe: Dass es dein Wunsch ist, dass ich mit Ava weiterlebe, als wäre nichts geschehen, weil es für uns beide keine Zukunft gibt, weil ich bei meinem Kind bleiben muss!«

Scarlets Mund war so trocken, dass sie keinen Ton hervorbrachte. Und außerdem wollte sie lieber tot umfallen, als ihre Bereitschaft zum Verzicht auf den Geliebten noch einmal zu wiederholen.

»Sag es!«, forderte er mit schmerzverzerrtem Gesicht.

Scarlet senkte den Kopf. »Mein Wunsch ist, dass du mit Ava weiterlebst, als ob nichts geschehen wäre, denn für uns beide gibt es keine Zukunft, weil du bei deinem Kind bleiben musst!«, leierte sie tonlos herunter, bevor sie wieder aufblickte. »Zufrieden?«

Daniel blickte sie mit einem derart traurigen Blick an, dass sie ihm am liebsten sofort um den Hals gefallen wäre und ihn getröstet hätte, aber sie durfte jetzt keine Schwäche zeigen, obwohl sie sich fühlte, als würde ihr jemand ein Messer ins Herz rammen. Nur dass dieser Jemand sie selbst war. *Warum mache ich es mir so schwer*, fragte sie sich verzweifelt, *Ava hatte schließlich offenbar auch keine Bedenken, ihn zu heiraten, obwohl sie genau wusste, wie sehr ich ihn liebe.* Doch sosehr sie auch nach Gründen suchte, um ihre moralischen Bedenken wegzufegen, es gelang ihr nicht. Wenn sie jetzt mit Daniel fortging, würde sie stets daran denken, dass er ihretwegen sein Kind im Stich gelassen hatte, um mit ihr und seinem anderen

Kind zu leben. Und irgendwann würden sie einander womöglich vorwerfen, dass sie ihre Liebe auf dem Unglück von Ava und ihrem Kind aufgebaut hatten. Nein, sie wollte keine solche Schuld auf sich laden. Mit der Tatsache, dass sie Daniel Julia vorenthielt, würde sie eher leben können, wenngleich auch das mit Sicherheit keine besondere Heldentat war – aber notwendig! So redete sich Scarlet es in diesem Augenblick jedenfalls ein.

»Liebst du mich denn nicht so sehr wie ich dich?«, hörte sie Daniel wie von fern tränenerstickt fragen.

»Ich liebe dich mehr als alles andere auf der Welt«, entgegnete sie schwach. »Bis auf meine Tochter. Die wird mir Trost geben, so wie dein Kind dir Trost geben wird«, fügte sie in wenig überzeugendem Ton hinzu.

»Darf ich dich noch einmal küssen?«, fragte er leise.

»Es ist besser, wenn wir uns nicht mehr küssen«, stieß sie heiser hervor, während sie sich nichts sehnlicher wünschte, als ein letztes Mal seine schönen weichen Lippen auf ihrem Mund zu spüren.

»Ist wohl besser so. Mach es gut«, erwiderte Daniel hölzern, drehte sich um und ging einfach fort. Erst sah Scarlet ihm wie betäubt hinterher, dann wachte sie auf und rannte hinter ihm her. Völlig außer Atem holte sie ihn ein.

»Bitte, küss mich noch einmal«, bat sie keuchend.

Sie fielen einander wie zwei Ertrinkende in die Arme und küssten sich wieder und wieder. Jeder einzelne Kuss dauerte eine halbe Ewigkeit, und sie schafften es nicht, sich wieder loszulassen.

»Geh du vor«, bat er sie schließlich mit belegter Stimme.

»Wollen wir nicht gemeinsam nach Wentworth Paradise zurückkehren?«, fragte sie voller Panik, dass es nun wirklich ernst wurde mit der endgültigen Trennung. Wie sollte sie es bloß

381

überstehen, wenn sie ihm nun womöglich täglich am Esstisch gegenübersitzen würde? Bevor sie ihm ihre Ängste offenbaren konnte, was ihr Leben unter einem Dach anging, kam er ihr zuvor.

»Scarlet, ich werde von hier aus direkt zum Bahnhof gehen, und du wirst Ava sagen, dass ich heute Morgen eine Depesche bekommen habe mit der dringenden Bitte, ein Konzert in Darwin zu geben, nachdem ein Kollege krank geworden ist. Und dass ich sie nicht wecken wollte und sofort los musste. Und dich gebeten habe, es ihr auszurichten.«

Scarlet zog skeptisch die Augenbraue hoch. »Du willst wirklich fort von hier? Aber ist die Geschichte nicht ein wenig zu abenteuerlich, und wird sie dir nicht sofort nachreisen wollen?«

»Nicht, wenn das Konzert in Darwin ist und ich ihr ausrichten lasse, dass sie sich zum Wohle des Kindes bitte in Wentworth Falls schonen möge!«

»Wann hast du dir das denn ausgedacht? Ich hätte es niemals für möglich gehalten, dass du so lügen kannst.« In ihrer Stimme schwangen Bewunderung und Erstaunen mit.

»Ich auch nicht, aber die Vorstellung, dir am Frühstückstisch gegenüberzusitzen und vor Liebe zu dir zu vergehen, verleiht mir ungeahnte Fähigkeiten.«

»Es ist wohl das Beste für uns alle«, erwiderte Scarlet leise. »Ich habe mich nämlich auch gerade gefragt, wie ich das aushalten soll.«

»Es ist das Ferienhaus deiner Eltern, und ich bin der Fremde«, seufzte Daniel. »Und in Zukunft werde ich dafür sorgen, dass ich jedes Jahr zu Weihnachten ein auswärtiges Konzert geben muss, das mich leider daran hindert, zum Familientreffen anwesend zu sein.«

»Glaubst du, mir fällt es leicht zu wissen, dass dies ein Abschied für immer sein könnte?«, stöhnte Scarlet.

Er nahm ihre Hand, führte sie zärtlich an seinen Mund und bedeckte sie mit Küssen.

»Nein, ich weiß doch, dass du genauso darunter leidest wie ich, aber kannst du mir eins versprechen, was mir das Herz etwas leichter machen würde?« Er sah sie lauernd an.

»Alles, was in meiner Macht steht, mein Lieb«, versprach sie ihm.

»Wann immer ich einen Auftritt in Melbourne habe, wirst du ins Konzert kommen?«

Scarlet traten Tränen in die Augen. »Ja, das verspreche ich dir, aber ich setze mich wie beim letzten Mal in die letzte Reihe«, schwor sie ihm.

»Und ich werde eine Melodie extra für dich komponieren und sie dir jedes Mal im Konzert widmen.«

Obwohl Scarlet zutiefst gerührt war von dieser Geste, erschrak sie ein wenig. »Du kannst sie unmöglich mir widmen. Was wird Ava denken, wenn sie im Publikum sitzt?«

»Was soll sie schon denken, wenn ich sage: Diese Melodie ist meiner Liebsten gewidmet.«

Scarlet stieß einen tiefen Seufzer aus. »Gut, mit diesem kleinen Betrug kann ich durchaus leben. Aber ich werde nie nach dem Konzert auf dich warten. Ich werde deine wunderschönen Hände ansehen und dein ausgeprägtes Profil, und ich werde mich von deiner Musik verzaubern lassen, aber sobald das Licht im Saal angeht, werde ich fort sein.«

»Natürlich, wir wollen uns ja nicht unnötig quälen, aber ich werde mir bei jedem meiner Auftritte in Melbourne vorstellen, dass in der letzten Reihe eine hochgewachsene blonde Frau sitzt, die die schönsten graugrünen Augen besitzt, in die ich je blicken werde, und die süßesten Sommersprossen auf der Nase.«

Trotz ihres bleischweren Herzens musste Scarlet lächeln.

383

»Wehe, du denkst an meine Sommersprossen.« Sie drohte ihm scherzhaft mit dem Finger.

»Gut, abgemacht, wenn du nicht an mein Grübchen denkst.« Daniel rang sich ebenfalls zu einem Lächeln durch.

»Das kann ich nicht versprechen.«

»Da hast du's, ich auch nicht!«

Sie sahen sich noch einmal lange in die Augen, bevor Daniel ihre Hand nahm. »Komm, bis hinunter ins Tal gehen wir noch gemeinsam. Dann nehme ich die Abkürzung über den direkten Weg nach Wentworth Falls.«

Schweigend durchquerten sie den Eukalyptuswald, doch weder erreichte der betörende Geruch ihre Nasen noch das Konzert der Paradiesvögel ihre Ohren. Beide dachten nur an das eine: Dass sie sich in wenigen Augenblicken womöglich für immer trennen würden, obwohl der Duft der eben noch miteinander geteilten Intimität an ihnen beiden gleichermaßen haftete und verriet, dass sie im Herzen enger verbunden waren als je zuvor.

39

Ava war in der Früh aufgewacht, als Daniel auf leisen Sohlen das Zimmer verlassen hatte. Sie hatte allerdings vermutet, er würde sich vielleicht nur ein Glas Milch aus der Küche holen, und sich verführerisch auf seine Bettseite gelegt mit der Absicht, mit ihm unter dem Dach ihrer Eltern zu schlafen. Und natürlich wusste sie, wer nebenan im Zimmer wohnte, und fand, dass ihre Schwester nach dem gestrigen bühnenreifen Auftritt nachhaltig akzeptieren sollte, zu wem Daniel nun gehörte. Sie war durchaus gewillt, ihre Lust etwas lauter zu artikulieren. Doch dann wurde sie ungeduldig. Daniel schien den Weg zurück ins Bett nicht zu finden. Auf Zehenspitzen verließ sie das Zimmer und wollte an Scarlets Tür vorbeischleichen, als sie sah, dass sie nur angelehnt war. Ava blieb stehen und kämpfte mit sich, ob sie nach ihrer Schwester sehen sollte. Schließlich stieß sie die Tür einen Spalt weiter auf und hatte einen direkten Blick auf ihr Bett. Sie erstarrte, als sie erkannte, dass das Bett leer war, und überlegte fieberhaft, was sie am besten tun sollte. Was, wenn Scarlet und Daniel sich in der morgendlichen Küche begegnet und tatsächlich ins Gespräch gekommen waren? Avas Herz klopfte ihr bei dieser Vorstellung bis zum Hals, doch dann beruhigten sich ihre angeschlagenen Nerven wieder. *Und wenn schon*, dachte sie, selbst wenn sie im Gespräch Benjamins Intrige auf die Spur kommen würden, sie selbst war fein raus. Kein Mensch wusste, dass sie der Liebe zwischen Scarlet und Daniel den finalen Todesstoß versetzt hatte, als sie sich Bens Verrat für ihre Zwecke zunutze gemacht hatte.

Ihr erster Impuls war es, sich die Treppe hinunterzuschleichen und die beiden zu überraschen, um ihnen gar keine Gelegenheit zu einem vertraulichen Gespräch zu geben. Dann aber hielt sie es für klüger, nicht als eifersüchtiger Drache auf der Bildfläche zu erscheinen. Sie hatte doch am gestrigen Abend gespürt, wie die Familie ihr Respekt gezollt hatte, weil sie den ganzen hysterischen Auftritt ihrer Schwester schlichtweg ignoriert hatte. Natürlich war ihr klar gewesen, was die liebe Familie von ihr erwartet hatte. Dass sie ausfallend gegen Scarlet werden würde. Stattdessen hatte sie scheinheilig darüber spekuliert, womit Scarlet sich wohl derart den Magen verdorben haben könnte. Nein, sie würde sich ins Bett zurücklegen, auf Daniel warten und ihn verführen. Sie wusste auch schon wie. So zurückhaltend er auch im Bett war und selten die Initiative ergriff, wenn sie ihren Kopf unter die Bettdecke gleiten ließ mit der Absicht, ihn zu verwöhnen, war er ihr jedes Mal willenlos ausgeliefert. Den Trick hatte sie von Francis, die inzwischen einen Verlobten hatte, der nicht viel von körperlicher Liebe vor der Ehe hielt – bis auf die eine Art und Weise. Ava schlief über das Warten auf ihren Mann irgendwann ein.

Als sie aufwachte und als Erstes auf die leere Bettseite stierte, wurde ihr mulmig zumute. Sie schlich mit einem flauen Gefühl im Magen die Treppe hinunter und öffnete leise die Küchentür, aber statt auf Scarlet und Daniel traf sie auf Annabelle, die emsig das Frühstück vorbereitete.

»Tante Ava«, krähte Julia, die ihrer Großmutter Gesellschaft leistete, fröhlich und stürzte sich ihr in die Arme. Sie hatte gestern Abend schon eine ganze Zeit auf ihrem Schoß gesessen, nachdem sich Scarlet mittels vorgespielter Bauchschmerzen aus der Affäre gezogen hatte.

»Weißt du, wo Scarlet steckt?«, fragte Ava ihre Mutter scheinbar wie nebenbei.

»Nein, in ihrem Zimmer ist sie nicht. Julia ist da gleich heute Morgen reingestützt. Ich denke mal, sie ist draußen im Wald. Das hat sie doch schon früher immer gern getan«, erwiderte Annabelle bereitwillig.

»Und hast du meinen Mann vielleicht gesehen?«

»Daniel? Ist er denn nicht bei dir oben?«

»Nein, aber da fällt es mir wieder ein. Er wollte ja zum Pavillon gehen, ein wenig auf dem Piano üben. Ich glaube, ich hole ihn mal.«

»Will mit Tante Ava«, bekundete Julia und hatte Ava bereits ihr Patschhändchen gereicht.

»Ich nehme Julia mit«, erklärte Ava, und ihr entging keinesfalls der irritierte Blick ihrer Mutter. Seit gestern schienen alle im Haus etwas angespannt, als würden sie jeden Augenblick den großen Knall erwarten.

Ava hegte eine vage Hoffnung, dass Daniel sich wirklich zum Üben zurückgezogen hatte und nicht mit Scarlet unterwegs war, doch je näher sie dem Pavillon kam, desto mehr schwand dieser Hoffnungsschimmer. Sonst hätte sie längst die virtuosen Klänge hören müssen, die ihr Mann sogar dem ungestimmten Klavier im Pavillon entlocken würde, aber draußen war alles beinahe gespenstisch still. Es war ein herrlicher Sommermorgen, und Julia juchzte vor Freude, als das Gebäude vor ihnen auftauchte.

»Höhle gehen mit Ava!«, rief sie. Das fröhliche Kind an ihrer Hand bereitete Ava gleich bessere Laune. Natürlich gefiel ihr das sehr, wie die Kleine an ihr hing. Und ihr waren gestern Abend, nachdem Scarlet vor der Situation geflüchtet war, auch keineswegs Daniels prüfende Blicke entgangen. Immer wieder hatte er das Mädchen auf ihrem Schoß von Kopf bis Fuß gemustert, wenn er sich unbeobachtet gewähnt hatte. Ob er sich wohl auch fragte, ob Julia womöglich seine Tochter sein könnte?

387

»Wundert euch nicht, wenn euer Kind genauso aussieht«, hatte Walter, dem Daniels Blicke auch nicht unverborgen geblieben waren, gestern gescherzt. »Schließlich seid ihr Schwestern und die beiden Väter Zwillinge.«

»Julia ist einzigartig!«, hatte ihm daraufhin Granny Vicky ziemlich mürrisch widersprochen, bevor sie wieder bei ihrem Lieblingsthema »Victoria« angelangt war. Es war nicht so, dass Ava der Tod Victorias völlig kaltließ. Im Gegenteil, insgeheim bereute sie so manche kleine Boshaftigkeit, mit der sie Grannys Adoptivtochter malträtiert hatte, aber ihre Scham reichte nicht für Krokodilstränen. Sie hätte Victoria am liebsten lebendig, aber weit fort in London gesehen. Froh war sie allerdings darüber, dass ihre Granny nun nicht auch noch Victorias Baby aus dem Busch holte und an Kindes statt annahm. *Dafür ist sie einfach zu alt*, war ihr gestern Abend durch den Kopf gegangen, obwohl ihr auch nicht entgangen war, dass sich Granny Vicky in einer wesentlich besseren Verfassung befunden hatte als im Jahr zuvor. Bei Tisch hatte man krampfhaft vermieden zu erwähnen, warum Benjamin nicht mit nach Wentworth Falls gekommen war. Ava hatte nicht lange gezögert und diese Frage direkt in die Runde gestellt.

Es war Granny Vicky gewesen, die sich schließlich zu einer Antwort durchgerungen hatte. »Scarlet und Julia leben bei mir in Melbourne, aber was genau zwischen Benjamin und deiner Schwester vorgefallen ist, musst du sie bitte persönlich fragen.«

Typisch Granny Vicky, hatte Ava noch grimmig gedacht, *bloß alle Geheimnisse unter dem Teppich halten*, aber sie war fest entschlossen, die Hintergründe herauszubekommen. Schließlich verbrachte man noch mindestens zwei Wochen gemeinsam auf Wentworth Paradise. Natürlich hatte sie gemerkt, wie angespannt Daniel diesem Geplänkel gelauscht hatte. Offenbar brannte er ebenfalls darauf zu erfahren, was zwischen seinem Bruder und Scarlet vorgefallen war. Ava hatte sich ein bisschen darüber geärgert, dass es ihm nicht wenigstens halbwegs gelang, unbeteiligter zu tun, wenn es um Scarlet ging. Jeder am Tisch musste gemerkt haben, dass ihn das Thema alles andere als kaltließ.

Ava wurde aus ihren Gedanken gerissen, als Julia erfreut »Mom!« rief, sich von ihrer Hand losriss und zur Bank vor dem Pavillon stürmte. Was machte Scarlet vor dem Frühstück allein hier draußen, fragte sich Ava skeptisch, doch ihr zweiter Gedanke galt der Tatsache, dass Scarlet doch nicht mit Daniel unterwegs war. Das beruhigte sie sehr.

»Guten Morgen, Schwesterherz«, begrüßte sie Scarlet scheinbar unbekümmert. »Geht es dir wieder besser?«

Ein Blick in das blasse verheulte Gesicht ihrer Schwester beantwortete ihr diese Frage allerdings, bevor Scarlet überhaupt etwas sagen konnte.

Ava atmete tief durch. »Es tut mit leid, dass ich dich nicht auf unser Kommen vorbereitet habe, aber ich konnte es schlecht dir verraten und unseren Eltern nicht. Aber ich habe doch nicht geahnt, dass dich ein Wiedersehen mit Daniel dermaßen aus der Bahn wirft. Ich dachte, das gehört längst der Vergangenheit an. Schließlich bist du inzwischen mit seinem Bruder verheiratet und hast ein Kind mit ihm.«

Julia stand unschlüssig vor der Bank, aber als Ava ihre Arme ausbreitete, kletterte sie ihrer Tante auf den Schoß. Scarlet war das nicht unrecht. Am liebsten würde sie ihre Schwester bitten, mit Julia noch einen kleinen Spaziergang zu unternehmen und sie in Ruhe zu lassen, aber Ava schien geradezu vor Neugier zu platzen.

»Bist du schon lange hier draußen?«, fragte sie lauernd.

Scarlet zuckte mit den Achseln. Sie hatte keine Kraft, mit ihrer Schwester zu plaudern.

389

»Sag mal, hast du zufällig meinen Mann gesehen?«

Wie sie das sagt, dachte Scarlet bedrückt, *als würde sie damit besiegeln, dass Daniel ihr gehört*. Doch der zweite Gedanke galt dem, was er ihr aufgetragen hatte.

»Ja, ganz kurz bin ich ihm über den Weg gelaufen, und ich soll dir etwas von ihm ausrichten ...« Sie stutzte, denn allein bei diesen Worten hatte sich die Miene ihrer Schwester merklich verfinstert. »So? Ich höre«, bemerkte Ava spitz.

»Ihn hat am frühen Morgen eine Depesche aus Adelaide erreicht, dass er dringend für einen erkrankten Kollegen einspringen soll.«

Ava setzte Julia entschieden auf dem Boden ab und sprang auf. »Schön, dass ich das auch mal erfahre! Dann werde ich mich sputen, um ihm nach Hause zu folgen.«

Scarlet musterte sie zweifelnd. *Sie hat sich kein bisschen geändert*, ging es ihr durch den Kopf, *sie kann es nicht ertragen, wenn sie nicht die erste Geige spielt*.

»Daniel hat mich gebeten, dir auszurichten, du mögest bitte hier in Wentworth Falls bleiben, weil das Konzert in Darwin ist ...«

»Na und? Dann reise ich eben nach Darwin!«

»Mach, was du nicht lassen kannst, aber Daniel meinte, das wäre in deinem Zustand viel zu anstrengend. Er hat große Sorge, dass du wieder eine Fehlgeburt erleiden könntest.«

Ava warf Scarlet einen unfreundlichen Blick zu. »Woher weißt du davon? Meiner Meinung nach warst du noch gar nicht da, als wir darüber geredet haben. Und dann bist du ja auch ziemlich schnell vor Daniel geflüchtet. Magenschmerzen. Dass ich nicht lache!«, stieß Ava verächtlich aus.

Scarlet sprang von der Bank auf, die sie aufgesucht hatte, um wieder zu sich zu kommen, aber das würde nicht geschehen, wenn ihre Schwester sie zu allem Überfluss auch noch provozierte. *Ich sollte Mitleid mit ihr haben*, schalt sie sich, *schließlich habe ich gerade mit ihrem Mann geschlafen!* Doch dieses Gefühl wollte sich partout nicht einstellen. Deshalb musste sie diesen Ort so schnell wie möglich verlassen. Sie streckte die Hand nach Julia aus, aber die krähte: »Tante Ava. Höhle!«

Scarlet konnte sich nicht helfen, und sie kam sich auch kleinlich vor, aber in diesem Augenblick missfiel es ihr eher, dass ihre Tochter ein derart vertrauensvolles Verhältnis zu Ava hatte.

»Nun sei nicht gleich beleidigt und setz dich wieder«, versuchte Ava Scarlet zu beschwichtigen. Seufzend tat Scarlet, worum ihre Schwester sie gebeten hatte. »Verzeih mir, sollte ich dir etwas unterstellt haben«, fügte sie versöhnlich hinzu. »Aber ich konnte doch nicht ahnen, dass du ohne Ben nach Wentworth Falls kommst. Und wie konnte ich wissen, dass dir das mit Daniel nach all den Jahren immer noch so nahegeht?«

Scarlets Verstand signalisierte ihr, dass sie Ava gegenüber ihre wahren Gefühle lieber verbergen sollte, aber sie schaffte das nicht. Nicht, nachdem sie Daniel soeben für immer und ewig in Avas Arme geschickt hatte. Dieses Opfer aber, das sie für ihre Schwester auf sich genommen hatte, stimmte sie innerlich nicht milde, sondern brachte sie regelrecht gegen Ava auf.

»Was würdest du sagen, wenn ich eines Tages als Ehefrau deiner großen Liebe hier aufkreuzen würde?«, fragte sie provozierend.

Zu ihrem großen Erstaunen huschte ein Lächeln über Avas Gesicht. »Das kann ich mir kaum vorstellen, denn meine große Liebe ist bereits verheiratet.«

Scarlet begriff nicht, worauf sie hinauswollte. »Deine große Liebe? Ich kann mich nur an Reihen von enttäuschten Kavalieren erinnern.«

»Ich habe Daniel vom ersten Augenblick an geliebt, als er mich noch für eine verwöhnte Göre hielt.«

391

Dass Ava ihn damals angeschwärmt hatte, war Scarlet natürlich nicht entgangen, aber Liebe?

»Ich wusste schon damals: Den möchte ich heiraten!«, stieß Ava schwärmerisch hervor.

»Da haben wir ja mal ausnahmsweise etwas gemeinsam«, entgegnete Scarlet trocken. Sie hatte nur noch einen Wunsch: dieses heikle Gespräch schnellstens zu beenden und Daniel in Avas Gegenwart möglichst nicht mehr zu erwähnen.

»Und es grenzt doch an ein Wunder, dass ich ihn in Adelaide wiedergetroffen habe und wir uns ineinander verliebt haben, oder?«

Es kostete Scarlet sehr viel Selbstüberwindung, zustimmend zu nicken, denn ihr klangen noch Daniels Worte im Ohr, wie er sein tiefes Bedauern versichert hatte, sich jemals auf Ava eingelassen zu haben. In diesem Moment überfielen sie die Zweifel wie ein Schwarm Heuschrecken. War es wirklich die richtige Entscheidung, ihn in die Arme einer Frau zu treiben, die er ganz offensichtlich nicht liebte? Doch sofort meldete sich wieder ihre Vernunft, und sie dachte an die Alternative, mit ihm fortzugehen, und sie war sich sicher, dass ihr schlechtes Gewissen sie dann zermürben und womöglich ihre Liebe zu Daniel letztendlich zerstören würde.

»Ich freue mich für euch, aber jetzt sollten wir Mom nicht länger mit dem Frühstück warten lassen«, entgegnete Scarlet hastig und erhob sich erneut von der Bank.

»Ava, Höhle gehen«, quengelte Julia und zog ungeduldig am Arm ihrer Tante.

»Weißt du was? Du musst erst dein Porridge essen«, erklärte Ava der Kleinen, bevor sie sich zu ihrer Schwester umwandte und mit einem Lächeln auf den Lippen ihrer Hoffnung Ausdruck verlieh, dass sie sich auch ein Mädchen wünschte, und zwar eines, das Julia ähnelte.

»Falls du mir damit durch die Blume sagen wolltest, dass du wieder von Daniel schwanger bist, ich weiß es schon«, stöhnte Scarlet, die natürlich ahnte, dass Ava dies nicht aus lauter Schwatzhaftigkeit mitteilte, sondern um damit endgültig zu demonstrieren, dass Daniel unerschütterlich zu ihr gehörte.

Scarlet schluckte. Mit weniger als einem Fingerschnippen hätte sie vorhin im Wald diesem Besitzerstolz ihrer Schwester ein jähes Ende bereiten und mit Daniel fortgehen können, wenn sie nicht diese Gewissheit hätte, dass sie ihr Glück niemals auf Avas Unglück würde aufbauen können. Was für ein Verhältnis sie auch immer zueinander hatten. Ava war ihre Schwester!

»Ich will doch hoffen, dass euer Kind seine eigene Persönlichkeit haben wird. Und wir beide sehen ja nun auch nicht gerade wie Zwillingsschwestern aus«, erwiderte Scarlet genervt.

Ava kniff gefährlich ihre Augen zusammen. »Spielst du auf meinen Teint an?«, gab sie angriffslustig zurück.

Scarlet hob abwehrend die Hände. »Ava, können wir jetzt bitte aufhören und das Thema Daniel für den Rest unserer Ferien einfach vergessen?«, fauchte sie.

»Gut, aber eines wüsste ich gern noch. Worüber habt ihr denn noch so geplaudert, als ihr euch zufällig …« Sie stockte. »Wo seid ihr euch denn über die Füße gestolpert? Im Haus oder draußen?«, hakte sie lauernd nach.

»Vor der Tür!«

»Will zu Granny Annabelle. Hunger«, meldete sich Julia nörgelnd zu Wort und fasste Ava bei der Hand.

Scarlet beobachtete diese vertraute Geste erneut mit gemischten Gefühlen. Eigentlich hatte sie ja nichts gegen einen engen Kontakt von Julia zu ihrer Tante, aber vor dem Hintergrund der verzwickten Verhältnisse konnte sie sich nicht wirklich über diese Nähe der beiden freuen. Am liebsten würde sie

393

das Frühstück schwänzen und den Tag allein verbringen. Wie sollte sie bloß im Kreis ihrer Familie so tun, als wäre alles ganz normal, während ihr der Duft ihrer verbotenen Liebe aus jeder Pore kam, sie noch sein Stöhnen im Ohr hatte und seine Hände immer noch überall auf ihrem erhitzten Körper fühlte? Aber sie durfte sich keine Schwäche mehr leisten. Ihr gestriger Abgang hatte für genügend Irritation gesorgt. Also drückte sie die Schultern durch, folgte ihrer Schwester und ihrer Tochter und holte sie kurz vor der Veranda ein.

40

Alle Augen waren auf die Schwestern gerichtet, als sich Ava und Scarlet schweigend an den Frühstückstisch setzten.

»Geht es dir besser, Scarlet?«, fragte Granny Vicky lauernd.

»Ja, das war nur eine kleine Magenverstimmung. Es tut mir leid, dass ich mich so früh zurückziehen musste«, seufzte Scarlet, während sie einen mitleidigen Blick ihrer Mutter auffing.

»Und wo ist unser Genie?«, fragte George gut gelaunt.

»Daniel musste überstürzt nach Darwin abreisen wegen einer Konzertverpflichtung«, entgegnete Ava rasch.

»Wie bitte? Weiß man so etwas denn nicht vorher?«, hakte er skeptisch nach.

»Ein Kollege ist ausgefallen. Da hat man ihm heute Morgen eine Depesche geschickt.«

»Das sind ja harte Sitten, und das über die Festtage. Ich meine, wenn sie Walter und mich bei Tag und Nacht rausholen, bei Ärzten ist das normal, aber bei Starpianisten? Wann ist er losgegangen? Der erste Zug aus Wentworth Falls fährt doch erst gegen neun Uhr.« *George scheint die Sache merkwürdig vorzukommen*, mutmaßte Scarlet, aber sie tat so, als würde sie das Thema nicht interessieren.

»Bevor du mir weitere Löcher in den Bauch fragst, ich habe noch geschlafen, als er fort ist. Er hat Scarlet draußen vor der Tür getroffen und ihr aufgetragen, mir das auszurichten.« Avas Ton war unwirsch, und Onkel George sah zweifelnd zwischen den Schwestern hin und her.

395

Scarlet aber heftete den Blick auf die Schüssel mit dem Haferbrei, von dem sie noch keinen einzigen Bissen hinunterbekommen hatte. Sie hatte wenig Lust, Auskunft über Daniels angeblich überstürzten Aufbruch zu einer Konzertreise zu geben. Sie wusste nur eines: Es war schwer genug für sie, allein die Fassung zu bewahren. Wie viel schwerer wäre es erst gewesen, wenn Daniel nicht die Flucht ergriffen hätte?

Aus dem Augenwinkel beobachtete sie, wie Julia überaus zutraulich auf Avas Schoß krabbelte. Wieder spürte sie einen leisen Stich im Herzen, vor allem als Julia zärtlich ihre Ärmchen um Avas Hals legte.

»Hast du was dagegen, wenn ich Julia nach dem Frühstück mit in den Pavillon nehme? Ich muss ein wenig üben, denn ich werde zwar zum Juli meine Studien aufgeben, aber trotzdem spiele ich noch bei einigen Aufführungen die Carmen, solange man mich nicht über die Bühne rollen muss.« Ava sagte das in einem Ton, als würde ihr das wenig ausmachen. Dabei dachte sie voller Wehmut daran, wie Professor Tyler sie förmlich angefleht hatte, das Studium nicht abzubrechen, und ihr immerhin die Zusage abgerungen hatte, dass sie die Carmen spielte. Eigentlich hatten sie ja nur zwei Aufführungen angesetzt, aber der Erfolg hatte sie veranlasst, die Oper noch diverse Male aufzuführen. Mit gemischten Gefühlen dachte sie an jene Aufführung, in der Daniel sie zum ersten Mal auf der Bühne gesehen hatte. Er war so wahnsinnig stolz auf sie gewesen und hatte bei dem anschließenden Essen nicht mit Lob gespart. An dem Abend hatte sie sich rundherum geliebt gefühlt von ihm, doch zu Hause in den eigenen vier Wänden hatte sie Mühe gehabt, ihn noch zu später Stunde zu verführen. In der Nacht war sie zu ihrer großen Erleichterung aber noch einmal schwanger geworden. Seitdem fühlte sie sich sicher an seiner Seite. Deshalb hatte sie auch nicht gezögert, nach Wentworth Falls zu reisen, obwohl sie doch wusste, dass Daniel dort auf Scarlet treffen würde. Nein, so aufrichtig, wie Daniel sich dieses Mal auf den Nachwuchs freute, hatte sie keine wirklichen Ängste, ihn zu verlieren, wenngleich sie seine überstürzte Abreise natürlich auch überaus misstrauisch machte. Was, wenn er vor Scarlet geflüchtet war?

Ava bemerkte, wie sich ihr Herzschlag bei dem Gedanken beschleunigte, und sie versuchte sich mit der Vorstellung zu beruhigen, dass eine Flucht immer noch weniger gefährlicher war, als die alte Liebe hier im Zauber der Blue Mountains erneut aufflammen zu lassen. Und dazu war es ja offenbar zwischen den beiden nicht gekommen. Ava warf ihrer Schwester einen prüfenden Blick zu, die ihrerseits gerade intensiv zu Julia auf ihrem Schoß hinübersah. Wie Ava unschwer erkennen konnte, gefiel ihr diese Nähe zwischen ihnen beiden gar nicht. Darauf konnte Ava jetzt keine Rücksicht nehmen. Im Gegenteil, es tat ihr sehr gut zu erleben, wie dieses Kind sein Herz an sie hängte. *Dann kann ich gar keine so schlechte Mutter werden*, dachte sie mit einer gewissen inneren Befriedigung.

»Das ist doch eine gute Idee, wenn du dich etwas um Julia kümmerst, denn ich würde mir gern ein bisschen mit Scarlet die Füße vertreten«, sagte Granny Vicky in das angespannte Schweigen hinein.

»Ja, macht das nur. Ich habe mit der Vorbereitung des Truthahns genug zu tun. Am liebsten wäre mir, ihr wäret alle beschäftigt«, lachte Annabelle.

»Ich habe eine Sondererlaubnis, dir zu helfen«, bemerkte Myriam eifrig.

»Tja, dann sollten wir beide wohl mal zum Angeln gehen«, schlug George seinem Schwager vor.

Scarlet war gar nicht wohl bei dem Gedanken, dass ihre Granny unter vier Augen mit ihr zu sprechen wünschte, denn

397

in ihrem Blick lag erneut etwas Wissendes. Als könnte ihre Großmutter bis auf den Grund ihrer Seele blicken. Als ahnte sie längst, was zwischen Scarlet und Daniel geschehen war dort drüben im Eukalyptuswald.

Doch schon erhob sich einer nach dem anderen, bis nur sie beide übrig waren. Bevor Julia ihrer Tante Ava folgte, kam sie noch einmal zu Scarlet und forderte ein Küsschen, das sie ihrer Tochter bereitwillig gab.

»Komm, lass uns ein wenig spazieren gehen.« Das klang weniger nach einer Bitte als vielmehr nach einer Anordnung. Scarlet traute sich nicht, den Vorschlag abzulehnen, obwohl sie jetzt viel lieber allein gewesen wäre. Sie konnte ihrer Großmutter schlecht beichten, dass sie bereits drüben im Eukalyptuswald gewesen war, und vor allem nicht, mit wem.

Also schlug Scarlet vor, nach Wentworth Falls zu wandern, um dort ein Geschenk für ihre Schwester zu besorgen, denn für Ava hatte sie nichts zu Weihnachten. Und morgen früh sollten schließlich am Kamin die gefüllten Strümpfe hängen. In Wentworth Falls gab es einen Goldschmied, der wunderschöne und dabei erschwingliche Schmuckstücke aus Gold und wertvollen Steinen fertigte. Es war Tradition, dass er auch am Tag vor Weihnachten seine Werkstatt geöffnet hatte, die jedes Jahr überfüllt war, weil viele der Sommerfrischler noch auf die Schnelle ein Geschenk suchten.

Granny Vicky war einverstanden. Wenig später wanderten die beiden schweigend durch den Pinienwald, der nach Wentworth Falls führte. Scarlet merkte sehr wohl, dass ihre Großmutter etwas auf dem Herzen hatte, aber sie wollte die alte Dame nicht drängen, zumal sie befürchtete, dass sie mehr ahnte, als Scarlet lieb war. Außerdem war sie selbst ganz in ihre eigenen Gedanken versponnen und spürte, wie langsam eine tiefe Traurigkeit von ihr Besitz ergriff. Heute Morgen, als sie

398

Daniel mitgeteilt hatte, dass er zu Ava und dem Kind stehen solle, war sie noch stark und mutig gewesen, getragen von der Entscheidung des heroischen Verzichts auf den Liebsten. Was blieb, war ein großes dunkles Loch, das sie zu verschlingen drohte. Und das hieß: eine Zukunft ohne jegliche Hoffnung. Plötzlich war dort nur mehr gähnende Leere, wo vorhin eine Kraft gewohnt hatte, die ihr die Stärke gegeben hatte, auf eine Zukunft mit Daniel zu verzichten. Sie spürte, wie ihr die Tränen kamen, aber sie wischte sich hastig mit dem Ärmel ihrer Bluse über die verräterisch feuchten Augen.

»Ich habe dich heute Morgen mit ihm gesehen«, seufzte Granny Vicky in die Stille hinein. Scarlet blieb abrupt stehen. »Wie meinst du das?«, fragte sie, obwohl sie längst ahnte, wovon Granny Vicky sprach.

»Ich bin heute Morgen von einem Schrei aufgewacht, und da konnte ich nicht mehr schlafen. Ich wollte Julia mit meiner Unruhe nicht wecken. Deshalb habe ich eine Weile aus dem Fenster gesehen, und wie du weißt, kann ich von meinem Zimmer bis zu der Stelle sehen, an der der Weg ins Tal hinunterführt.«

»Ich weiß, aber nun sag schon. Was hast du gesehen?«

»Euch beide, wie ihr in Richtung Tal gewandert seid. Habt ihr euch ausgesprochen? Hast du ihm von Ju…?«

»Granny, nein! Habe ich nicht! Und das werde ich auch nicht!«, fuhr Scarlet ihre Großmutter an. »Entschuldigung, ich wollte nicht so heftig sein«, fügte sie zerknirscht hinzu.

»Du hast ihm also nichts von eurem Kind gesagt und lässt ihn jetzt im Glauben, dass Avas Kind sein erstes ist?«

Scarlet stöhnte genervt auf. »Warum sollte ich ihm das beichten? Das Kind hat einen Vater!«

»Ich weiß. Bitte rege dich nicht auf. Ich bin eine alte dumme Frau. Du hast ja recht. Ich glaube, ich möchte einfach nur, dass du nicht dieselben Fehler begehst wie ich mit meinem eiser-

399

nen Schweigen. Aber verzeih, dass ich so neugierig bin. Wie war das zwischen euch?«

»Wir lieben uns noch, falls du darauf hinauswolltest«, erwiderte Scarlet in einem trotzigen Ton.

»Darüber habt ihr gesprochen?«

»Er wollte mit mir ein neues Leben anfangen«, murmelte Scarlet, als würde sie das selbst nicht glauben können.

»Und Ava?«

»Tröste dich, ich habe von ihm verlangt, dass er zu Ava und dem Kind steht!«

»Und deshalb hat er Wentworth Falls verlassen? Weil er nicht mit dir unter einem Dach leben konnte. Oh Gott, was bist du nur für eine mutige Frau. Du hast Ava zuliebe auf die Liebe deines Lebens verzichtet?«

Scarlet nickte schwach. »Wir wären mit dieser Schuld nicht glücklich geworden.«

»Und hat er dir auch gesagt, warum er sich damals so dumm verhalten hat, als er noch die Chance hatte, mit dir glücklich zu werden?«

»Leider!«, brummte Scarlet und schilderte ihrer Großmutter die ganze lausige Intrige Benjamins.

»Ich wusste schon, warum ich diesem Burschen niemals getraut habe! Das ist doch wohl eine bodenlose Gemeinheit, wie gründlich er euer Glück zerstört hat. Ach, wie ich es ihm gönne, dass er dich trotzdem verloren hat«, schimpfte Granny Vicky.

»Ein schwacher Trost! Aber nun lass die Sache ruhen«, bat Scarlet ihre Großmutter inständig. »Ich muss erst einmal begreifen, dass wir einander niemals mehr wiedersehen werden, dass ich ihn niemals wieder sehen, riechen und anfassen ...« Sie stockte, denn sie wollte ihr auf keinen Fall verraten, wie nahe Daniel und sie sich auf der Lichtung gekommen waren.

Nicht, weil sie fürchtete, Vicky würde sie moralisch verurteilen, sondern weil sie ihre Großmutter nicht zur Mitwisserin machen und damit in Loyalitätskonflikte gegenüber Ava bringen wollte.

Granny Vicky nahm sie wortlos in den Arm und zog sie dicht zu sich heran. »Obwohl es mir für dich wahnsinnig leidtut, dass du auf deine große Liebe verzichtest, bin ich auch stolz auf dich. Hoffentlich weiß Ava das zu würdigen.«

»Ich hoffe nicht, dass sie jemals erfahren wird, was ich für sie getan habe«, seufzte Scarlet. »Aber ich gebe zu, dass ich bei jeder bissigen Bemerkung von ihr daran denken muss und insgeheim finde, sie könnte netter zu mir sein.«

Vor ihnen tauchten die ersten Häuser von Wentworth Falls auf. In der Goldschmiede-Werkstatt war wie jedes Jahr am Tag vor Weihnachten viel Betrieb, aber Scarlet fiel sofort eine Kette mit einem dunkelblauen fast schwarzen Anhänger ins Auge, die sie begeistert ihrer Großmutter zeigte. Granny Vicky fand sie auch außerordentlich schön.

»Eine gute Wahl«, bemerkte die Verkäuferin verschwörerisch. »Das ist nämlich kein einfacher Anhänger, es ist ein Boulder-Opal. Und eine Legende besagt, dass der Opal ein Geschenk des Himmels ist, von einem Regenbogen, der die Erde berührte. Und er erfüllt der Besitzerin einen Herzenswunsch.« Scarlet lächelte über die Begeisterung der Verkäuferin, aber sie glaubte nicht daran, dass Steine helfen könnten, Wünsche zu erfüllen. Sonst würde sie sich diese Kette selber kaufen und darauf hoffen, dass es eine Möglichkeit gab, mit Daniel und Julia ein neues Leben anzufangen, ohne ihre Schwester ins Unglück zu stürzen und dem ungeborenen Kind den Vater zu nehmen.

Sie bezahlte rasch, und so machten sich ihre Großmutter und sie schon wenig später mit dem Geschenk in ihrer Rocktasche auf den Rückweg.

401

»Hoffentlich wird wenigstens Ava mit ihm glücklich«, bemerkte Granny Vicky, als sie an einem der Aussichtspunkte hielten, von dem aus man einen fantastischen Blick bis zu dem Wasserfall hatte. Allerdings war es inzwischen so schwül geworden, dass ihnen beiden der Schweiß in Strömen den Rücken hinunterlief.

»Das hoffe ich auch, sonst war alles umsonst«, pflichtete Scarlet ihr bei. »Hoffentlich gibt es heute kein Gewitter«, fügte sie mit einem prüfenden Blick auf die von Westen heranziehenden dunklen Wolken hinzu.

»Liebe lässt sich aber nicht erzwingen«, bemerkte Vicky, während sie gen Himmel sah. »Ich hoffe, die ziehen vorüber. Vielleicht können wir in den nächsten Tagen mal einen Ausflug zum Jamison Valley machen und den drei Schwestern einen Besuch abstatten.«

»Das ist eine gute Idee«, entgegnete Scarlet, denn diese drei Sandsteinfelsen waren immer wieder einen Ausflug wert und überdies eine gute Gelegenheit, Ava aus dem Weg zu gehen.

Den weiteren Weg legten sie schweigend zurück. Die Hitze wurde immer drückender, und jeder Schritt machte Mühe. Sogar das Reden war ihnen zu anstrengend geworden.

»Ich muss mich erst einmal hinlegen«, schnaufte Vicky, als sie das Grundstück betraten und Schatten unter den großen Bäumen fanden.

Als sie am Pavillon vorbeikamen, hörten sie ein Kind singen.

»Das ist Julia«, rief Scarlet erstaunt aus. »Aber ich habe sie noch nie zuvor singen hören.«

Vorsichtig näherten sie sich dem Pavillon und warfen einen Blick in das Innere. Ava saß auf einem der Korbstühle und klatschte begeistert in die Hände, während Julia voller Inbrunst sang: »Miss Polly had a dolly who was sick, sick, sick. So she called for the doctor to come quick, quick, quick …«

Obwohl Scarlet entzückt war von dem ungeahnten Talent ihrer Tochter, gab es ihr trotzdem einen Stich, dass Ava Julias Sangesfreude gefördert hatte und nicht sie selbst. Doch sie wollte auf keinen Fall eine Spielverderberin sein und applaudierte begeistert.

»Deine Tochter wird wohl mal in meine Fußstapfen treten«, bemerkte Ava scheinbar locker, aber Scarlet hatte das Gefühl, als würde ihre Schwester zu ihr in Konkurrenz treten. Das hatte sie ja früher auch schon getan, aber jetzt, wo es um die Gunst ihrer Tochter ging, konnte Scarlet nicht so locker darüber hinwegsehen wie früher als Kind und Jugendliche.

»Das wird sich zeigen. Pflanzen und Tiere liebt sie nämlich auch so wie ich. Vielleicht wird sie ja später einmal meinen Traum leben und Forscherin werden.« Scarlet konnte ihren eigenen spitzen Ton gar nicht leiden, aber diese Vertrautheit zwischen Ava und Julia wurmte sie einfach, sodass sie nicht anders konnte.

»Ich finde, Julia singt wirklich schön«, bemerkte Granny Vicky und warf ihrer älteren Enkelin einen mahnenden Blick zu, den Scarlet zu deuten verstand und Julia nun ihrerseits lobte, was der Kleinen ein seliges Lächeln entlockte.

»Komm, Süße, wir machen Mittagsstunde«, sagte Scarlet schließlich strenger als beabsichtigt.

»Möchte bei Ava bleiben«, entgegnete Julia.

Scarlet kämpfte mit sich. Sie hatte schon die vergangene Nacht auf ihre Tochter verzichtet und würde gern zusammen mit ihr ein wenig ruhen, aber sollte sie Julia wirklich dazu zwingen?

»Ist dir das recht, wenn sie bei dir bleibt? Und wenn sie müde wird, kannst du sie gern zu mir ins Zimmer bringen.«

»Wir beide sind nicht müde«, erklärte Ava lachend. »Natür-

403

lich kann sie bei mir bleiben. Und wenn sie müde wird, nehme ich sie mit in mein Bett«, fügte sie energisch hinzu.

Wie soll das bloß gutgehen, wenn Ava und ich noch vierzehn Tage unter einem Dach wohnen, fragte sich Scarlet, als sie schließlich mit Granny Vicky zum Haus schlenderte. Sosehr sie sich auch vorgenommen hatte, sich Ava gegenüber nichts anmerken zu lassen, es gelang ihr nicht wirklich. Daniel stand zwischen ihnen.

»Ich kann ja verstehen, dass du nicht gut auf deine Schwester zu sprechen bist, aber nun lass ihr doch den Spaß mit Julia. Ich finde es geradezu rührend, wie sie sich um die Kleine kümmert.«

Scarlet stöhnte genervt auf. »Nicht dass sie mir auch noch mein Kind nimmt!«, stieß sie verärgert hervor.

»Jetzt übertreibst du aber. Du weißt, dass ich auf deiner Seite bin, aber wer hier wem den Mann ausgespannt hat, ist die Frage.«

Scarlet funkelte ihre Großmutter wütend an. »Ich will das einfach nicht, dass Julia sich an Ava hängt. Kannst du das denn nicht verstehen?«

»Doch, aber ich hätte dich nicht für so kindisch gehalten, dass du das nicht besser trennen kannst. Ich meine, dein Verhältnis zu Daniel und Avas ehrliches Interesse an deiner Tochter.«

»Verdammt, du weißt ganz genau, warum ich in dem Punkt so empfindlich bin. Julia ist das Einzige, das mir noch von Daniel bleibt, während sie sowohl ein Kind mit ihm haben wird als auch ihn als Mann.«

Granny Vicky wollte beschwichtigend ihre Hand auf Scarlets Arm legen, aber sie zog ihn trotzig weg. »Ach, lasst mich doch alle in Ruhe!«, schnaubte sie und ließ ihre Großmutter einfach stehen.

Kaum war sie ein paar Schritte gegangen, tat es ihr schon leid. Was konnte Granny für ihre desolate Gemütslage? Scarlet wollte sich entschuldigen und drehte sich um, aber ihre Großmutter war verschwunden. Ein merkwürdiges Gefühl beschlich sie. Noch nie hatte sie sich mit Granny Vicky gestritten, aber dass sie so auseinandergingen, war ihr regelrecht unheimlich. Wie sagte Granny Vicky immer? Man kann sich streiten, keine Frage, aber bevor man sich trennt, sollte man sich wieder vertragen. Es kann immer das letzte Mal sein.

Unfug, sprach sich Scarlet gut zu, *und außerdem ist es viel zu heiß, um auch nur einen Schritt zu viel zu machen!*

41

Scarlet legte sich nur mit einem Betttuch um die nackten Hüften geschlungen auf ihr Bett. Die schwüle Hitze stand förmlich im Zimmer. Sie wollte unbedingt schlafen, weil sie hoffte, nicht mehr so unleidlich zu sein, wenn sie den Schlaf der vergangenen Nacht nachgeholt hatte, aber sie konnte sich nicht entspannen. Und zudem kreisten ihre Gedanken unaufhörlich um das, was auf der Lichtung geschehen war, und sie sehnte sich mit jeder Faser ihres Körpers nach Daniels Umarmung. Unruhig wälzte sie sich von einer Seite auf die andere. Die drückende Hitze tat ihr Übriges. Es war stickig heiß in dem Zimmer, sodass sie aufsprang und das Fenster weit aufriss, doch das brachte keinerlei Kühle ins Zimmer. Noch schien die Sonne, aber im Westen türmten sich schwarze Wolken auf, die sich langsam über den ganzen Himmel ausbreiteten.

Unten im Garten sah sie ihre Großmutter stehen, wie sie versonnen in die Ferne blickte. Sie nahm sich vor, sie nicht mit einem Zuruf zu erschrecken, sondern sich nachher in aller Form bei ihr zu entschuldigen. Dann legte sie sich in ihr Bett und schlief endlich erschöpft ein.

Scarlet erwachte von einem ohrenbetäubenden Knall und fuhr auf. Im Zimmer war es stockfinster, ein kalter Windhauch streifte ihre Wangen, und draußen tobte ein Inferno. Ein Blitz erhellte den Raum, und der Donner folgte in derselben Sekunde. Erschrocken eilte sie zum Fenster, um es zu schließen, was ihr nur unter großen Mühen gelang. Während sie hastig in ihre

Kleidung schlüpfte, hörte sie lautes Geschrei. Ihr schwante Übles, aber sie wollte den Gedanken, der sie mit Macht überfiel, nicht zulassen, doch als sie aus dem Zimmer trat, konnte sie die Wahrheit nicht mehr verdrängen: Ein Blitz hatte in Wentworth Paradise eingeschlagen, denn am Ende des Flurs züngelten Flammen empor.

Julia, dachte sie, und riss Avas Zimmertür auf, doch das Bett war leer. Das Herz pochte ihr bis zum Hals, und das Geschrei aus der unteren Etage wurde lauter. Sie wollte gerade hinunter zu den anderen rennen, als sie einen leisen Hilferuf vernahm. Er kam aus dem gegenüberliegenden Zimmer, in dem ihre Großmutter schlief. In Panik öffnete sie die Tür. Rauchschwaden kamen ihr entgegen. Sie hielt den Atem an und tastete sich halb blind bis zu dem Bett, in dem ihre Großmutter, die inzwischen verstummt war, lag. Scarlet zögerte keine Sekunde, sondern packte sie unter den Achseln und zog sie aus dem Zimmer in den Flur. Granny Vicky rührte sich nicht mehr. Die Flammen hatten sich fast bis zu Grannys Zimmer gefressen, sodass Scarlet nicht viel Zeit blieb, darüber nachzudenken, ob ihre Großmutter nur ohnmächtig war oder …

Ihre Knie zitterten, als sie ihre Großmutter mit letzter Kraft die Treppe hinunterwuchtete. Wo sie auch hinsah, tobte das Feuer. Scarlet hatte nur ein Ziel: Sie musste ins Freie.

Hustend und schnaufend schaffte sie es schließlich, das Haus zu verlassen. Draußen waren die anderen. Die Männer versuchten, mit Eimern voller Wasser das Feuer zu löschen, aber das war völlig sinnlos, denn das Holzhaus brannte bereits lichterloh. Scarlet sah noch, wie ihre Mutter schluchzend auf sie zustürzte, doch dann wurde ihr schwarz vor Augen.

Als sie aus ihrer Ohnmacht aufwachte, lag sie in einem fremden Bett und sah in das besorgte Gesicht ihres Onkels George.

»Gott, wir haben schon befürchtet, dass du nicht mehr aufwachst«, stieß er verzweifelt hervor.

»Wo bin ich? Und wo ist Granny?«, fragte Scarlet, bevor sie erneut einen schweren Hustenanfall erlitt.

»Wir sind im Haus von Doktor Franklin. Er ist gerade bei deiner Großmutter.«

»Wie geht es ihr?«

George antwortete nicht sofort, aber seine ernste Miene verriet ihr, dass es nicht gut um sie stand.

»Kann ich zu ihr?« Scarlet wollte sich setzen, aber ihre Brust fühlte sich an, als wäre sie mit Blei beschwert.

»Du bleibst erst einmal liegen und trinkst das.« Er reichte ihr ein großes Glas mit Wasser, das sie in einem Zug gierig lehrte.

»Wie geht es den anderen. Wo ist Julia?«

»Sie war mit Ava im Pavillon, als es passiert ist. Sie ist wohlauf wie die anderen auch.«

»Ist Granny bei Bewusstsein? Wird sie durchkommen?«, fragte Scarlet bang.

Ihr Onkel George zuckte mit den Achseln, was sie nicht gerade als ermutigendes Zeichen sah.

»Und Wentworth Paradise?«

»Ist nur noch ein Haufen Asche. Es hat gebrannt wie Zunder, und es muss kurz danach auch drüben im Wald einen Blitzeinschlag gegeben haben, denn dort brennt es auch immer noch lichterloh, aber hier sind wir in Sicherheit. Der Wind weht in die andere Richtung.«

Scarlets Augen füllten sich mit Tränen. Sie durfte sich gar nicht ausmalen, dass ihre Großmutter womöglich sterben könnte.

»Bitte, lass mich zu Granny. Ich kann doch hier nicht herumliegen, wenn sie mich vielleicht braucht.« Erneut versuchte sie, sich aufzusetzen, was ihr mit Mühe gelang. Das Wasser hatte

408

ihr Linderung gebracht, und sie hatte das Gefühl, wieder freier atmen zu können. Jetzt sah sie, dass das Fenster weit geöffnet war, und sie nahm einen tiefen Zug der angenehmen Luft, die nach einem Gewitter stets besonders frisch war.

»Gut, aber ich werde dich stützen. Nicht dass du mir noch umkippst«, mahnte ihr Onkel und reichte ihr seinen Arm. Scarlet hakte sich bei ihm unter. Ihre Großmutter lag gleich nebenan. Als sie in das Zimmer traten, warf der Arzt George einen Blick zu, der nichts Gutes verhieß.

Vorsichtig näherte sich Scarlet dem Bett. Ihre Großmutter sah aus, als würde sie friedlich schlafen. Mit schreckensweiten Augen wandte sie sich an ihren Onkel. »Sie ist doch nicht tot, oder?«

»Nein, sie atmet noch«, entgegnete Doktor Franklin.

Scarlet trat ganz nahe an das Bett ihrer Großmutter und strich ihr eine Strähne des weißen Haares aus dem Gesicht, während sie leise betete, dass Granny Vicky bitte aufwachen möge.

»Lasst mich ruhig einen Augenblick mit ihr allein«, bat sie die beiden Mediziner, die ziemlich ratlos zu sein schienen. Leise verließen sie das Zimmer.

Scarlet begann, mit ruhiger Stimme auf ihre Großmutter einzureden. Sie flehte sie an, wieder gesund zu werden, weil sie sie doch so sehr brauchte. Als sie schon ganz heiser vom vielen Reden war und die Hoffnung gerade aufgeben wollte, schlug Granny Vicky die Augen auf.

»Wo bin ich?«, fragte sie mit klarer Stimme.

»Im Haus von Doktor Franklin. Wentworth Paradise ist …« Scarlet konnte nicht weitersprechen, weil sich ein Schluchzen ihrer Kehle entrang, doch Granny Vicky nahm ihre Hand.

»Nicht traurig sein. Es ist alles gut. Ich habe Jonathan gesehen. Er wartet auf mich.«

409

Diese Worte brachten Scarlet vollständig aus der Fassung, und sie weinte bittere Tränen.

»Nicht weinen, Kleines«, flüsterte Granny Vicky. »Ich werde immer bei dir sein. Wie ein Schutzengel. Das verspreche ich dir.«

In diesem Augenblick versiegten Scarlets Tränen, und sie flehte ihre Großmutter an, nicht solchen Unsinn zu erzählen.

Granny Vicky sah sie mit einem merkwürdigen Blick an. Er war voller Güte und Liebe, aber so fern. Als wäre ihre Großmutter gar nicht mehr auf dieser Welt.

»Jonathan hat mir noch etwas aufgetragen. Einen Wunsch, den ich ihm längst hätte erfüllen müssen. Holst du die anderen? Bitte!«

»Nein, ich rühre mich nicht von deiner Seite«, widersprach Scarlet heftig.

»Kind, bitte, wenn du mir einen Gefallen tun willst, dann geh schnell, bevor es zu spät ist.«

»Aber du stirbst doch nicht. Sonst wärest du gar nicht mehr aus der Ohnmacht erwacht. Du wirst weiterleben!«, stieß Scarlet verzweifelt aus.

Granny drückte Scarlets Hand. »Nein, Jonathan ist ganz nah bei mir. Ich habe ihn gesehen. Zusammen mit Frederik. Die beiden sind gute Freunde geworden dort oben. Wir nehmen dich in unsere Mitte, hat Frederik gesagt …«

Scarlet erstarrte und begriff in diesem Augenblick, dass das Ende nahte und sie tun sollte, wonach ihre Großmutter verlangte.

»Versprich mir, dass du nicht gehst, ohne dass ich mich von dir verabschieden kann«, raunte sie verzweifelt.

»Keine Sorge, ich gehe nicht, bevor ich nicht Jonathans letzten Wunsch erfüllt habe. Und nun beeil dich!«

Scarlet erhob sich mit zitternden Knien. Sie war so wackelig auf den Beinen, dass sie sich an einer Stuhllehne abstützen musste, doch dann atmete sie ein paarmal tief durch und verließ das Zimmer.

Die anderen fand sie auf der Veranda vor. Die Sonne schien schon wieder vom Himmel, als wäre das Inferno nur ein böser Traum gewesen. Sie blickte in betretene Gesichter, und alle schwiegen. Ihre Mutter hatte vom Weinen verquollene Augen, aber als sie Scarlet sah, sprang sie auf und riss sie in ihre Arme. »Gott sei Dank, dass dir nicht mehr passiert ist. Ich habe mir solche Sorgen gemacht. Jetzt können wir nur noch beten, dass Granny es überlebt.«

»Sie ist aufgewacht«, sagte Scarlet gequält.

»Das ist ja eine wunderbare Nachricht«, rief Annabelle aus. »Habt ihr das gehört? Meine Mutter ist aufgewacht. Sie lebt!«

»Sie möchte uns alle sehen, und zwar gleich!«

Scarlet war schwer ums Herz, weil sie den Optimismus ihrer Mutter nicht teilen konnte. Sie hatte keinerlei Hoffnung mehr, seit Granny Vicky mit der Stimme des Todes zu ihr gesprochen hatte.

»Mom, Mom«, krähte nun Julia und rannte auf Scarlet zu. Sie nahm ihre Tochter auf den Arm und drückte sie ganz fest an sich. Allerdings wollte sie vermeiden, dass die Kleine sie in das Zimmer der Großmutter begleitete. Was, wenn sie vor ihren Augen sterben würde? Nein, das konnte und wollte sie ihrem Kind nicht zumuten.

»Süße, wir gehen jetzt alle zu Granny Vicky. Und du bleibst hier im Garten bei Tante Lilly.« Misses Franklin trat auf Scarlet zu und wollte ihr Julia abnehmen, aber die Kleine krallte sich an ihrer Mutter fest. Doch da näherte sich Ava und fragte Julia, ob sie mit ihr im Haus singen wollte. Ohne zu zögern, ließ sich Julia von Ava auf den Arm nehmen.

411

»Granny möchte dich auch sehen«, erklärte Scarlet ihrer Schwester, aber die winkte ab. »Ich gehe nachher allein zu ihr. Es kommt doch nicht auf die Minute an, jetzt, wo sie wieder ganz gesund ist.«

Scarlet überlegte noch, wie sie ihrer Schwester möglichst schonend beibringen sollte, dass es Grannys dringlicher Wunsch war, alle um sich zu haben, aber da war Ava schon mit Julia auf dem Arm im Haus verschwunden.

Annabelle hakte sich bei Scarlet unter, und so gingen alle gemeinsam zu Granny Vicky. Als die Tür aufging und sie ihre Lieben sah, lächelte sie, doch dann verdüsterte sich ihre Miene. »Wo ist Ava?«

»Sie kümmert sich um Julia«, erwiderte Scarlet mit belegter Stimme.

»Schade«, murmelte Granny Vicky. »Sehr schade!«

»Ach, Mutter, wie schön, dass es dir wieder besser geht«, stieß Annabelle gerührt hervor und gab ihrer Mutter einen Kuss auf die Wange.

»Unkraut vergeht nicht«, lachte George.

Scarlet beobachtete das Ganze mit schmerzendem Herzen. Granny Vicky bat ihren Sohn, ihr das Kissen aufzuschütteln, weil sie sich aufsetzen wollte. Er tat, was sie verlangte. *Wie eine Königin sieht sie aus*, dachte Scarlet wehmütig. *Wie eine sterbende Königin!*

»Ihr wundert euch bestimmt, dass ich euch habe rufen lassen, aber ich habe meine Gründe. Ich muss Jonathans letzten Wunsch erfüllen.«

»Aber Mutter, nun schlaf dich erst einmal aus«, bemerkte Myriam besorgt.

»Schlafen kann ich noch genug«, erwiderte sie. Bei diesen Worten zuckte Scarlet zusammen, denn sie verstand als Einzige die wahre Bedeutung dieser Worte. An den erleichterten

Mienen der anderen konnte sie unschwer erkennen, dass sie alle glaubten, Granny Vicky würde wieder ganz gesund.

»Ach, meine Myriam, dass du meinen George geheiratet hast, war eines der schönen Geschenke in meinem Leben. Ich liebe dich wie eine Tochter.«

Myriam trat an das Bett und streichelte ihrer Schwiegermutter gerührt über die Wangen. Granny Vicky wandte sich nun an ihren Sohn. »Und du, George, hast mir stets beigestanden in der Not. Ich danke dir von Herzen.«

»Mutter, ich kann ja verstehen, dass du erleichtert bist, das Feuer so gut überstanden zu haben, aber Myriam hat recht. Du solltest dich lieber ausruhen und nicht so anstrengen. Komplimente kannst du uns auch morgen noch machen, wenn du wieder vollständig auf den Beinen bist«, lachte er.

»Und deinen Humor, den habe ich immer geliebt«, fuhr Granny Vicky ungerührt fort. »Den hast du von deinem Vater geerbt. Aber nun will ich nicht mehr lange darum herumreden. Annabelle, mein Herz, dir muss ich jetzt endlich die Wahrheit sagen. Sonst schimpft Jonathan mit mir, wenn ich zu ihm komme.«

»Na, da kann er aber noch lange warten«, warf Walter scherzhaft ein.

Granny Vicky schenkte ihrem Schwiegersohn ein Lächeln. »Dass du zur Familie gehörst, hat mich auch stets mit Glück erfüllt. Wenn ich daran denke, wie ich einst eure Mutter Martha, liebe Myriam und lieber Walter, auf diesem unsäglichen Auswandererschiff auf der Überfahrt von London in diese für mich damals entsetzliche neue Welt kennengelernt habe … und sie mein Lichtblick wurde. Wie wunderbar, dass ihre Kinder auch meine Kinder geworden sind.«

»Mutter, Myriam und George haben recht, du solltest dich lieber ausruhen. Sobald du wieder auf den Beinen bist, reisen

413

wir nach Sydney und feiern dort Weihnachten nach«, bemerkte Annabelle eifrig.

Granny Vicky aber schien diesen wohlgemeinten Ratschlag zu überhören und redete unbeirrt weiter.

»Komm her. Setz dich auf den Stuhl zu mir.« Sie winkte ihre Tochter zu sich heran. »Weißt du noch, wie der schreckliche William dich einst ein Abo-Mädchen geschimpft hat, meine Annabelle?«

»Oh ja, das vergisst man nicht«, seufzte Annabelle.

»Ich habe es nie übers Herz gebracht, euch das zu sagen, aber die Mutter deines leiblichen Vaters Jonathan war ein Mischling. Ihre Mutter war eine Aborigine. Und ich dachte, besonders Ava sollte das wissen. Schade, dass sie nicht gekommen ist.«

»Ach, Mutter, natürlich habe ich mir manches Mal Gedanken gemacht, warum ich dunklere Haut als meine Geschwister habe, aber sag es Ava lieber persönlich. Ich werde sie gleich bitten, zu dir zu kommen. Aber jetzt ruh dich lieber aus«, sagte Annabelle besorgt, denn ihre Mutter wirkte mit einem Mal sehr erschöpft.

»Ich glaube, ich hole sie«, bemerkte Scarlet hastig, denn sie erkannte, wie die Kräfte ihre Großmutter verließen. Und sie hielt es für besser, wenn Ava es aus dem Mund von Granny Vicky persönlich hörte. Sie war sich nämlich ziemlich sicher, dass es für ihre Schwester ein großer Schock sein würde, hatte sie doch seit jeher ein problematisches Verhältnis zu ihrem Teint gehabt und eine unverhohlene Abneigung gegen Aborigines an den Tag gelegt. Scarlet dachte bekümmert an die Aversion ihrer Schwester gegen Victoria.

»Ich gehe«, sagte da Annabelle und verließ eilig das Zimmer, nicht ohne Granny Vicky einen Kuss auf die Wange zu geben.

Kaum hatte Annabelle die Tür leise hinter sich zugezogen,

414

wurde Vicky von einem schrecklichen Hustenanfall geschüttelt. Er war so heftig, dass ihr Gesicht dunkelrot anlief. Als er endlich vorüber war, hielt George seiner Mutter ein Glas Wasser hin, doch Vicky lehnte ab, es zu trinken, sank zurück in ihre Kissen und schloss ermattet die Augen.

Scarlet hielt den Atem an, denn sie befürchtete, dass dies das Ende war, doch Granny Vicky flüsterte nun, die Augen immer noch fest geschlossen: »Scarlet, gib mir deine Hand.«

Scarlet umfasste vorsichtig die langen feingliedrigen Finger ihrer Großmutter, die den ihren so ähnlich waren, und kämpfte mit den Tränen. Mit einem Blick auf die anderen Familienmitglieder stellte Scarlet betrübt fest, dass sie inzwischen auch begriffen hatten, dass es ein Abschied war. Myriam und George kämpften ebenfalls mit den Tränen.

»Was auch immer wird, mein Kind, nach jedem Tal der Tränen geht es wieder bergauf. Glaube es mir. Und du findest alle Unterlagen in meinem Sekretär. Gib meiner Julia einen Kuss, aber ich muss jetzt gehen. Sie stehen alle da und erwarten mich: Jonathan, Frederik, sogar Victoria ist gekommen, um mich abzuholen. Und es ist gar nicht schlimm, da ist Licht, wohin ich …«

Granny Vicky tat einen tiefen Seufzer, und ihr Kopf fiel leblos zur Seite. Im Raum herrschte andächtiges Schweigen.

In diesem Augenblick ging die Tür auf, und Ava betrat zögernd das Zimmer. »Mutter hat mich geschickt. Granny, du wolltest mir was …« Ava stockte und näherte sich zögernd dem Bett ihrer Großmutter. Als sie begriff, was geschehen war, brach sie in lautes Schluchzen aus. Nun gab es auch für den Rest der Familie kein Halten mehr, und sie alle ließen ihren Tränen freien Lauf.

Walter erlangte als Erster die Fassung zurück. »Wir sollten Annabelle Bescheid sagen«, flüsterte er.

415

Ava aber blickte aus verheulten Augen prüfend in die Runde.

»Mutter hat mich gebeten, sofort herzukommen, weil Granny mir noch etwas zu sagen hätte. Wisst ihr, was es so Wichtiges gab?«

Scarlet, die immer noch die schlaffe Hand ihrer Großmutter hielt, fasste sich ein Herz, nachdem die anderen noch mit sich kämpften, ob sie Ava die Wahrheit sagen sollten. Jeder im Raum wusste, dass es für die junge Frau ein Schock sein würde.

»Granny hat uns noch ein Geheimnis verraten. Es betrifft die Herkunft unseres Großvaters.«

Ava sah sie so entsetzt an, dass Scarlet sich nicht traute weiterzusprechen, doch da ergriff George das Wort. »Die Mutter deines Großvaters Jonathan war eine Aborigine …«

Weiter kam er nicht, denn Ava unterbrach ihn mit einem lauten Schrei: »Ich will das nicht wissen, hört ihr, ich will es nicht wissen. Das ist nicht wahr! Und ich möchte nicht, dass das jemals einer von euch behauptet!«

Scarlet erstarrte. Sie hatte mit allem gerechnet, aber nicht damit, dass Ava die Wahrheit so vehement leugnen würde.

Doch es kam noch schlimmer. »Ich hasse Großvater!«, brüllte Ava, während sie wie von Sinnen aus dem Zimmer rannte. Im Flur kam ihr Annabelle mit Julia auf dem Arm entgegen, aber Ava lief an ihr vorbei ins Freie in Richtung Wentworth Paradise. Sie dachte nicht darüber nach, wohin sie wollte, ihre Schritte führten sie von ganz allein den Berg hinauf, bis sie von Ferne den Haufen Asche erblickte, aus dem immer noch Rauch aufstieg, aber sie rannte weiter, bis sie am Pavillon angekommen war, der wie ein Wunder verschont geblieben war. Der Wind hatte das Feuer in die andere Richtung getrieben. Dort loderten die Flammen gen Himmel. Ava wusste, dass es sehr gefährlich war, sich in der Nähe des Feuers aufzuhalten, weil der Wind wieder drehen konnte, aber sie hatte keine Angst. Auch der Geruch von verbranntem Holz konnte sie nicht abschrecken. Sie ließ sich erschöpft auf die Bank fallen und starrte in die Feuerwand, die drüben im Eukalyptuswald alles niederwalzte.

Sie hatte nicht gemerkt, dass ihr jemand gefolgt war. Sie nahm nur noch ihre eigene Verzweiflung wahr. Dort hatte kein anderer Gedanke Platz als der, dass sie ihren Großvater dafür hasste, dass er das Aborigine-Blut in die Familie gebracht hatte.

»Ich möchte tot sein«, schrie Ava verzweifelt auf. »Ich will keine verdammte Abo sein.« Dann brach sie in wütendes Schluchzen aus.

Scarlet blieb erschrocken stehen, dann aber setzte sie sich vorsichtig neben ihre Schwester und nahm sie in den Arm, wogegen Ava sich sehr zu ihrem Erstaunen nicht wehrte. Sie griff in ihre Rocktasche, um ein Taschentuch hervorzuholen, da ertastete sie das Geschenk, das sie für ihre Schwester vor einer gefühlten Ewigkeit gekauft hatte. Auch wenn es noch nicht einmal einen Tag her war, schien es Jahre zurückzuliegen. Und ihr eigener Kummer schien ihr mit einem Mal fern und unbedeutend, nachdem sie erst Wentworth Paradise verloren hatten und nun auch noch ihre geliebte Großmutter. Obwohl sie die Reaktion ihrer Schwester angesichts dieser schrecklichen Verluste unangemessen fand, hatte sie noch die Kraft, Ava zu trösten.

»Was ist denn schon dabei, dass ein bisschen Abo-Blut in unseren Adern fließt?«, fragte sie leise.

Ava blickte sie gequält an. »Für dich vielleicht nichts. Du würdest noch zehn blonde weiße Kinder bekommen, aber stell dir nur vor, wenn mein Kind eine Abo wird, schwarz, hässlich wie die Nacht! Was wird Daniel sagen?«, schrie sie förmlich heraus.

»Er wird sein Kind lieben, ganz gleich, ob es dunkel oder

blond ist, deinen wunderschönen Teint hat oder eine helle Haut!«, widersprach Scarlet mit Nachdruck.

»Aber ich nicht. Wenn ich ein Abo-Kind bekomme, will ich es nicht haben.«

»Ava, das darfst du nicht mal denken. Was kann dein armes Kind dafür?«

Ava aber sprang von der Bank auf und stampfte mit den Füßen. »Ich will ein weißes Kind, verdammt, ich will ein weißes Kind!«

Scarlet atmete ein paarmal tief durch. Ihr ganzer Zorn auf Ava war verraucht. Sie tat ihr eher leid. Sie würde immer eine Gefangene ihres eitlen Wesens bleiben und nicht in der Lage sein, mit den Widrigkeiten des Schicksals vernünftig umzugehen. Sie griff in ihre Rocktasche und holte die Kette mit dem Opalanhänger hervor.

»Das ist mein Weihnachtsgeschenk für dich. Ich habe es heute erst in Wentworth Falls gekauft, und deshalb hat es das Feuer in meiner Rocktasche überlebt.«

Irritiert griff Ava nach der Kette und betrachtete fasziniert den Anhänger.

»Sie ist wunderschön.«

»Und sie erfüllt der Besitzerin einen Herzenswunsch. Also trag sie und versprich mir eines: Wenn du ein blondes weißes Kind bekommst, dann wirst du nie mehr mit unseren Vorfahren hadern.«

»Ich verspreche es. Dann werde ich auch nie wieder etwas gegen Abos sagen«, erklärte Ava eifrig und legte sich die Kette um.

»Und nun lass uns zurückgehen und uns friedlich von Granny verabschieden.« Scarlet nahm ihre Schwester bei der Hand. Ava aber brach in verzweifeltes Schluchzen aus. »Ich vermisse sie doch auch und unser Wentworth Paradise!«

»Wir werden ein neues Wentworth Paradise bekommen. Es wird schöner und größer, so wie der Eukalyptuswald dort drüben nach dem Feuer grüner und üppiger sein wird.«

Sie warfen einen letzten Blick auf die andere Seite der Schlucht. So schwer Scarlet auch ums Herz war, als sie Hand in Hand zurück zum Haus des Nachbarn gingen, ihre Gedanken drehten sich nicht mehr um den Verlust von Daniel. Sie war sich ganz sicher, dass sie nicht anders hätte handeln können, denn sie liebte ihn nur, während Ava ihn brauchte. Scarlet spürte bei all ihrer Trauer, dass nach diesen schmerzhaften Verlusten auch auf sie etwas ganz Neues wartete.

3. TEIL

Julia

42

Granny Vickys Tod hatte Scarlet zu einer vermögenden Frau gemacht. Sie hatte das wunderschöne Haus in Melbourne allein geerbt und einen Teil des Vermögens ihrer Großmutter – und das war nach Jonathans Tod nicht unerheblich gewesen. Den anderen Teil des Geldes hatten Annabelle, Ava und George bekommen. Es verging kein Tag, an dem Scarlet nicht an ihre Großmutter dachte. Sie fehlte ihr auch noch nach so vielen Jahren. Es war nun bald zwölf Jahre her, seit sie an den Folgen der Rauchvergiftung gestorben war. Damals aber war wenig Zeit zum Trauern geblieben, denn kurz darauf war ihr Vater Walter auf tragische Weise ums Leben gekommen, nachdem er eine von ihrem Mann halb totgeprügelte Farmersfrau in seiner Praxis behandelt hatte. Der betrunkene Ehemann hatte sich im Vollrausch Zutritt zu den Praxisräumen verschafft und weiter auf seine Frau einschlagen wollen. Walter war dazwischengegangen und bei der Prügelei mit dem Ehemann gestürzt, hatte sich am Kopf an der Kante seines Schreibtischs so schwer verletzt, dass er wenig später an den Folgen im Krankenhaus gestorben war, obwohl George bis zuletzt versucht hatte, sein Leben zu retten.

Ihre Mutter Annabelle hatte diesen Schicksalsschlag tapfer ertragen und sich nur noch intensiver den Rechten der Frauen verschrieben. Seit sich die ehemaligen Kolonien zum Commonwealth of Australia mit Melbourne als seiner Hauptstadt zusammengeschlossen hatten, war zwar das Frauenwahlrecht Bestandteil der Verfassung und in New South Wales seit 1902 Gesetz, aber es gab noch genug zu tun für arme Frauen.

Außerdem wohnte Ava inzwischen bei Annabelle, und Annabelle kümmerte sich ganz rührend um ihren kränkelnden Enkel Jacob, den Ava quasi allein aufzog, weil Daniel im Jahr mehrere Monate auf Konzertreise in Europa war. Eigentlich war er nur Gast in Annabelles Haus, um seinen Sohn zu sehen. Die Ehe existierte offenbar nur noch auf dem Papier, aber Näheres wusste Scarlet nicht, denn ihre Mutter hüllte sich aus Loyalität Ava gegenüber in Schweigen. Nur manchmal ließ sie durchblicken, dass das Ganze ein Trauerspiel wäre, Ava immer unleidlicher wurde, sie zunehmend mit explosiven Gefühlsausbrüchen traktierte und mit ihren Launen auch vor Jacob nicht haltmachte.

Scarlet dachte nur ungern an ihre Schwester. Ihr Kontakt beschränkte sich auf das alljährliche Weihnachtsfest in Sydney, das bei Weitem nicht mehr den Glanz besaß wie früher die gemeinsamen Familienferien in Wentworth Falls. Nach Walters Tod hatte Annabelle keinerlei Vorstöße unternommen, Wentworth Falls wieder aufbauen zu lassen. Besonders traurig war der Jahrhundertwechsel gewesen. Immerhin war Julias fröhliches Lachen in dem Haus in Sydney erklungen. Mit ihrer guten Laune verstand sie es, jeden einzuwickeln und anzustecken. Sogar Ava, die eigentlich stets mit Leichenbittermiene durch das Haus schlich, dass man schon bei ihrem Anblick in eine Schwermut verfallen musste. Ihre desolate Ehe mit Daniel, der jedes Jahr an Weihnachten Konzertverpflichtungen vorschob, um das Familienfest zu schwänzen, war nur der eine Grund. Der andere war Jacob. Wie oft musste Scarlet daran denken, wie sie ihrer Schwester die Kette geschenkt und ihr vorgegaukelt hatte, dass ihr größter Wunsch in Erfüllung gehen würde. Und es war damals keine Frage gewesen, was sich Ava von Herzen gewünscht hatte: ein hellhäutiges,

blondes Kind. Und dieser Wunsch war tatsächlich in Erfüllung
gegangen, aber leider ganz anders, als sich Ava das vorgestellt
hatte. Jacob war ein blasses Kerlchen mit weißblondem Haar.
Zunächst hatte man befürchtet, dass er ein Albino sein könnte, aber dann hatte Onkel George klargestellt, dass er eben nur
ein besonders empfindliches, schmächtiges Kind war. Dementsprechend wurde er von Ava überbehütet. Er durfte nicht mit
anderen Kindern spielen und nicht in die Schule gehen wegen
der Gefahr, sich dort mit Krankheiten anzustecken, sondern
er wurde von einem Hauslehrer unterrichtet. Jacob hatte zwar
inzwischen die Größe eines normalen Elfjährigen erreicht,
aber er war für seine Länge extrem dürr. Scarlet fand, dass
ihre Schwester ihm keinen Gefallen tat, ihn derart zu isolieren,
denn er war ein sehr kluger Junge, der darunter litt, ein Außen-
seiter zu sein, aber Scarlet würde sich niemals in die Erziehung
ihrer Schwester einmischen. Sie hatte nur immer das ungute
Gefühl, dass Ava aufblühte, wenn sie mit Julia zusammen sein
konnte, während sie zu ihrem eigenen Sorgenkind keine echte Beziehung von Herz zu Herz hatte, sondern lediglich damit
beschäftigt war, ihn zu schützen. Dabei war er durchaus in der
Lage, seine Konstitution richtig einzuschätzen, und er begann,
sich gegen das strenge Reglement seiner Mutter aufzulehnen.
Annabelle hatte Scarlet in einer schwachen Minute verraten,
dass der Junge förmlich aufblühte, wenn sein Vater kam, und
sie dann vierhändig spielten, weil Jacob schon jetzt ein kleines
Genie am Piano war.

Das alles ging Scarlet durch den Kopf, während sie die Spencer Street entlangeilte und sich ihrem Haus näherte. Sie musste Elfie, Vickys Hausmädchen, das sie nach dem Tod ihrer
Großmutter behalten hatte, noch Anordnungen bezüglich des
heutigen Abendessens geben, denn sie erwartete ihren Professor und einen seiner Bekannten, den er Scarlet unbedingt

hatte vorstellen wollen. Da Oliver Lanson schon mehrere Forschungsreisen ins Innere des roten Kontinents unternommen und sie seine Bücher darüber regelrecht verschlungen hatte, war sie natürlich begeistert von dem Gedanken, ihn persönlich kennenzulernen. Scarlet war nach Abschluss ihres Studiums Assistentin ihres Zoologie-Professors Donald Higgens geworden, und sie liebte ihre Arbeit.

Wegen des angekündigten Besuchs war sie aufgeregt, als sie das Haus betrat. Elfie war hocherfreut zu hören, dass heute Abend endlich einmal Gäste kamen, denn Scarlet pflegte ansonsten kein reges gesellschaftliches Leben, und die Hausangestellte versprach, zusammen mit der Köchin ein schmackhaftes Menü zu servieren. Scarlet betätigte sich kaum im Haushalt, weil sie das zeitlich nicht schaffte. Wenn sie abends aus der Universität heimkehrte, wollte sie sich ganz ihrer Tochter widmen, da sie unter einem permanenten schlechten Gewissen litt, weil tagsüber nur Elisa, die Kinderfrau, für Julia sorgte. Aber was sollte sie tun? Ohne ihre Arbeit konnte sie sich das Leben kaum vorstellen, und da sie über genügend finanzielle Mittel verfügte, um Personal zu beschäftigen, hatte sie zumindest dafür gesorgt, dass Julia optimal betreut wurde. Elisa war eine sehr patente junge Frau, die nicht wie viele andere in ihrem Alter den Wunsch hegte, eine Familie zu gründen, sondern die sich lieber um Julias Wohl kümmerte. Da sie über ein großes musikalisches Talent verfügte, waren die beiden ein Herz und eine Seele. Julias Berufswunsch stand bereits fest. Sie wollte in Avas Fußstapfen treten und den Traum leben, den ihre Tante für Daniel einst aufgegeben hatte.

Scarlets Lebensstil führte zu ständigen Spannungen mit Benjamin und seiner Familie, wo man sie für leicht verrückt hielt. Scarlet vermied es allerdings, Benjamin persönlich zu begegnen, aber Julia berichtete ihr stets treuherzig, was man im

Hause Bradshaw über die Mutter lästerte, die nie für ihr Kind da war.

Scarlet hätte es natürlich wesentlich lieber gesehen, wenn Julia ihre Wochenendbesuche auf der Farm irgendwann von sich aus eingestellt hätte, aber sie hing abgöttisch an ihrem Vater, wenngleich sie auch mit ihren Sorgen nicht hinter dem Berg hielt. Offenbar geriet Benjamin, was den Alkohol und die cholerischen Anfälle im Rausch anging, immer mehr nach seinem Vater. Julia hatte ihrer Mutter im Vertrauen erzählt, dass ihr Vater wohl mit dem Hausmädchen der Bradshaws eine engere Beziehung unterhielt. Jedenfalls hatte sie schon einmal einen heftigen Streit der beiden aus dem Nachbarzimmer mit angehört, wo es um das Thema gegangen war. Außerdem hatte auch diese Vivian öfter mal einen sichtbaren blauen Fleck und behauptete dann, sie wäre gestolpert.

Wenn Julia Scarlet solche Dinge erzählte, musste Scarlet stets sehr vorsichtig sein mit dem, was sie von sich gab. Am liebsten hätte sie ihr geraten, den Kontakt zu den Bradshaws abzubrechen, aber es war ganz merkwürdig. Sobald Scarlet ein böses Wort über Benjamin und seine Eltern verlauten ließ, fing Julia sofort an, die Familie zu verteidigen. Nein, gern sah Scarlet diesen Kontakt wirklich nicht. Auch nicht die Tatsache, dass Julia offenbar mit ihrer Großmutter Claire ein besonders herzliches Verhältnis verband.

Da Julia ein paar Tage Ferien hatte, war sie nach einer etwas längeren Pause wieder einmal auf der Farm. Scarlet hoffte inständig, dass diese Besuche aufhören würden, wenn Julia sich erst einmal für die jungen Männer interessieren und lieber mit den Schulfreundinnen ausgehen würde. Julia war kürzlich vierzehn geworden und fand Jungs bislang einfach nur dämlich.

Scarlet warf einen Blick auf die Wanduhr und stellte fest, dass ihr noch ein paar Stunden blieben, bis die Gäste eintrafen.

Sie beschloss, sich noch einmal in den letzten Reisebericht zu vertiefen, den Oliver Lanson über eine Expedition zum Ayers Rock verfasst hatte. Es gab ihr einen kleinen Stich, als er auch das Schicksals von Victorias Mann am Rande erwähnte, aber wie immer, wenn sie sich in derartige Bücher vertiefte, vergaß Scarlet alles um sich herum, bis auf Daniel, der ihr stets und überall ganz plötzlich in den Sinn kommen konnte. Auch in diesem Augenblick, aber dass es gerade jetzt geschah, hatte einen Anlass, denn es stand ein großes Konzert in der Town Hall an. Scarlet hatte ihr Versprechen wahr gemacht: Sie war in den letzten Jahren zu jedem seiner Konzerte gekommen und hatte immer einen Platz in der letzten Reihe eingenommen. Und jedes Mal hatte sie die Halle nach Ende des Konzerts fluchtartig verlassen. Aber während er wie ein junger Gott dort vorne spielte, gehörte er ganz ihr. Sie sog mit ihrem Blick alles auf, seine schönen Hände, sein edles Profil. Er wurde in ihren Augen immer attraktiver. Und er hatte seinerseits Wort gehalten. Bei jedem seiner Konzerte, ganz gleich, was er vortrug, spielte er zum Schluss die von ihm komponierte Melodie für seine große Liebe, wie er dem Publikum stets ankündigte. Das war der Augenblick, wo ihr in jedem seiner Konzerte stumme Tränen über die Wangen liefen. Was er für sie spielte, war einfach zum Heulen schön. Und sie war nicht die Einzige, die bei dieser Melodie weinte. Nein, wenn der letzte Ton verklungen war und sie aus dem Zauber erwachte, schnieften die Damen um sie herum jedes Mal um die Wette. Was sie wohl sagen würden, wenn sie wüssten, dass er es ihr gewidmet hatte, dachte sie dann manchmal, während sie sich hektisch den Weg aus der Zuschauerreihe bahnte.

Ein leises Klopfen an der Tür riss Scarlet aus ihren Gedanken. Es war Elfie, die wissen wollte, ob die Herren Meeresfrüchte aßen, weil die Köchin und sie zur Vorspeise gern Hummer servieren würden.

Scarlet zuckte mit den Schultern. »Ich weiß nicht, was die Herren gern essen, aber ich lasse euch freie Hand.«

Elfie blieb zögernd in der Tür stehen und holte einen Brief aus der Schürzentasche hervor.

»Der kam heute für Sie. Ich hätte fast vergessen, ihn Ihnen auszuhändigen.«

»Scarlet nahm neugierig den Brief entgegen. Er war von ihrer Mutter. Sie schrieben sich über das Jahr häufig einmal, weil sie sich in der Regel persönlich nur zu Weihnachten sehen konnten.

Eifrig riss Scarlet den Umschlag auf und faltete den Brief auseinander. Das war unverkennbar die gestochen scharfe Schrift ihrer Mutter.

Liebe Scarlet,
es freut mich zu hören, dass dir die Arbeit bei Professor Higgens immer noch so viel Freude bereitet. Und du weißt ja, ich bewundere Frauen, die sich noch für etwas anderes interessieren als für die Familie, wobei du weißt, dass im Zweifelsfall ihr mir wichtiger seid als alles andere auf der Welt.

Und deshalb muss ich mich jetzt auch an dich wenden, da ich nicht weiterweiß. Es geht um deine Schwester. Sie leidet so entsetzlich darunter, dass Daniel ihr aus dem Weg geht. Sonst ist er ja immer gleich nach Sydney gekommen, sobald er von einer Tournee aus Europa zurückkehrte. Dieses Mal war er nur einen einzigen Tag bei seiner Familie. Es war für Jacob der schönste Tag überhaupt, aber der Junge bräuchte dringend mehr als einen Besuchervater. Ava ist nämlich inzwischen nicht mehr so aufmüpfig, sondern eher schweigsam und schwermütig geworden, sodass ich wirklich Angst um sie habe. Sie leidet darunter, dass er vor dieser Ehe fortläuft. Überdies stand nun auch noch in dieser neumodischen Zeitung, der Sun, ein Bericht über Da-

niel. Dort spekulierte der Schreiber, wer denn wohl die Dame wäre, der der Künstler diese wunderbare Melodie geschrieben habe. Natürlich ahnt Ava, für wen Daniel sie eigens komponiert hat. Deshalb wollte ich dich auch ungern in die Misere einweihen, aber ich habe solche Angst um Ava. Sie stürzt sich in ihrer Verzweiflung noch mehr auf Jacob und erstickt ihn förmlich mit einer Art Affenliebe. Er darf kaum mehr einen Fuß vor die Tür setzen, nachdem er neulich eine schwere Grippe hatte. Am liebsten würde Ava ihn in sein Zimmer sperren, und das bei geschlossenen Fenstern. Und wenn ich so etwas sage wie: Vielleicht sollte er doch in eine Schule gehen, dann wird Ava wütend, bevor sie wieder in völliger Teilnahmslosigkeit versinkt. George meinte, sie müsse unbedingt einmal bei einem Spezialisten für Nervenleiden vorstellig werden. Aber Ava sagt, sie wäre nicht verrückt!

Warum ich dir das anvertraue? Weil du die Einzige bist, die Daniel vielleicht einmal ins Gewissen reden könnte. Ich weiß nicht, ob ihr noch Kontakt habt, aber ich kann Ava nicht helfen. Ich vermute, dass sein Rückzug aus der Ehe mit eurem überraschenden Zusammentreffen damals in Wentworth Paradise zusammenhängt. Ava ist doch kurz darauf zu mir gezogen, weil Daniel nicht einen Tag zu Hause war und sie in Adelaide mit dem kränkelnden Säugling nicht allein zurechtgekommen ist.

Sollte meine Annahme richtig sein, wäre ich dir sehr verbunden, wenn du Daniel darauf hinweist, dass es so nicht weitergehen kann. Er ist nächste Woche nämlich in Melbourne. Nicht dass du mich falsch verstehst. Ich verlange nicht von ihm, dass er in eine Ehe zurückkehrt, die er nicht leben kann, aber ich finde, er müsste sich entscheiden. Entweder eine klare Trennung oder ein klares Bekenntnis zu deiner Schwester.

Du darfst mir glauben, es ist mir nicht leichtgefallen, dir diese Zeilen zu schreiben, aber ich habe Angst, Ava könnte sich eines Tages etwas antun. So wie damals Jonathans Frau Eliza.

Ich bin dir auch nicht böse, wenn du in dieser Angelegenheit nicht auf Daniel einwirken möchtest, aber ich wollte zumindest alles versucht haben, was in meiner Macht steht, um diesem Trauerspiel ein Ende zu bereiten. Auch im Interesse von Jacob, der sich mit Sicherheit mindestens genauso viele Sorgen um seine Mutter macht wie sie sich um ihn.
Deine dich liebende Mutter
Annabelle

Scarlet ließ den Brief bekümmert sinken. Natürlich tat ihr Ava leid, aber noch mehr Mitgefühl empfand sie für Jacob und ihre Mutter. Für sie war es sicher nicht einfach, Avas Leiden derart ungefiltert ausgeliefert zu sein. Aber was sollte sie tun? Einmal abgesehen davon, dass sie sich davor fürchtete, Daniel außer aus der sicheren Entfernung der letzten Reihe wiederzusehen, war sie wohl die Letzte, die ihm gut zureden konnte, was die Ehe zwischen Ava und ihm betraf. Schließlich hatte sie ihm damals auf der Lichtung offenbar etwas völlig Falsches geraten, denn er hatte nur nach außen die Form gewahrt, schien aber regelrecht zu flüchten vor der Ehe mit Ava. Unter diesen Umständen wäre es damals vielleicht wirklich ehrlicher gewesen, wenn sie beide zu ihrer Liebe gestanden hätten. Das wäre zwar ein Schock für Ava gewesen, aber sie würde jetzt nicht seit Jahren in der Luft hängen. *Womöglich hätte sie längst einen anderen Mann, wenn wir sie damals derart brüskiert hätten*, mutmaßte Scarlet. Aber trotzdem hatte sie ihre Zweifel, ob sie wirklich die richtige Person wäre, Daniel auf diesen unhaltbaren Zustand hinzuweisen. Er war ja nicht gefühllos, sondern litt wahrscheinlich auch sehr unter seinem eigenen Verhalten. Scarlet stieß einen tiefen Seufzer aus. Sie konnte diese Entscheidung beim besten Willen nicht zwischen Tür und Angel treffen.

43

Missmutig öffnete Scarlet ihren Kleiderschrank. Um mit zwei Wissenschaftlern zu speisen, benötigte sie mit Sicherheit keine Abendgarderobe, dachte sie und griff zu einem schlichten geraden Kostümrock. Diese Form war zwar zurzeit nicht unbedingt das Modischste, was es gab, aber Scarlet lehnte es schlichtweg ab, die neuen Humpelröcke aus Paris zu tragen. Sie reichten bis zu den Fesseln und waren unten dermaßen eng, dass Frauen darin nicht gehen, sondern sich nur mittels Trippelschritten voranbewegen konnten. Außer dass das in ihren Augen völlig lächerlich aussah, hatte sie bereits mehrere Unfälle beobachtet, die modebewusste Damen auf der Straße in dieser Mumienkleidung, wie sie die Kritikerinnen dieser Modeschöpfung nannten, erlitten hatten. Eine Dame war vor die Tram gefallen, die andere eine Treppe hinabgestürzt. Nein, Scarlet hielt es mit praktischer Kleidung, wenngleich die Bluse aus hellem Batist, die sie dazu wählte, ihr sofort ein elegantes Aussehen verlieh.

Als sie fertig war, inspizierte sie kurz die im Salon gedeckte Tafel und sprach Elfie ihr Lob aus. Es sah wirklich einladend aus. Neugierig warf sie auch noch einen Blick in die Küche, in der Anna, die Köchin, gerade mittels einer Gabel einen köstlich duftenden Braten auf seinen Zustand überprüfte.

Zufrieden kehrte Scarlet in den Salon zurück und war nun äußerst gespannt auf den Forscher. Pünktlich um sieben Uhr ging die Türglocke, und sie hätte den Gästen selbst geöffnet, wenn Elfie ihr nicht zuvorgekommen wäre.

»Misses Bradshaw, das ist meine Arbeit«, gab sie mit ihrer harten deutschen Sprachfärbung beinahe konsterniert von sich. An den fremden Namen hatte sich Scarlet in all den Jahren nicht gewöhnen können. Besonders absurd war es, wenn das Personal ihrer Mutter in Sydney sie Misses Bradshaw nannte und sie nie wusste, ob man sie oder ihre Schwester meinte.

Also zog Scarlet sich, wie es sich gehörte, in den Salon zurück, um ihre Gäste dort zu empfangen. Sie war sehr gespannt auf den Forscher, dessen Berichte sie so sehr fasziniert hatten. Wenig später trat Elfie mit Professor Higgens und Oliver Lanson ein. Das Erste, was ihr an dem Forscher auffiel, waren große, strahlende Augen von einem intensiven hellen Blau.

Scarlet war sofort angetan von dem stattlichen, breitschultrigen Mann, der ihr, kaum dass der Professor sie begrüßt hatte, seine kräftige Hand reichte. Sie musste unwillkürlich an Daniels feingliedrige Pianistenfinger denken. Einen größeren Kontrast konnte es gar nicht geben.

Auch seine hellen Locken, die ihm wild vom Kopf abstanden, erinnerten so gar nicht an Daniels gepflegten Haarschopf. Darüber hinaus trug er einen Vollbart, etwas, das Scarlet gar nicht mochte, aber bei diesem Mann rundete es den Eindruck des abenteuerlustigen Naturburschen ab.

»Sie gucken so erschrocken auf mein Gestrüpp im Gesicht. Verzeihen Sie, ich komme gerade erst von einer Reise in den Busch zurück in die Stadt und habe es noch nicht geschafft, einen Barbier aufzusuchen. Ich weiß, ich sehe zum Fürchten aus«, erklärte er entwaffnend und mit einer rauen, wohlklingenden Stimme.

»Ich gebe es zu, eigentlich stehe ich Bärten skeptisch gegenüber, aber zu Ihnen passt er irgendwie«, gab Scarlet nicht minder direkt zurück.

Er schenkte ihr ein sympathisches Lächeln.

»Dann darf ich die Herren zu Tisch bitten und Ihnen gleich vorab sagen: Alles, was Sie jetzt kredenzt bekommen, haben meine guten Geister sich ausgedacht. Ich habe nicht mal mehr ein Händchen dafür, Menüs zusammenzustellen.«

»Dafür sollen Sie gerade einige sehr interessante Forschungen über die Braunschlange vorgenommen haben«, entgegnete der Forscher interessiert.

»Ach ja, das war ein Forschungsprojekt, das ich mit Studenten gemacht habe. Wir haben eine Sammelstelle eingerichtet für getötete Schlangen, um sie untersuchen zu können, und haben herausgefunden, dass sie in extrem unterschiedlichen Größen vorkommen und offenbar nur die großen Exemplare schneller zubeißen.«

»Sehr interessant«, bemerkte er lächelnd.

Das Eintreten von Elfie mit den appetitlich garnierten Hummerhälften unterbrach ihr angeregtes Gespräch vorerst. Die beiden Gäste waren äußerst angetan von den Meeresfrüchten.

Nachdem sie die Vorspeise bis auf die letzte Schere ausgelutscht hatten, warf der Professor seinem Freund einen aufmunternden Blick zu.

Oliver Lanson schien die Aufforderung zu verstehen und räusperte sich. »Meine nächste Forschungsreise geht einmal nicht zum Uluru, sondern ich habe vor, von Brisbane westwärts bis ins Outback zu gelangen. Diese Gegend ist immer noch wenig erforscht, und mich interessieren ja nicht nur die Pflanzen und Tiere, sondern auch die Menschen. Mich interessiert besonders der Stamm der Turrbal.«

Scarlet hing förmlich an seinen Lippen, war doch Victorias Mutter eine Turrbal gewesen.

»Kannten sie den Forscher John Fuller eigentlich persönlich? Sie haben ihn in Ihrem letzten Reisebericht erwähnt«, unterbrach sie ihn aufgeregt.

»Ja, John hat wie ich in London unterrichtet. Er ist dann vor mir nach Australien gegangen und hat mich stets mit Briefen auf dem Laufenden gehalten. Es ist ein Trauerspiel, dass es ihn so jung erwischt hat. Er hatte gerade eine junge Frau kennengelernt, deren Namen ich vergessen habe …«

»Victoria«, ergänzte Scarlet.

Oliver blickte sie erstaunt an. »Sie kannten seine Frau?«

»Sie war die Adoptivtochter meiner Großmutter Vicky, die in diesem Haus gelebt hat. Hier ist Victoria aufgewachsen, bis dann das Unheil während eines Besuchs bei Verwandten in Brisbane über sie hereinbrach.«

»Entschuldigen Sie, aber ich dachte, seine Frau gehöre ebenfalls zum Stamm der Turrbal«, bemerkte Oliver irritiert.

»Das ist richtig, aber die Geschichte ist etwas komplizierter. Wenn Sie das interessiert, werde ich Ihnen davon erzählen.«

»Und wie mich das interessiert!« Der Forscher blickte sie aus seinen ausdrucksstarken Augen aufmerksam an.

Scarlet warf dem Professor einen fragenden Blick zu.

»Nur zu, Scarlet, ich bin ebenfalls ganz Ohr.«

So berichtete Scarlet den beiden Männern von Victorias Schicksal. Sie ließ nichts aus. Weder dass ihre Mutter von einem weißen Farmer vergewaltigt worden war, noch dass Victoria den Sohn dieses Mannes mit einem Messer attackiert hatte, nachdem die grausame Wahrheit ans Licht gekommen war. Und sie erzählte den Männern von Victorias hoffnungsfrohem Brief und der Nachricht von ihrem Tod.

Als sie fertig war, schwiegen die beiden Männer eine Weile betreten.

»Ich möchte genau an den Ort reisen, wohin sich die Turrbal, die ja einst am River Brisbane gelebt haben, vor den weißen Siedlern und ihren Repressalien zurückgezogen haben. John hat mir damals eine Karte gezeichnet, wie man von Brisbane am besten dorthin gelangt. Und eigentlich wollte ich Sie fragen, Misses Bradshaw, ob Sie sich meiner Gruppe nicht vielleicht anschließen wollen, denn Donald hat mir verraten, dass es einst ihr Traum gewesen wäre, Forscherin zu sein. Und ich hätte gern eine kompetente Zoologin wie Sie dabei.«

Scarlet musterte ihn fassungslos. »Ich soll mit Ihnen auf eine Forschungsreise kommen?«

»Nun, nicht mit mir allein. Ich habe ein Expeditionsteam zusammengestellt, und als Donald mir von Ihnen vorschwärmte, dachte ich mir, ich sollte Sie fragen.«

Scarlets Herzschlag beschleunigte sich. Das war ein Angebot, das sie sich stets erträumt hatte. Aber die Hoffnung auf eine Verwirklichung hatte sie bereits vor Jahren aufgegeben. Seit sie Julia hatte, durfte sie an so etwas gar nicht mehr denken.

»Ich würde nichts lieber tun, als mich Ihrer Expedition anzuschließen, aber ich denke, mein Arbeitgeber hätte etwas dagegen …« Sie suchte den Blick des Professors, der nur milde lächelte.

»Meinen Segen hätten Sie. Was meinen Sie, was das für ein Gewinn für die Wissenschaft wäre, wenn Sie in diesem unbekannten Terrain forschen würden.«

»Ja, aber ich habe eine vierzehnjährige Tochter, die ich niemals so lange allein lassen könnte. Ich meine, so eine Forschungsreise wird doch nicht nur ein paar Wochen dauern.«

»Nein, es wird sich wohl eher um einige Monate handeln. Als Donald mir von Ihrer Tochter und der Tatsache berichtete, dass Sie allein für sie verantwortlich sind, habe ich schon so etwas befürchtet, aber Fragen kostet ja nichts«, erwiderte der Forscher sichtlich geknickt.

Die Gedanken in Scarlets Kopf tobten wild durcheinander. Es sträubte sich alles in ihr, dieses einzigartige Angebot einfach abzulehnen. Aber sie konnte Julia unmöglich in Melbourne nur unter der Obhut ihrer Kinderfrau zurücklassen. Wenn Benjamin davon Wind bekam, würde er womöglich dafür sorgen, dass sie zu ihm auf die Farm kam. Nein, und das würde sie niemals riskieren, auch nicht, um sich ihren größten Traum zu erfüllen.

»Ich werde Ihr Angebot überdenken und Ihnen Bescheid geben. Wann soll es losgehen?«, erwiderte Scarlet ausweichend.

»Wir haben die Unternehmung für September geplant, weil die Temperaturen dort oben dann noch moderat sind.«

»Gut, das sind ja noch ein paar Monate. Sobald ich Klarheit habe, melde ich mich bei Ihnen.«

Den restlichen Abend über fachsimpelten sie über Flora und Fauna, bis sich die beiden Herren verabschiedeten, nicht ohne sich herzlich für die Gastfreundschaft und das köstliche Essen zu bedanken.

»Ich würde mich jedenfalls riesig freuen, wenn Sie uns begleiten könnten«, versicherte Oliver Lanson Scarlet, und an seinem intensiven Blick konnte sie unschwer erkennen, dass er nicht nur die Forscherin in ihr sah, sondern auch die Frau. Scarlet konnte nicht leugnen, dass es ihr der attraktive Naturbursche auch mehr angetan hatte, als sie es zunächst für möglich gehalten hatte. Jedenfalls hatte in den vergangenen Jahren kein anderer Mann ihr Interesse auf eine Weise wecken können wie dieser Mister Lanson.

Sie hatte das Bedürfnis, sich mit jemandem über dieses verlockende Angebot auszutauschen, und so setzte sie sich schließlich an ihren Schreibtisch, schrieb an Annabelle und fragte ihre Mutter um Rat. Außerdem versprach sie ihr, mit Daniel zu reden, obwohl ihr der Gedanke, ihn persönlich zu kontaktieren, ganz und gar missfiel. War sie wirklich die richtige Person, ihn zu bitten, gegenüber Ava eine klare Haltung an den Tag zu legen und sie nicht länger im Unklaren zu lassen? Aber sie konnte ihrer Mutter diese Bitte schlecht abschlagen, denn die Tatsache, dass die starke Annabelle sie um Hilfe bat, ließ darauf schließen, dass es so wirklich nicht weitergehen konnte.

Schweren Herzens formulierte sie eine kurze Botschaft an Daniel, der wie alle Künstler, die in der Town Hall auftraten, während seiner Gastspiele im ersten Haus am Platz, dem Hotel Windsor, logierte.

Lieber Daniel,
können wir uns entgegen unserer Absprache nach deinem Konzert im Lokal des Hotels treffen? Ich werde einfach dort sein, und wenn du es ermöglichen kannst, würde ich mich sehr freuen.
Ich drücke dir die Daumen für dein Konzert, aber was soll schon schiefgehen?
Scarlet

Skeptisch las sie ihre Zeilen noch einmal durch und steckte den Brief in einen Umschlag, den sie am folgenden Tag an der Rezeption des Hotels abgeben wollte. Wohl war ihr nicht dabei. Im Gegenteil, sie war sogar kurz versucht, das Schreiben im Papierkorb verschwinden zu lassen, aber der Gedanke an ihre tapfere Mutter hielt sie davon ab.

Dann schlich sich ganz plötzlich der Forscher in ihre Gedanken ein. Keine Frage, er war äußerst attraktiv und besaß ein gewinnendes Wesen. Zum ersten Mal, seit sie Daniel kannte, keimte in ihr so etwas wie eine vage Vorstellung davon auf, dass sie sich vielleicht doch noch einmal in einen anderen Mann würde verlieben können. Aber was wusste sie schon von dem Forscher, außer dass er ihr außerordentlich gut gefiel?

438

Sie nahm sich fest vor, ihren Professor ein wenig nach diesem Mann auszufragen. Warum war er nicht verheiratet?

Der Gedanke, mit ihm auf die Expedition zu gehen, ließ ihr Herz augenblicklich höher schlagen, doch dass sie diesen Traum verwirklichen konnte, schien ihr eher unwahrscheinlich.

44

Die Townhall war auch an diesem Abend wie bei jedem von Daniel Bradshaws Konzerten bis auf den letzten Platz ausverkauft. Wie immer hatte sich Scarlet einen Platz in der letzten Reihe besorgt, obwohl dieses Mal alles anders war. Er hatte ihr eine kurze Nachricht zurückgeschickt, wie sehr er sich freuen würde, sie zu sehen, und dass er schon einen Tisch im Hotelrestaurant reserviert hätte.

Scarlet hatte sich wegen des anschließenden Dinners sogar ein festliches Kleid angezogen und war sich selbst sehr fremd, als sie sich skeptisch im Garderobenspiegel betrachtete.

»Wow!«, rief Julia begeistert aus. »Du siehst aber schön aus. Für wen hast du dich so hübsch gemacht?«

»Ich ... ich bin von meinem Professor zum Essen eingeladen worden«, schwindelte Scarlet hastig, denn dass sie in Daniels Konzert ging, würde sie ihr auf keinen Fall verraten. Julia wusste über Daniel nur das Nötigste. Dass er der Ehemann ihrer Tante und Vater ihres Cousins Jacob und ein berühmter Pianist war, der ständig in der Weltgeschichte herumreiste. Und dass er ein Bruder ihres Vaters war, das wusste sie auch, aber nicht, dass er Benjamins Zwilling war. Das lag daran, dass Scarlet sie nicht darüber aufgeklärt hatte, ihre Tante Ava selten über ihren Mann sprach und Daniel auf der Bradshaw-Farm eine Persona non grata war. Deshalb würde es nur unnötige Fragen bei Julia aufwerfen, wenn sie erfahren müsste, dass ihre Mutter heute Abend diesen Onkel traf, der weitgehend totgeschwiegen wurde, dachte Scarlet.

»Und was unternimmst du mit deiner Großmutter heute Abend?«, fragte sie ihre Tochter, um rasch das Thema zu wechseln. Ihr passte es überhaupt nicht, dass Claire sich heute außer der Reihe mit Julia in Melbourne verabredet hatte. Für ihren Geschmack war das Verhältnis Julias zu ihrer Großmutter ein wenig zu eng, aber sie würde sich hüten, etwas dagegen vorzubringen. Dazu kannte sie ihre Tochter zu gut. Sobald sie etwas in der Richtung verlauten lassen würde, würde Julia trotzig reagieren.

»Ich glaube, Großmutter möchte mit mir ins Kino gehen. Im Athenaeum läuft noch einmal der Film über Ned Kelly.«

»Kino? Aber da haben doch keine Kinder Zutritt«, widersprach Scarlet heftig.

»Ich glaube, das zu beurteilen, überlässt du lieber Großmutter. Glaubst du, sie würde mich dort heimlich reinschmuggeln?« Da war er wieder, jener bissige Ton ihrer Tochter, wenn sie glaubte, Scarlet wollte die Familie Bradshaw kritisieren.

»Schon gut, ich wünsche dir einen schönen Abend mit deiner Großmutter«, seufzte Scarlet.

Julia musterte ihre Mutter zweifelnd. Offenbar spürte sie genau, dass das nur eine Höflichkeitsfloskel war, die keineswegs von Herzen kam.

»Sag mal, Mum, stimmt es eigentlich, was Großmutter behauptet? Dass deine Großmutter Vicky einst der Mutter von Großmutter Claire den Mann ausgespannt hat und Claires Mutter vor Kummer darüber ins Wasser gegangen ist?«

Scarlet sträubten sich bei diesen Worten die Nackenhaare. »Das ist eine lange Geschichte, und ich kann dir die Frage wirklich nicht in ein paar dürren Worten beantworten. Das holen wir mal in Ruhe nach. Aber du weißt doch, dass sich Vaters und meine Familie nicht so grün sind. Glaub nicht alles, was

441

man dir auf der Farm über meine Großmutter erzählt«, stöhnte Scarlet genervt.

»Tue ich doch gar nicht. Wenn Großvater William den Mund aufmacht, klappe ich stets meine Ohren zu. Wenn der was getrunken hat, nimmt er Wörter in den Mund, die ich nicht mal kenne«, entgegnete Julia.

Scarlet ballte die Fäuste. Sie hatte aus Rücksicht auf Julias mögliche Loyalitätskonflikte niemals nachgefragt, was denn im Hause Bradshaw über die Familie Parker konkret geredet wurde.

»Widerlicher Kerl! Der soll bloß sein Lästermaul halten, der hat selber genug Dreck am Stecken«, entfuhr es Scarlet wütend.

»Er kann dich genauso wenig leiden wie du ihn«, konterte Julia ungerührt. »Aber tröste dich, ich gehe ihm möglichst aus dem Weg. Er stinkt mir zu sehr nach Schnaps. So wie Dad auch manchmal, aber Dad kann ich sagen, dass es mir missfällt. Vor Großvater William habe ich irgendwie Angst.«

Scarlet zog ihre Tochter spontan zu sich heran und umarmte sie fest. »Angst musst du nicht haben. Dein Vater würde dich im Notfall immer beschützen«, erklärte sie tröstend. Ihr Blick fiel auf die Wanduhr. »Aber ich muss jetzt gehen. Wo trefft ihr euch?«

»Großmutter kommt mit der Tram und holt mich hier ab. Sie müsste eigentlich schon längst hier sein.«

In dem Augenblick erklang die Türglocke. Scarlet passte der Gedanke überhaupt nicht, ihrer Schwiegermutter zu begegnen, aber nun war das nicht mehr zu ändern, und sie musste vor ihrer Tochter Haltung bewahren. Also öffnete sie die Tür und erschrak. Claire war nur noch ein Schatten ihrer selbst. Sie war dürr geworden und ihr einst schönes Gesicht abgehärmt.

»Guten Tag, Scarlet. Ich wollte Julia abholen. Ich habe heute eine Überraschung für sie«, sagte sie in steifem Ton.

»Ich bin fertig, Großmutter«, mischte sich Julia mit fröhlicher Stimme ein und hakte sich bei Claire unter. »Bis nachher, Mom.«

»Ich bringe sie nachher sicher wieder nach Hause«, beeilte sich Claire zu sagen.

»Gut, dann wünsche ich euch einen schönen Abend«, entgegnete Scarlet und winkte den beiden hinterher. Sie wartete noch einen Augenblick, bevor sie sich auf den Weg zur Town Hall machte, denn sie hatte wenig Lust, ein Stück des Weges mit ihrer Schwiegermutter zu gehen.

Deshalb kam sie in letzter Minute im Konzertsaal an und musste sich durch die voll besetzte letzte Reihe bis zu ihrem Platz kämpfen. In dem Moment ging auch schon das Saallicht aus, und Daniel trat auf die Bühne. Täuschte sie sich, oder lächelte er ins Publikum, nachdem er sich verbeugt hatte? Ob es ihr galt?

Mit pochendem Herzen lauschte Scarlet den Klaviersonaten von Mozart, mit denen er das Publikum in seinen Bann zog. Bei dem Gedanken, ihn nachher nach so vielen Jahren wieder von Nahem zu sehen, beschleunigte sich ihr Herzschlag noch mehr. Als er an diesem Abend am Schluss die Melodie ankündigte, die er für seine große Liebe komponiert hatte, sagte er etwas, das Scarlet den Atem stocken ließ. »Und heute Abend wird sie die Melodie höchstpersönlich hören, die ich nur für sie geschrieben habe.« Um zu bekräftigen, wie sehr ihn dieser Gedanke berührte, deutete er auf sein Herz. Im Saal herrschte Stille, bevor frenetischer Applaus aufbrandete. Scarlet war so überrascht von diesem offenen Bekenntnis, dass sie als Einzige nicht klatschte.

Doch als er die Melodie für sie spielte, entspannte sie sich wieder und wischte sich verstohlen eine Träne aus dem Augenwinkel.

Dieses Mal flüchtete sie nicht nach dem Ende des Konzerts aus dem Saal, sondern ließ sich in der Menge der Zuschauer aus dem Saal schieben. Draußen angekommen verspürte sie kurz den Impuls, Daniel zu versetzen und nach Hause zu eilen, aber dann straffte sie die Schultern und schlug den Weg zum Hotel Windsor ein.

Sie kannte das vornehme Haus bislang nur von außen, aber in ihrer Aufmachung passte sie durchaus zu den fein gekleideten Herrschaften, die in das Lokal strömten. Das Innere des Lokals war durch und durch im viktorianischen Stil gehalten. Die Möbel waren aus poliertem Holz, überall glänzten Goldverzierungen, auch an den Tapeten, und es gab reichlich Spiegel in dem großen Saal, in dem die Mehrzahl der Plätze reserviert war. Offenbar war es ein beliebter Ort, um nach einem Konzert noch fürstlich zu speisen. Mit leicht belegter Stimme fragte sie den Kellner, der ihr entgegeneilte, um ihr das Cape abzunehmen, nach dem von Daniel Bradshaw reservierten Tisch. Ohne eine Miene zu verziehen, führte er sie zu einem besonders schönen Fensterplatz und schob ihr den Stuhl heran. Scarlet hatte sich kaum gesetzt, als sie Daniel herbeieilen sah. Sämtliche Gäste, an deren Tisch er vorüberging, reckten die Hälse. *Daniel Bradshaw ist mittlerweile zu einer bekannten Persönlichkeit geworden*, dachte Scarlet und hoffte, er würde sie unter den Augen all dieser Fremden nicht allzu vertraulich begrüßen, doch er kam mit ausgebreiteten Armen und strahlend auf sie zu, dass sie gar nicht anders konnte, als aufzuspringen und an seine Brust zu fliegen.

»Das war die beste Idee, die du jemals hattest«, flüsterte er ergriffen.

»Daniel, die Leute gucken«, gab sie verlegen zurück.

»Dann sollen sie alle sehen, für wen ich das Lied geschrieben habe«, stieß er euphorisch hervor. Scarlet aber befreite sich hastig aus seiner Umarmung und setzte sich mit hochrotem Kopf zurück auf ihren Platz. Es war ihr unangenehm, dermaßen im Mittelpunkt des Interesses der Restaurantgäste zu stehen, während Daniel es offenbar völlig kaltließ, dass ihn alle mit offenen Mündern anstarrten.

»Wenn ich gewusst hätte, dass wir derart unter Beobachtung stehen, hätte ich dich lieber im dunklen Park getroffen«, knurrte sie.

Daniel schenkte ihr ein warmherziges Lächeln. »Weißt du, dass du noch schöner geworden bist?«, fragte er und sah ihr dabei direkt in die Augen.

»Alter Schmeichler«, gab sie scherzhaft zurück.

»Nein, das ist die ganze Wahrheit. Und glaub mir, ich habe in den Jahren so viele Frauen kennengelernt …« Er unterbrach sich hastig, als er Scarlets irritierten Blick wahrnahm, und stieß einen tiefen Seufzer aus. »Soll ich dir etwa vormachen, dass ich durch die Welt reise und alle meine Bewunderinnen links liegen lasse? Und bei dir, gibt es einen neuen Mann in deinem Leben?«

Scarlet berührte diese Art der Fragerei unangenehm, aber bevor sie ihrem Unmut Ausdruck verleihen konnte, stand plötzlich ein junger Mann am Tisch, der einen Schreibblock gezückt hatte.

»Mister Bradshaw, ich bin Henry Peddersen von ›The Age‹. Sie haben heute Abend im Konzert verraten, die Dame, der Sie Ihr Abschlussstück gewidmet haben, wäre anwesend. Darf ich fragen, ob das besagte Dame ist?« Er deutete indiskret auf Scarlet.

»Wenn Sie dann Ruhe geben«, erwiderte Daniel. »Ja, sie ist es, aber Sie werden keine Gelegenheit haben, mehr über sie zu erfahren, weil wir das Lokal nun verlassen.«

Scarlet musste schmunzeln. Sie hatte schon befürchtet, Da-

445

niel wäre inzwischen so erfolgsverwöhnt, dass ihm diese Journalistenneugier nichts mehr ausmachte.

»Komm, wir gehen«, sagte er, hakte Scarlet unter und zog sie zum Ausgang. Dort mussten sie warten, bis der Kellner ihr Cape geholt hatte.

»Ist es so schlimm? Du schaust, als ob man dich auf die Schlachtbank geführt hätte«, bemerkte Daniel grinsend.

»Wenn ich gewusst hätte, dass man sich mit dir nicht mehr in der Öffentlichkeit sehen lassen kann, ich hätte wirklich den Park vorgeschlagen.«

»Da habe ich aber eine viel bessere Idee«, entgegnete er verschwörerisch.

Scarlet war hin- und hergerissen. Einerseits gefiel ihr, dass er etwas Weltmännisches an sich hatte, andererseits sehnte sie sich nach dem schüchternen jungen Mann zurück, um dessen Leben sie einst nach dem Biss der Schlange gefürchtet hatte.

»Mom!«, ertönte plötzlich eine Stimme, und Scarlet fuhr erschrocken herum. Vor ihr stand Julia, die nicht minder überrascht war. Auch Daniel drehte sich um und rettete die peinliche Situation, indem er Julia die Hand hinstreckte. »Ich bin dein Onkel Daniel. Du musst Julia sein. Das sieht man dir an der Nasenspitze an.«

»Aber Sie sehen ja genauso aus wie mein Dad«, entfuhr es Julia fassungslos.

»Hat dir keiner erzählt, dass wir Zwillinge sind?«

Julia schüttelte energisch den Kopf und hörte nicht auf, Daniel wie einen Geist anzustarren. Doch dann war es Daniel, dessen Züge entgleisten, als hinter Julia seine Adoptivmutter auftauchte.

»Mutter? Was machst du denn hier?«

»Ich war mit Julia in deinem Konzert«, entgegnete Claire

leise, bevor ihr Blick zu Scarlet schweifte. »Und was machst du hier?« Das klang abwertend.

»Scarlet war ebenfalls in meinem Konzert, und wir sind leider gezwungen, dieses Lokal fluchtartig zu verlassen, weil uns ein neugieriger Journalist verfolgt.«

»Gut, wir werden erst einmal speisen. Danach bringe ich dir deine Tochter zurück«, sagte Claire in förmlichem Ton. Ihr war deutlich anzusehen, dass es ihr überhaupt nicht passte, ihre Schwiegertochter in der Begleitung von Daniel anzutreffen.

»Wenn ihr wollt, können wir vielleicht noch zusammen in der Hotelbar eine Kleinigkeit trinken, ich meine, wenn das für die junge Lady nicht zu spät ist.«

»Unsinn, ich bin kein Kind mehr. Ich werde im September fünfzehn!«, gab Julia empört zurück.

Scarlet wünschte sich in diesem Augenblick, dass sich die Erde auftun und sie verschlucken würde, denn Daniels entsetzter Blick entging ihr keineswegs.

»Nein, Julia muss noch etwas essen«, erwiderte Claire in einem Ton, der keinen Widerspruch duldete, bevor sie sich ihrem Sohn zuwandte. »Mach's gut, mein Junge. Ich musste dich einfach sehen, und es war großartig«, fügte sie mit weicher Stimme hinzu.

In diesem Augenblick kam der Kellner mit Scarlets Cape und half ihr hinein.

»Wir sehen uns gleich, meine Kleine«, wandte sich Scarlet verlegen an ihre Tochter.

»Ich wünsche euch noch einen schönen Abend«, sagte Daniel förmlich, bevor er mit Scarlet zusammen das Lokal verließ. Kaum waren sie in der Empfangshalle des Hotels angekommen, blieb er stehen und musterte sie durchdringend.

»Ich glaube, jetzt brauche ich einen Drink. Und ich möchte ungestört mit dir zusammen sein. Wäre es unverschämt, wenn

447

ich dich bitten würde, unsere kleine Unterhaltung in meiner Suite fortzusetzen?«

Scarlet konnte keinen klaren Gedanken mehr fassen bis auf den einen: dass sie es unangebracht fand, Daniel in sein Hotelzimmer zu begleiten.

»Wir sollten eher einen Spaziergang zum Fluss machen«, stieß sie heiser hervor.

»Ich glaube, das, was wir zu besprechen haben, sollten wir lieber in einem geschützten Raum tun«, erwiderte er mit fester Stimme.

Ein Beben durchfuhr Scarlets Körper, denn sie ahnte, dass er nicht ruhen würde, bis er die Wahrheit über Julia aus ihrem Mund gehört hatte.

»Habe ich eine Wahl?«

»Nein!« Und schon wandte er sich ab und eilte zur Rezeption, um seinen Schlüssel zu holen. Scarlet spielte kurz mit dem Gedanken, das für eine rasche Flucht aus dem Hotel zu nutzen, aber da hatte er sie bereits eingehakt und führte sie zum Aufzug.

Schweigend gingen sie über den mit dicken Teppichen ausgelegten Flur bis zu seiner Zimmertür, die er ungeduldig aufschloss bevor er sie unsanft in das Innere der Suite schob.

Scarlet befürchtete, dass er sie ohne Umschweife mit dem Geburtsdatum Julias konfrontieren würde, doch er bat sie höflich, im Salon Platz zu nehmen. In dem Augenblick klopfte es an der Tür, und ein Zimmerkellner brachte auf einem silbernen Tablett eine Flasche Champagner mit zwei Gläsern. Daniel ließ ihn eintreten, die Flasche öffnen und einschenken. Dann drückte er ihm ein Trinkgeld in die Hand, setzte sich, kaum dass der Junge das Zimmer verlassen hatte, und musterte Scarlet erneut durchdringend. Sie verstand seine stumme Botschaft. Daniel erwartete von ihr, dass sie das Wort ergriff und eine Erklärung abgab.

Erst einmal prostete er ihr allerdings zu. »Schön, dass du gekommen bist«, sagte er, und das klang durchaus zärtlich und gar nicht so wütend, wie Scarlet es angesichts dessen, was er sich nun anhand von Julias Geburtstag mühelos hatte ausrechnen können, sogar hätte verstehen können.

Sie tranken beide einen Schluck, ohne den Blick voneinander zu lassen. Schließlich stellte Scarlet das Glas seufzend zurück auf den Tisch.

»Was erwartest du von mir, Daniel? Dass ich mir jetzt eine abenteuerliche Geschichte ausdenke? Dass ich mit deinem Bruder ins Bett gegangen bin, kaum dass er mir vorgelogen hat, du hättest kein Interesse mehr an mir?«

»Ich erwarte nur eines! Die Wahrheit!«

»Aber Julia hat es dir doch gerade eben verraten, ohne zu wissen, was sie damit anrichtet«, stieß Scarlet verzweifelt hervor. »Bitte, lass alles so, wie es ist! Ich habe es Benjamin geschworen!«

»Ich denke, du bist ihm nichts schuldig, nachdem er uns so übel mitgespielt hat«, entgegnete er kalt. Sie fröstelte. In diesem Ton hatte Daniel noch nie zuvor mit ihr gesprochen.

»Dann denk doch an Julia! Sie hängt an ihrem Vater, und das alles wäre ein furchtbarer Schock für sie. Und stell dir vor, wie es für Ava wäre, wenn sie erführe, dass Julia dein Kind ist, und erst für Jacob!«

»Ich habe es geahnt. Schon damals, vor elf Jahren, als wir uns zum letzten Mal gesehen haben. Aber du hast mir eiskalt ins Gesicht gelogen!«

Scarlet kämpfte mit ihrer Beherrschung. Wenn er weiter so hart mit ihr ins Gericht gehen würde, würde sie ihre Tränen nicht länger zurückhalten können.

»Was sollte ich denn tun? Ich dachte damals schließlich, du hättest weder Interesse an mir noch an unserem Kind. Und

449

als sich mir dann Benjamin als Retter angeboten hat, bin ich schwach geworden. Und mein Schweigen über deine Vaterschaft war seine Bedingung! Kannst du mich denn gar nicht verstehen?«

Daniels Blick wurde ganz weich, als er sie ansah. »Ach mein Lieb, natürlich kann ich auch dich verstehen, aber du musst auch mich verstehen. Da habe ich so eine entzückende Tochter von meiner großen und einzigen Liebe und darf mich nicht zu ihr bekennen. Der Gedanke ist schier unerträglich.«

Er stand auf und kam auf sie zu. Scarlet sprang ebenfalls von ihrem Sessel auf und fiel ihm schluchzend um den Hals. Auch Daniel brach in Tränen aus, und sie klammerten sich wie zwei Ertrinkende aneinander.

Und plötzlich fanden sich ihre Münder, und sie küssten sich leidenschaftlich. Scarlet verspürte kurz den Impuls, diese Art von Nähe, die sie in diesem Augenblick nicht für angebracht hielt, zu beenden, aber sie schaffte es nicht. Wie immer, wenn sie Daniel küsste, signalisierte ihr ihr ganzer Körper, dass sie ihm noch viel näher sein wollte. Deshalb protestierte sie auch nicht, als er sie vorsichtig in Richtung des breiten Bettes schob. Sie ließ sich willenlos rückwärts in die Kissen fallen und wehrte sich nicht, als Daniel ihr Gesicht, ihren Hals und ihr freizügiges Dekolleté mit Küssen bedeckte. Im Gegenteil, sie forderte ihn regelrecht dazu auf, sie von dem festlichen Kleid zu befreien. Seine Hände zitterten leicht, als er die Knöpfe öffnete und ihr das Kleid förmlich vom Körper liebkoste. Noch einmal überfielen Scarlet Skrupel, sich auf eine Liebesnacht mit ihm einzulassen, zumal sie ihn nur getroffen hatte, um ein gutes Wort für ihre Schwester bei ihm einzulegen, aber eine zarte und zugleich fordernde Berührung seiner Hände an den Innenseiten ihrer Schenkel verbannten diese Bedenken aus ihren Gedanken. Die waren nur noch bei ihm und seiner Lust und ihrer eigenen Erregung. Nichts auf der Welt würde sie davon abhalten können, sich ihrem Liebesspiel hinzugeben.

»Ich habe dich all die Jahre so vermisst. Ich liebe dich«, flüsterte er ihr heiser ins Ohr.

»Ich dich auch«, raunte sie und gab sich seinen forschenden Händen hin und ließ voller Wonne zu, wie er sie zwischen den Schenkeln streichelte, bis alles in ihr zu explodieren schien. Sie schrie ihre Lust heraus. »Komm, ich möchte dich in mir spüren«, forderte sie ihn voller Erregung auf. Als er in sie eindrang, wurde sie ganz still, während Daniel leidenschaftlich keuchte und stöhnte.

Er ließ sich viel Zeit, und sie wälzten sich in heißer Begierde auf den weißen Laken des Hotelbetts, bis er mit einem lauten Schrei kam.

Danach lagen sie eine halbe Ewigkeit eng umschlungen nebeneinander und blickten sich tief in die Augen.

»Bleib bei mir. Ich möchte mit unserer Tochter und dir leben«, seufzte er.

Das war der Augenblick, in dem Scarlet aus dem Rausch der Sinne jäh erwachte. Sie fuhr erschrocken auf.

»Liebling, ich kann nicht.«

Daniel setzte sich neben sie und nahm sie in den Arm.

»Warum nicht?«, fragte er, während er ihr liebevoll ihr zerzaustes Haar aus dem Gesicht strich.

»Ich kann das Ava nicht antun!«

Seine Miene verfinsterte sich. »Scarlet, ich habe deinen Rat damals nicht befolgen können. Ich bin nie mehr wirklich zu ihr zurückgekehrt. Es war nichts als eine verdammte Pflicht, die Ehe nach außen fortzusetzen. Und nur Jacobs wegen habe ich so getan, als würde es diese Ehe noch geben, aber sie existiert schon lange nicht mehr.«

»Ich weiß!«, stieß Scarlet verzweifelt hervor. »Und sie weiß es auch. Deshalb bin ich heute zu dir gekommen, um dich zu bitten, eine Entscheidung zu treffen.«

»Du hast meine Entscheidung doch eben gehört. Ich möchte mit dieser Lüge lieber heute als morgen Schluss machen und verdammt noch mal endlich mit der Frau zusammen sein, die ich liebe. Und jetzt auch mit meiner Tochter!«

»Aber das wird sie nicht überleben, wenn du mit uns ein neues Leben anfängst!«

»Und was soll ich deiner Meinung nach sonst tun? So weitermachen?«

»Nein, das darfst du nicht, aber wenn du nicht zu ihr zurückwillst, dann verlasse sie, sodass sie endlich Klarheit hat.«

Daniel blickte sie zweifelnd an. »Aber genau das möchte ich doch. Umso mehr, seit ich weiß, dass Julia meine Tochter ist.«

Scarlet fiel es unendlich schwer, sich nicht in diesen Strudel der Hoffnung auf eine gemeinsame Zukunft ziehen zu lassen.

»Du weißt, was mit der Mutter von Claire geschehen ist, oder?«

»Natürlich, das wurde mir oft genug erzählt, dass sie aus Kummer ins Wasser gegangen ist, weil ihr Mann deine Großmutter geliebt hat.«

»Und was, wenn Ava das Gleiche tut, wenn sie erfährt, dass du nie aufgehört hast, mich zu lieben?«, fragte Scarlet in scharfem Ton.

»Ava wird sich niemals umbringen. Sie ist eine willensstarke Frau, die am Leben hängt!«, erklärte er mit Nachdruck.

Scarlet holte tief Luft, bevor sie Daniel wiedergab, was ihr Annabelle in dem Brief vertraulich geschrieben hatte. Daniel wurde bei ihren Worten immer blasser.

»Aber warum habe ich nie bemerkt, dass sie an Schwermut leidet?«

»Weil sie sich wahrscheinlich stets zusammengerissen hat, wenn du deine Stippvisiten bei der Familie gemacht hast.«

»Willst du damit sagen, dass ich sie nicht verlassen darf, weil sie sich sonst umbringen wird?«

»Nein, ich möchte damit sagen, dass die Gefahr nur in dem Fall besteht, wenn du mit Julia und mir ein neues Leben anfängst. Weil sie dann die Gewissheit hat, dass du sie niemals geliebt hast. Und das wird sie umbringen.«

Daniel schlug die Hände vors Gesicht. Scarlet kämpfte mit sich. Am liebsten hätte sie seinen Kopf an ihre Brust gezogen und ihm Trost gespendet, aber sie hatte das Gefühl, dass sie hart bleiben musste und ihm keinerlei Hoffnung machen durfte. Das fiel ihr so unendlich schwer, weil sie gegen ihre eigenen Bedürfnisse handelte. Deshalb sprang sie mit einem Satz vom Bett auf und begann, sich hektisch anzukleiden. Daniel beobachtete sie mit fassungsloser Miene.

»Du willst schon gehen?«, fragte er gequält.

Scarlet vermied seinen Blick. Wenn sie ihm jetzt in die Augen sah, würde sie schwach werden und sich in seine Arme werfen.

Sie nickte.

»Gut, dann werde ich Ava sagen, dass ich unsere Ehe auch nicht mehr zum Schein fortsetzen werde, und ganz offiziell das Leben führen, das ich die letzten Jahre bereits im Geheimen gelebt habe.«

Scarlet wandte sich ihm erschrocken zu. »Du wirst sie also verlassen? Und was heißt das, du wirst das Leben führen, das du in den letzten Jahren bereits im Geheimen geführt hast?«

Schon während sie diese Frage stellte, ahnte sie, was er ihr damit durch die Blume sagen wollte.

»Du hattest andere Frauen in den letzten Jahren, oder?«, murmelte sie.

453

Daniel stieß einen tiefen Seufzer aus. »Was denkst du denn? Ich bin kein Mönch. Überall lauern Verehrerinnen, von denen ich alles haben kann, aber denen ich das Entscheidende versagen muss: die Liebe! Denn was auch immer geschehen wird, ich liebe nur dich!«

Der Impuls, sich an seine Brust zu werfen, war so übermächtig, dass Scarlet sich an eine Stuhllehne klammern musste, um ihm nicht nachzugeben. Obwohl ihr die Vorstellung, Daniel würde in jeder Stadt eine andere Frau haben, schier das Herz brechen wollte, wusste sie, dass Ava damit immer noch besser weiterleben würde als mit der Vorstellung, dass er mit seiner einzigen Liebe und seinem Kind zusammen jene Familie lebte, die er ihr verwehrt hatte.

»Ich denke, das wird Ava zumindest nicht umbringen«, stöhnte Scarlet schließlich.

Nun erhob sich Daniel auch aus dem Bett und kleidete sich wortlos an.

»Heißt das, du willst auch unserer Tochter die Wahrheit weiterhin verheimlichen? Und was, wenn ich darauf bestehe, dass sie die Wahrheit erfährt?«

»Bitte, tu es nicht. Sie liebt Benjamin doch.«

Daniel ballte die Fäuste. »Und du meinst, darauf soll ich Rücksicht nehmen, nachdem er unser Glück so hinterhältig und gemein zerstört hat?«

»Nicht auf ihn. Nimm Rücksicht auf Julia! Wenn du darauf pochst, sie über deine Vaterschaft aufzuklären, nimmst du ihr den Vater! Verstehst du das nicht? Und wie wird das für Jacob? Er hängt abgöttisch an dir, und es wird schlimm genug für ihn, wenn du die Familie nun auch offiziell verlässt, aber wenn er zudem erfahren muss, dass du noch ein anderes Kind mit älteren Rechten hast, das wird er nicht verkraften. Er ist hochsensibel.«

Daniel trat einen Schritt auf sie zu und nahm sie, bevor sie reagieren konnte, fest in den Arm, um ihr danach erneut in die Augen zu sehen.

»Ich müsste dich eigentlich hassen dafür, dass du mich erneut verlässt und uns keine Chance gibst, aber das Gegenteil ist der Fall. Ich liebe dich dafür, dass du keine egoistische Person bist, die nur an ihr eigenes Glück denkt. Aber du weißt, dass Ava nie im Leben das Gleiche für dich getan hätte, oder?«

Scarlet spürte erneut, wie ihr die Tränen kamen, weil aus seinen Augen so unendlich viel Traurigkeit sprach.

»Ich werde weiterhin zu deinen Konzerten kommen, wenn du in Melbourne auftrittst. Und wenn du möchtest, werde ich deine Geliebte in dieser Stadt.« Scarlet erschrak über ihre eigenen Worte. Hatte sie ihm gerade wirklich so einen anzüglichen Vorschlag unterbreitet?

Ein Lächeln huschte über Daniels Gesicht. »Sei vorsichtig mit dem, was du mir versprichst. Ich nehme dich beim Wort und werde in Zukunft bei meinem Agenten darum bitten, so viele Konzerte in Melbourne zu machen, wie nur irgend möglich.«

»Verzeih, das habe ich nur so dahergesagt«, versuchte sich Scarlet herauszureden.

»Tja, das hättest du dir vorher überlegen müssen. Nun fiebere ich schon dem nächsten Auftritt in Melbourne entgegen. Aber sag mal, kannst du nicht einfach heute Nacht bei mir bleiben?«

Scarlet strich ihm liebevoll durch seine dunklen Locken, die mittlerweile schon von dem ein oder anderen grauen Haar durchsetzt waren. »Nein, ich muss an meine Tochter denken. Ich möchte gern zu Hause sein, wenn deine Mutter sie zurückbringt, denn es wird sie schon genügend irritiert haben, mich mit einem Zwilling ihres vermeintlichen Vaters zu treffen. Und man weiß ja nie, was deine Mutter sich einfallen lässt, um mich in Misskredit bei ihr zu bringen«, seufzte sie.

»Ach ja, meine Mutter. Sie sah sehr schlecht aus, fand ich, aber immerhin ist sie in mein Konzert gekommen. Wahrscheinlich hinter Benjamins und meines Vaters Rücken, aber die beiden wiederzusehen, darauf lege ich auch keinen gesteigerten Wert. Höchstens um meinem Bruder für seine Intrige die Fresse zu polieren.«

»Das hört sich merkwürdig an aus deinem Mund. Ich wusste gar nicht, dass du solche groben Ausdrücke überhaupt kennst«, lachte sie. »Und ich bin überzeugt, dass du das gar nicht könntest.«

»Aber verdient hätte er das, dieser Mistkerl!«, fluchte Daniel. »Aber du hast schon recht. Mir ist lieber, ich muss ihn nie wiedersehen, aber wenn ich mir vorstelle, dass meine Tochter ihn wie einen Vater liebt, dreht sich mir der Magen um.«

»Ich verstehe dich, aber wir haben keine Wahl, weil wir mit dieser Wahrheit mehr zerstören, als dass wir etwas Gutes tun würden«, bemerkte Scarlet bekümmert. Sie zuckte zusammen, als sie die Wanduhr schlagen hörte.

»Es ist schon spät. Ich muss mich beeilen«, sagte sie und griff hektisch nach ihrem Cape.

»Ich werde dich natürlich nach Hause bringen. Was denkst du denn?«, entgegnete er entschieden und bot ihr seinen Arm.

Schweigend machten sie sich auf den Weg. Aus dem Augenwinkel sah sie, wie die Hotelangestellten an der Rezeption flüsternd die Köpfe zusammensteckten, als sie eng aneinandergeschmiegt aus dem Aufzug stiegen. *Mit Sicherheit zerreißen sie sich das Maul über das Liebchen des großen Tastenkünstlers*, dachte Scarlet, aber es machte ihr in diesem Augenblick herzlich wenig aus. Wahrscheinlich hätte sie die Situation weniger locker betrachtet, wenn sie mitbekommen hätte, wie je-

456

mand aus dem Schatten einer der vergoldeten Säulen hervortrat und sich an ihre Fersen heftete, kaum dass sie das Hotel verlassen hatten.

Scarlet versuchte Daniel zu überreden, sie nicht ganz bis zum Haus zu bringen, weil sie befürchtete, sie könnten gleichzeitig mit Claire und Julia dort eintreffen. Und ein weiteres Zusammentreffen wollte Scarlet unbedingt vermeiden, aber Daniel bestand darauf, sie sicher bis vor die Haustür zu geleiten.

Am Ziel angelangt küssten sie sich noch einmal leidenschaftlich, bevor Daniel im Dunkel der Nacht verschwand. Scarlet kämpfte mit den Tränen, aber sie konnte sich bei dem Gedanken, dass sie womöglich im Haus ihrer Tochter über den Weg laufen würde, gerade noch zusammenreißen.

Drinnen war alles still. Scarlet ging davon aus, dass Julia wohl doch schon zu Hause eingetroffen war und bereits in ihrem Bett lag, denn es war mittlerweile über drei Stunden her, dass sie sich in dem Restaurant begegnet waren.

Auf Zehenspitzen schlich sie sich in die obere Etage. Sie hatte gerade ihre Zimmertür erreicht, als sie ein Räuspern in ihrem Rücken vernahm und sich erschrocken umdrehte. Julia stand mit trotzig verschränkten Armen da und blickte sie strafend an.

»Was hast du mit Dads Bruder zu schaffen?«, fragte sie anklagend.

»Das erkläre ich dir morgen. Wir sind alte Freunde und …«

»Du lügst!«, konterte Julia. »Großmutter hat mir alles erzählt.«

Scarlet fröstelte bei dem Gedanken, was Claire ihrer Tochter wohl erzählt haben mochte, aber sie hielt es für klüger, nicht nachzufragen.

»Dieser Daniel war mal sehr verliebt in dich, aber du hast dann lieber Vater geheiratet. Und warum triffst du ihn nun heimlich? Weil er jetzt berühmter ist als sein Bruder? Und kein kleiner Farmer?«

Scarlet schnappte nach Luft. Das war wirklich das Letzte, was sich ihre Schwiegermutter da ausgedacht hatte, um sie in schlechtem Licht dastehen zu lassen. Das konnte sie nicht unwidersprochen lassen.

»Nein, wie du weißt, ist er der Mann meiner Schwester, und wir haben über einiges zu reden, was nur uns Erwachsene angeht«, erwiderte Scarlet hastig und war froh, damit wenigstens die halbe Wahrheit zu sagen.

»Großmutter sagt, er ist sich zu fein für die Familie und hält sich für etwas Besseres. Deshalb hat er keinen Kontakt mehr zu ihnen. Aber wieso redet er mit dir? Weil du auch glaubst, was Besseres zu sein? Und du Vater deshalb verlassen hast?«

Claire hat ganze Arbeit geleistet, dachte Scarlet zornig und war für den Bruchteil einer Sekunde versucht, ihrer Tochter die ganze schonungslose Wahrheit an den Kopf zu werfen. Dass ihr angeblicher Vater ein mieser Intrigant und brutaler Kerl war. Und dass sie Daniel, Julias wirklichen Vater, immer geliebt hatte und immer noch liebte!

»Nein, weil wir Freunde sind«, entgegnete sie stattdessen. »Und nun geh bitte schlafen!«

»Ach ja, ich bin ja noch ein Kind«, erwiderte Julia aufgebracht. »Und ihr habt über das geredet, was nur Erwachsene angeht.« Sie zitierte Scarlets Worte und imitierte dabei ihre Stimme auf überzogene Weise.

»Bitte, Julia, es ist schon spät. Ich bin müde. Und wenn du jetzt nicht aufhörst, muss ich es mir demnächst zweimal überlegen, ob ich es erlaube, dass du so spät am Abend noch mit deiner Großmutter unterwegs bist.«

»Das kannst du mir gar nicht verbieten, hat Dad gesagt. Wenn er will, kann er verlangen, dass ich ganz auf der Farm

458

wohne«, bemerkte Julia in einem äußerst provozierenden Ton.

Scarlet war wie vor den Kopf geschlagen. »Das hat dein Vater zu dir gesagt? Das ist nicht wahr. Er kann dich nicht zwingen, auf der Farm zu leben!«, entgegnete sie entschieden und nahm sich vor, demnächst mit Benjamin ein klärendes Gespräch zu führen. Es war nicht fair, dass er Julia in die rechtliche Misere ihrer Trennung involvierte. Sie hatte ihrer Tochter ja schließlich auch nie verraten, dass Benjamin sie geschlagen und vergewaltigt und sie deshalb die Flucht ergriffen hatte. »Und jetzt ab ins Bett!« Sie sagte das in einem derart scharfen Ton, dass Julia sich ohne weitere Widerworte, aber ohne ihrer Mutter eine gute Nacht zu wünschen, von ihr abwandte und in Richtung ihres Zimmers verschwand.

Scarlet fühlte sich entsetzlich elend, als sie die Tür lautstark hinter ihrer Tochter zuknallen hörte, und sie fragte sich verzweifelt, ob sie die richtige Entscheidung getroffen hatte. Wollte sie wirklich auf ein Leben mit Daniel und Julia verzichten? Ein Leben, das so bequem und angenehm sein würde? Ein Leben, das ihr eigentlich gebührte, und nicht nur ihr, sondern auch ihrer Tochter? Ein Leben ohne diese fürchterlichen Lügen? Doch da fiel ihr der Brief ihrer Mutter ein. *Nein, wenn Ava sich etwas antut, werde ich mir das nie verzeihen*, dachte sie resigniert.

Erschöpft legte sie sich ins Bett, aber der Gedanke an Daniel und das, was sie miteinander erlebt hatten, hinderte sie am Einschlafen. In Gedanken erlebte sie jede Berührung und jedes zärtlich geflüsterte Wort noch einmal. Sie wurde mit süßen Träumen belohnt, denn als sie aufwachte, spürte sie immer noch Daniels schützenden Arm. Sie hatte geträumt, dass sie an seiner Brust eingeschlafen war und die Nacht mit ihm verbracht hatte.

Wenn es schon in der Realität nicht sein soll, dachte sie, als sie in den Spiegel sah und der Blick an ihren verräterisch rosig gefärbten Wangen hängen blieb. Die Liebe hatte sichtbare Spuren in ihrem Gesicht hinterlassen. Sie konnte nur hoffen, dass Julia diese Sprache noch nicht zu deuten wusste.

Der Gedanke an das bevorstehende gemeinsame Frühstück ließ sie befürchten, es könne eine Fortsetzung des nächtlichen Streits geben, doch ihre Tochter erschien fromm wie ein Lamm bei Tisch und entschuldigte sich kleinlaut für ihre bösen Worte.

Sie umarmte ihre Mutter und versicherte ihr, dass sie nicht im Traum daran dächte, jemals auf der Farm zu leben, weil sie doch einmal Sängerin werden wollte – ein Berufswunsch, für den keiner in der Familie Bradshaw auch nur das geringste Verständnis aufbrachte.

Scarlet verließ an diesem Tag erleichtert das Haus. Bis auf die Sehnsucht nach Daniel, die sie peinigte, war sie froh, dass ihre Tochter und sie wieder versöhnt miteinander waren. Als Professor Higgens sie herzlich von Oliver Lanson grüßte, fiel ihr ein, dass sie immer noch keine Entscheidung darüber getroffen hatte, ob sie dessen Angebot ernsthaft in Erwägung ziehen oder Julia zuliebe einfach vergessen sollte, aber sie tendierte dazu, zum Wohl ihrer Tochter auf die Erfüllung dieses Traums zu verzichten. *Und das wäre ja nicht der dramatischste Verzicht in meinem Leben*, ging es ihr wehmütig durch den Kopf.

45

An diesem Abend kehrte Scarlet früher als sonst aus der Universität zurück und freute sich darauf, Julia mit deren Lieblingsspeise, Lammbraten mit Minzsoße, den sie bereits am Morgen bei Elfie in Auftrag gegeben hatte, zu überraschen. Doch kaum hatte sie die Haustür geöffnet und den Flur betreten, stand Julia mit einer Zeitung in der Hand vor ihr und funkelte sie zornig an.

»Hier! Da steht über dich etwas in der Zeitung! Lies!«, forderte ihre Tochter sie in scharfem Ton auf.

Scarlet hatte keine Ahnung, was das zu bedeuten hatte, sie wusste nur, dass es nichts Gutes sein konnte. Mit zitternden Fingern faltete sie die Zeitung auseinander und erstarrte. Unter einem Foto von Daniel stand geschrieben: *Seine große Liebe: eine Dame aus Melbourne!* Da fiel ihr der Journalist ein, der unaufgefordert an ihren Tisch gekommen war. Sie ließ die Zeitung sinken.

»Ich weiß wirklich nicht, was ich damit zu tun habe«, murmelte sie kaum hörbar.

»Ach wirklich nicht? Dann muss ich dir den Artikel wohl vorlesen«, kündigte Julia mit vor Zorn bebender Stimme an, riss ihr das Blatt aus der Hand und begann laut zu lesen.

Die schöne Unbekannte
Wer kennt sie nicht, jene Melodie, die der virtuose Pianist Daniel Bradshaw am Ende eines jeden Konzerts voller Inbrunst spielt. Es ist auch kein Geheimnis, dass er es seiner großen Lie-

*be gewidmet hat. Im Gegenteil, er sagt es auf der Bühne selber
an. Lange fragten sich seine Bewunderer, ob dies schlicht zu
seinem Auftritt gehört, oder ob es wirklich eine Dame seines
Herzens gibt.*

*Seit gestern wissen wir, dass sie wirklich existiert. Daniel
Bradshaw ging nämlich im gestrigen Konzert einen Schritt weiter als sonst und kündigte an, die Dame seines Herzens würde
an diesem Abend in den Genuss kommen, das Lied höchstpersönlich zu hören …*

Scarlet griff nach der Zeitung und wollte sie ihrer Tochter ent-
reißen, aber Julia war schneller und hatte das Blatt bereits weggezogen. »Julia, bitte erspare mir das!«, flehte sie.

»Warum? Du hast es mir auch nicht erspart, dass die Mädchen aus meiner Klasse heute mit dem Finger auf mich gezeigt
haben, weil meine Mutter die Geliebte dieses Mannes ist! Verstehst du nun, was du mir angetan hast? Ich werde keinen Fuß
mehr in die Schule setzen, aber das war ja erst der Anfang. Es
geht noch weiter«, stieß Julia mit vor Wut verzerrter Miene aus.
Und sie las gnadenlos weiter, ohne sich von Scarlets Verzweiflung davon abhalten zu lassen.

*Die beiden saßen nach dem Konzert vertraut im Restaurant des
Hotel Windsor. Auf die Frage des Reporters, ob das die Dame
wäre, gab es der Starpianist unumwunden zu, doch dann verließen die beiden fluchtartig das Lokal und verschwanden für
mehrere Stunden gemeinsam auf seiner Suite. Ein Schelm, der
da etwas Bösen denkt … Eng umschlungen tauchten sie später
wieder in der Lobby auf. Daniel Bradshaw brachte die Dame
seines Herzens noch bis zu ihrem Haus in der Spencer Street.
Offenbar handelt es sich um eine wohlhabende Lady, denn
wer kennt sie nicht, die alte verwunschene Villa im Italianate-*

*Stil, im Volksmund auch die »Villa des Richters« genannt? Der
Name der Dame wird natürlich nicht verraten, nur so viel: Sie
ist groß, schlank und hat blondes Haar, und man kann ohne zu
übertreiben wohl behaupten, sie sei eine aparte und attraktive Dame. Und zum Abschied haben die beiden sich vor ihrer
Haustür geküsst. Damit hat wohl das Rätselraten um die große
Liebe des Tastenkünstlers ein Ende!*

Julia ließ die Zeitung sinken und sah ihre Mutter feindselig
an. »Jetzt siehst du, was du angerichtet hast. Du betrügst meinen Vater mit seinem eigenen Bruder und dem Mann deiner
Schwester. Das ist unendlich widerlich!«

Scarlet rang nach Worten, denn sie ahnte, was sie ihrer Tochter auch immer entgegnen würde, es konnte nur verkehrt sein.
Und sie konnte Julias Wut sogar verstehen, aber trotzdem war
es ungerecht. Sollte sie ihrer Tochter nun die ganze Wahrheit
sagen, nur um vor ihr in besserem Licht dazustehen?

»Julia, ich kann nur zu gut verstehen, dass das für dich nicht
leicht ist, einen derartigen Schund über deine Mutter in der
Zeitung zu lesen …«

»Stimmt es, oder stimmt es nicht? Warst du mit dem Kerl im
Hotel? Und hat er dich vor der Haustür geküsst?«

Scarlet zog es vor zu schweigen. Julia musterte sie angeekelt.

»Also ist es die Wahrheit! Ich werde keinen Fuß mehr in die
Schule setzen. Ich möchte weg aus dieser Stadt, wo sie alle mit
dem Finger auf mich zeigen.«

»Nun übertreibst du aber. Das ist doch morgen alles schon
wieder vergessen.« Mit diesen Worten nahm Scarlet ihrer Tochter die Zeitung aus der Hand und zerriss sie in kleine Schnipsel.

»Wenn du glaubst, damit kannst du die ganze Sache ungeschehen machen, irrst du dich. Das vergisst so schnell keiner. Ich war doch selber im Konzert und habe gesehen, wie

die Damen dem Pianisten an den Lippen hingen, als er verkündete, dass die Frau seines Herzens im Publikum säße. Die werden unser Haus belagern, um einen Blick auf dich zu erhaschen. Und dann kann ich ihnen ja sagen, dass du es mit dem Mann deiner Schwester treibst!«

Ohne zu überlegen, holte Scarlet aus und versetzte ihrer Tochter eine Ohrfeige. Julia starrte sie fassungslos an. Noch nie zuvor hatte ihre Mutter sie geschlagen.

In diesem Augenblick trat Elfie etwas verschüchtert ein und sagte, dass das Essen fertig wäre.

»Mir ist der Appetit vergangen«, erwiderte Julia. »Ich werde mich auf den Weg zur Farm machen. Dort habe ich meine Ruhe!«

Scarlet war so schockiert, dass ihr die Worte fehlten. Das Läuten der Türglocke ließ sie zusammenzucken. Hatte Julia wirklich recht, und wildfremde Menschen würden zu ihrem Haus pilgern?

»Machen Sie bitte auf, Elfie. Und wer es auch immer sein mag, bitte richten Sie dem Besucher aus, dass ich unpässlich bin«, sagte Scarlet.

Julia lachte gehässig auf. »Unpässlich nennst du das?«

»Und du fährst nicht mehr zur Farm!«, bemerkte Scarlet.

»Von dir lasse ich mir gar nichts mehr sagen!«, zischte Julia und drehte sich auf dem Absatz um.

»Halt, warte! Ich muss dir etwas Wichtiges sagen.« In diesem Augenblick war Scarlet alles gleichgültig bis auf die Tatsache, dass sie diese Verachtung, die ihr Julia entgegenbrachte, keine Sekunde länger ertragen würde.

Julia wandte sich tatsächlich um.

»Setz dich, bitte. Es wird eine etwas längere Geschichte.«

Doch in diesem Augenblick hörten sie im Flur eine aufgebrachte Männerstimme brüllen: »Sie gehen mir sofort aus dem Weg! Ich habe etwas mit meiner Frau zu klären. Und mir ist es verdammt gleichgültig, ob sie unpässlich ist.«

Und schon flog die Tür polternd auf, und Benjamin stürzte in den Salon. Unter dem Arm trug er eine Zeitung. Er stutzte, als er sah, dass Scarlet nicht allein war.

»Julia, mein Liebling, kannst du bitte kurz das Zimmer verlassen. Ich muss mit deiner Mutter unter vier Augen sprechen.«

An seiner verwaschenen Stimme war unschwer zu erkennen, dass er offensichtlich bereits reichlich dem Alkohol zugesprochen hatte.

»Nein, Vater, ich weiß Bescheid. Ich habe die Zeitung auch gelesen.« Sie deutete auf die am Boden liegenden Papierfetzen.

Statt auf ihre Worte zu reagieren, trat Benjamin nun auf Scarlet zu und schlug ihr brutal mit der Faust ins Gesicht.

Julia stieß einen Entsetzensschrei aus, stürzte sich auf Benjamin und stieß ihn zur Seite. »Oh Gott, das blutet.« Sie holte hastig ein Taschentuch hervor und wischte Scarlet das Blut weg, das ihr aus der Nase tropfte. So schockiert Scarlet auch über diesen brutalen Angriff war, so gerührt war sie von der Reaktion ihrer Tochter. Und sie war überaus erleichtert, dass sie Julia noch nicht die Wahrheit gesagt hatte. Diese Gedanken lenkten sie von dem Schmerz ab, den sein heftiger Schlag verursacht hatte. Sie konnte nur hoffen, dass er ihr nicht die Nase gebrochen hatte.

»Verzeih mir, das hätte ich nicht tun dürfen, aber der Gedanke, dass du mit Daniel … das konnte ich nicht ertragen, das …« Er wirkte so hilflos, dass Scarlet beinahe Mitleid mit ihm bekam.

»Und deshalb bist du gekommen, um mir mit deiner Faust ins Gesicht zu schlagen?«, fragte sie in scharfem Ton.

465

»Nein, ich bin gekommen, um Julia zu holen. Sie kann nicht bei dir bleiben. Nicht nach der Geschichte in der Zeitung.«

Scarlet blickte angespannt zwischen Benjamin und ihrer Tochter hin und her. »Sie kann heute mit auf die Farm, aber es wird keine Dauerlösung sein, es sei denn, es entspricht Julias erklärtem Wunsch, in Zukunft auf der Farm zu leben.«

»Nun, Julia, du willst doch sicher nicht mehr bei deiner Mutter bleiben, nachdem ihre Affäre mit meinem Bruder und dem Mann ihrer Schwester Tagesgespräch in Melbourne ist, oder?« Benjamin schien sich seiner Sache ziemlich sicher.

»Nein, ich komme nicht mit, Vater, weder heute noch später werde ich bei dir leben. Ich ertrage es nicht, wenn du trinkst, und werde so schnell nicht vergessen, wie du soeben meine Mutter geschlagen hast«, verkündete Julia mit fester Stimme.

»Aber, aber, ich … ich habe mich doch entschuldigt, und du kannst hier nicht bleiben. Ich …«, stammelte Benjamin.

»Das werde ich auch nicht! Hierbleiben! Ich möchte in Zukunft weder bei dir noch bei meiner Mutter leben.«

Scarlet und Benjamin starrten ihre Tochter gleichermaßen entgeistert an.

»Was soll das heißen? Du willst weder bei mir leben noch bei deinem Vater? Wo willst du denn hin?«, fragte Scarlet.

»Ich gehe nach Sydney zu Granny Annabelle und Tante Ava. Sie ist die Einzige, die mich versteht, und sie wird mir Gesangsunterricht geben. Das hat sie mir versprochen.«

»Wann hat sie dir das versprochen?«, hakte Scarlet fassungslos nach.

»Wir schreiben uns regelmäßig, und sie hat mir schon vor Monaten angeboten, dass ich, wenn ich mich einsam fühle, weil du den ganzen Tag arbeitest, bei Granny, Jacob und ihr wohnen könnte.«

Scarlet hatte das Gefühl, der Boden unter ihr würde schwanken, und sie ließ sich auf einen Stuhl fallen, während Benjamin zielstrebig zur Hausbar ging und ein Wasserglas mit Whisky füllte. Doch das nahm Scarlet nur ganz entfernt wahr, weil sie vor Entsetzen schier gelähmt war.

»Aber das kannst du nicht machen. Dann werde ich dich ja kaum noch sehen«, murmelte Benjamin, bevor er den Whisky wie Wasser herunterstürzte.

»Keine Sorge, ich komme in allen Ferien nach Melbourne, und dann besuche ich Granny Claire und dich natürlich.«

»Julia, du redest so, als wäre das bereits beschlossene Sache. Wenn du schon nicht an uns denkst, denk wenigstens an die Schule? Die kannst du nicht einfach hinschmeißen!«

»Das habe ich nicht vor. Tante Ava sagt auch, dass ich den Abschluss brauche, um aufs Konservatorium in Sydney zu gehen …«

»Hat sie dir vielleicht schon einen Platz an einer Schule besorgt?«, hakte Scarlet bissig an. Wie konnte ihre Schwester es wagen, hinter ihrem Rücken Julias Leben zu verplanen?

Julia senkte verlegen den Kopf. »Nein, noch nicht fest, aber sie hat die Direktorin bereits gefragt, und sie würden mich sofort nehmen.« Sie hob den Kopf und sah ihre Mutter direkt an. »Ich möchte einfach, dass jemand da ist, wenn ich von der Schule nach Hause komme«, seufzte sie.

»Siehst du, da hast du es! Ich habe immer gesagt, sie braucht eine Mutter, die sich um sie kümmert«, lallte Benjamin, aber sowohl Scarlet als auch Julia überhörten seine vorwurfsvolle Bemerkung.

»Und wenn ich in Zukunft zu Hause bleiben würde?«, entgegnete Scarlet schwach.

»Bitte, Mom, lass mich nach Sydney gehen. Ich denke, das ist das Beste für uns alle«, sagte Julia flehend.

467

»Das Beste wäre, du kämst mit mir mit und würdest auf der Farm leben«, knurrte Benjamin.

»Bitte, erlaubt mir das! Es ist schon länger mein Wunsch, aber ich habe mich nie getraut, es euch zu sagen. Aber nach allem, was ich heute erlebt habe, brauche ich wohl kaum länger Rücksicht auf euch zu nehmen.«

Julia sah fordernd zwischen Scarlet und Benjamin hin und her.

»Ich werde mich nicht dagegenstemmen, auch wenn ich es nicht gutheiße«, stöhnte Scarlet.

Benjamin wankte mit dem leeren Glas in der Hand erneut zur Bar und goss sich nach.

»Ich will jetzt mit deiner Mutter kurz unter vier Augen sprechen«, lallte er.

»Du kannst doch gar nicht mehr reden«, erwiderte Julia mit angewidertem Blick auf sein bis zum Rand gefülltes Glas, bevor sie Anstalten machte zu gehen. »Und wage es nicht, ihr noch einmal wehzutun, Vater, dann hast du mich das letzte Mal gesehen!«

Mit diesen Worten verließ sie das Zimmer.

»Wir können das nicht erlauben«, sagte Benjamin, und Scarlet wunderte sich darüber, dass er gar nicht mehr lallte. *Sollten ihn Julias Worte ernüchtert haben?*, fragte sie sich.

»Wir können es ihr nicht verbieten«, entgegnete Scarlet nachdenklich.

»Doch, sie ist nicht volljährig. Im Übrigen ...« Benjamins Ton wurde wieder schärfer, »... war ich zu allem bereit, als ich mich auf den Weg zu dir gemacht habe. Notfalls ziehe ich sogar vor Gericht, damit unsere Tochter nicht länger mit einer Schlampe unter einem Dach wohnen muss.«

Scarlet musterte ihn abschätzig. Seine Vorsätze, sich anständig zu benehmen, hatten nicht lange gehalten, stellte sie fest, aber sie war sicher, dass er sie nicht anrühren würde, nachdem ihm Julia schonungslos vor Augen geführt hatte, was das für ihn für Konsequenzen hätte.

»Das wirst du nicht tun!«, erwiderte sie mit Nachdruck.

»Willst du mich etwa davon abhalten?«

»Sagen wir mal so. Solltest du Julia nicht in Frieden nach Sydney gehen lassen, verrate ich, auf was für gemeine Weise du Daniels und mein Glück hintertrieben hast …«

Er wurde bleich. »Du weißt … davon?«

»Ja, natürlich. Glaubst du, Daniel und ich haben das Thema ausgespart? Im Gegenteil, wir sind dir schon vor elf Jahren auf die Schliche gekommen.« Sie sah ihn prüfend an. »Mich wundert, dass du gar nicht versuchst, es zu leugnen, und solltest du vor ein Gericht ziehen, um Julia zu zwingen, auf der Farm zu leben, werde ich vor Gericht beschwören, dass sie gar nicht deine Tochter ist.«

»Das wagst du nicht«, stöhnte er.

»Und ob! Und jetzt wäre ich gern allein!«

Benjamin aber blieb wie angewurzelt stehen. »Du hast mich niemals geliebt, oder?«, fragte er lauernd.

»Ich habe dich einmal sehr gemocht, aber das war, bevor du mich zum ersten Mal geschlagen und obendrein vergewaltigt hast«, antwortete sie ungerührt.

Benjamin schlich daraufhin gebückt wie ein alter Mann davon, ohne sich noch einmal nach ihr umzudrehen.

Scarlet atmete ein paarmal tief durch, als die Tür hinter ihm zuklappte. Der Artikel in der Zeitung war auch für sie eine Katastrophe, wie ihr in diesem Augenblick bewusst wurde. Damit war sie in das öffentliche Interesse gerückt, und das war eine Rolle, die Scarlet völlig fremd war. *Es ist doch nur noch eine Frage der Zeit, wann die Leute auch meinen Namen kennen*, dachte sie betrübt. Eigentlich war ihr auch nach Flucht

469

zumute, und sie fragte sich, ob sie nicht die Gelegenheit, dass Julia in Sydney leben wollte, nutzen sollte, um doch Oliver Lanson auf die Forschungsreise zu begleiten, zumal sie dann im September, wenn Daniel wieder in Melbourne auftrat, weit weg wäre. Denn nachdem sie nun als Liebchen des Pianisten galt, würde sie ihn unmöglich noch einmal heimlich in Melbourne treffen können. Sie hatte ein schlechtes Gewissen bei der Vorstellung, in dieser verzwickten Lage überhaupt einen Gedanken an die Verwirklichung ihres Forschertraums zu verschwenden. Doch das war immerhin ein schwacher Trost, der ihr allerdings den Schmerz darüber, dass sie Daniel in Zukunft nicht einmal mehr aus der letzten Reihe würde bewundern können, nicht nehmen konnte. Im Gegenteil, beim Gedanken an diese Endgültigkeit überkam sie eine solche Traurigkeit, dass sie in hemmungsloses Schluchzen ausbrach und nicht einmal bemerkte, dass ihre Tochter leise ins Zimmer getreten war und Zeugin ihrer Verzweiflung wurde.

46

Ava schenkte ihrem Spiegelbild ein triumphierendes Lächeln. Nach vielen Wochen, in denen sie gar nichts von Daniel gehört hatte, hatte er ihr aus Melbourne einen Brief geschickt, dass er auf dem Weg nach Brisbane ein paar Tage in Sydney sein würde und hoffte, viel Zeit mit Jacob verbringen zu können, und dass er gern einen Abend mit ihr unter vier Augen sprechen würde. Ava legte in diese Zeilen eine Zugewandtheit, die sie in den letzten Jahren nicht mehr von ihm gewohnt war. Wenn überhaupt, war Daniel ohne Anmeldung in Sydney aufgekreuzt, hatte sich Kleidung waschen lassen und war alsbald wieder fort gewesen. Außer flüchtigen Küssen auf die Wange hatte es seit Jahren keine Zärtlichkeit mehr zwischen ihnen gegeben. Er schlief ausschließlich im Gästezimmer.

Ava ahnte natürlich, was der Grund für seinen Rückzug war. Er war ihr gegenüber abweisend geworden, seit er damals in Wentworth Falls mit Scarlet zusammengetroffen war. Natürlich hätte sie ihn längst zur Rede stellen müssen, aber sie hatte Angst, dass er sie dann endgültig verlassen würde. Schließlich waren ihr immer wieder die amourösen Abenteuer ihres inzwischen berühmten Ehemanns zu Ohren gekommen, aber sie stellte sich taub. Solange sie offiziell seine Ehefrau und die Mutter seines Kindes war, begnügte sie sich damit, denn diese Rolle öffnete ihr Tor und Tür zur besten Gesellschaft Sydneys. Sie war überall ein gern gesehener Gast und meisterte diese Einladungen perfekt. Es gelang ihr auch immer noch, die Männerherzen reihenweise zum Schmelzen zu bringen. Wenn sie nicht die Ehefrau des großen Daniel Bradshaw gewesen wäre, hätten manche Damen der Gesellschaft deshalb gern darauf verzichtet, Ava einzuladen. Im Alltag kam ihr das Leben allerdings zunehmend leer und öde vor, und um diese Zustände zu überspielen, ging sie ganz darin auf, sich um ihr »krankes Kind« zu kümmern.

Doch Jacob war längst nicht mehr vorbehaltlos bereit, sich der mütterlichen Bevormundung zu fügen. Er war jetzt elf Jahre alt und bei Weitem nicht mehr so schwächlich wie als kleiner Junge. Seine letzte Krankheit, die ihn länger ans Bett gefesselt hatte, lag nun mehr als fünf Jahre zurück, er war gewachsen und mindestens genauso groß wie die Jungen in seinem Alter und hatte sich dank der Unterstützung seiner Großmutter einen Platz in der Schule erkämpft. Und natürlich war es ihm überaus peinlich, dass seine Mutter meinte, ihn dort täglich abholen zu müssen. Er hatte sich schnell zum Klassenbesten gemausert und schon klare Berufsziele. Arzt wie Onkel George wollte er werden.

Einerseits war Ava stolz auf ihren ehrgeizigen Sohn, doch andererseits sehnte sie sich nach seiner einstigen Abhängigkeit von ihr. Dieser Aufgabe, ihr Kind vor der bösen Welt zu schützen, beraubt, zog sie sich immer mehr in sich zurück. Manchmal hatte sie das Gefühl, das eigentliche Sorgenkind in der Familie zu sein, denn wie oft spürte sie die bekümmerten Blicke ihrer Mutter auf sich ruhen. Annabelle hatte auch schon versucht, ihre Tochter für die ehrenamtliche Arbeit in Sachen Frauenrechte zu gewinnen, aber das lag Ava völlig fern. Auch ihren Vorschlag, einen Seelendoktor aufzusuchen, hatte sie entschieden abgelehnt. Sie hielt sich jedenfalls nicht für krank, sondern für das bedauernswerte Opfer einer einseitigen Liebe. Ja, sie liebte Daniel immer noch und würde ihn niemals freiwillig aufgeben. Wenn er in Sydney war, behandelte er sie zuvorkommend und höflich, aber nicht wie ein liebender Ehemann. Und es gab noch einen triftigen Grund, warum sie einer offiziellen Trennung niemals zustimmen würde: Jacob! Der Junge hing abgöttisch an seinem Vater und wich ihm bei dessen sporadischen Besuchen nicht von der Seite. Und auch Daniel liebte seinen Sohn über alles.

»Wann kommt Dad?«

Ava hatte ihren Sohn gar nicht kommen hören und fuhr irritiert herum. »Ich hole ihn jetzt vom Zug ab. Er kommt von einem Konzert in Newcastle«, erwiderte Ava und warf dem mit den Jahren dunkelhaarig gewordenen ernsten Jungen einen liebevollen Blick zu. In den letzten Jahren war er seinem Vater immer ähnlicher geworden. Sogar das Grübchen am Kinn, das sie so liebte, hatte er geerbt.

»Schade, dass ich nicht mitkommen kann«, bemerkte er bedauernd.

»Nein, aber heute Nachmittag, sobald du aus der Schule zurück bist, könnt ihr beide gemeinsam etwas unternehmen«, seufzte sie.

Jacob gab seiner Mutter einen Kuss auf die Wange. »Ich freue mich so. Und dieses Mal bleibt er wirklich länger?«

Ava nickte.

»Du siehst wunderschön aus«, raunte er ihr zu, bevor er seine Schultasche nahm und das Haus verließ. Ava fühlte sich an diesem Vormittag seltsam beschwingt. Daniels Brief hatte eine vage Hoffnung in ihr geschürt, dass doch noch alles gut werden würde zwischen ihnen. Was waren schon all seine flüchtigen Liebschaften gegen die Rolle, die sie als Mutter seines Kindes für ihn spielte? Ach, es wäre zu schön, wenn er in Sydney sesshaft werden würde und sie vielleicht endlich ein eigenes Zuhause haben würden.

473

»Wie schön, dich mal wieder lächeln zu sehen«, freute sich Annabelle, die Ava aus ihren schwärmerischen Gedanken riss.

»Ach, Mutter, ich glaube, es wird alles gut. Wahrscheinlich ist Daniel dieses ständige Reisen auch langsam zu anstrengend, und wir kommen endlich mal als Familie zur Ruhe.«

Annabelle runzelte die Stirn. Ihre Tochter hatte ihr Daniels Brief zwar bereits dutzendmal voller Begeisterung vorgelesen, aber sie war skeptisch, ob seine dürren Zeilen wirklich Anlass zur Hoffnung gaben. Sie mochte ihren Schwiegersohn, aber wie er mit Ava umging, missfiel ihr außerordentlich. Dass er ihre Tochter, jedenfalls die jüngere, nicht wirklich liebte, war Annabelle natürlich sonnenklar, aber sie fand, dass er endlich einmal Farbe bekennen sollte. Und sie fragte sich, ob er diesen Brief verfasst hatte, nachdem er in Melbourne mit Scarlet gesprochen hatte. Scarlet hatte sich zu ihrem Bedauern auf ihre Bitte, mit Daniel ein ernstes Wort zu reden, nicht mehr gemeldet. Inzwischen bereute Annabelle es ein wenig, in ihrer Sorge um Ava ausgerechnet Scarlet um Hilfe ersucht zu haben.

»Du traust ihm nicht, oder? Du vermutest, dass er sein aufregendes Leben, das ihn durch die ganze Welt führt, unseretwegen niemals aufgeben wird, oder?«, fragte Ava ihre Mutter in scharfem Ton.

»Warte doch erst einmal ab, was er dir zu sagen hat«, erwiderte Annabelle ausweichend und stellte bedauernd fest, dass sich die Miene ihrer Tochter verfinstert hatte. Nun machte sie wieder den Eindruck einer verschlossenen Auster. Annabelle strich ihrer Tochter zärtlich über die Wange. »Es wird bestimmt alles gut«, seufzte sie schwach.

Ava rang sich erneut zu einem Lächeln durch und drehte sich einmal um die eigene Achse. »Wie sehe ich aus?«

»Blendend wie immer«, erwiderte Annabelle aus voller Überzeugung. Auch wenn ihr der Gemütszustand ihrer jüngeren Tochter zunehmend Sorge bereitete – wer davon nichts wusste, würde das niemals vermuten. Ava war eine aparte und außergewöhnliche Schönheit, nach der sich die Männer umsahen. Annabelle hätte ihr von Herzen einen Ehemann gewünscht, der das würdigte und ihr die Welt zu Füßen legte. Stattdessen lag die Welt ihrem Mann zu Füßen, während er sie am ausgestreckten Arm verhungern ließ. Da half es Annabelle auch nicht weiter, dass sie den wahren Grund kannte. Manchmal dachte sie insgeheim, es wäre vielleicht für alle Beteiligten besser, wenn Daniel sich offen zu seiner großen Liebe, ihrer Tochter Scarlet, bekannte. Sie war sehr gespannt zu erfahren, ob Scarlet in Melbourne mit Daniel gesprochen hatte.

Ava gab ihrer Mutter noch einen Abschiedskuss, bevor sie sich wieder in besserer Laune auf den Weg zum Bahnhof machte.

Ihr war ganz feierlich zumute, als sie das prachtvolle Gebäude betrat.

Die riesige Eingangshalle war im Stil der Neorenaissance aus Sandstein errichtet und die gesamte neu erbaute Anlage vor vier Jahren mit großem Pomp eröffnet worden. In Sydney war man sehr stolz auf diesen größten Bahnhof auf dem gesamten australischen Kontinent. Allein diese architektonische Meisterleistung schien vielen Honoratioren der Stadt Grund genug, Sydney endlich zur Hauptstadt auszurufen. Doch das sahen die Melbournians anders. Niemals würden sie kampflos den Status der Hauptstadt Australiens aufgeben. Ihr Argument war, dass Melbourne immer noch größer war als Sydney. Um dieses Thema war unter Politikern beider Städte inzwischen ein solch erbitterter Konflikt ausgebrochen, dass man in Regierungskreisen nach einem Kompromiss suchte, aber der ließ sich nicht so einfach finden. Einer von Avas Verehrern, ein hoher Abgeordneter, hatte ihr neulich auf einem Fest im Vertrauen berichtet, dass man, um einen unversöhnlichen Streit zu vermeiden, beschlossen hatte, eigens zu dem Zweck eine neue Stadt erbauen zu lassen.

Daran musste Ava denken, während sie auf der großen Tafel nach dem Gleis suchte, auf dem der Zug aus Newcastle erwartet wurde. Auf dem Bahnhof herrschte ein reges Treiben, aber Ava kämpfte sich durch die Mengen an Reisenden zum richtigen Gleis. Ein Blick auf die Bahnhofsuhr zeigte ihr, dass sie zu früh war. Nun hieß es warten. Vor lauter Aufregung waren ihre Hände feucht geworden, doch sie ließ ihren Blick sehnsuchtsvoll bis zum Ende des Gleises schweifen, dorthin, wo der Zug in einigen Minuten auftauchen würde. Wie Daniel wohl reagieren würde, wenn sie ihn abholte, fragte sie sich gerade, als sich eine fröhlich kichernde Gruppe junger Frauen neben sie stellte. Die Damen redeten so laut, dass sie nach ein paar aufgeschnappten Sätzen ahnte, auf wen sie warteten. Offenbar waren es Verehrerinnen ihres Mannes, die ihr Idol am Bahnhof überfallen wollten. Das missfiel ihr außerordentlich, und sie warf dem Damenclub einen bitterbösen Blick zu, den die Ladies jedoch gar nicht bemerkten.

»Da, er kommt«, rief eine üppige Rothaarige, die einen großen Blumenstrauß in der Hand hielt, aufgeregt, woraufhin die anderen wie gebannt auf die Lok blickten, die schnaufend Einfahrt in das Gleis nahm. Ava straffte die Schultern. Sie würde nicht zulassen, dass diese albernen Gören ihr die Überraschung kaputtmachten. Also machte sie einige Schritte nach vorn, um, wie sie hoffte, Daniel vor den Damen zu entdecken.

Als die Lok neben ihr zum Stehen kam, beschleunigte sich ihr Herzschlag noch einmal merklich. Sie hatte ihn lange nicht mehr vom Bahnhof abgeholt. Würde er sich darüber freuen, oder wäre es ihm eher peinlich, wenn sie miterlebte, wie die fremden Damen auf ihn warteten? Ava wusste es nicht, weil er ihr fremd geworden war in den letzten Jahren. *Ich habe doch keine Ahnung mehr, was er denkt und fühlt*, dachte sie betrübt, aber sie durfte sich nicht gehen lassen. Nicht jetzt, wo sie ihn als strahlende Ehefrau empfangen wollte. Wie ein Luchs beobachtete sie jeden, der aus dem vorderen Waggon ausstieg, und da sah sie auch schon den dunklen, mit grauen Strähnen durchzogenen Lockenkopf in der Menge und zögerte nicht eine Sekunde, sondern hüpfte ihm wie ein aufgeregtes kleines Mädchen entgegen.

Daniel schien im ersten Augenblick überaus erstaunt, als sich seine Frau euphorisch in seine Arme warf, aber er drückte sie fest an sich. Als sie sich wieder voneinander gelöst hatten, musterte er sie wohlwollend. »Du siehst bezaubernd aus«, sagte er lächelnd. Ava ließ alle Bedenken fallen und hakte sich bei ihm unter. »Bekomm keinen Schreck, da vorne wartet ein ganzer Damenverein auf dich. Ich glaube, es hat in der Zeitung gestanden, dass du heute aus Newcastle in der Stadt ankommst«, flüsterte sie übermütig und deutete in Richtung seiner Verehrerinnen. Die hatten ihn nun ihrerseits erblickt, aber die schöne Frau an seinem Arm schien ihre Begeisterung ein wenig zu dämpfen. Sie warteten artig, bis Daniel und Ava auf ihrer Höhe waren. Dann erst trat ihnen die Rothaarige in den Weg und verkündete höflich, dass ihre Freundinnen und sie dem Meister einen Willkommengruß übergeben wollten.

Ava beobachtete genau, wie Daniel mit dieser Bewunderung der fremden Damen umging. Er schenkte der Rothaarigen ein warmherziges Lächeln und winkte den anderen Frauen freundlich zu, bevor er den Blumenstrauß entgegennahm. Dazu musste er aber den schweren Koffer abstellen.

»Ich hoffe, Sie kommen alle zu meinem Konzert nächste Woche.«

477

»Aber natürlich, wir haben schon Karten und freuen uns«, erwiderte die Rothaarige und warf Ava, die Daniel nun die Blumen aus der Hand nahm, damit er seinen Koffer tragen konnte, einen eifersüchtigen Seitenblick zu. Ava grinste schadenfroh in sich hinein, schmiegte sich nur noch enger an ihren Mann und winkte den Damen demonstrativ mit dem Blumenstrauß zu.

»Es ist schön, dass du mich abholst«, sagte er, kaum hatten sie das Bahnhofsgebäude verlassen.

»Ich habe für uns ganz in der Nähe einen Tisch zum Lunch bestellt«, flötete Ava, denn sie hatte nichts dem Zufall überlassen. Er hatte schließlich geschrieben, dass er sie unter vier Augen zu sprechen wünschte.

»Und meinen Koffer?«, fragte er irritiert.

»Den bringt eine Droschke nach Hause«, erwiderte sie eifrig und steuerte auf einen der Kutscher zu. Daniel folgte ihr sichtlich verdattert, aber er tat, was sie verlangte, und gab dem Mann den Auftrag, den Koffer in die Macquarie Street zu schaffen.

Arm in Arm schlenderten sie zu dem Lokal, in dem Ava den Tisch für sie reserviert hatte. Ava war sich sicher, dass nun alles gut werden und sie belohnt würde für die Geduld, mit der sie dieses Leben oder eher dieses Nichtleben mit ihm in den vergangenen Jahren ertragen hatte.

Sie hatte sich einen ruhigen Tisch in einer Nische ausgesucht, weil sie vermeiden wollte, dass die Menschen an den anderen Tischen zu dem bekannten Künstler herüberstierten, wie sie es schon manchmal erlebt hatte, wenn er sie zum Essen ausgeführt hatte.

Ava war so glücklich, dass sie seine Hand nahm und zärtlich streichelte, doch dann durchfuhr sie plötzlich ein unangenehmes Ziehen im Bauch, denn Daniels Miene verhieß nichts Gutes. Er wirkte gequält, als er ihr seine Hand entzog.

»Was ist mit dir?«, fragte sie und versuchte, sich ihre aufkeimende Panik nicht anmerken zu lassen.

»Ich … ich, es ist so, dass …« Von seinem Gestammel erlöste ihn der Kellner, der nach ihren Wünschen fragte. Hektisch warf Ava einen Blick in die Karte, aber der Appetit war ihr vergangen.

»Ich nehme nur die Hummersuppe und ein Glas von dem Weißwein«, murmelte sie.

»Das nehme ich auch«, murmelte Daniel hastig.

Ava musterte ihn durchdringend und schwieg.

»Ich … ich möchte die Scheidung«, stieß er heiser hervor.

Ein Beben ging durch Avas Körper. Ihre Hände begannen zu zittern. Sie fror ganz schrecklich, und im nächsten Augenblick wurde ihr so heiß, dass ihr der Schweiß aus allen Poren trat. Sie öffnete den Mund, wollte etwas sagen, aber es entrang sich ihrer Kehle nur ein verzweifelter Schrei. »Nein!«

Sofort kam der Kellner herbeigeeilt und fragte erschrocken, ob alles in Ordnung sei, aber Daniel bat ihn leise, sie in Ruhe zu lassen. »Wollen wir das Lokal verlassen und das Gespräch woanders fortsetzen?«, fragte er mitfühlend und wollte ihre Hand nehmen, aber sie zog sie fort.

»Nein, das lasse ich nicht zu. Glaubst du, ich habe elf Jahre diese Hölle durchlebt, um dich am Ende einfach freizugeben. Niemals!« Zur Bekräftigung ihrer Worte ließ sie die Faust auf die Tischplatte krachen.

Daniel war weiß wie eine Wand geworden. »Aber Ava, ich habe gedacht, das wäre nur noch eine Formalie, und du wärest erleichtert, wenn wir endlich klare Verhältnisse schaffen«, entgegnete er gedrückt.

Sie funkelte ihn hasserfüllt an.

»Wir haben klare Verhältnisse. Du bist mein Mann und der Vater unseres Kindes. Schon vergessen?«

»Aber ich will mich ja in Zukunft mehr um Jacob kümmern. Er kann in allen Ferien zu mir oder mit mir auf Tournee kommen und …«

»Was heißt, er kann zu dir kommen?«, unterbrach sie ihn anklagend.

»Ich werde mir eine eigene Wohnung in eurer Nähe suchen«, erwiderte er kleinlaut.

»Das wirst du nicht tun! Du kannst auf deinen Tourneen treiben, was du willst. Nimm dir so viele Weiber, wie du kannst, aber wir drei leben unter einem Dach und bleiben nach außen eine Familie! Daran wird sich nichts ändern!«

»Aber ich tue es auch für dich, damit du nicht mehr so unter meiner Kälte leiden musst.«

»Das überlasse bitte mir, zu entscheiden, was gut für mich ist und was nicht«, entgegnete Ava in scharfem Ton.

»Aber Ava, stell dich doch bitte der Realität. Ich mag und schätze dich, aber ich liebe dich nicht. Ich kann nicht länger den Mann an deiner Seite spielen«, stieß Daniel verzweifelt hervor.

Ava spürte, wie ihr das Blut aus dem Kopf wich und ihr leicht schwindlig wurde, aber sie atmete ein paarmal tief durch. Das half ein wenig, aber nun wurde ihr übel. Sie konnte und wollte nicht begreifen, dass sie sich derart getäuscht hatte, hatte sie sich doch bereits am Ziel ihrer Träume gewähnt, und nun war da nur noch ein großes schwarzes Loch, in dem der letzte Hoffnungsschimmer einfach verschwand.

»Moment«, sagte sie, sprang auf und rannte zu den Waschräumen. Dort übergab sie sich. Danach wusch sie sich die Hände und spülte sich den Mund aus. Die Fratze, die ihr aus dem Spiegelbild entgegensah, erschreckte sie zutiefst. Sie hatte tiefe Ränder unter den Augen, und das sonst so perfekt frisierte Haar hatte sich aus dem Kamm gelöst und hing ihr wirr in das von der Hitze gerötete Gesicht. Für einen winzigen Augenblick wünschte sie sich, sie würde auf der Stelle umkippen und niemals mehr aufwachen, doch dann richtete sie entschlossen ihre Frisur, befeuchtete sich das glühende Gesicht und hatte plötzlich nur noch den einen Gedanken: Daniel sollte leiden für das, was er ihr angetan hatte. So sehr leiden, dass er seines Lebens nicht mehr froh wurde. Der Gedanke an Rache gab ihr den Lebensmut zurück. Sie straffte die Schultern und kehrte aufrechten Gangs zu dem Tisch zurück. Daniel saß zusammengesackt wie ein Häufchen Elend da.

»Hast du mich eigentlich jemals geliebt?«, fragte sie in einem drohenden Ton.

Daniel wand sich. »Ich … ich habe dich sehr gern, Ava. Das weißt du doch …«, begann er.

»Ich fragte dich, ob du mich je geliebt hast?«

»Bitte quäl mich nicht so«, flehte er.

»War es nur die Pflicht, weil du glaubtest, du hättest mich damals im betrunkenen Zustand mit in dein Bett geschleift und rücksichtslos verführt?« Ihre Augen hatte sie zu kleinen gefährlichen Schlitzen zusammengekniffen. Sie weidete sich förmlich an seinen Qualen, aber das war ihr noch nicht genug. Sie wollte ihn noch heftiger leiden sehen.

»Ava, bitte, ich habe dich damals entjungfert und geschwängert. Du hast das Kind verloren. Da musste ich doch an deiner Seite sein.«

»Ich war damals nicht von dir schwanger, sondern von einem Mitstudenten.«

Seine Augen weiteten sich vor Entsetzen.

»Du hast mich belogen und betrogen?«

»Ich wollte dich besitzen, und mein Plan ist aufgegangen. Du bist mein Ehemann, und das wirst du bis in alle Ewigkeit bleiben. Wir werden sogar einst auf dem Friedhof noch neben-

481

einanderliegen«, raunte sie. Ihre Stimme hatte etwas Bösartiges bekommen.

Daniel erschauderte.

»Ava, das glaube ich nicht. Ich hätte dich niemals geheiratet ...«

»Jetzt sagst du endlich die Wahrheit! Hast du dich übrigens nie darüber gewundert, dass Scarlet damals nach Großvaters Beerdigung nichts mehr von dir wissen wollte?«

Daniel wurde noch blasser, als er ohnehin schon war.

»Ava, ich weiß längst, wer uns mutwillig auseinandergebracht hat. Damit kannst du mich nicht schrecken.« Er setzte sich wieder aufrecht hin, denn er war nicht länger gewillt, den Büßer zu spielen. Nicht, nachdem ihm seine Frau diesen gemeinen Verrat mit dem Kind gestanden hatte. Wenngleich er nicht die Spur von Eifersucht empfand, hatte ihn ihr Geständnis schockiert. Nein, er würde sich endlich wehren, bemerkte er doch ihre Absicht, ihn zu verletzen, beinahe körperlich.

»Aber du ahnst gewiss nicht, dass ich von Benjamins Schweinerei wusste, nicht wahr?«

»Ava, was soll das heißen?«

»Dass ich herausbekommen habe, wie gemein Benjamin meine Schwester belogen hat. Ich habe sogar in Erwägung gezogen, Scarlet die Wahrheit zu sagen, aber dann habe ich mir die Sache zunutze gemacht.«

Daniel musterte sie entgeistert.

»Was soll das heißen?«

»Ich habe damals den Plan gefasst, dich für mich zu gewinnen, wenn ich zum Studium nach Adelaide gehe. Und es hat alles hervorragend funktioniert. Findest du nicht?«

»Das kann nicht wahr sein«, murmelte Daniel schwer angeschlagen. »Das kann alles gar nicht wahr sein.«

»Doch, das siehst du ja. Du bist mein Ehemann geworden,

und wir haben einen gemeinsamen Sohn. Und ich kann mich nur noch einmal wiederholen: Du kannst dich nicht von mir scheiden lassen. Es gibt keinen Grund.«

»Aber keiner kann mich zwingen, weiter mit dir unter einem Dach zu leben«, gab er finster zurück.

»Richtig, aber dann wirst du unseren Sohn nicht mehr sehen«, erwiderte Ava kalt.

»Du kannst mir nicht den Umgang mit meinem Kind verbieten«, entgegnete er entsetzt.

»Wenn du aus unserem Haus ausziehst, wirst du Jacob nicht wiedersehen!«

»Ava, bitte sei vernünftig. Du hast keine Handhabe, das zu verhindern.«

»Bist du dir da so sicher? Ich denke, wenn ich Jacob erzähle, dass du nicht mehr mit uns leben willst, wird er dermaßen enttäuscht sein, dass er sich ganz freiwillig von dir abwendet«, giftete sie.

»Was bist du nur für ein Mensch«, stieß er angewidert hervor.

»Du hast die Wahl. Ein Leben mit uns unter einem Dach oder Krieg! Überleg es dir gut.« Mit diesen Worten stand Ava auf und machte sich zum Gehen bereit. »Entweder du kommst jetzt mit mir nach Hause, und wir machen weiter wie bisher, oder es wird dir sehr leidtun.«

»Ava, bitte zwing mich nicht. Du bist grausam«, stöhnte er.

»Ach ja, das sagt ja der Richtige. Du willst mich verlassen. Schon vergessen?«

»Aber Scarlet hat mich doch gebeten, mir dir zu sprechen, weil deine Mutter sich Sorgen um dich macht und …«, brach es urplötzlich aus ihm hervor.

An ihrem entsetzten Blick konnte er unschwer erkennen, dass er soeben einen kapitalen Fehler begangen hatte.

»Was hat Scarlet damit zu tun? Und wann hast du mit ihr gesprochen? Also doch, du hast eine Affäre mit ihr!« Die reine Todesverachtung sprach aus ihrem Blick.

»Nein, das habe ich nicht«, versuchte er sich herauszureden. »Ich habe sie nur getroffen, weil deine Mutter sie gebeten hat, mit mir über unser desolates Verhältnis zu sprechen.«

Ava ließ sich zurück auf den Stuhl fallen, weil ihr die Knie weich wurden.

»Gut, dann ist die Scheidung vielleicht doch keine schlechte Lösung, nur dass ich sie einreiche und Scarlet als Zeugin geladen wird, damit deutlich wird, dass du mich mit ihr betrogen hast. Und wenn Jacob das mitbekommt, wird er dich hassen, und du hast ihn für immer verloren!«

»Bitte, nicht! Scarlet kann doch nichts dafür. Und wir haben keine Affäre!«, widersprach er ihr verzweifelt.

»Schwörst du?«

»Ich schwöre«, entgegnete er schwach, und er wusste in diesem Augenblick, dass er verloren hatte. »Gut, wir gehen jetzt zusammen nach Hause und machen weiter wie bisher«, fügte er heiser hinzu.

»Nicht ganz, mein Lieber, ich erwarte von dir in Zukunft, dass du zwischen den Tourneen bei uns in Sydney lebst und dich nicht länger in den Betten deiner diversen Geliebten herumtreibst. Gib mir bitte nachher einen Plan mit deinen Tourneedaten, damit ich weiß, ob du zwischendurch in Sydney bei uns sein könntest.«

»Ava, überspitz den Bogen nicht«, stöhnte er.

»Habe ich dich richtig verstanden? Du willst doch meine Schwester um jeden Preis davor schützen, dass ich sie als deine Geliebte in den Zeugenstand zitieren lasse? Du weißt, wir Frauen können uns nur scheiden lassen, wenn der Ehebruch auch vor Gericht bewiesen wird.«

»Wenn du das jemals wagst, dann …«

»Und während du in Sydney bist, wirst du mich auf diverse gesellschaftliche Einladungen begleiten!«

Daniel zog es vor zu schweigen. Stattdessen ballte er die Fäuste in der Tasche. Warum hatte er dieses Gespräch mit ihr bloß jemals erbeten? Wenn er geahnt hätte, dass er statt auf eine schwermütige auf eine rachsüchtige Frau treffen würde, er hätte alles beim Alten belassen. Was würde bloß Scarlet dazu sagen, dass ihre Schwester weit davon entfernt war, sich das Leben zu nehmen, wenn sie von ihrer gemeinsamen Nacht in Melbourne erführe, und stattdessen nicht eine Sekunde zögern würde, sie wie in einem Hexenprozess vorzuführen?

Daniel musste sich rasch abwenden, als er den rachsüchtigen Gesichtsausdruck seiner Ehefrau wahrnahm.

Schließlich saßen sie schweigend nebeneinander in der Droschke, und die Spannung zwischen ihnen war im ganzen Wageninneren zu spüren.

»Warum hasst du mich so?«, fragte er gequält.

»Hass ist die Kehrseite der Liebe«, erwiderte Ava ungerührt.

Als die Kutsche vor dem Haus in der Macquarie Street hielt und sie gerade ausstiegen, kam ihnen Jacob aufgeregt entgegengerannt. »Mein Musiklehrer hat mir freigegeben, weil ich ihm erzählt habe, dass mein Vater heute aus Newcastle zu Besuch kommt. Er ist ein großer Verehrer von dir.«

Jacob fiel seinem Vater stürmisch um den Hals.

»Mein Junge, täusche ich mich, oder bist du gewachsen?«, fragte Daniel seinen Sohn.

»Jede Wette, ich werde bestimmt noch so groß wie du!«

»Lass dich mal ansehen!« Daniel trat einen Schritt zurück und musterte ihn voller Stolz.

»Du siehst wohl aus!«

»Mir geht es auch sehr gut, seit Granny Annabelle Mutter

485

davon überzeugt hat, dass ich nicht tot umfalle, wenn ich mich frei bewege.«

Er schenkte seiner Mutter ein verschmitztes Lächeln, das Ava erwiderte.

Was für eine verlogene Heuchlerin, ging es Daniel angewidert durch den Kopf. Er verfluchte sich dafür, dass dieser vermeintlich armen Frau vor ein paar Stunden noch sein ganzes Mitleid gegolten hatte. Er hatte sich auf Tränen vorbereitet, aber dass sie mit blankem Hass auf seine Pläne reagieren würde, damit hatte er im Leben nicht gerechnet. Er sehnte sich in diesem Augenblick mit jeder Faser seines Körpers nach Scarlet. Was würde er darum geben, sich seinen Sohn zu schnappen, mit ihm nach Melbourne zu fahren und mit ihr und Julia ein neues Leben zu beginnen.

Er fing einen hasserfüllten Blick seiner Frau auf, der ihn hart auf den Boden der Tatsachen zurückkatapultierte. Der Himmel auf Erden war in unerreichbare Ferne gerückt, und er war direkt in der Hölle angekommen.

Im Flur griff Ava nach einem Brief, der für sie auf dem Garderobentisch lag. Ein diabolisches Grinsen huschte über ihr Gesicht, nachdem sie ihn aufgerissen und hastig überflogen hatte.

Daniel entging das keineswegs, aber er hätte sie niemals gefragt, von wem der Brief war. An ihrer triumphierenden Miene war unschwer zu erkennen, dass sie es ihm ohnedies sogleich auf die Nase binden und es für ihn bestimmt keine gute Nachricht sein würde.

Kaum hatte Ava die Zeilen zu Ende gelesen, als sie den Blick ihres Mannes suchte.

»Ach, wie schön, stell dir vor, Julia kommt zu uns!«

»Julia?«, fragte er, obwohl er natürlich ahnte, von wem die Rede war.

»Ja, deine entzückende Nichte.«

»Hat sie denn Ferien?«, fragte er skeptisch. »Beginnen die nicht erst im Dezember?«

»Richtig, mein Liebling, aber sie wird bei uns leben.«

»Was heißt das?« Daniel war sehr blass geworden.

»Das arme Mädchen ist doch immer allein zu Hause, weil meiner Schwester ja ihre Arbeit über alles geht. Und ich kann sie schließlich auf ihre spätere Gesangsausbildung an der Akademie vorbereiten, nicht wahr?«

»Sie bleibt also länger?«

»Ich denke schon. Sieh mal, bei uns hat sie wenigstens Familie, während sie in Melbourne doch eher mit dem Personal aufwächst. Scarlet ist ja nie für sie da.«

»Und wer ist auf die Idee gekommen?«, hakte er voller Skepsis nach und fragte sich in diesem Augenblick, was Ava wohl dazu sagen würde, wenn sie erfuhr, wessen Kind sie da so selbstlos unter ihrem Dach beherbergen wollte.

»Sie hat mir anvertraut, wie einsam sie sich in Melbourne fühlt, und da habe ich ihr vorgeschlagen, hier bei uns zu leben. In einer intakten Familie.« Sie lächelte falsch.

»Weißt du, wie ich das nenne? Fegefeuer!«, zischelte er ihr wütend zu.

Sie drohte ihm scherzhaft mit dem Finger. »Das lass aber nicht unseren Sohn hören.«

Daniel wollte gerade erwidern, dass sie eines im Leben für immer verspielt hätte, nämlich einen Platz in seinem Herzen, nicht einmal ein winziges Eckchen würde sie je wieder bekommen, da kam Annabelle zur Begrüßung aus ihrem Arbeitszimmer geeilt. Sie umarmte Daniel ungezwungen.

»Na, mein Junge, hattest du eine gute Reise?«

Er nickte verlegen. Ihm fiel es schwer, vor seiner Schwiegermutter, die er wirklich schätzte, dieses Schmierentheater aufzuführen, aber Ava hatte weniger Skrupel. Übertrieben griff sie nach seiner Hand und führte sie scheinbar zärtlich an ihre Wange.

»Stell dir nur vor, Mutter, Daniel wird jetzt jede freie Minute in Sydney verbringen und weniger reisen. Ist das nicht schön?«

Annabelle musterte ihn mit gemischten Gefühlen. Sie hätte darauf gewettet, dass er sich nach einer Aussprache offiziell von ihr trennen würde. Aber dass die beiden nun wieder zusammenrückten, erstaunte sie und freute sie zugleich. Ob Ava das seiner Unterredung mit Scarlet zu verdanken hatte?

»Hast du meine Ältere in Melbourne gesehen?«, fragte sie ihn scheinbar beiläufig.

»Ja, stell dir vor, Mutter, Scarlet und er haben sich gesehen. Ist das nicht nett. Und vielleicht werde ich sie auch bald treffen. Daniel hat im Dezember ein Konzert in Melbourne, und da werde ich ihn begleiten.«

Daniel konnte seine Frau nicht ansehen, weil ihm beinahe übel wurde angesichts der Tatsache, dass sie keine Gelegenheit ausließ, ihm gemeine Stiche mitten ins Herz zu versetzen. Er stieß einen tiefen Seufzer aus, woraufhin Ava ihn mit besorgter Miene musterte.

»Ach, mein Liebling. Du bist müde, nicht wahr? Leg dich doch ein wenig hin. Ich begleite dich nach oben, dann kann ich das Waschzeug für dich richten.«

Daniel zog es vor zu schweigen und fragte sich, wie lange er den Auftritten dieser falschen Schlange noch tatenlos zusehen würde. Sein Blick fiel auf die breite Treppe, die nach oben führte, und plötzlich sah er in seiner Fantasie, wie Ava sie hinunterstürzte. Klack, klack machte es auf jeder Stufe, bis sie am Fuß der Treppe leblos liegen blieb. Noch nie zuvor hatte Daniel Bradshaw einem anderen Menschen den Tod gewünscht, nicht einmal seinem verdorbenen Bruder, diesem widerlichen Intriganten. Aber Ava sah er mausetot am Fuße der Treppe liegen, und er empfand nicht die Spur von Mitleid mit ihr, sondern grenzenlose Erleichterung.

»Was gibt es da zu grinsen, mein Liebling?«, erkundigte sich Ava in liebreizendem Ton.

»Ach nichts, mein Schatz, ich sah dich nur gerade tot am Fuß der Treppe liegen«, flötete er zurück.

Avas Gesichtszüge entgleisten, und Annabelle war sich sicher, dass sie sich eben gerade verhört haben musste, doch die versteinerte Miene ihrer Tochter zeigte ihr, dass ihre Ohren überaus perfekt funktionierten, und ein leises Schaudern durchfuhr sie.

47

Scarlet wischte sich mit einem Tuch den Schweiß ab, der ihr in Strömen von der Stirn rann. Wer ihr versprochen hatte, dass die Temperaturen im Outback im September moderat waren, hatte maßlos übertrieben, aber immerhin hatte sie in dieser Nacht ein eigenes Zimmer in einem Hotel in Birdsville, einem verschlafenen Nest, das an der Grenze zu Southern Australia lag. Bis zur Gründung des Commonwealth of Australia hatte dieser Ort als Zollstation gedient und bessere Zeiten gesehen, hatte der Mann an der Rezeption beklagt. Das war in der Tat an jeder Ecke des Ortes sichtbar, denn einige Häuser an der staubigen Hauptstraße waren mehr oder minder verfallen, aber auch das Innere des Hotels machte den Eindruck, als wäre vor langer Zeit ein Sandsturm hindurchgefegt, und keiner hätte danach je wieder geputzt.

Ein Vorteil war immerhin, dass die Teilnehmer der Expedition die einzigen Gäste waren, sodass endlich mal wieder jeder ein Zimmer für sich hatte. Scarlet hatte sich inzwischen daran gewöhnt, am Lagerfeuer in einem Schlafsack zu übernachten oder die Nachtwache zu übernehmen. Einer von ihnen blieb nämlich jede Nacht wach, um jegliches Getier, das sich ihrem Lager näherte, zu vertreiben, besonders die Giftschlangen, von denen es im Outback nur so wimmelte.

Scarlet hatte sich in einem Bottich hinter dem Hotel gewaschen, umgezogen und sich auf einen wackeligen Stuhl der Veranda gesetzt, um mit Oliver Lanson zu speisen. Sie verstand sich prächtig mit ihm, und wenn sie ehrlich war, gefiel es ihr zunehmend, wenn ihr der attraktive Forscher Komplimente machte. Das, so befürchtete Scarlet, würde angesichts der salzigen Rinnsale, die ihr über das Gesicht tropften, heute nicht der Fall sein.

Sie hatte sich gegen den Durst eine große Kanne mit kaltem Tee bestellt, den sie nun hinunterstürzte, als wäre sie kurz vor dem Verdursten. Während sie gedankenverloren in die Ferne starrte und nichts als roten Sand sah, ließ sie ihre Gedanken schweifen. Sie waren vor sechs Wochen in Brisbane gestartet, und Scarlet hatte nicht schlecht gestaunt, als sie die Kamele erblickt hatte. Erst hatte sie sich geweigert, sich auf den Rücken eines solchen im Sand knienden Tieres zu setzen, aber als das Kamel aufstand und sie sanft nach oben geschaukelt wurde, fand sie es himmlisch. Es war ein völlig anderes Gefühl, als auf einem Pferderücken zu sitzen.

Ihre Gruppe bestand aus fünf Personen: Mister Lanson, seinem Assistenten Peter, Jason, einem Studenten von Professor Higgens, Akama, einem jungen Aborigine, der für die Kamele zuständig war, und Scarlet.

Ihr war klar, dass sie nicht auf diese Expedition gegangen wäre, wenn sich Julia nicht nach dem Zeitungsartikel über Daniel und sie entschieden hätte, nach Sydney zu ziehen. Scarlet hatte bis zum Schluss versucht, ihrer Tochter den Entschluss auszureden, aber vergeblich. Julia wollte weg aus Melbourne und hatte sich hartnäckig geweigert, noch einmal auch nur einen Fuß in die Schule zu setzen. Überhaupt war sie die Wochen bis zur ihrer Abreise kaum aus dem Haus gegangen. Zum Glück war nicht jenes Szenario eingetreten, das ihre Tochter vorausgesagt hatte. Keine Horden von Fremden belagerten die Villa, sondern es kam lediglich vor, dass kleine Gruppen von Damen im Schneckentempo die Spencer Street entlangschlichen und vor der »Villa des Richters« stehen blieben, um sich das Näschen zu pudern. Auch an der Universität hatte es sich wohl inzwischen herumgesprochen, wer Daniel Bradshaws große Liebe war. Jedenfalls hatte sie Donald Higgens neulich mitfühlend beiseite genommen und ihr versichert, der Tratsch um ihr Liebesleben, der zurzeit in aller Munde wäre, interessierte doch keinen wirklich.

Jedenfalls war er sehr erfreut gewesen, als sie ihm ihren Entschluss, die Expedition zu begleiten, mitgeteilt hatte. Und für Scarlet gab es noch einen weiteren Grund, warum sie froh war, Melbourne für eine Weile zu verlassen: Auf diese Weise kam sie nicht in Versuchung, Daniel anlässlich seines nächsten Konzerts in der Town Hall wiederzutreffen. Für sie stand nach dem Artikel fest, dass sie einander nie wiedersehen durften, es sei denn anlässlich eines Familienereignisses, das ein Zusammentreffen unausweichlich machte. Um die gemeinsamen Weihnachtsfeste hatte er sich ja während der letzten Jahre ohnehin erfolgreich herumgemogelt, aber allein dadurch, dass Julia mit ihm unter einem Dach wohnte, wenn er in Sydney bei seiner Familie weilte, würde es früher oder später zu einer Begegnung kommen.

Scarlet wurde noch heißer, als ihre Gedanken zu ihrer letzten gemeinsamen Liebesnacht schweiften. Es war wie verhext. Kaum war sie in Gedanken bei seinen schönen Händen, reagierte ihr ganzer Körper, und sie sehnte sich so sehr nach seiner Nähe, dass es wehtat.

»Störe ich?«, hörte sie eine lachende Stimme wie von Ferne fragen. Sie hob den Kopf und rang sich zu einem Lächeln durch.

»Ich war mit meinen Gedanken weit weg«, erklärte sie entschuldigend. »Aber jetzt bin ich ganz bei Ihnen und dieser schwarzen Wolke, die uns gestern überflogen hat. Was meinen Sie, ob das Wanderheuschrecken gewesen sind?«

»Ja, das war ein Schwarm Heuschrecken, der sich sicher auf die nächsten blühenden Felder stürzen wird. Wenn die in solchen Mengen kommen, bleibt von der Ernte nichts übrig.« Er musterte sie amüsiert. »Aber ich könnte mir auch vorstellen, dass wir zur Abwechslung mal nicht über Krabbelgetier und Ungeziefer reden, sondern über Ihre schönen Augen ...«

Scarlet musste lachen, weil das aus seinem Mund wirklich sehr komisch klang. Er war gar nicht der Typ Mann, der einer Frau Komplimente über Äußerlichkeiten machte. Dafür, dass sie eine Insektenart richtig bestimmte, ja, aber für ihre Augen?

»Haben Sie getrunken?«, lachte sie.

»Noch nicht«, erwiderte er und rief nach dem Betreiber des Hotelrestaurants, der offenbar für alles zuständig war. Vom Kochen bis zum Servieren. *Und wohl auch für das Schlachten*, fügte Scarlet in Gedanken hinzu, als er in einer weißen, mit frischen Blutflecken besprenkelten Schürze an den Tisch trat.

»Wir hätten gern die Karte«, sagte Oliver Lanson.

»Wir haben nur Kangaroo steamer und zum Trinken Whisky«, brummte der Mann.

Scarlet zuckte zusammen, denn dieses Gericht aus geschnetzeltem Kängurufleisch hatte sie überhaupt erst im Outback kennengelernt. In den Städten stand nämlich überhaupt kein Känguru auf den Speisekarten der Hotels, und weder im Haushalt ihrer Mutter noch in ihrem eigenen pflegte man Beuteltiere zu essen. Dabei schmeckte das Fleisch sogar besser, als sie es befürchtet hatte, nur dieser Eintopf hatte in der Regel einen faden Geschmack.

»Tja, dann bringen Sie uns doch zwei Teller davon und eine Flasche mit zwei Gläsern.« Oliver Lanson zwinkerte Scarlet verschwörerisch zu, während er diese Bestellung aufgab.

»Es ist verdammt heiß hier draußen. Finden Sie nicht?« Er wischte sich mit dem Handrücken hastig über die Stirn.

»Da bin ich ja froh, dass es Ihnen genauso geht wie mir«, lachte Scarlet und zückte ihr Taschentuch, das sie diskret in ihrer Rocktasche hatte verschwinden lassen, nachdem der Forscher sich zu ihr an den Tisch gesetzt hatte.

Das Schmorgericht war offensichtlich bereits fertig gewesen, denn der Mann brachte ihnen bereits kurz darauf, was sie geordert hatten.

Leicht angewidert blickte Scarlet auf ihren Teller voller fein gehacktem Kängurufleisch.

»Der Hunger treibt es rein«, bemerkte Oliver Lanson, bevor er beherzt den ersten Bissen nahm und dann entzückt die Augen verdrehte. »Wow, wer hätte das gedacht. Hier versteht es jemand, mit Gewürzen umzugehen.«

Scarlet musterte erst ihn skeptisch und dann die roten Fleischteile auf ihrem Teller. »Jetzt veräppeln Sie mich aber, oder?«

»Probieren Sie. Das ist mit Abstand das beste Kangaroo steamer des ganzen Outbacks.«

Scarlet führte vorsichtig die Gabel zum Mund und probierte. Er hatte nicht übertrieben. »Hier in Birdsville ist das wirklich genießbar«, gab Scarlet zu.

Oliver Lanson hatte aufgehört zu essen und musterte sie verträumt.

»Es ist schön, dass Sie auf diese Reise mitgekommen sind«, verkündete er.

»Ich bin auch sehr glücklich, dass ich das alles mit Ihnen erleben darf, Mister Lanson, wenngleich ich auf das Übernachten im Busch und auf der Erde gern verzichten könnte«, lachte sie.

»Ich bin übrigens Oliver.« Er hob das Glas und prostete ihr zu. Sie tat es ihm gleich.

»Ich bin Scarlet.«

494

»Verzeihen Sie die Frage, aber gibt es einen Mann in Ihrem Leben?«

Die Frage kam so überraschend, dass Scarlet sich vor Schreck am Whisky verschluckte.

»Entschuldigen Sie, ich wollte Ihnen nicht zu nahetreten, aber ich hatte da etwas läuten hören.«

»Nein, das sind alles nur dumme Gerüchte«, erwiderte Scarlet knapp, nachdem der Husten vorüber war. Sie dachte nicht daran, ihm von Daniel zu erzählen.

»Und was ist mit dem Vater Ihrer Tochter?«

»Ich habe mich schon vor Jahren von ihm getrennt.«

»Und wer kümmert sich um Ihre Tochter, während Sie mit mir den roten Kontinent erforschen?«

»Meine Mutter und meine Schwester in Sydney. Und Sie, haben Sie Familie?«

»Ja, eine Frau und zwei Kinder, aber sie leben in Perth. Wir sind nur noch auf dem Papier verheiratet.« Seine Miene hatte sich verfinstert, während er ihr das verriet.

Nun setzten sie schweigend ihr Essen fort, aber Scarlet beobachtete aus dem Augenwinkel, dass Oliver den Whisky ziemlich hastig hinunterstürzte.

Nachdem Scarlet mit großem Appetit alles aufgegessen hatte, versuchte sie, das Gespräch wieder in Gang zu bringen.

»Ich bin sehr gespannt, was wir in der Ansiedlung bei Bedourie vorfinden«, bemerkte sie nachdenklich.

Oliver stieß einen Seufzer aus. »Tja, ich befürchte, da wird nicht mehr viel sein, seit man auch in Bedourie eine Mission errichtet hat. Neuerdings werden doch sogar Mischlinge ihren Familien per Gesetz entrissen und zwangsweise in diese Missionen verschleppt. Und das ist dann wieder so eine Zuchtanstalt für die armen Aborigines, wo man ihnen ihren Glauben aus dem Leib prügelt, damit aus ihnen kleine Christen wer-

495

den. Und das unter dem Deckmäntelchen der Nächstenliebe.«

Scarlet blickte ihn verwundert an. Sie hatte ihn selten so verbittert reden hören. In der Regel war er ein stets gut gelaunter Mann mit einer optimistischen Ausstrahlung. Aber seit er seine Familie erwähnt hatte, machte er einen missmutigen Eindruck, wobei Scarlet seine Meinung über die neuen Aborigines-Gesetze in der Sache teilte. Natürlich war sie äußerst skeptisch und fürchtete, dass man die Menschen, die in der Ansiedlung lebten, in die Victoria einst geflüchtet war, längst aufgespürt und fortgebracht hatte. Und dabei hoffte sie inständig, die Tochter von Victoria dort zu finden.

»Ich teile Ihre Ansicht, dass es von großer Überheblichkeit zeugt, wenn wir Weißen meinen, dass wir die besseren Menschen seien, die bessere Kultur und den besseren Glauben besäßen. Aber ich hoffe, wir finden wenigstens die kleine Merinda.«

Vorsichtig tastete Oliver nach ihrer Hand, und Scarlet ließ es zu, dass er ihre Hand in seine Pranke nahm. Er tat es äußerst zärtlich.

»Was meinen Sie, vertreten wir uns noch ein wenig die Beine, oder gehen wir schlafen? Morgen ist ja wieder ein langer Tag, wenn wir abends in Bedourie sein wollen.«

»Ich denke, wir ruhen uns besser aus«, erwiderte sie. Oliver erhob sich und reichte ihr seinen Arm. Aus einem Nebenraum hörte sie lautes Lachen. Sie warfen einen Blick durch die Tür. Dort saß der Rest der Gruppe beim Kartenspielen und Whiskytrinken.

»Macht nicht so lange«, mahnte Oliver scherzhaft.

»Nö, wir machen gleich durch«, erwiderte der junge Aborigine, der für die Kamele zuständig war.

»Darf ich Sie noch zu Ihrem Zimmer bringen?«, fragte Oliver.

Scarlet nickte. Natürlich spürte sie seine Bereitschaft, auch den restlichen Abend mit ihr zu verbringen, und war überrascht, dass sich in ihr nicht der geringste Widerstand bemerkbar machte.

»In der ersten Etage«, sagte sie und steuerte auf die wackelige Stiege zu, die nach oben führte.

Als sie vor ihrer Zimmertür anhielt, nahm er sie, wie sie es erwartet hatte, in den Arm. Es fühlte sich ein wenig fremd an, weil er so groß und kräftig war. Im Gegensatz zu Daniel eher wie ein Bär, aber es gab ihr Geborgenheit.

»Möchtest du mitkommen?«, fragte sie ihn direkt, nachdem sie sich aus seiner Umarmung gelöst hatte.

Er nickte, und sie war erstaunt, wie viel Zärtlichkeit aus seinen Augen sprach. Sie schloss die Tür auf und nahm ihn bei der Hand. Im Zimmer angekommen küssten sie sich. Auch das war ihr zunächst etwas fremd, weil er sich ihr beinahe schüchtern näherte, doch dann vergaß sie für einen Augenblick, wo sie sich befand und mit wem, und gab sich dem raffinierten Spiel ihrer Zungen hin. Er wurde immer leidenschaftlicher, neckte sie, zog sich zurück, um sie dann nur noch heftiger zu küssen.

»Ich war vom ersten Augenblick an in dich verliebt«, flüsterte er ihr zu und hob sie wie eine Feder hoch und trug sie zu dem Bett.

Obwohl Scarlet seine Gefühle nicht in dieser Form erwiderte, gab ihr seine Gegenwart unendlich viel Geborgenheit, und sie genoss seine forschenden Hände auf ihrem Körper. Einmal, als er ihr den Rock abstreifte und dabei ihre Schenkel intensiv streichelte, dachte sie an Daniel, aber nur ganz kurz. Sie fragte sich, wie es für ihn wohl war, wenn er andere Frauen berührte. Doch dann war sie nur noch bei dem Naturburschen und erforschte jeden Muskel seines durchtrainierten Körpers.

Als er sie nun zwischen den Schenkeln berührte, überraschte er sie erneut, weil er es perfekt beherrschte, sie in Erregung zu versetzen und dann von ihr abzulassen, bis sie ihn heiser bat, nicht mehr aufzuhören, sodass Sekunden später eine wahre Explosion ihren ganzen Körper erbeben ließ. Sie stöhnte laut auf, als er in sie eindrang. Und erneut war dieser fremde Mann für eine Überraschung gut, denn er war ausdauernd und experimentierfreudig. Scarlet vergaß Zeit und Raum und gab sich ihm ganz hin, bis er mit einem lauten Schrei kam.

»Ich liebe dich«, raunte er, als sie schließlich erschöpft nebeneinander lagen.

»Ich dich auch«, entgegnete sie heiser, obwohl sie nicht genau wusste, was sie für ihn empfand, aber dass es viel mehr war als das, was sie eben beim Essen gefühlt hatte, das ließ sich nicht leugnen. Sonst hätte sie sich sicher nicht von Herzen gewünscht, in seinem Arm einzuschlafen, etwas, das sie noch niemals mit Daniel geteilt hatte.

»Bleibst du bei mir?«, hauchte sie.

»So lange du willst«, entgegnete er liebevoll und zog sie noch dichter an seine Brust.

Scarlet genoss diese Nähe zu ihm, und es machte ihr herzlich wenig aus, dass sich weder ihr Herzschlag beschleunigte, noch ihre Knie zitterten. Nein, es erfüllte sie mit einem Glücksgefühl, dass ihr dieser Mann so vertraut war, als hätte er immer schon in ihrem Bett gelegen. Sie empfand nicht einen Hauch von Befremden, als sie sich tiefer in seine Armbeuge kuschelte. Sie spürte eine wohlige Müdigkeit, denn seine Gegenwart war nicht dazu angetan, ihr den Schlaf zu rauben.

Sie erwachte von einem Kitzeln an ihrer Wange, öffnete vorsichtig die Augen und stellte fest, dass es sein Bart war, mit dem er sich eng an ihre Wange geschmiegt hatte. Behutsam rückte sie ein klein wenig von ihm ab und betrachtete ihn mit einer

Welle der Zuneigung. Er sah aus wie ein schlafendes Kind, so friedlich und zufrieden.

Ich mag dich wirklich von Herzen, Oliver Lanson, dachte sie und strich ihm eine Strähne seiner wilden Mähne, der Busch-frisur, wie er sie selbstironisch nannte, aus der Stirn.

Am frühen Abend des folgenden Tages erreichte die Forschergruppe eine große Schafstation bei Glengyle, wo man den erschöpften Reisenden ein warmes Essen und eine einfache Unterkunft anbot. Ihnen wurde dringend davon abgeraten, noch am selben Tag weiter nach Bedourie zu reisen. So beschloss Oliver, dass sie sich erst am nächsten Morgen auf den Weg machen würden. Scarlet war beim gemeinsamen Essen an einem aus einem Baumstamm gefertigten langen Tisch vor den Ställen so aufgeregt, dass sie kaum einen Bissen hinunterbekam, obwohl es bestes Lammfleisch gab. Der Grund dafür war weniger die vergangene Nacht mit Oliver, der den ganzen Tag nicht von ihrer Seite gewichen war, als vielmehr die Tatsache, dass die Ehefrau des Stockmans, der für die Herde zuständig war, offenbar eine Halbaborigine war und sie die ganze Zeit überlegte, ob sie diese Frau ganz offen auf die Ansiedlung ansprechen sollte. Oliver hatte ihr geraten, nicht gleich mit der Tür ins Haus zu fallen, sondern bis nach dem Essen zu warten.

Als die junge Frau aufstand, um die Teller in die Küche zu bringen, sprang Scarlet ungeduldig auf und ging ihr zur Hand.

»Woher kommen Sie?«, erkundigte sich die Frau interessiert, woraufhin ihr Scarlet von der Expedition berichtete. »Außerdem suche ich ein Mädchen, das in einer Ansiedlung geboren wurde, die nicht weit von hier sein kann.«

»Sie meinen die Mission«, erwiderte die junge Frau, und ihr

finsterer Gesichtsausdruck ließ keinen Zweifel daran, was sie über die Mission dachte.

»Nein, das war eben keine Mission, sondern eine Ansiedlung von Aborigines, die aus den Städten dorthin geflüchtet sind, um frei zu sein und nicht in Reservaten leben zu müssen. Das ist aber schon weit über zehn Jahre her, dass ich von dieser Ansiedlung gehört beziehungsweise gelesen habe.«

»Sie meinen sicher *tjukurrpa*«, erwiderte die junge Frau nachdenklich.

Scarlet zuckte die Schultern. »Das habe ich noch nie gehört.«

»Das heißt übersetzt ›Traumzeit‹. So haben die Ersten dort den Ort genannt. Die Traumzeit, das sind unsere Geschichten, die erklären, wie die Welt entstanden ist, wie sie aussieht, und nach welchen Gesetzen wir leben.« Die junge Frau bekam einen schwärmerischen Gesichtsausdruck.

»Sie kennen den Ort? Es gibt ihn also noch?« Scarlet schöpfte Hoffnung, Merinda dort zu finden.

»Ja und nein. Ich habe dort gelebt, aber dann sind eines Tages die weißen Polizisten gekommen und haben uns Mischlingsmädchen aus unseren Familien gerissen. Ich kam auf diese Farm und hatte Glück, dass mich Clark geheiratet hat, denn das macht man eigentlich nicht mit Aborigine-Frauen. Die vergewaltigt man, entledigt sich ihrer und lässt ihnen die Bastarde fortnehmen. Andere hat man in die Mission verbracht.«

»Und kennen Sie vielleicht ein Mädchen mit dem Namen Merinda? Sie müsste ungefähr dreizehn oder vierzehn sein.«

»Merinda, die Arme.« Die Augen der jungen Frau füllten sich mit Tränen. »Sie war ein Waisenkind, und deshalb wurde sie auch zu den Schwestern in die Mission gebracht. Ein schönes Mädchen.«

»Heißt das, sie lebt jetzt in Bedourie?«

»Ich weiß es nicht. Ich fahre nicht in die Stadt. Die Angst, dass sie mich sogar meinem Mann wegnehmen, sitzt mir in den Knochen. Ich bin am liebsten hier auf der Farm.«

Scarlet rührte das Schicksal der jungen Frau so an, dass sie sie spontan in den Arm nahm.

»Wenn ich sie finde, nehme ich sie mit, denn sie hat eine Familie, und das bin ich ...« Nun schilderte Scarlet der erstaunten jungen Frau, wie ihre Mutter einst Meeri gerettet und dann nach ihrem Tod ihre Tochter aufgezogen hatte.

»Ich kannte Victoria. Sie war eine mutige Frau. Wir waren alle traurig, als sie mit diesem Engländer fortgehen wollte, doch wir haben uns auch für sie gefreut. Und dann wurden beide so jäh aus dem Leben gerissen. Wir haben immer gesagt, Victoria konnte nicht ohne ihn sein.«

In diesem Augenblick steckte Oliver sein bärtiges Gesicht zur Küchentür hinein. »Ich möchte nicht stören, aber wir sollten unsere Schlafplätze verteilen.«

»Stell dir vor, Merinda ist in der Mission«, erklärte Scarlet Oliver aufgeregt.

»Gut, dann könnte ich das auch für dich erledigen, wenn ihr beide noch ein wenig plaudern wollt.« Er schenkte ihr ein warmherziges Lächeln.

Kaum war er aus der Tür, flüsterte die junge Frau. »Dein Mann ist ein guter Mann. Er hat gütige Augen.«

Scarlet lächelte in sich hinein und widersprach nicht. Warum auch? Hier draußen im Outback war er schließlich ihr Mann. Und das zeigte sie ihm deutlich, als er ihr schließlich seine Wahl für das gemeinsame Nachtlager präsentierte. Es befand sich etwas abseits von den anderen in einem Stall, und Oliver hatte ihnen bereits ein gemütliches Bett gezaubert. Sie ließ sich in das Stroh fallen und streckte die Arme nach ihm aus. Auch in dieser Nacht liebten sie sich, aber es drang kein einzi-

502

ger Laut nach draußen. In diesem Punkt waren sie sich einig, dass sie keine Ohrenzeugen für ihre Lust benötigten, obwohl inzwischen bestimmt alle Bescheid wussten.

Am nächsten Morgen brachen sie nach einem Frühstück, das ihnen die junge Frau zubereitet hatte, auf.

»Wie heißen Sie, damit ich Merinda von Ihnen grüßen kann«, erkundigte sich Scarlet, bevor sie wieder auf ihren schwankenden Sitz auf dem Kamelrücken stieg.

»Alinga, das heißt in unserer Sprache so viel wie Sonne«, erwiderte sie strahlend.

»Ich werde es ihr ausrichten, wenn ich sie morgen hoffentlich aus dieser Mission retten kann.«

Alinga umarmte Scarlet zum Abschied herzlich.

Die Weiterreise war entspannend, abgesehen von den Insekten, die sie in Schwärmen umflogen und ihnen in jede Körperöffnung krabbelten. Scarlet hatte sich zum Schutz ein Tuch über das Gesicht gebunden, aber das hatte zur Folge, dass ihr noch heißer wurde und ihr der Schweiß in Strömen über das Gesicht rann.

Als die ersten Lehmbauten in der Ferne auftauchten, spürte sie die Aufregung in jeder Pore.

Sie suchten das einzige Hotel am Ort auf, das noch spartanischer war als das, in dem sie in Birdsville gewohnt hatten, aber das störte sie herzlich wenig. Oliver hatte für sie ein gemeinsames Zimmer gewählt. Kaum waren sie in dem kargen Raum allein, offenbarte sie ihm, dass sie unverzüglich zur Mission aufbrechen wollte. Er bot ihr an, sie zu begleiten, aber Scarlet spürte, dass sie diese Unternehmung lieber allein machen sollte, und Oliver brachte volles Verständnis für ihre Entscheidung auf. Sie gab ihm zum Abschied einen Kuss auf die Wange.

49

Die Mission lag am Ortsrand. Das Haupthaus war aus Stein gebaut, und über das Gelände verstreut waren einfache Hütten errichtet. Alles wirkte auf den ersten Blick ziemlich trist und verlassen. Scarlet straffte die Schultern, als sie durch die geöffnete Tür in einen düsteren Flur trat.

»Ist ja jemand?«, rief sie.

Es dauerte einen kleinen Augenblick, bis ihr eine Frau in Nonnentracht entgegen kam.

»Sie wünschen?«, fragte die Nonne und musterte Scarlet irritiert.

»Ich suche ein Mädchen mit dem Namen ...« Scarlet stockte. Das merkwürdig faltenfreie Gesicht der Frau, die sie auf weit über fünfzig schätzte, kam ihr entfernt bekannt vor. Es erinnerte sie an ihre Tante Amelie, die sie zwar nur einmal in ihrem Leben gesehen hatte, aber deren Züge sich ihr eingeprägt hatten.

»Scarlet Parker?«, fragte die Nonne.

»Tante ... Amelie?«, gab Scarlet zurück. »Was machst du hier? Und seit wann ... bist du Nonne?«

»So viele Fragen. Komm, wir setzen uns auf die Veranda«, schlug sie vor und bat ein schüchternes junges Mädchen, das aus einem Raum trat, ihnen eine Kanne eisgekühlten Fruchtsaft zu bringen. Die junge Frau nickte unterwürfig. Sie war unverkennbar eine »Halbblütige«, wie die Kinder von Weißen und Ureinwohnern – in der Regel von einer Aborigine-Frau und einem weißen Mann – nach den neuen Gesetzen bezeichnet wurden. Scarlet erkannte es an ihrem dicken schwarzen Haar und den tief dunkelbraunen Augen. Es waren auffällig traurige Augen, wie Scarlet auffiel. Ihre Haut aber war weiß wie Alabaster.

Das Mädchen trug eine Art Schuluniform, die viel zu warm für die Temperaturen, die im Outback herrschten, zu sein schien. Scarlet tat das Mädchen leid, aber sie behielt ihren Eindruck für sich, denn Tante Amelie hielt den Zustand des bedauernswerten Mädchens offenbar für normal.

Nachdem sie sich an den Tisch auf der Veranda gesetzt hatten, musterten sie einander interessiert.

»Du bist meiner Mutter wirklich wie aus dem Gesicht geschnitten«, stellte Amelie schließlich fest.

»Tja, du bist ja damals nicht zur Beerdigung gekommen«, gab Scarlet mit leisem Vorwurf zurück.

»Ich habe die Nachricht erst viel später bekommen. Mein Mann, also der Mann, mit dem ich einmal verheiratet gewesen war, hatte den Brief in einer Schublade verschwinden lassen. Ich habe ihn erst kurz bevor ich ins Kloster gegangen bin gefunden.«

»Aber du gehörst doch wie die ganze Familie der anglikanischen Kirche an. Wie konntest du da ins Kloster gehen? Und noch dazu als verheiratete Frau?«, hakte Scarlet neugierig nach.

»Nach einem Saufgelage hat mein Ehemann mich so zusammengeschlagen, dass ich in ein Krankenhaus eingeliefert werden musste. Und weil die Ärzte vor Gericht als Zeugen ausgesagt haben, konnte ich geschieden werden. Die Gesetze sind bei uns in Queensland sehr streng, wenn es um die Rechte der Frauen geht.«

»Ich weiß«, seufzte Scarlet. »Das ist bei uns in New South Wales nicht anders. Deshalb bin ich immer noch mit diesem

Benjamin Bradshaw verheiratet, obwohl wir seit Jahren getrennt leben.«

»Hat er dich denn auch, ich meine …«

Scarlet nickte. »Vergewaltigt und geschlagen. Und dann bist du ins Kloster gegangen?«

»Ja, ich habe ein paar Nonnen kennengelernt, die mich mit ihrer Auffassung von gelebter Nächstenliebe sehr beeindruckt haben, und da bin ich konvertiert. Ich wurde zur Helferin für die Missionen ausgebildet, in denen man diese armen Mischlingskinder zu anständigen Christenmenschen erzieht. Und diese Mission steht inzwischen unter meiner Leitung.« Ein gewisser Stolz sprach aus ihrer Stimme, und Scarlet behielt die scharfe Erwiderung, die ihr auf der Zunge lag, für sich. Jedenfalls fürs Erste beschloss sie seufzend, sich zurückzuhalten, denn dass ihre Tante Amelie in christlicher Nächstenliebe entbrannt war, war natürlich eine eher positive Überraschung, aber dass sie es sich zur Aufgabe gemacht hatte, ihren Schützlingen die Aborigine-Kultur auszutreiben, missfiel Scarlet. *Aber habe ich überhaupt das Recht, das zu verurteilen, dachte sie, ich habe ja auch sofort daran gedacht, dass ich Merinda mit in mein Haus in Melbourne nehme, und dort hat sie sicher wenig Gelegenheit, so eng mit der Natur verbunden zu sein, wie es ihren Wurzeln entspricht.* Es wurde Zeit, ihre Tante endlich über den Grund ihres Kommens aufzuklären.

»Ist Victorias Tochter unter deinen Schützlingen?«

»Ja, das ist sie, aber sie hat keine Ahnung, was geschehen ist, und ihrer Mutter bin ich auch nur ein einziges Mal flüchtig begegnet vor dem schrecklichen Fest. Du erinnerst dich?«

»Wie könnte man je vergessen, wie dieser Caldwell meinem Dad die Nase blutig gehauen hat.«

»Ich habe es erst gemerkt, als man sie in ein weißes Waisenhaus geben wollte, weil man irrtümlich glaubte, es flösse kein

Aborigine-Blut in ihren Adern, weil sowohl ihr Vater als auch ihre Mutter Weiße gewesen sein sollen. Aber das konnte ich gerade noch verhindern. Als ich nämlich in der Akte auf den Namen ihrer Mutter gestoßen bin, konnte ich der Kommission glaubwürdig versichern, dass dieses Mädchen in die Mission gehört, weil sie über ihre Mutter diese Anlagen in sich trägt. Deshalb ist sie hier bei uns.«

»Und was ist mit ihren Verwandten geschehen, ich meine, den Menschen aus ihrem Stamm, die sich vorher um sie gekümmert haben?«

Amelie zuckte die Achseln. »Die hat man in Reservate gebracht, nehme ich mal an. Es war eine schlichte Tatsache, dass es in diesem Aborigine-Nest keinerlei Ordnung gab. Zum Glück haben die Polizisten die Kinder alle retten können.«

»Retten? Wovor?«

»Vor ihren Aborigine-Müttern und -Tanten, die sie zu unzivilisierten Wilden erzogen haben.«

»Aber es waren doch zum Teil wirklich ihre Mütter!«

»Ja, die sich von Weißen haben schwängern lassen.« Sie musterte Scarlet missbilligend. »Du scheinst ganz nach meiner Mutter geraten zu sein und nicht begriffen zu haben, dass solchen Menschenkindern zunächst einmal ihre Animalität ausgetrieben werden muss. Es ist doch kein Zufall, dass immer wieder diese Frauen Opfer von Vergewaltigungen brünftiger weißer Kerle werden.«

Scarlet sah ihre Tante mit offenem Mund an. »Willst du damit sagen, sie tragen selber Schuld? So wie Meeri, die noch ein halbes Kind gewesen ist, als dieser Caldwell über sie hergefallen ist.«

»Das hätte genau so aus dem Mund meiner Mutter kommen können!«, fauchte Amelie.

»Ich würde sie gern sehen«, erwiderte Scarlet und signali-

507

sierte damit, dass sie dieses Thema nicht vertiefen wollte, um einen drohenden Streit zu vermeiden, denn dass hier zwei konträre Ansichten aufeinanderprallten, war an der Spannung erkennbar, die nun zwischen ihnen herrschte.

»Sie ist draußen bei den Schafen«, entgegnete Amelie ausweichend.

»Wo ist das genau?«

»Du gibst ja eh keine Ruhe«, stöhnte ihre Tante. »Hinter der letzten Hütte links ist die Schafweide. Aber nur ganz kurz, eigentlich erlauben wir den Mädchen keinen Besuch. Dies nehme ich auf meine Kappe. Ich begleite dich.«

»Aber ich finde sie sicher auch allein«, widersprach Scarlet, denn sie konnte das fremde Mädchen schlecht in Gegenwart ihrer Tante fragen, ob sie nicht viel lieber mit ihr in ein schönes Haus nach Melbourne kommen wollte, als weiter von Tante Amelie zum christlichen Glauben getrimmt zu werden.

»Nein, das kann ich nicht verantworten. Merinda kennt dich schließlich gar nicht, und wir haben sie dazu erzogen, Fremden mit einer gewissen Scheu zu begegnen.«

Scarlet gab auf. Sie sah ein, dass sich das alles schwieriger gestalten konnte, jetzt, wo sie wusste, unter wessen fürsorglicher Obhut Victorias Tochter stand. Natürlich freute sie sich auch, auf diese Weise ihre Tante wiedergetroffen zu haben, aber es war zugegebenerweise eine Freude, die nicht lange angehalten hatte.

Sie stand seufzend auf. »Könnten wir gleich gehen? Ich müsste nämlich auch bald zurück zum Hotel.«

»Sag mal, was hat dich überhaupt in diese gottverlassene Gegend verschlagen?«

Scarlet berichtete ihrer Tante unterwegs zu der Wiese eifrig von der Expedition, denn dieses Thema war wesentlich unverfänglicher als die Frage, ob man Eltern ihre Kinder wegnehmen durfte oder nicht, weil man fand, sie wären unzivilisiert und primitiv, zumal sie nicht an den einen Gott glaubten, sondern an die unzähligen Legenden, die ihre Traumzeit ausmachten.

»Das klingt sehr spannend. Deine Mutter ist sicher stolz auf dich, wo ihr Herz so für die Rechte der Frauen schlägt. Und dein Vater bestimmt auch.«

»Mein Vater ist tot.« Scarlet berichtete ihr in dürren Worten, wie ihr Vater einst in Ausübung seiner Berufung zu Tode gekommen war.

»Aber er war doch eigentlich Abgeordneter.«

Scarlet berichtete ihr stolz von der Praxis, die er zusammen mit Onkel George betrieben hatte.

»Und was ist mit meinem Bruder? Ich hoffe, er lebt noch zusammen mit seiner Myriam?«

»Onkel George ist unverwüstlich, wie wir immer sagen. Der ist wie ein Baum. Er wird arbeiten, bis er umfällt …«

Scarlet stockte. Sie hatte das Gefühl, dass Amelie die entscheidende Frage, die ihr auf der Zunge lag, zurückhielt. Die Frage nach dem Schicksal ihrer Mutter. Sie schien in Gedanken weit in die Vergangenheit abzuschweifen. »Ja, das war damals meine Familie. George, Myriam, auch Tante Martha gehörte dazu. Und natürlich Emma …« Sie stockte und wischte sich hastig eine Träne aus dem Augenwinkel. »Wie geht es meiner Mutter?«

»Granny Vicky ist tot«, sagte Scarlet traurig.

»Wie ist sie gestorben?«

»Ja, das war sehr tragisch.« Scarlet berichtete ihr von dem schrecklichen Brand in Wentworth Falls und fügte beinahe entschuldigend hinzu: »Wir haben damals wirklich alles versucht, sie zu retten, aber ich hatte das Gefühl, sie hatte sich entschieden zu gehen. Sie wollte zu Jonathan und auch zu deinem Vater, Frederik. Sie wäre doch gar nicht mehr aufgewacht, wenn die Rauchvergiftung tödlich gewesen wäre ... die Kraft hatte sie doch nur, weil sie sich noch von uns verabschieden wollte und ...« Scarlet unterbrach sich, weil sie kurz überlegte, ob sie Tante Amelie das Geheimnis über Jonathans Herkunft verraten sollte, aber sie ließ es lieber bleiben.

»Das ist sehr traurig«, murmelte Amelie. »Aber mit meiner Mutter meinte ich eigentlich Emma, meine Ziehmutter. Ich habe mich damals, als ich ins Kloster gegangen bin, nicht mal von ihr verabschiedet. Weißt du, ob sie noch lebt?«

Scarlet zuckte bedauernd die Schultern. »Ich denke schon. Sonst hätten meine Mutter oder ich bestimmt eine Nachricht bekommen.«

»Aber wer hätte euch schreiben sollen? Ihre Tochter Sophie ist damals mit der ›Gothenburg‹ untergegangen, und ich habe den Kontakt zu ihr wegen dieses Streits zwischen deiner Familie und meinem damaligen Mann abgebrochen.«

»Ich denke, so umsichtig, wie sie ist, hat sie ihren Hausangestellten Instruktionen erteilt, aber ich werde ihr schreiben, sobald ich zurück in Melbourne bin. Vielleicht weiß meine Mutter mehr.«

»Und wie geht es deiner aparten Schwester, wie hieß sie doch gleich?«

»Ava.«

»Die hat doch bestimmt eine sehr gute Partie gemacht, oder?«

»Ja, ich denke schon, aber wir haben leider wenig Kontakt«, versuchte Scarlet das Thema abzufedern, und sie dachte nicht daran, ihrer Tante zu erzählen, dass sie Daniel Bradshaw geheiratet hatte. Wenn sie es recht in Erinnerung hatte, war diese Tante doch das Einzige von Granny Vickys Kindern gewesen, die ihren Halbbruder William Bradshaw als kleines Mädchen bewundert hatte.

»Tja, Schwestern sind eben nicht immer ein Herz und eine Seele«, seufzte Amelie, und Scarlet war sonnenklar, dass sie auf das Verhältnis zu Annabelle anspielte. Und sie hatte ja recht. So wenig die beiden sich jemals verstanden hatten, so angespannt war ihre Beziehung zu Ava. Natürlich nahm sie ihr insgeheim übel, dass sie von Benjamins gemeiner Intrige profitiert hatte und Daniels Frau geworden war, und nein, sie konnte sich nicht darüber freuen, dass ihre Schwester hinter ihrem Rücken damit begonnen hatte, Julias Liebe zu gewinnen. Scarlet wusste aber auch, dass sie sonst niemals an dieser Expedition hätte teilnehmen können.

»Schau, da vorne, das ist sie!« Amelie zeigte in Richtung eines großen schlanken Mädchens mit blondem Haar, die inmitten einer Gruppe von anderen Schützlingen Amelies stand, was leicht an den schweren Uniformen zu erkennen war.

Von Weitem hatte sie eine frappierende Ähnlichkeit mit Victoria in diesem Alter. Scarlets Herz klopfte ihr bis zum Hals, als sie sich den Mädchen näherten.

Kaum dass sie die Stimme ihrer Oberin hörten, fuhren die Zöglinge auseinander, weil sie sich beim Schwatzen ertappt fühlten.

»Merinda, hier ist Besuch für dich. Das ist Misses Scarlet aus Melbourne, die deine Mutter kannte.«

Merinda sah Scarlet wie ein Weltwunder an, während Amelie die anderen Mädchen in recht grober Weise – wie Scarlet aus dem Augenwinkel missbilligend beobachtete – wieder zu den Schafen auf die Weide schickte und ein Stück mit ihnen ging, um zu signalisieren, dass sie Scarlet nun die Gelegenheit gab, mit Merinda unter vier Augen zu sprechen.

»Was kann ich für Sie tun?«, fragte das Mädchen höflich und blickte Scarlet dabei aus ausdrucksstarken bernsteinfarbenen Augen interessiert an.

Scarlet räusperte sich, bevor sie ansetzte, Merinda möglichst plausibel zu erklären, woher sie von ihrer Existenz wusste.

»Meine Mutter ist bei Ihrer Großmutter in Melbourne aufgewachsen?«, bemerkte sie schwärmerisch, als Scarlet eine kleine Pause einlegte, um Luft zu holen.

»Ja, in dem Haus, in dem ich nach dem Tod meiner Großmutter lebe, und dann geschah etwas Schreckliches, beziehungsweise das Unheil lag lange zurück, aber es kam ans Tageslicht ...« Scarlet unterbrach sich erschrocken. Sie konnte doch diesem Mädchen unmöglich die schonungslose Wahrheit sagen. Wahrscheinlich hatte niemals auch nur ein Mensch mit ihr darüber gesprochen, dass ihre Mutter damals mit einem Messer auf den Sohn des Vergewaltigers ihrer Mutter losgegangen und dann ins Outback geflüchtet war.

»Wie alt bist du?«, fragte Scarlet sie stattdessen.

»Zwölf«, erwiderte Merinda. »Aber Sie können trotzdem mit mir darüber reden.«

»Ich weiß gar nicht genau, was du, äh, also ... ich möchte nicht ...«

Merinda musterte sie durchdringend. *Sie wirkt schon so unglaublich erwachsen*, dachte Scarlet. Ja, beinahe wie eine alte Seele, die viel mehr wusste und viel mehr ahnte als ein zwölfjähriges Mädchen, das in Melbourne behütet im Schoß seiner Familie aufgewachsen war.

»Ich weiß, warum meine Mutter aus Brisbane geflüchtet ist. Tante Alba hat es mir erzählt, aber seit ich hier bin, und das ist jetzt etwa acht Jahre her, darf ich nicht mehr über meine Vergangenheit sprechen. Ich habe es auch gar nicht versucht. Schwester Amelie sagt immer, ich soll mich schon gar nicht darum scheren, weil ich sowieso in ihre Fußstapfen trete.«

»Du sollst ins Kloster gehen und später einmal eine Mission leiten?«, gab Scarlet entsetzt zurück. »Und was willst du?«

»Ich möchte Heilerin werden, weil ich doch so gut mit Tinkturen und Kräutern umgehen kann«, seufzte Merinda.

»Da bist du bei mir richtig«, stieß Scarlet begeistert hervor und berichtete ihr von der Expedition. Merinda verfolgte ihren Bericht mit staunend weit aufgerissenen Augen und offenem Mund.

In diesem Augenblick stand für Scarlet der Entschluss unumstößlich fest: Dieses Mädchen würde sie noch heute mitnehmen und nicht in dieser Mission zurücklassen mit der Aussicht, Nonne zu werden. Nicht die Tochter von John Fuller!

»Du weißt sicher, dass dein Vater auch ein bekannter Forscher war: Hättest du nicht Lust, uns zu begleiten und danach in Melbourne in meinem Haus zu leben?«

»M'am, das ist das Schönste, was mir je im Leben widerfahren ist.« Sie drehte sich vor Freude um die eigene Achse und rempelte übermütig Amelie an, die gerade mit finsterer Miene herbeigeeilt kam.

»Na, worüber freuen wir uns denn so, mein Kind? Dass wir gleich Bibelstunde haben?«, fragte sie lauernd, aber Merinda war so glücklich, dass sie nicht einmal Scarlets stumme Warnung wahrnahm, erst einmal in Ruhe mit ihrer Tante über diesen Plan zu sprechen.

»Stellen Sie sich vor, Schwester Amelie, die nette Dame, die meine Mutter kennt, nimmt mich mit auf die Expedition, und danach darf ich bei ihr in Melbourne leben. Ist das nicht wunderbar?« Merinda strahlte über das ganze Gesicht, was ihr aber sofort verging, als Amelies Gesichtszüge entgleisten.

»Das glaube ich allerdings nicht, mein Kind. Es kann dich nicht einfach irgendwer aus der Mission entführen. Ich glaube, da hat dir die liebe Scarlet etwas versprochen, was sie gar nicht halten kann.«

513

»Aber ich bin doch nicht irgendwer«, protestierte Scarlet energisch. »Ihre Mutter war immerhin die Adoptivtochter meiner Großmutter. Wir sind quasi miteinander verwandt.«

Merinda hatte sich inzwischen erschrocken hinter Scarlets Rücken verkrochen.

»Keine Diskussion, du gehst in die Bibelstunde zu Schwester Olga, und ich werde mit meiner Nichte eine kleine Unterhaltung in meinem Büro führen.«

»Aber ich möchte so gern mit auf diese Expedition. Meine Eltern würden es bestimmt gutheißen, wenn ich zu Verwandten käme, statt hier in der Mission bei Fremden zu versauern.«

Das klang trotzig, und Scarlet bewunderte Merindas Mut, doch der half ihr in diesem Augenblick wenig.

»Du weißt, wie wir mit ungehorsamen Mädchen verfahren?«, fragte Amelie drohend.

Merindas Augen weiteten sich vor Entsetzen. »Bitte nicht, Schwester Amelie, ich tue alles, was Sie verlangen.« Mit diesen Worten trat sie wie ein geprügelter Hund aus ihrer Deckung und folgte Amelie, die bereits ein paar Schritte in Richtung Haus gegangen war.

»Was heißt das?«, erkundigte sich Scarlet bei dem verängstigten Mädchen.

Merinda senkte beschämt den Kopf.

»Was, Merinda? Was hat dir meine Tante da eben in Aussicht gestellt?«

»Die Verweigerung von Befehlen wird mit Schlägen bestraft. Bei kleinen Vergehen sind es Stockschläge auf die Fingerkuppe, bei großen Vergehen Schläge auf den ganzen Körper.« Sie krempelte den Ärmel ihrer Uniform hoch und deutete auf einen blauen Fleck.

»Aber das macht doch meine Tante nicht«, stieß Scarlet entsetzt hervor.

»In der Regel delegiert sie das an ihre Mitarbeiterinnen«, erwiderte Merinda leise.

Scarlet war starr vor Entsetzen und hielt Merinda am Ärmel fest, als sie Tante Amelie mit zusammengesunkenen Schultern folgen wollte.

»Hör zu, das dulde ich nicht. Du gehst jetzt in die Bibelstunde, wie es dir meine Tante befohlen hat, und wartest auf mich. Ich schwöre dir, ich werde dich hier herausholen! Vertrau mir. Ich werde einen Weg finden.«

»Und sie ist wirklich Ihre Tante?«, hakte Merinda ungläubig nach.

Scarlet nickte schwach, aber es war ganz sicher nicht der Zeitpunkt, das zutiefst verunsicherte Mädchen darüber aufzuklären, dass Schwester Amelie nicht nur ihre Tante war, sondern damals mit jenem Mann verheiratet gewesen war, den Victoria mit dem Messer verletzt hatte. Dass sie Victoria diese Tat verziehen hatte, war offenbar eine Tatsache, aber dass sie nun davon besessen war, Mischlingsmädchen wie sie – notfalls mit Gewalt – in den Schoß der Kirche zu zwingen, machte den Konflikt keineswegs besser.

»Du gehst in die Bibelstunde, und ich besänftige meine Tante! Einverstanden? Aber noch heute verlassen wir die Mission gemeinsam!«

Mit diesen Worten rannte sie ihrer Tante hinterher und holte sie kurz vor dem Haus ein.

»Bitte warte! Lass uns in Frieden reden«, bat sie Amelie außer Atem.

»Es kommt darauf an, was du Merinda geraten hast. Wenn sie die Bibelstunde schwänzt, hat das Folgen, die du zu verantworten hast!«

»Sie ist auf dem Weg dort hin. Und wenn sie ungehorsam gewesen ist, dann nur, weil ich die Lage nicht erkannt habe. Ich

515

dachte, das hier sei eine Mission, und man sei froh über jedes Kind, das die faire Chance auf eine neue Familie bekommt. Aber da habe ich mich wohl geirrt. Offenbar kommt es nur darauf an, dass sie parieren.« Das klang angriffslustiger, als sie es hatte sagen wollen. Nein, es war ganz und gar nicht der richtige Zeitpunkt, um Tante Amelie gegen sich aufzubringen. Im Gegenteil, zu Merindas Wohl wollte sie ihre Tante vielmehr so besänftigen, dass sie ihr Merinda freiwillig überließ.

»Gut, dann werde ich das Mädchen verschonen, aber wir haben etwas zu besprechen, denn ich lasse es nicht zu, dass du mir ausgerechnet dieses Kind entziehst. Ich habe eine Schuld auf mich geladen, und ich werde sie wiedergutmachen. Und das geschieht in dem Augenblick, in dem sie meinen Glauben annimmt und meine Nachfolge antritt. Dann wird der Herr alles vergeben.«

Sie waren inzwischen bei Amelies Büro angekommen. Förmlich bot ihre Tante ihr einen Platz gegenüber am Schreibtisch an. Scarlet kam es vor, als würde Amelie auf einem überdimensionalen Thron sitzen, während sie auf einem Stühlchen regelrecht zur Zwergin wurde. *Ob sie sich in einen Riesensessel hockt und ihrem Gegenüber ein Kinderstühlchen anbietet, damit man in einem Konflikt mit ihr von vornherein keine Chance hat?*, ging es Scarlet durch den Kopf, und sie nahm sich vor, sich durch diese zur Schau gestellte Machtdemonstration nicht verunsichern zu lassen.

»Tante Amelie, ich bin fest entschlossen, Merinda mitzunehmen«, erklärte sie mit fester Stimme.

»Ja, mein Kind, ich verstehe durchaus, dass du von dem Gedanken besessen bist, gerade dieses Mädchen aus der Mission zu befreien, weil du keine Ahnung hast, dass genau dieses Kind dafür prädestiniert ist, mir auf meinen Posten zu folgen. Wir sind uns einig, dass wir diesem Menschenkind etwas schulden, aber ich habe einen Plan, wie wir Gerechtigkeit schaffen. Und den lasse ich mir von niemandem, auch nicht von meiner kämpferischen Nichte, zerstören.«

»Aber was kannst du dagegen unternehmen, dass ich sie zurück in den Schoß der Familie bringe?«

Amelie rang sich zu einem überheblichen Lächeln durch. »Wenn du ihre Familie wärest, könnte ich in der Tat nichts unternehmen, aber die Tatsache, dass deine Großmutter einst ihre Mutter adoptiert hat, macht dich nicht zu einer Verwandten, die sie einfach zu sich nehmen kann. Dann müsstest du das Mädchen schon selber adoptieren.«

Scarlet ballte die Fäuste. Es war wie verhext. Es war ja nicht so, dass ihre Tante kein Interesse verfolgte, das alte Unrecht wiedergutzumachen, nur der Weg war der falsche, aber das würde Amelie niemals einsehen.

»Gut, dann adoptiere ich Merinda«, erklärte Scarlet kämpferisch.

»Mein Kind, das ist ein guter Gedanke, nur, nach allem, was du mir anvertraut hast, lebst du in Trennung von deinem Mann. Und wenn ich so etwas überhaupt in Erwägung ziehen würde, bräuchte ich die Erklärung deines Mannes, dass er dem zustimmt.«

»Tante Amelie, das ist gemein. Du weißt, dass ich die nicht von ihm bekomme.«

Amelie musterte ihre Nichte durchdringend.

»Es tut mir leid, aber ich kann unmöglich gegen die Gesetze handeln.«

»Und wenn ich sein Einverständnis bekomme? Dann kannst du doch nichts mehr dagegen tun, dass ich Merinda zu mir nehme, oder?«

»Ach, Scarlet, lass mir das Mädchen doch einfach und akzeptiere, dass sie Nonne wird!«, fuhr Amelie ihre Nichte an.

517

»Wenn ich den Eindruck hätte, das wäre Merindas Herzenswunsch, würde ich bestimmt nicht mit dir darüber streiten, aber das ist es nicht! Es ist dein Wunsch! Und du hast kein Recht, über ihr Schicksal zu bestimmen, nur weil du glaubst, auf diese Weise das Beste für sie zu tun!« Scarlet war von dem kleinen Stühlchen aufgesprungen und hatte sich kämpferisch vor ihrer Tante aufgebaut.

»Was, wenn ich Benjamins Einverständnis zur Adoption bekomme?«

Amelie wirkte alt und grau. »Ich kann nichts dagegen unternehmen, wenn ein weißes Ehepaar eines unserer Mädchen adoptieren möchte, weil nach dem Gesetz damit gewährleistet wäre, dass es im Sinne unserer Werte aufwächst«, stöhnte sie.

»Gut, dann lass sie mit mir gehen. Ich werde den Adoptionsantrag bei Gericht einreichen. Und zwar für das Ehepaar Bradshaw!«

»Nein, es müssen erst die Formalien geklärt werden, und dann kann ich sie nach Melbourne zu dir schicken.«

»Tante Amelie, wer kontrolliert das? Wer? Ist es nicht deine Entscheidung, mir Merinda anzuvertrauen, und überdies deine Pflicht als Christenmensch, weil du im Grunde deines Herzens weißt, dass sie es bei mir gut haben wird?« Scarlet hatte das in einem flehenden Ton vorgebracht.

»Ich lasse sie jetzt holen. Sie soll selbst entscheiden, ob sie die Mission auf der Stelle verlässt!«, erwiderte ihre Tante barsch, sprang auf und verließ hoch erhobenen Hauptes das Büro.

Scarlet atmete ein paarmal tief durch. Natürlich freute sie sich, dass sie es geschafft hatte, aber was würde geschehen, wenn Benjamin ihr die Zustimmung zu dem Adoptionsantrag verweigerte?

Kurz darauf kehrte Amelie in Begleitung einer sichtlich eingeschüchterten Merinda zurück.

Amelie umrundete den Tisch und bat Scarlet und Merinda, sich auf die Kinderstühle zu setzen, doch Scarlet blieb einfach stehen.

»Merinda, ich habe dich aus der Bibelstunde geholt, weil wir jetzt deinen Entschluss hören wollen. Willst du wirklich heute noch unsere Mission verlassen und mit Scarlet gehen?«

Scarlet missfiel die Formulierung und sie befürchtete, dass Amelie das Mädchen auf dem Weg ins Büro eingeschüchtert hatte. Das bestätigte sich, als Merinda mit gesenktem Kopf flüsterte: »Nein, ich möchte Nonne werden wie unsere Oberin.«

Amelie schickte ihrer Nichte einen triumphierenden Blick. »Da hörst du es!«

Scarlet aber war nicht gewillt, das unwidersprochen hinzunehmen. Sie trat einen Schritt auf Merinda zu.

»Du kannst den Kopf ruhig heben. Es wird dir kein Mensch etwas tun, solange ich in diesem Haus bin. Und auch nicht, wenn du dich jetzt entscheidest, mit mir zu gehen. Wenn du das möchtest, kannst du ungehindert deine Sachen packen und die Mission gemeinsam mit mir verlassen. Hörst du?«

Merinda hob den Kopf. Sie hatte geweint, wie Scarlet unschwer an ihren geröteten Augen erkennen konnte. Scarlet befürchtete schon, dass Amelie gewonnen hatte, doch da stand Merinda entschieden auf und nahm Scarlets Hand. »Ich komme mit Ihnen!«, stieß sie hektisch aus.

Amelies Gesichtszüge entgleisten.

»Gut, dann tu, was du nicht lassen kannst, aber freu dich nicht zu früh. Um dich für immer gehen zu lassen, brauche ich die Adoptionspapiere, und das könnte ein Problem werden. Wenn Misses Bradshaw die Adoption nicht durchbekommt, werden wir dich zurückbringen lassen.«

Amelie musterte Scarlet durchdringend. Scarlet rann der Schweiß von der Stirn. Das war so hinterhältig von ihrer Tante,

519

dass sie dem Mädchen quasi vorhersagte, dass es möglicherweise nur ein kurzes Vergnügen würde. Was, wenn sie es nicht schaffte, Benjamin auf ihre Seite zu ziehen? Nicht auszudenken, dass Merinda womöglich wieder zurückgebracht wurde, konnte sie sich doch ausmalen, was dann für Repressalien gegen das mutige Mädchen erfolgen würden.

Scarlet fing Merindas flehenden Blick auf, und da wusste sie, dass sie keine Wahl hatte. *Ich muss es schaffen*, sagte sie sich, *ich muss!*

»Mach dir keine Sorgen«, sagte sie mit sanfter Stimme an Merinda gewandt. »Natürlich ist die Adoption nur eine Formalie.«

»Kann ich dann jetzt meine Sachen packen?«, fragte Merinda ungläubig.

»Ja, geh schon. Du kannst es ja anscheinend gar nicht mehr erwarten, und beeil dich. Ich will dich hier nicht mehr sehen«, bellte Amelie, woraufhin Merinda fluchtartig das Büro verließ. Amelie funkelte ihre Nichte wütend an. »Und du willst ihr etwas versprechen, was du nicht halten kannst. Dann kann ich nach ihrer Rückkehr wenigstens sicher sein, dass sie in Zukunft nicht mehr auf solch dumme Gedanken kommt. Ach, ich war einfach zu freundlich. Ich hätte dir das gar nicht erlauben sollen, sie mitzunehmen. Das wirst du dir nie verzeihen, wenn sie von der Polizei aus deinem Haus geholt wird.«

Scarlet musterte ihre Tante mit Todesverachtung.

»Ich kann meine Mutter gut verstehen, dass du ihr niemals wirklich nahe gewesen bist. Du bist eine herrische und herzlose Person. Und du kannst tausendmal versuchen, das unter dem Mantel der christlichen Nächstenliebe zu verbergen, es wird immer wieder zutage treten!«

Scarlet drehte sich wutentbrannt und ohne ein weiteres Wort auf dem Absatz um und machte sich auf die Suche nach Merinda. Erst nachdem sie das Anwesen in Begleitung des Mädchens hinter sich gelassen hatte und das Hotel in der Ferne auftauchen sah, verrauchte ihr Zorn auf die hartherzige Amelie allmählich.

50

Nachdem der letzte Ton verklungen war, herrschte sekundenlanges Schweigen, bevor frenetischer Applaus aufbrandete und Julia aus ihrer Erstarrung riss. Sie hob den Kopf und verbeugte sich. Wieder und immer wieder. So lange hatte sie auf diesen Augenblick gewartet, für diesen Auftritt geübt, war an ihre Grenzen gegangen, hatte verzweifelte Tränen vergossen. Mehrfach hatte sie ihrem Professor versichert, dass sie lieber aufgeben würde, als vor Lampenfieber zu sterben, aber nun spürte sie statt der schrecklichen Aufregung, die sie kurz vor dem Auftritt hinter der Bühne schier gelähmt und ihr sogar rote Pusteln ins Gesicht gehext hatte, nur noch ein berauschendes Gefühl von Glückseligkeit.

Sie hatte weder, wie befürchtet, den Text vergessen noch vor lauter Angst keinen Ton herausgebracht. Nein, beim ersten Piano-Ton war alles von ihr abgefallen, und sie war in ihrem eleganten Kleid leicht wie eine Feder auf ihren Platz am Bühnenrand geschwebt. Die Lieder des Komponisten Charles Villiers Stanford hatte ihr Professor eigens für den heutigen Abend ausgesucht, der als der Abschlussabend des ersten Semesters gedacht war, aber zum furiosen Debüt des heimlichen Gesangsstars des Musikkonservatoriums geraten war. Nachdem der Beifall langsam abebbte, wagte Julia einen Blick in die erste Reihe. Dort saßen all ihre Lieben und schenkten ihr stolze und bewundernde Blicke. Granny Annabelle und Großonkel George, der zwar nicht mehr so gut hörte, aber sich dieses Konzert seiner Großnichte niemals hätte entgehen lassen, daneben ihre Tante Ava, der sie das alles zu verdanken hatte, weil sie sich seit Jahren wie eine Mutter um sie kümmerte, außerdem ihr Onkel Daniel, der sie ebenfalls nach Kräften förderte, wenn er sich gerade nicht in sein Musikzimmer zurückzog, wo man ihn nicht stören durfte, oder auf einer längeren, manchmal monatelangen Tournee aufhielt, und neben Onkel Daniel ihr stets ernster Cousin Jacob, der zu einem äußerst attraktiven jungen Mann heranwuchs ... Julia konnte gar nichts dagegen tun, aber der Anblick von Merinda versetzte ihr jedes Mal erneut einen Stich. Sie würde nie verstehen, warum sich ihre Mutter mit einer Ersatztochter getröstet hatte, nachdem sie vor dem ganzen Chaos daheim nach Sydney geflüchtet war. Das Verhältnis zu ihrer Mutter hatte sich seit damals erheblich verschlechtert. Scarlet hatte sich, seit sie in wilder Ehe mit diesem Forscher lebte, völlig von der Familie abgekapselt. Sie weigerte sich, zu den gemeinsamen Weihnachtsfesten nach Sydney zu kommen, und verlangte stattdessen, dass Julia mit ihrer Großmutter jedes Jahr für zwei Wochen nach Melbourne in ihr Haus kam. Dann besuchte ihr Geliebter seine Kinder, sodass Julia diesen Mann noch niemals zu Gesicht bekommen hatte, aber ihre Mutter sprach stets ganz offen über »den Mann an meiner Seite«. Und im Grunde genommen war Julia ja sogar ganz froh, dass ihre Mutter auf diese Weise nicht mit ihrem Onkel Daniel zusammentraf. Glücklicherweise schien ihrer geliebten Tante Ava diese vermaledeite Affäre niemals zu Ohren gekommen zu sein. Wenngleich Julia nicht verborgen blieb, dass ihr Onkel zumindest andere Affären hatte und dass er und Tante Ava sich mehr schlecht als recht bemühten, nach außen noch ein Paar zu spielen.

Julia fand das immer noch besser als das, was sich ihre Mutter herausnahm, und sie billigte die Verhältnisse, in denen Scarlet lebte, ganz und gar nicht, aber was sollte sie dagegen tun? Sie hatte ihre Mutter allein zurückgelassen und konnte wohl kaum erwarten, dass sie nichts gegen ihre Einsamkeit unternahm. Und dass sie nichts mehr mit ihrem Vater zu tun haben wollte, konnte sie in der Tiefe ihres Herzens sogar verstehen. Sie hatte den Kontakt zu ihm ja ihrerseits schon vor mehr als einem Jahr abgebrochen, nachdem er zu einem haltlosen Trinker geworden war, der die Farm herunterwirtschaftete. Natürlich tat er ihr auch leid, weil er hatte miterleben müssen, wie sein Vater in einem Streit die Mutter derart heftig geschlagen hatte, dass sie an den Folgen ihrer Kopfverletzungen gestorben war. Dafür saß ihr Großvater William Bradshaw nun im Gefängnis.

Julia erinnerte sich schmerzhaft an ihren letzten Besuch auf der Farm, als sie noch einmal versucht hatte, ihren Vater zur Vernunft zu bringen, aber da lebte schon eine andere Frau bei ihm, die fand, dass sie ihren Vater nicht bevormunden solle. Ihr Vater war bei diesem Besuch so betrunken gewesen, dass er nur wirres Zeug geredet und unter Tränen beklagt hatte, wie Scarlet ihn genötigt hatte, der Adoption dieser »Wilden« zuzustimmen.

Dabei war Merinda alles andere als eine »Wilde«, sondern eine wohlerzogene und freundliche Person, die mit Feuereifer lernte, um wie ihre Adoptivmutter Forscherin zu werden. Julia war sich sehr wohl bewusst, dass ihre Abneigung allein von ihrer glühenden Eifersucht auf diese »Fremde« im Haus ihrer Mutter rührte.

Aber dass ihre Mutter die Ersatztochter für ein paar Wochen in Sydney abstellte, um diesen Forscher noch einmal auf eine Expedition, dieses Mal nach Westaustralien, zu begleiten, behagte ihr ganz und gar nicht.

Julia wand ihren Blick rasch von Merinda ab und verbeugte sich noch einmal, denn der Applaus wollte immer noch nicht verstummen.

Kaum dass der Beifall endgültig verklungen war und die Zuschauer den Saal verließen, stürzte Ava auf die Bühne und riss sie in ihre Arme. »Du warst so gut, du warst wunderbar!«, stieß sie gerührt aus. »Nun lass uns schnell nach Hause fahren. Ich habe eine Überraschung für dich«, fügte sie aufgeregt hinzu, während sie Julia an die Hand nahm und die Bühnentreppe hinunterzog.

Ihre Familie war aufgestanden und spendete ihr noch einmal ganz persönlichen Beifall.

»Es war bezaubernd«, schwärmte ihre Großmutter und drückte sie fest an sich. Julia war es ein bisschen unangenehm, derart mit Lob überschüttet zu werden, aber sie bedankte sich artig.

»Was für ein Talent«, rief Onkel George begeistert aus. »Und denk nicht, der alte Mann hat es nicht gehört. Ich höre nur das nicht, was ich nicht hören will.« Er lachte aus voller Kehle. Obwohl seine geliebte Myriam vor einem Jahr gestorben war, hatte er seinen Humor nicht verloren und lebte seitdem auch im Haus seiner Schwester.

Ihr Onkel Daniel sah sie bewundernd an. Er hatte Tränen in den Augen. »Jetzt kann ich ja langsam abdanken«, versuchte er zu scherzen. »Wir haben einen neuen Star in der Familie.« Julia umarmte ihn stürmisch. Sie fühlte sich ihm sehr nahe, nicht nur, weil er ihrem Vater so ähnelte, sondern weil sie seine sensible Künstlerseele schätzte.

Auch Merinda umarmte Julia voller Bewunderung. Julia ließ das zu, obwohl sie einen Widerwillen gegen diese Art der Nähe verspürte, aber sie machte gute Miene zum bösen Spiel. Es war ihr Tag, und den wollte sie sich durch gar nichts verderben lassen, auch nicht durch ihre Abneigung gegen Merinda, die inzwischen genau so groß gewachsen war wie sie. Überhaupt hätte man sie für Schwestern halten können, wenn man ihre

525

große schlanke Statur und ihre ähnliche Anmutung betrachtete.

»Komm endlich!«, ermahnte Ava sie ungeduldig und zog sie von Merinda weg.

»Es ist ja gar nicht mit anzusehen, wie dieses Mädchen dich anhimmelt«, giftete Ava, die keinen Hehl daraus machte, dass ihr Merindas Anwesenheit nicht behagte. Wenn es nach ihr gegangen wäre, hätte sie Victorias Tochter nicht in Sydney aufgenommen, nur weil ihre Schwester mal wieder in der Weltgeschichte herumvagabundierte, wie Ava Scarlets Forschungsreisen stets mit spitzer Zunge zu verunglimpfen pflegte. Aber Annabelle hatte in dieser Angelegenheit nicht mit sich reden lassen.

»Es war sehr beeindruckend«, hörte sie eine tiefe männliche Stimme hinter sich sagen, und sie fuhr herum. Es war Jacob, der schüchtern auf sie zutrat.

Ava aber klatschte laut in die Hände und ermahnte die Familie erneut zum Aufbruch.

Als sie wenig später das Haus betraten, war alles festlich geschmückt, und Julia wurde von ihrem Professor Thomas Mitchel, seinem attraktiven Assistenten Randolph und einigen Mitstudenten, die an diesem Abend ebenfalls auf der Bühne gestanden hatten, euphorisch begrüßt.

»Na, was sagst du zu meiner Überraschung?«, erkundigte sich Ava lachend.

»Du bist die Beste«, entgegnete Julia.

»Das wollte ich hören«, flötete Ava und bat die Gäste zu Tisch. Die Tafel im Salon war festlich gedeckt, und aus der Küche zog ein vielversprechender Duft nach köstlichem Braten. Während des Konzerts hatten die Köchin und das Dienstmädchen alles nach Avas Anordnungen vorbereitet.

Ava hatte sogar eine Sitzordnung aufgestellt, nach der Julia zwischen ihr und ihrem Professor platziert war. Merinda hatte

526

Ava ganz ans andere Ende der Tafel zwischen die Mitstudenten gesetzt, was Julia mit gemischten Gefühlen wahrnahm. Sie hätte sich zwar nicht darum gerissen, in Merindas Nähe zu sitzen, aber das fand sie doch ein wenig hart.

Sie hatte den Gedanken noch nicht zu Ende geführt, als Jacob, der ihr gegenübersaß, aufstand, demonstrativ zu Merinda ging, sie bei der Hand nahm und die erstaunte junge Frau zu seinem Platz geleitete. Sie zögerte, sich hinzusetzen.

»Nimm ruhig Platz«, erklärte er mit sanfter Stimme. »Da ist wohl bei den Tischkarten etwas durcheinandergeraten.«

Ava warf ihrem Sohn einen strafenden Blick zu, den er aber ignorierte.

»Das ist ja wohl die Höhe!«, zischte Ava.

»Nein, unser Sohn hat im Gegensatz zu seiner Mutter nur Stil bewiesen«, raunte Daniel zurück.

Julia war es ein wenig peinlich, dass sie diese Bemerkung hatte mit anhören müssen, aber auch dadurch wollte sie sich die Freude nicht verderben lassen, zumal ihr Professor nun eine kleine Rede auf seine wunderbaren Studenten hielt, wobei er ihre Leistung hervorhob und ihr eine glänzende Zukunft als Sängerin prophezeite.

Julia genoss diesen Abend in vollen Zügen. Das Meat Pie war hervorragend und die Stimmung ausgelassen. Nur ihre Großmutter machte ihr Sorgen. Immer wenn sie sich unbeobachtet fühlte, sah sie bekümmert aus, als ob sie etwas quälen würde. *Hoffentlich ist sie nicht krank*, dachte Julia und nahm sich vor, ihren Großonkel George um Rat zu fragen. Er praktizierte zwar nicht mehr, aber er war immer noch der medizinische Ratgeber in der Familie, auch wenn Jacob in seine Fußstapfen treten würde, sobald er die Schule abgeschlossen hatte.

Die Gelegenheit zu einem kleinen Gespräch ergab sich, als Ava die Gäste nach dem Essen in den Garten bat, um dort noch

527

ein wenig zu plaudern. Ava hatte an alles gedacht. Auch der Garten war mit bunten Lampions geschmückt, und man hatte Tische und Stühle für die Gäste aufgebaut.

Auf dem Weg nach draußen zupfte Julia ihren Großonkel am Ärmel. »Ich muss dich unter vier Augen sprechen«, raunte sie ihm ins Ohr. Die beiden blieben ein Stück hinter den anderen zurück.

»Was hast du auf dem Herzen, mein Kind?«, fragte er.

»Es geht um Großmutter. Ihr fehlt doch etwas. Hoffentlich ist sie nicht krank.«

Onkel George stieß einen tiefen Seufzer aus. »Nein, ich kann dich beruhigen. Es hat einen anderen Grund, sie hat heute einen Brief von Emma aus Brisbane bekommen. Unsere jüngste Schwester ist verstorben. Wir haben Amelie zwar nie besonders nahegestanden, aber du kennst doch deine Großmutter. Jetzt macht sie sich Vorwürfe, weil sie die Nachricht so spät bekommen hat, dass sie nicht einmal mehr zu ihrer Beerdigung fahren konnte.«

Julia atmete vor Erleichterung auf. »Gut, das ist sicher traurig für Großmutter, aber ich bin froh, dass es sich um etwas handelt, das sie überwinden wird. Dann stürze ich mich ins Gewühl und lasse mich noch ein wenig feiern«, erklärte sie übermütig.

»Du bist genau so ein Wirbelwind wie deine Mutter«, entgegnete er.

Julia quittierte diese Bemerkung mit einem Lächeln, obwohl sie nicht darauf erpicht war, ihrer Mutter ähnlich zu sein.

Als sie in den Garten kam, sah sie als Erstes Merinda und Jacob in einer Ecke stehen. Sie waren offenbar in ein angeregtes Gespräch verwickelt. Noch nie hatte sie ihren Cousin so lächeln sehen. In dem Augenblick schoss Ava auf die beiden zu und machte Anstalten, ihren Sohn mit sich zu ziehen, aber das ließ er nicht zu. Ava machte einen verärgerten Eindruck, sah in Julias Richtung und kam förmlich auf sie zugeschossen.

»Kannst du mir mal sagen, was in Jacob gefahren ist? Ich wollte ihm ein paar Leute vorstellen, aber er meinte, er würde gern sein Gespräch mit Merinda fortsetzen.«

»Ich denke, er ist in sie verliebt«, erwiderte Julia arglos, doch an der Reaktion ihrer Tante erkannte sie, dass sie einen großen Fehler gemacht hatte.

»Wie schaffen es diese Weiber bloß immer, allen den Kopf zu verdrehen. Sie ist genauso durchtrieben wie ihre Mutter. Und wir haben sie in unser Haus gelassen!«, giftete Ava mit hochrotem Kopf.

Diese Gemeinheit ging Julia trotz ihrer höchstpersönlichen Fehde mit Merinda zu weit.

»Ich glaube nicht, dass Merinda dir deinen Sohn abspenstig machen will. Sie ist vielleicht manchmal ein bisschen naiv, aber doch nicht durchtrieben«, widersprach sie ihrer Tante energisch, doch die hörte ihr gar nicht zu, sondern starrte feindselig zu den beiden hinüber.

»Das lass ich nicht zu«, keifte sie und verschwand zornig im Haus.

Julia versuchte, diese unschöne Begegnung abzuschütteln, und gesellte sich zu ihren Mitstudenten. Sie mochte ihre Tante wirklich von Herzen, aber manchmal hatte sie eine verstörend herrische Art. *Ob das wohl der Grund dafür war, warum Mutter und sie sich so gar nicht verstanden?*, dachte sie, als sich ihr Randolph, der Assistent von Professor Mitchel, näherte.

»Ich habe Ihnen noch gar nicht richtig gratuliert zu Ihrem Erfolg. Ihre Stimme hat nicht nur einen außerordentlichen Klang, sondern sie kann auch berühren, wenn Sie verstehen, was ich meine.«

Julia lief rot an. Sie hatte viel Lob bekommen an diesem Abend, aber so etwas Schönes hatte ihr noch keiner gesagt.

»Danke«, hauchte sie und senkte den Blick. Sie traute sich kaum, ihm in die Augen zu sehen aus Sorge, er würde ihre Verlegenheit spüren.

»Sie müssen mir glauben, ich bin kein Mann der großen Worte, aber ich habe das Lied ›Sea Wrack‹ nicht das erste Mal in meinem Leben gehört, und es waren bezaubernde Interpretationen dabei, aber keine hatte auch nur annähernd die Tiefe der Ihren. Also wenn Sie noch einmal woanders studieren möchten, ich wäre glücklich, Sie als Studentin zu haben …« Er lächelte verschmitzt. »Wobei Sie das nicht Professor Mitchel hören lassen sollten. Er würde mir den Hals umdrehen, wenn er mich bei dem Versuch erwischen würde, Sie abzuwerben.«

Julia sah ihn entgeistert an. Wovon redete er?

»Ach, Sie wissen noch gar nicht, dass ich eine Professur am Konservatorium in Perth habe und Sydney bald verlassen werde?«, fragte er erschrocken.

»Nein, das wusste ich nicht«, erwiderte Julia und bemühte sich, ihren Schrecken über diese Nachricht zu verbergen.

»Tja, es gibt gute Gründe, warum ich das bedaure.« Er sah ihr tief in die Augen, und Julia hatte das Gefühl, als würde sie in einem grünblauen See versinken.

Julia traf die Erkenntnis wie ein Blitz. Er sah mehr in ihr als die begabte Studentin, etwas, das, wie sie in diesem Moment begriff, auf Gegenseitigkeit beruhte. Sie hatte insgeheim schon länger für den großen dunkelhaarigen Mann geschwärmt, aber er war ihr in seiner Position als Lehrer unerreichbar erschienen, zumal er mit Sicherheit zehn Jahre älter war als sie. Aber nun, da sie wusste, dass er die Stadt bald verlassen würde, wollte sie sich auf keinen Fall in ihn verlieben.

»Wann verlassen Sie uns denn?«, fragte sie ihn mit belegter Stimme.

»Mein Schiff verlässt Sydney in genau vierzehn Tagen. Aber ich wollte Sie fragen, ob Sie vielleicht Lust hätten, mit mir am nächsten Sonntag nach …«

Weiter kam er nicht, denn Julia unterbrach ihn barsch. »Nein, Randolph, ich habe keine Zeit!«, stieß sie hervor, ehe sie sich abrupt umwandte und ins Haus flüchtete, ohne sich noch einmal umzusehen. *Nein, ich werde ihn nicht treffen, wenn er doch bald über zweitausend Meilen entfernt sein wird!*, dachte sie trotzig, während sie in ihr Zimmer lief und sich bäuchlings auf ihr Bett warf und in bittere Tränen ausbrach. Irgendwann schlief sie erschöpft ein und erwachte von lauten erbosten Stimmen. Sie setzte sich auf und lauschte. Kein Zweifel, es waren ihre Tante Ava und ihr Onkel Daniel.

Sie stand auf und schlich zur Tür, doch sie konnte nichts verstehen. Beschämt über ihre Neugier wollte sie gerade zurück ins Bett kriechen, als sie den Namen »Merinda« hörte, den ihre Tante in nahezu hysterischem Ton aussprach, und das erregte ihre unbezähmbare Neugier. Vorsichtig öffnete sie die Tür einen Spalt und lugte auf den Flur. Die beiden standen einander oben an der Treppe wie Kampfhähne gegenüber. Julia hielt den Atem an, denn nun verstand sie jedes der scharf gesprochenen Worte.

»Ich denke nicht daran, Jacob zu verbieten, seine Zeit mit Merinda zu verbringen. Und wenn sie sich ineinander verlieben, habe ich nichts dagegen!«, bellte Daniel.

»Ich sage dir, du wirst ein Machtwort sprechen, denn auf mich hört er ja nicht!«, konterte Ava nicht minder heftig.

»Kein Wunder, wenn du ihm auch noch vorschreiben willst, in wen er sich verliebt!«

»Sie ist Victorias Tochter, schon vergessen? Außerdem ist

sie ein Jahr älter als er und bereits eine Frau, während Jacob noch ein unschuldiger Junge ist. Aber ich weiß genau, warum du dich so sperrst. Weil Merinda das Hätschelkind deiner heiß geliebten Scarlet ist. Deshalb!«

Julias Herzschlag beschleunigte sich merklich.

»Ich habe Scarlet seit damals in Melbourne nicht mehr gesehen, verdammt. Weil du mir angedroht hast, sie als Zeugin vor Gericht zu zerren, um uns einen Ehebruch nachzuweisen. Damit Jacob mich hasst! Schon vergessen?«

»Du liebst sie trotzdem! Weißt du, was du in unserer ersten Nacht in deinem Suffkopf gestöhnt hast: Scarlet! Scarlet!« Avas Stimme war so schrill, dass sie fast schmerzhaft an Julias Ohr drang. Am liebsten würde sie schreien, die beiden sollten aufhören …

»Gut, dann sage ich es das eine Mal. Ja, ich liebe sie, und daran werden deine Gehässigkeiten gar nichts ändern!«

»Ich denke, du wirst mit Jacob reden, weil ich ihm sonst etwas verraten müsste, wofür er dich ganz sicher bis in alle Ewigkeit hassen wird.« Sie hatte ihre Stimme gesenkt, aber ihr Ton war noch bedrohlicher geworden.

»Es gibt nichts mehr, womit du mir noch drohen könntest!«

»Meinst du wirklich? Was würde er wohl dazu sagen, wenn er erführe, dass er eine Halbschwester hat, die mit ihm unter einem Dach lebt?«

Julia presste vor Entsetzen die Hand vor den Mund.

»Woher weißt du das?«

»Glaubst du, ich bin dumm? Du gibst es also zu!«

»Ich warne dich, lass Julia aus dem Spiel, sonst …«

»Sonst?«

»Sonst vergesse ich mich und …«

»Los, schlag mich doch!«

Das Nächste, was Julia hörte, war ein schriller Aufschrei und ein Poltern, dann ein weiterer, lang gezogener Schrei: »Nein!«

Julia war wie erstarrt. Sie konnte sich nicht rühren. Erst als sie mehrere Türen klappen hörte, trat sie zitternd hinaus auf den Flur. Oben am Treppenabsatz nahm sie schemenhaft ihre Großmutter und Onkel Daniel wahr. Alle blickten mit vor Schreck geweiteten Augen nach unten. Julia schaffte es, trotz ihrer weichen Knie bis zum Treppenabsatz zu gelangen. Granny Annabelle nahm sie bei der Hand. »Geh ins Bett, Kind«, flüsterte sie, doch Julia warf einen Blick nach unten. Da lag Tante Ava – leblos und mit verrenkten Gliedern. Wie in Trance sah sie zu, wie Onkel George sich über sie beugte, nach oben sah und bedauernd den Kopf schüttelte.

»Es war ein Unfall«, stöhnte Daniel, aber keiner beachtete ihn.

Julia riss sich von Granny Annabelles Hand los und wollte die Treppe hinunterrennen, aber da wurde ihr plötzlich schwindlig. Das Letzte, was sie spürte, war, das jemand sie auffing, bevor sie die Stufen hinuntergestürzt wäre.

51

Die Beerdigung von Ava sollte auf Annabelles strikte Anordnung erst stattfinden, wenn Scarlet aus Westaustralien in Sydney eingetroffen war. Sie wurde nun täglich erwartet. Obwohl es äußerst schwierig gewesen war, die genaue Route der Expeditionsgruppe herauszubekommen, war es auf Annabelles hartnäckiges Betreiben hin gelungen, ihrer Tochter eine Nachricht nach Kalgoorlie zu schicken, die sie tatsächlich erreichte. Scarlet telegrafierte zurück, sie würde die Expedition sofort abbrechen und sich auf den Weg nach Sydney machen.

Onkel George hatte ein paarmal versucht, seine Schwester davon abzubringen, Scarlet diesen Strapazen auszusetzen, aber in diesem Punkt war sie beinhart geblieben. »Ich weiß, wie das ist, wenn man sich mit seiner Schwester nicht einmal an ihrem Grab versöhnen kann«, pflegte Annabelle mit Nachdruck zu verkünden. Ansonsten reagierte sie erstaunlich gefasst, wie Julia fand, die seit dem Tod ihrer Tante Ava selbst kaum mehr ein einziges Wort gesprochen hatte. Sie stand nicht nur wegen des Todes ihrer Tante unter Schock, sondern auch, weil sie auf diese Weise hatte erfahren müssen, dass Onkel Daniel ihr Vater war, und vor allem, weil sie Ohrenzeugin des Streits geworden war und keinen Zweifel daran hegte, dass er Tante Ava absichtlich die Treppe hinuntergestürzt hatte.

Die bevorstehende Ankunft ihrer Mutter rief bei ihr nichts als nackte Panik hervor. Wie sollte sie ihr gegenübertreten, ohne ihr zu verraten, was sie in jener Nacht hatte erfahren müssen, ohne ihr zu offenbaren, dass sie ihren leiblichen Vater für den Mörder ihrer Tante hielt? Am liebsten hätte sie ihren furchtbaren Verdacht laut herausgeschrien, aber sie hatte auch die widerlichen Worte ihrer Tante nicht vergessen. Das war alles so schrecklich verwirrend, und Julia war nur froh, dass sie Semesterferien hatte, denn sie wäre nicht in der Lage, sich auf ihre Studien zu konzentrieren.

Sie lag die meiste Zeit auf ihrem Bett und starrte die Decke an, wie auch an diesem Tag. Onkel George und Granny Annabelle machten sich große Sorgen um sie, aber sie schoben Julias Apathie allein auf ihre Trauer. Dass sie das Gefühl hatte, ihr gesamtes Leben sei nur noch ein einziger Trümmerhaufen, konnten sie schließlich nicht ahnen.

Es klopfte an der Tür. Julia stand der Sinn gerade gar nicht nach dem besorgten Gesicht ihrer Großmutter, zumal ihr die Tapferkeit der alten Dame auch ein wenig unheimlich war. Hieß es nicht immer, das eigene Kind zu verlieren wäre der Schlimmste aller erdenklichen Schicksalsschläge?

»Bitte«, brummte sie, aber statt in das vertraute Gesicht ihrer Großmutter blickte sie in Merindas verschüchterte Miene. In der Hand hielt sie einen riesigen Blumenstrauß. Julia fuhr hoch.

»Blumen für mich?«, fragte sie ungläubig.

Merinda nickte verlegen. »Sie sind eben abgegeben worden. Und da alle anderen beschäftigt sind, habe ich gedacht …« Sie stockte, trat ans Bett und überreichte Julia die Blumen.

»Und vielleicht hast du Lust, eine Partie Five Hundred zu spielen.« Sie zog linkisch ein Kartenspiel aus ihrer Rocktasche. Julia hätte sie am liebsten gleich fortgeschickt, aber irgendwie berührte sie diese Geste.

»Gleich, aber lies mir erst mal die Karte vor.« Julia reichte Merinda den Umschlag, der in dem Blumenstrauß gesteckt hatte.

»Aber das geht mich doch nichts an. Nachher ist es ein Kavalier«, widersprach Merinda ihr hastig.

Julia verdrehte die Augen. »Nein, nun mach schon!«, forderte sie Merinda ungeduldig auf. Sie tat, was Julia verlangte, holte die Karte aus dem Umschlag und begann zögernd, die Botschaft vorzulesen.

Liebe Julia,
unsere Begegnung am Abend Ihres triumphalen Erfolges hat
mich zutiefst berührt. Ich bin untröstlich, dass ich Ihnen mit
der Nachricht, dass ich Sydney verlasse, die Laune verdorben
habe. Allerdings halte ich das Ganze nicht für so verloren wie
Sie …

Merinda stockte erneut. »Aber das ist ein Liebesbrief, den darf ich nicht lesen«, protestierte sie energisch.

»Ach, Merinda, du bist doch auch verliebt. Du müsstest mich doch verstehen«, gab Julia zurück. Sie konnte sich nicht helfen, aber nicht nur der Brief, sondern auch Merindas Gegenwart taten ihr seltsam gut.

Merinda wurde knallrot. »Ich, nein, äh, ja …«, stammelte sie.

»Entschuldige, das war nicht nett von mir«, versicherte Julia zerknirscht. »Bitte, bitte, lies weiter!«

Wenn ich mich nicht ganz getäuscht habe, empfinden Sie ähnlich wie ich. Uns beide verbindet mehr als die Musik. Sie haben die schönsten Augen, die ich je gesehen habe. Sie sind wie ein blauer See, in dem man ganz versinken kann. Ich verstehe, dass Sie mich vor meiner Abreise nicht mehr treffen wollten, zumal mir das Unglück zu Ohren gekommen ist, das Ihrer geliebten Tante widerfahren ist. Fühlen Sie sich von mir tröstlich in den Arm genommen. Und wenn ich Sie nicht als Studentin gewin-

nen kann, so versichere ich Ihnen, dass ich Sie nicht vergessen werde und weiß, dass wir beide einander wiedersehen. Nur in diesem Wissen kann ich heute Abend an Bord meines Schiffs von Sydney nach Freemantle gehen.
Der Ihnen ergebene Randolph

Merinda ließ die Karte sinken und drückte sie Julia hastig in die Hand.

»Das ist schön. Sehr schön sogar«, seufzte sie und konnte gar nicht anders, als an jene Worte zu denken, die Jacob vorhin zu ihr gesagt hatte. *Ich bin untröstlich über den Tod meiner Mutter, aber wenn es dich nicht gäbe, würde ich in tiefe Verzweiflung stürzen.*

»Du hast Tante Ava geliebt wie eine eigene Mutter, oder?«, fügte sie mitfühlend hinzu.

»Wahrscheinlich so, wie du meine Mutter liebst«, stieß Julia unüberlegt hervor.

Merinda blickte Julia voller Traurigkeit an. »Ich weiß, dass du mich nicht leiden kannst, weil Scarlet mich aus der Mission geholt hat und ich in deinem Haus lebe«, seufzte sie.

Julia fühlte sich beschämt durch diese Bemerkung Merindas, die ihre Gefühle im Kern erfasste und die in diesem Augenblick in das genaue Gegenteil umschlugen. Sie mochte diese junge Frau wirklich von Herzen, und sie hatte so gar nichts von dem, was Tante Ava über sie behauptet hatte.

Julia überlegte noch, wie sie dem Ausdruck verleihen konnte, als es klopfte und eine braun gebrannte blonde Frau ins Zimmer trat, ohne eine Antwort abzuwarten. Julia hatte ihre Mutter das letzte Mal vor Monaten gesehen und konnte nicht leugnen, dass sie gut aussah. Viel zu gut, wenn man bedachte, zu welch einem traurigen Anlass sie angereist war, fügte Julia in Gedanken hinzu.

Scarlet blieb stehen und blickte verwundert zwischen ihrer Tochter und ihrer Adoptivtochter hin und her. Julia vermutete, sie überlegte, wen von beiden sie zuerst umarmen sollte.

Und schon kam sie mit ausgebreiteten Armen auf Julia zu und drückte sie fest an sich. »Es tut mir so leid, Kleines«, flüsterte sie mitfühlend, bevor sie sich von ihr löste, Merinda zuwandte und sie ebenfalls in den Arm nahm.

»Ich bin so froh, dass du da bist«, versicherte Merinda ihrer Ziehmutter. Etwas, das Julia einen Stich ins Herz versetzte. Obwohl ihre Zuneigung für Merinda aufrichtig war, sie neidete ihr, wie unbelastet sie Scarlet ihre Gefühle entgegenbringen konnte. Die beiden trennte nicht eine derart unfassbare lebenslange Lüge. In diesem Augenblick verspürte Julia den dringenden Wunsch, fortzugehen und ihre Familie so weit hinter sich zu lassen, wie es nur irgend ging. Und sie wusste auch schon, wohin der Weg sie führen würde. Sie warf einen verträumten Blick auf den Blumenstrauß und fasste den Entschluss, es ihrer Mutter zu sagen, sobald sie Gelegenheit hatten, ungestört miteinander zu reden.

Wieder klopfte es an der Tür. Julia verdrehte genervt die Augen. »Herein!«, bellte sie und erstarrte, als der Mann eintrat, den sie als ihren Onkel kennengelernt hatte, der jedoch in Wirklichkeit ihr Vater war und den sie für den Mörder seiner Frau hielt. Ihr wich sämtliche Farbe aus dem Gesicht.

»Ich, ich … kann auch später wiederkommen, ich …«, stammelte er mit einem verunsicherten Blick auf Scarlet. »Ich wollte nur nach Julia schauen.«

In Julias Kopf arbeitete es fieberhaft. Nein, wenn ihre Eltern zu feige waren, ihr die Wahrheit zu sagen, würde sie ihr Schicksal selbst in die Hand nehmen.

»Nein, bleib!«, befahl sie ihm in schroffem Ton. Sie überlegte gerade, wie sie Merinda zum Gehen würde auffordern können, ohne dass es allzu verletzend war, da sprang Merinda von ihrem Stuhl auf. »Ich muss Granny Annabelle helfen. Das habe ich ihr versprochen«, erklärte sie hastig. Julia sah Merinda förmlich an, dass sie das nur vorschob, weil sie ahnte, dass zwischen diesen drei Menschen gerade etwas geschah, was sie nichts anging, und sie bewunderte Merinda insgeheim für ihre Einfühlsamkeit.

Kaum hatte Merinda das Zimmer verlassen, ließ Julia provokativ den Blick zwischen ihren Eltern, die es krampfhaft vermieden, einander anzusehen, hin- und herschweifen.

»Wollt ihr euch gar nicht begrüßen?«, fragte sie in schneidendem Ton.

»Doch, sicher, natürlich.« Scarlet trat auf Daniel zu und reichte ihm die Hand. »Mein aufrechtes Beileid«, flüsterte sie.

»Na, ihr müsst euch doch nicht so zieren. Warum küsst ihr euch nicht?«, hakte Julia nach.

»Julia! Kind! Was ist denn in dich gefahren? Was auch immer du vermutest, wir sind hier zusammengekommen, um meine Schwester zu beerdigen«, erklärte Scarlet tadelnd.

»Das könnt ihr doch verbinden mit einer Verlobung. Mein lieber Onkel …« Julia dehnte die Worte endlos. »Also, mein Onkel ist doch jetzt frei.«

»Julia, war wird das hier? Ich verstehe ja, dass dich der Unfall stark mitgenommen hat«, mischte sich Daniel ein.

»Unfall? Das kannst du den anderen weismachen. Nicht mir!«, stieß Julia wütend aus, was sie sogleich bereute, denn ihr Vater war leichenblass geworden.

»Was heißt das?« Scarlet hatte sich auf Julias Bettkante gesetzt.

»Ach, gar nichts, das heißt nur, dass ich nicht blöd bin. Dass meine Tante und mein Onkel sich nicht geliebt, sondern gehasst haben, war doch klar.«

539

»So, mein Fräulein, jetzt hör mal genau zu!«, entgegnete Scarlet wütend. »Wir verstehen alle, dass dich Avas Tod besonders schmerzt, aber das gibt dir nicht das Recht, deinen Onkel Daniel ungestraft zu beleidigen!«

Julia spürte, wie ihr die Sache entglitt. Sie konnte dieses Theater nicht länger durchhalten. Und ihre Mutter war die Letzte, die ein Recht hatte, sie zu maßregeln.

»Onkel Daniel«, äffte sie den Ton ihrer Mutter nach. »Er ist nicht mein Onkel. Und wer weiß das besser als ihr beiden!«

Scarlet und Daniel warfen sich entsetzte Blicke zu.

»Warum habt ihr mich ein Leben lang belogen? Warum?«

»Woher weißt du das?« Daniels Stimme bebte.

»Ich habe jedes einzelne Wort deines ekelhaften Streits mit Tante Ava an der Treppe mit angehört!«, blaffte Julia zurück.

»Oh Gott, nein!«, stieß Daniel verzweifelt hervor.

»Warum? Warum diese Lügen? Weil dein Bruder Benjamin nicht erfahren durfte, dass Mutter ihm dein Kind untergejubelt hat?« Julia funkelte ihren Vater zornig an.

»Benjamin hat es gewusst, als er mich geheiratet hat. Er war es, der deinen Vater und mich zuvor mit einer üblen Intrige auseinandergebracht hat«, stöhnte Scarlet.

»Ich höre«, sagte Julia und musterte ihre Eltern abwechselnd lauernd.

Scarlet erzählte stockend, was damals geschehen war.

»Und wenn das wahr ist, warum hast du mir dann weiter vorgemacht, dass dieser durchtriebene Mistkerl mein Vater ist? Hätte ich dann nicht ein Recht gehabt zu erfahren, dass ich das Kind einer, wie du behauptest, großen Liebe bin und nicht die Tochter eines Mannes, vor dem du deine Abscheu niemals hast verbergen können? Was meinst du, wie das für mich gewesen ist? Zu wissen, dass meine Mutter meinen Vater dermaßen ablehnt. Ich habe gedacht, du bist Schuld an seinem Suff! Warum hast du mir nicht die Wahrheit gesagt?«

»Weil ich meiner Schwester nicht das Herz brechen wollte. Sie konnte nichts dafür. Und sie hat Daniel geheiratet, mit ihm Jacob bekommen. Ich konnte ihr Leben doch nicht zerstören. Nachher hätte sie sich noch etwas angetan, wenn ich mit deinem Vater und dir ein neues Leben angefangen hätte.« Scarlet brach in Tränen aus. Daniel zögerte nicht eine Sekunde, sie in den Arm zu nehmen.

»Du hättest damals mit mir kommen müssen, statt mich in die Arme dieser Hexe zu treiben. Sie hat von Benjamins Intrige gewusst. Von Anfang an«, mischte sich Daniel anklagend ein.

»Nein, das glaube ich nicht«, widersprach Scarlet entgeistert.

»Sie hat es mir ins Gesicht gesagt und sich an meiner Verzweiflung ergötzt. Und sie hat mir angedroht, sich scheiden zu lassen, dich in den Zeugenstand rufen zu lassen und unseren Ehebruch öffentlich zu machen. Weil sie wusste, dass mir Jacob das niemals verzeihen würde.«

Scarlet und Daniel fielen einander in die Arme und klammerten sich wie zwei Ertrinkende aneinander, bis die Stimme ihrer Tochter ihnen das Blut in den Adern gefrieren ließ.

»Und deshalb hast du sie umgebracht!«

Ihre Eltern fuhren erschrocken auseinander.

»Was redest du da? Ich verstehe doch, dass das alles zu viel für dich ist. Und dass wir Fehler gemacht haben. Aber dein Vater hat niemanden umgebracht.«

Scarlet wollte Julia umarmen, doch sie stieß ihre Mutter zurück. »Keine Sorge, ich werde schweigen, aber nur, weil man ihn dann wahrscheinlich verurteilen würde. Und es reicht

541

schon, dass ich bisher glauben musste, ich hätte einen Trinker zum Vater, der sich seinen Verstand weggesoffen hat! Aber einen Mörder?«

Scarlet blickte flehend zu Daniel. »Sag ihr doch, dass das nicht wahr ist!«

»Julia, ich habe sie nicht gestoßen. Sie hat einen unglücklichen Schritt rückwärts gemacht, und dabei ist sie gestolpert. Ich wollte noch nach ihr greifen, aber da war es zu spät«, versuchte Daniel sich zu verteidigen.

»Deine letzten Worte waren: … Sonst vergesse ich mich – und ihre: Schlag mich doch! Sie ist nicht ausgewichen, sondern wahrscheinlich ist sie dir sogar noch einen Schritt entgegengekommen. Und dann hast du sie geschubst«, entgegnete Julia ungerührt.

»Nein, das glaube ich nicht«, widersprach Scarlet vehement.

»Frag ihn doch!«

»Ja, diese Worte sind gefallen, aber ich habe sie nicht angefasst. Sie ist einen Schritt zurückgegangen und hat mich teuflisch angegrinst, so als ob sie wüsste, was nun geschehen wird, als ob das der letzte Akt ihrer Rache wäre. Oh, mein Gott!« Daniel schlug sich die Hände vors Gesicht.

»Ich glaube dir, Daniel«, versicherte ihm Scarlet mit bebender Stimme. »Ich liebe dich«, fügte sie leise hinzu.

Julia sprang mit einem Satz aus dem Bett und baute sich kämpferisch vor ihren Eltern auf, die sich nun an den Händen hielten. »Und ich hasse euch alle beide. Ihr habt mein Leben zerstört. Ich will euch niemals mehr wiedersehen!«

»Julia, bitte, wir lieben dich doch«, entgegnete Daniel verzweifelt.

Julia blickte angewidert zwischen ihren Eltern hin und her. »Wenn ihr mich liebt, wie ihr behauptet, dann lasst mich gehen!«

»Aber wohin? Dein Zuhause ist hier oder in Melbourne«, entgegnete Scarlet entsetzt.

»Ich werde heute noch auf ein Schiff nach Freemantle gehen …«

»Freemantle, aber das ist am anderen Ende des Kontinents.« Daniel tippte sich an die Stirn.

»Um Himmels willen, ich komme gerade aus Westaustralien, das war eine Weltreise. Nein, das erlaube ich nicht!«, schrie Scarlet.

»Ich werde am dortigen Konservatorium studieren, und ihr werdet mich nicht davon abbringen!« Julia holte ungerührt einen großen Koffer vom Kleiderschrank und begann, ihre Sachen zu packen.

»Aber Julia, das kannst du uns nicht antun«, flehte Scarlet.

»Was habt ihr mir denn alles angetan? Mir einen Trinker als Vater verkauft, mich mit meinem eigenen Vater als ›Onkel Daniel‹ unter einem Dach leben lassen, nein, ich habe das Recht auf ein Leben ohne diese ganzen Lügen.«

Daniel straffte die Schultern. »Und wenn wir das nicht erlauben?«

»Dann verrate ich Jacob, dass ich seine Schwester bin«, erwiderte sie mit Nachdruck.

»Bitte, lass mir Zeit, ich werde es ihm selber sagen, aber ich kann ihm unmöglich nach dem Tod seiner Mutter sofort den nächsten Schock bereiten …«

»Ach ja, und ich werde ihm natürlich sagen, was ich in jener Nacht von dem Streit mitbekommen habe!«

»Julia, du kannst deinen Vater nicht so gemein erpressen!«, bemerkte Scarlet unter Tränen.

»Das habe ich von Tante Ava gelernt, in deren Obhut du mich ja nur allzu bereitwillig gegeben hast«, giftete Julia, während sie stoisch weiterpackte.

543

»Aber du wolltest das doch unbedingt«, protestierte Scarlet.

»Ja, aber erst, nachdem ganz Melbourne von deiner Affäre mit dem großen Meister wusste, weil es in der Zeitung gestanden hat.«

»Scarlet, davon weiß ich ja gar nichts. Oh Gott, wir haben alles falsch gemacht«, stöhnte Daniel.

»Aber du kannst doch nicht allein um den halben Kontinent reisen!« Scarlet sah Julia bittend an.

»Ich reise nicht allein, sondern mit meinem zukünftigen Professor, Randolph Ellington!«, entgegnete Julia mit fester Stimme.

Scarlet suchte Daniels Blick, und als er leise nickte, während er sich eine Träne aus dem Augenwinkel wischte, wusste sie, dass sie ihre Tochter verloren hatte und Julia durch nichts und niemanden mehr aufzuhalten war.

Nachdem Julia das Zimmer verlassen hatte, um ihrer Großmutter mitzuteilen, dass sie noch heute auf das Schiff nach Freemantle gehen und auch nicht die Beerdigung ihrer Tante abwarten würde, blieben die beiden wie erstarrt stehen.

Daniel warf Scarlet einen traurigen Blick zu. »Und was machen wir nun?«

Scarlet straffte die Schultern. »Du wirst dich intensiv um deinen Sohn Jacob kümmern und ich mich um Merinda«, entgegnete sie mit belegter Stimme.

»Also wieder keine gemeinsame Zukunft. Ich hätte es mir denken können. Wahrscheinlich ist es wegen dieses Forschers, oder?« Das klang gekränkt.

Scarlet schüttelte den Kopf. »Nein, der Forscher, wie du ihn nennst, hat die Expedition ebenfalls abgebrochen und ist nach Perth zu seiner Frau gereist, die sehr schwer an Rheuma erkrankt ist und die ihn in Zukunft braucht.«

544

»Gut, dann werde ich es meinem Sohn auf der Stelle sagen«, stieß Daniel gequält hervor. »Wenn die schonungslose Wahrheit der einzige Weg ist, um endlich bei dir zu sein!«

»Um Himmels willen, nein!«, schrie Scarlet auf, aber da war Daniel bereits aus der Tür.

Sie ließ sich auf das Bett fallen und dachte voller Schmerz an ihre Granny Vicky und deren Geschichte. Sollte sich jetzt alles wiederholen, und Daniel und sie würden ihre Kinder verlieren, um ihre Liebe zu leben? *Nein, das darf nicht geschehen*, dachte sie entschlossen, sprang auf und verließ das Zimmer, um zu verhindern, dass Daniel seinem Sohn die Wahrheit sagte.

Auf dem Flur war alles still, doch dann hörte sie aus Jacobs Zimmer ein gequältes Aufheulen. Ohne anzuklopfen riss sie die Tür auf und erstarrte. Der feinsinnige Jacob hatte sich bedrohlich vor seinem Vater aufgebaut.

»Und du wagst es, mir das zu sagen!« Sein Gesicht, das dem seines Vaters inzwischen zum Verwechseln ähnelte, war schmerzverzerrt. Jetzt erst erblickte der junge Mann Scarlet. »Ich hasse dich«, schrie er wie von Sinnen.

Scarlet war starr vor Entsetzen.

»Ich will das nicht«, stöhnte sie. »Nicht um diesen Preis!«

Wie von Ferne hörte sie Daniels Stimme. »Das musst du nicht, mein Lieb, denn ich werde mich heute noch freiwillig melden und mich dann hoffentlich gleich morgen an die Front begeben.«

Scarlet verstand nicht, was er ihr damit sagen wollte. Erst als er sich ihr näherte und es wiederholte, begriff sie, was er ihr zu sagen versuchte. Daniel würde sich freiwillig zu den Truppen melden, die gegen Deutschland kämpften. Bislang war dieser Krieg für sie weit weg gewesen, aber nun war er urplötzlich zum Greifen nah.

»Aber du könntest sterben«, rief sie verzweifelt aus.

»Das wäre die beste Lösung, weil dann niemand erfahren würde, was für ein Heuchler der große Daniel Bradshaw gewesen ist!«, brüllte Jacob.

In diesem Augenblick stand Julia in der Tür.

»Und dich hasse ich auch!«, schrie Jacob in rasender Wut und trat bedrohlich auf sie zu. »Ich will dich niemals wiedersehen!«

Scarlet wollte sich schützend vor ihre Tochter stellen, doch da hatte sich Julia schon auf dem Absatz umgedreht und war schluchzend davongerannt. Scarlet lief ihr hinterher und holte sie auf Höhe ihres Zimmers ein.

»Julia, bitte, er hat es nicht so gemeint. Er ist einfach außer sich. Sei vernünftig, lass uns gemeinsam nach Melbourne fahren. Du kannst dein Studium doch auch dort fortsetzen. Komm mit mir nach Hause«, flehte sie ihre Tochter an.

Julia maß ihre Mutter mit einem abschätzenden Blick. »Nach Hause?«, zischte sie verächtlich. »Ich habe kein Zuhause mehr. Ihr beide, ihr habt alles zerstört!« Dann verschwand sie im Zimmer und warf ihrer Mutter mit lautem Knall die Tür vor der Nase zu.

Wie betäubt entfernte sich Scarlet vom Zimmer ihrer Tochter, doch am Ende des Flurs versagten ihr die Knie den Dienst. Sie lehnte sich mit dem Rücken gegen die Wand, ließ sich zu Boden gleiten und brach in lautes Schluchzen aus.

Sie bemerkte nicht einmal, dass sich ihre Mutter neben sie hockte. Erst als ihre Stimme wie durch einen Schleier zu ihr drang, wandte sie sich zu ihr um.

»Mutter, es ist alles aus. Es ist etwas Schreckliches passiert. Ich habe … Julia ist … Jacob weiß es nun auch, und du wirst mich auch hassen …« Ihre Stimme versagte, weil sich ihrer Kehle weitere Schluchzer entrangen.

»Ganz ruhig, mein Liebling, es wird alles gut«, sagte Annabelle mit sanfter Stimme und legte den Arm um ihre Tochter.

»Nein, wenn du erst die Wahrheit erfährst, hasst du mich!«

»Ich ahne die Wahrheit schon viel länger, meine Kleine. Du liebst deinen Schwager immer noch.«

»Nein, es ist alles viel, viel schlimmer!« Und die ganze Wahrheit sprudelte aus der verzweifelten Scarlet heraus. Die Lügen, die Intrige, alles, auch dass Julia Daniels Kind war.

Annabelle war nach dieser Beichte einen Augenblick ganz still.

»Und dir gebe ich zuallerletzt die Schuld daran für das, was geschehen ist. Aber Daniel, der hat mit meinen Töchtern gespielt. Und schließlich hat er Ava in den Tod gestoßen«, sagte sie schließlich mit belegter Stimme.

Scarlets Tränen versiegten vor Schreck. »Mutter, so etwas darfst du gar nicht erst denken«, murmelte sie entsetzt.

»Doch, ich habe es selbst gehört, wie er zu ihr einmal mit teuflischer Lust in den Augen gesagt hat: *Ich sah dich tot am Fuß der Treppe liegen*! Und jetzt hat er es wahr gemacht! Hätte ihn doch bloß damals die Braunschlange getötet.«

»Wie kannst du so etwas sagen? Glaube mir, es war ein Unfall«, widersprach Scarlet heftig, obwohl sie selbst nicht mehr wusste, was sie denken sollte.

»Der Kerl soll nach der Beerdigung mein Haus verlassen!«, zischte Annabelle. Noch nie zuvor hatte Scarlet ihre Mutter in derart gehässigem Ton reden hören. Scarlet fröstelte.

»Nicht nötig, Mutter, er meldet sich freiwillig. Ich befürchte, er möchte in diesem verdammten Krieg sterben, weil er mit alledem nicht mehr leben will!«, sagte Scarlet mit bebender Stimme.

»Ich werde Julia übrigens zum Schiff bringen. Sie hat mir zwar nicht gesagt, warum sie nach Perth gehen will, aber so aufgelöst, wie sie war, konnte ich mir schon denken, dass sie endlich die Wahrheit erfahren hat.«

»Mutter, ich kann sie doch nicht gehen lassen. Sie ist noch ein Kind!« Scarlet umklammerte fest die Hand ihrer Mutter.

»Nein, sie ist eine vernünftige junge Frau. Und sie wird nicht allein reisen. Ich kenne den jungen Mann, der sie begleitet, und in dessen Obhut werde ich sie geben. Und ich bin mir sicher, er wird sich wie ein Ehrenmann um alles kümmern.«

»Und Jacob? Wer kümmert sich um den? Der hasst uns alle!«

Annabelle lächelte gequält. »Mich nicht! Ich bleibe bei ihm, und auch wenn es mir schwerfällt, ich habe eine Bitte: Fahr mit Merinda vor der Beerdigung zurück nach Melbourne.«

»Aber Mutter, das war dir doch so unendlich wichtig, dass ich versöhnlich am Grab meiner Schwester stehe, weil dir das bei Tante Amelie nicht möglich war, nachdem du von ihrem Tod erst viel zu spät erfahren hast.«

»Das war mein größter Wunsch, aber fühlst du es aus tiefstem Herzen? Versöhnung? Verzeihen?« Annabelle suchte ihren Blick.

Scarlet schüttelte stumm den Kopf.

»Siehst du, so war es auch bei mir. Und ich wollte es nicht wahrhaben, nur mein schlechtes Gewissen hat mich zu diesem Wunsch getrieben, aber wenn es nicht von Herzen kommt, ist es Heuchelei. Überlass es Jacob und mir, um Ava aufrichtig zu trauern.«

Scarlet umarmte ihre Mutter stürmisch. Ja, das fühlte sich richtig an, denn sie war nicht wirklich in der Lage, um die Schwester zu trauern, die ihr das angetan hatte.

»Und nun bring es Merinda schonend bei, dass ihr abreist. Wir sehen uns Weihnachten wieder.«

»Aber das ist noch fast ein Jahr hin. Wir haben erst Februar«, entgegnete Scarlet traurig.

»Ja, und dann, mein Kind, sieht die Welt schon wieder anders aus.« Annabelle strich ihr tröstend über die Wangen.

Scarlet spürte eine Welle tiefer Dankbarkeit für die Frau, der es in diesem dunklen Tal gelungen war, in ihr wenigstens einen winzigen Hoffnungsschimmer zu entfachen. Plötzlich huschte der Hauch eines Lächelns über Scarlets vom Kummer gezeichnetes Gesicht. Sie sah es in diesem Augenblick bildlich vor sich, wie sie ihrer Mutter diese Herzenswärme, die sie ein Leben lang von ihr bekommen hatte, zurückgeben würde.

»Ich werde mich jetzt von Daniel verabschieden«, sagte sie mit fester Stimme und erhob sich vom Boden.

Sie fand Daniel auf der Veranda. Er schien ins Leere zu blicken und merkte nicht einmal, dass sie sich ihm vorsichtig näherte.

»Daniel«, flüsterte sie und tippte ihm sanft auf die Schulter, um ihn nicht zu erschrecken. Er fuhr herum, und es wollte ihr schier das Herz zerreißen, als sie seine Tränen sah.

»Daniel, ich werde heute noch nach Melbourne zurückkehren, aber du musst mir eins versprechen: Du darfst nicht sterben. Hörst du?«

Daniel sah sie gequält an. »Mein Entschluss steht fest. Ich ziehe in den Krieg. Ich hatte das längst mit dem Major besprochen, der mit seiner Truppe morgen nach Ägypten verschifft wird. Er ist einer meiner größten Bewunderer und hat versucht, es mir mit Engelszungen auszureden, aber nun wird mich niemand mehr davon abhalten. Versuch es also gar nicht!«

Scarlet strich im zärtlich über die Wange. »Ich werde nichts dergleichen tun, aber du musst mir trotzdem schwören, dass du nicht sterben wirst.«

»Gut, ich schwöre«, wiederholte er, bevor er sie in seine Arme riss und die beiden sich leidenschaftlich küssten.

549

52

Scarlet trug Männerhosen, die sie einem der Bauarbeiter abgeschwatzt hatte, und einen großen Hut aus Stroh auf dem Kopf, während sie voller Stolz das Haus umrundete.

Das neue Wentworth Paradise war aus Stein gebaut, damit es nicht noch einmal den Flammen so ungeschützt zum Opfer fallen konnte, und es war auch noch lange nicht an allen Ecken bis ins letzte Detail fertiggestellt, aber immerhin genügte es, um ihrer Mutter die größte Freude ihres Lebens zu bereiten und das Weihnachtsfest im Kreise der Familie zu begehen. Allerdings ahnte Annabelle noch nichts von ihrem Glück. Das sollte bis zum Schluss eine Überraschung bleiben. Nur Onkel George war eingeweiht und freute sich wie ein Kleinkind darüber. Ihm war die Aufgabe zugefallen, Annabelle zu überreden, das Weihnachtsfest, das sie in diesem Jahr angeblich nur zu dritt feiern würden, nämlich George, Jacob und sie, in einem Hotel in Wentworth Falls zu verbringen. Es hatte ihn, wie er Scarlet in seinen Briefen berichtet hatte, sehr große Mühe bereitet, das zu schaffen, aber letztendlich war es ihm doch gelungen.

Scarlet hatte den Bau in Auftrag gegeben, bevor sie nach jenem entsetzlichen Tag in Sydney wieder nach Melbourne zurückgekehrt war. Sowohl der Architekt als auch der Bauleiter hatten ihr zu verstehen gegeben, dass sie etwas Unmögliches verlangte, wenn ihr vorschwebte, so ein Prachthaus sollte binnen zehn Monaten aus dem Boden gestampft werden. Scarlet aber hatte alle mit ihrer Euphorie angesteckt, und nun umrundete sie das Gebäude, das sie nach Plänen des alten Holzhauses gezeichnet hatte, zum wiederholten Male und beseitigte den letzten Bauschutt, den die Handwerker, die alle rechtzeitig in die Weihnachtsferien hatte gehen wollen, liegen lassen hatten, während Merinda im Haus saubermachte und das Geschirr in die neuen Schränke räumte. Auch bei der Auswahl der Möbel hatte sich Scarlet ganz eng an das Original gehalten und eine Tischlerei in Wentworth Falls beauftragt, die Arbeiten möglichst bis kurz vor Weihnachten zu erledigen.

»Scarlet, du musst dich noch umziehen«, rief ihr nun Merinda mahnend durch das Küchenfenster zu. Sie war schon den ganzen Tag über entsetzlich aufgeregt gewesen. Und natürlich kannte Scarlet den Grund, denn schließlich würde sie Jacob wiedersehen. Obwohl er sich damals in Sydney nicht einmal von ihr verabschiedet hatte, weil er sich in sein Zimmer eingeschlossen und geweigert hatte, es zu verlassen, solange Scarlet im Haus war, hatte er ihr wenig später einen entschuldigenden Brief geschickt. Seitdem gingen die Briefe zwischen Sydney und Melbourne nur so hin und her. Doch dass er sie wiedersehen würde, hatte sie ihm nicht schreiben dürfen. Scarlet hatte viel zu große Sorge, dass dann womöglich ihre Überraschung auffliegen würde, weil er das Geheimnis doch nicht für sich behalten konnte.

»Ich komme ja schon«, erwiderte sie. Auf dem Weg ins Haus begegnete ihr der Postmann, der mit zwei Briefen wedelte. Da Scarlet dieses Mal ganze zwei Monate von zu Hause fort war, hatte sie organisiert, dass man ihr die Post nach Wentworth Falls schickte. Und nun war sie bereits seit zwei Wochen hier, um alles vorzubereiten. Merinda war wegen der Schule erst gestern nachgekommen. »Kannst du wirklich allein bleiben?«, hatte Scarlet ihre Adoptivtochter mit schlechtem Gewissen gefragt. »Ich bin doch kein Kind mehr«, hatte sie erwidert. »Und außerdem bin ich nicht allein.« Schließlich war Scarlet beruhigt abgefahren und hatte ihre Tochter mit den Hausangestellten in Melbourne zurückgelassen.

Sie nahm die Post entgegen und ging mit den Briefen zur Bank vor dem Pavillon. Bevor sie den Blick zum Eukalyptuswald schweifen ließ, schoss ihr durch den Kopf, wie sie damals mit Daniel auf dieser Bank gesessen hatte. Es verging kein Tag, an dem sie nicht an ihn dachte. Natürlich machte sie sich große Sorgen, denn die Zeitungen waren jeden Tag voll mit Horrormeldungen über die tragischen Verluste aufseiten der AN-ZAC. Unter diesem Namen hatten sich die neuseeländischen und australischen Truppen zusammengeschlossen, die sich aufseiten der Alliierten auf der Halbinsel Gallipoli erbitterte Kämpfe mit den deutschen Verbündeten, den Soldaten des Osmanischen Reichs, lieferten. Dort wurden sie wie die Tiere abgeschlachtet, und es wurden immer mehr Stimmen laut, dass man die Soldaten auf den Dardanellen in einem aussichtslosen Kampf verheizte. Man lastete dieses mörderische Fiasko dem britischen Kriegsminister Churchill an, der dafür bereits seinen Hut hatte nehmen müssen. Aber das half den Soldaten, die wie die Fliegen starben, auch nicht mehr. Und es verging kein Tag, an dem Scarlet nicht von irgendeinem jungen Mann hörte, der nicht mehr nach Melbourne zurückkehren würde, auch nicht als Toter. Nur ein Leichnam war aus Gallipoli überhaupt nach Australien zurückgekehrt. Das war der des befehlenden Generals Bridges, der nach Melbourne überführt und nach einem Staatsakt in der St Paul's Cathedral im September in Canberra, der Stadt, die einst eigens gebaut wurde, um dem Hauptstadtstreit zwischen Sydney und Melbourne ein Ende zu bereiten, beigesetzt worden war.

Scarlet hatte bislang nur eine Nachricht von Daniel erhalten, in der er ihr mitgeteilt hatte, dass er in der Türkei angekommen wäre. Das war im April gewesen. Natürlich machte sie sich große Sorgen, denn wenn ihm nichts zugestoßen war, warum meldete er sich nicht? Ihr Atem beschleunigte sich, als ihr Blick am Absender des einen Briefes hängen blieb. ANZAC. Mit klopfendem Herzen legte sie ihn zur Seite und nahm den anderen Brief zur Hand. Er war von Julia.

Nervös riss sie den Umschlag auf und las, was ihre Tochter ihr schrieb.

Liebe Mom,
nicht nur du bist in der Lage, Verschwörungen anzuzetteln. Deine Töchter stehen dir in nichts nach. Ich bin in regelmäßigem Briefkontakt mit Merinda, und als ich ihr sagte, ich würde dich an Weihnachten in Melbourne überraschen, da verriet sie mir, was du vorhast, und ich musste ihr versprechen, dass ich dir meine Ankunft mitteile. Ich werde am 22. Dezember nach Wentworth Falls kommen, aber nicht allein. Mehr verrate ich nicht. Eine kleine Überraschung kannst du mir doch auch lassen.
In Liebe, Julia

Dass Scarlet beim Lesen Tränen aus den Augen liefen, merkte sie erst, als sie auf die Tinte tropften und sie verwischten. Sie konnte ihr Glück noch gar nicht fassen, doch dann fiel ihr siedend heiß ein, welcher Tag heute war. Der 22. Dezember. Hektisch sah sie an ihrer Kleidung herunter. Nein, so konnte sie ihre Lieben wirklich nicht empfangen. Sie ließ den anderen Brief mit klopfendem Herzen in der Hosentasche verschwinden und eilte ins Haus. Nein, sie brachte es nicht über sich, ihn zu öffnen. Nicht in dem Augenblick, in dem sie wusste, dass ihre Tochter ihr verziehen hatte!

Das Kleid, das sie heute Abend zum Essen, das von einer Köchin aus Wentworth Falls bereits eifrig vorbereitet wurde, tragen würde, hing auf einem Bügel am Kleiderschrank. Es war weiß, aus Seidensatin und Spitze, und besaß ein Überkleid aus Netztüll. Das Kleid war reich mit Strasssteinen und Glasperlenstickereien verziert und wurde mit einem breiten Seidengürtel, der mit einer großen Blume aus Stoff dekoriert war, gebunden.

Es sieht fast aus wie ein Hochzeitskleid, dachte sie mit einer Spur von Wehmut, aber dann zog sie sich um, denn sie wusste ja nicht genau, wann die Gäste eintreffen würden. Nachher blieb ihr für den Rückzug womöglich keine Gelegenheit mehr.

Als sie fertig war und ihr Haar passend zum Kleid kunstvoll aufgesteckt hatte, hob sie die auf dem Boden liegende Herrenhose auf, und da flatterte der zweite Brief aus der Tasche, als wollte er erzwingen, dass sie ihn endlich las.

Scarlet wurde speiübel, während sie auf den Absender starrte. ANZAC. Aber es hatte keinen Sinn, seine Existenz verdrängen zu wollen. Sie ließ sich stöhnend auf das Bett fallen und öffnete schwer atmend den Umschlag. Sie gab einen spitzen Schrei von sich, als sie ein rotes Stoffteil hervorholte, denn was das zu bedeuten hatte, war auch jüngst in allen Zeitungen zu lesen gewesen. Jeder Soldat trug seit Kurzem eine Erkennungsmarke um den Hals, die eine Seite grau, die andere rot, damit man ihn nach seinem Tod identifizieren konnte. Das Herz klopfte ihr bis zum Hals, aber dann beruhigte sich ihr Atem wieder, als ihr klar wurde, dass man ihr ja niemals Daniels Marke zusenden würde, sondern die ihres Mannes, die von Benjamin. Hastig faltete sie das Begleitschreiben auseinander und erstarrte. *Wir bedauern, Ihnen mitteilen zu müssen, dass Ihr Ehemann Daniel Bradshaw bei der Augustoffensive in der Schlacht um Gallipoli …* Sie ließ den Brief sinken und musste sich hinsetzen, weil ihre Knie weich wurden.

»Daniel, nein, du hast es mir geschworen, verdammt noch mal, dass du nicht sterben würdest!«, murmelte sie immer wieder, aber sie konnte nicht einmal weinen. Es war wie ein Schock, der sie jeglichen Gefühls beraubte. Sie saß eine Weile nur wie erstarrt da und war nicht in der Lage, auch nur einen vernünftigen Gedanken zu fassen. Scarlet war so in ihrem Schmerz gefangen, dass sie sich keine Sekunde lang fragte, wieso man sie als Daniels Ehefrau bezeichnete und ihr die Todesnachricht geschickt hatte. Ein Freudenschrei, der aus der Ferne zu ihr drang, riss sie aus ihrer Betäubung.

Was mache ich denn bloß?, dachte sie, und dann beschloss sie, die Nachricht vorerst für sich zu behalten und einen günstigen Augenblick abzuwarten, wenn die ganze Familie beisammen war, um ihnen von dem roten Stofffetzen zu berichten. Entschieden stand sie auf und zwang sich zu einem Lächeln, während sie ins Freie trat, um ihre Mutter zu begrüßen.

Annabelle stand vor dem neuen Wentworth Paradise, abwechselnd weinend und lachend.

»Das ist ja, das kann doch nicht …«, stammelte sie.

»Doch, das ist das Werk deiner Tochter.« George zwinkerte seiner Nichte verschwörerisch zu.

Annabelle sah Scarlet fassungslos an, bevor sie sie mit einem Aufschrei in ihre Arme riss.

Jacob stand etwas schüchtern im Hintergrund und konnte den Blick nicht von Merinda abwenden.

Nachdem Annabelle ihre Tochter wieder losgelassen hatte, ging Scarlet auf Jacob zu und reichte ihm die Hand zur Begrüßung. Es fröstelte sie bei dem Gedanken, was sie ihm später an diesem Tag für einen neuerlichen Kummer würde zufügen müssen. Doch Jacob ignorierte ihre Hand und umarmte sie stattdessen. »Ich hasse dich nicht«, flüsterte er.

»Das weiß ich doch«, flüsterte sie zurück.

Es könnte alles so wunderschön sein, dachte sie bekümmert, wenn nicht … Sie bat die Gäste ins Haus, und Annabelle kam

555

aus dem Staunen nicht heraus. Zärtlich strich sie über jedes Möbelstück, und immer wieder rief sie aus: »Ich kann es nicht fassen!«

Die Aufregung hatte sich noch nicht ganz gelegt, als Julia eintraf. Sie war in Begleitung eines hochgewachsenen, dunkelhaarigen Mannes, der etwas verlegen im Hintergrund blieb, als Scarlet und ihre Tochter einander begrüßten. Doch Julia griff nach seiner Hand und zog ihn heran. »Mutter, das ist Randolph Ellington, mein Verlobter«, erklärte sie strahlend.

Randolph lächelte befangen. »Also, ich würde Sie durchaus noch offiziell um die Hand Ihrer Tochter bitten«, sagte er entschuldigend.

»Aber Mister Ellington, ich meine Randolph, wir leben doch nicht mehr im 19. Jahrhundert. Herzlich willkommen in der Familie«, erwiderte Scarlet, die auf Anhieb fand, dass der junge Mann sehr gut zu ihrer Tochter passte, jedenfalls rein optisch, aber nun würde sie ja Gelegenheit genug haben, ihn näher kennenzulernen.

Als sie ihre Tochter so von Herzen strahlen sah, musste sie wieder an den roten Stofffetzen denken, und es tat ihr in der Seele weh bei dem Gedanken, Julias Glück später am Abend so jäh trüben zu müssen. Aber vielleicht würde sie gar nicht um ihren Vater trauern, dachte Scarlet, weil sie ihn immer noch für einen Mörder hielt.

»Kommt mein Vater auch?«, fragte Julia in dem Moment, und ihr Blick ließ keinen Zweifel, dass sie sich sehr darüber freuen würde.

»Dein Vater ist noch in der Türkei in diesem verdammten Krieg«, entgegnete Scarlet mit belegter Stimme.

»Ach, er kommt bestimmt gesund wieder«, sagte Julia tröstend.

»Bestimmt«, echote Scarlet und machte sich eifrig daran,

den Gästen ihre Zimmer zu zeigen, um dann in der Küche nach dem Rechten zu sehen. Dort traf sie auf ihre Mutter, die sich scherzend beklagte, dass das an Weihnachten ihr Revier wäre.

»Das weiß ich doch«, lachte Scarlet. »Ab morgen hast du keine Hilfe mehr. Das verspreche ich dir!«

Annabelle umarmte Scarlet noch einmal. »Du bist ein Engel«, raunte sie ihrer Tochter zu.

»Du auch«, erwiderte Scarlet.

Als sie wenig später im großen Salon um den großen Tisch herum saßen, war die Stimmung ausgelassen. Nur Scarlet wurde jedes Mal schwer ums Herz, wenn sie an den Brief der AN-ZAC dachte.

Sie waren gerade beim Lamm angelangt, als es an der Haustür läutete.

»Erwarten wir noch jemanden?«, fragte George. »Oder hast du noch mehr Überraschungen für uns?«, fügte er scherzhaft hinzu.

Scarlet zuckte die Schultern, während sie aufstand und zur Tür ging. Als sie öffnete, starrte sie den Besucher wie einen Geist an.

»Verzeih, ich konnte dich nicht schonend auf meinen Besuch vorbereiten, ich wusste doch nicht, wann ich zurückkomme, und ich bin natürlich als Erstes nach Sydney zum Haus gefahren, aber da sagte man mir, ihr wäret alle in Wentworth Falls«, sagte Daniel entschuldigend.

Er sah entsetzlich aus mit seinem struppigen Haar und den Bartstoppeln, aber das störte Scarlet nicht. Sie blickte ihn wie ein Wunder an. »Das, das kann doch nicht sein, das …«, stammelte sie, während ihr Blick an einem Verband an seiner Hand hängen blieb.

»Oh Gott, ausgerechnet die Hand«, entfuhr es ihr erschrocken.

»Sie wird wieder, sagt der Arzt, aber willst du mich gar nicht begrüßen?«

Scarlet flog förmlich in seine Arme, und die beiden weinten und lachten abwechselnd.

»Du bist wieder da. Das ist ein Wunder«, stieß sie hervor, nachdem sie sich voneinander gelöst hatten.

»Ich habe es dir doch geschworen«, erklärte er lächelnd.

»Ja, dann komm rein. Ich ... oh Gott ..., was werden die anderen sagen?«

»Ich hoffe, sie werfen mich nicht mit Schimpf und Schande hinaus«, seufzte er.

»Nein, ich glaube, deine Kinder sind froh, wenn sie dich lebend wiedersehen, und meine Mutter wird glücklich sein, weil ich glücklich bin.« Sie fasste ihn an der gesunden Hand und führte ihn in den Salon.

»Vater!«, rief Jacob und stürzte ihm entgegen. »Es tut mir so leid, dass ich ... bin ich froh, dass du wieder da bist!«

»Komm, setz dich.« Scarlet holte ihm einen Stuhl und schob ihn neben sich, bevor sie bei der Haushaltshilfe um ein weiteres Gedeck bat.

Daniel aber blickte ängstlich in Julias Richtung, doch seine Tochter schenkte ihm ein warmherziges Lächeln. Da entspannte sich Daniel, und aß mit großem Appetit von dem köstlichen Braten. Kaum war das Essen vorbei, prasselten von allen Seiten Fragen auf ihn ein, weil alle wissen wollten, ob Gallipoli wirklich der Vorhof zur Hölle war, wie es in der Presse stets hieß.

Daniel nickte. »Es war ein einziges Schlachten. Ich habe Dutzende tapfere Australier sterben sehen. Besonders den einen ...« Er kämpfte mit den Tränen. »Es war in einer Feuerpause, als ich glaubte zu halluzinieren, weil plötzlich mein Ebenbild zu uns in die Stellung stieß. Ben war schwer verwundet und suchte Schutz. Er wollte etwas sagen, aber er konnte es nicht mehr. Ich wusste sofort, es ist aus, da sackte er auch schon in sich zusammen. Ich zog ihn zu mir heran, hatte seinen Kopf in meinem Schoß, während er röchelnd die letzten Atemzüge tat, und bevor es mit ihm zu Ende ging, keuchte er: ›Bitte verzeih!‹« Daniel liefen die Tränen ungehindert über das Gesicht, und nicht nur ihm. Auch Julia und Scarlet weinten leise.

»Ich wollte Benjamins Marke in zwei Hälften teilen, aber er trug seine nicht um den Hals. Da habe ich ihm meine umgebunden, damit man seinen Nachnamen weiß und euch die Marke schicken kann. Ich wollte noch irgendeinen Vermerk beifügen, damit ihr nicht fälschlicherweise annehmt, es handelte sich um mich, aber in dem Augenblick traf ein Feuer unsere Stellung. Ich wachte erst wieder im Lazarett auf. Mit einem Bauchschuss und einem Finger weniger.« Er hielt die verbundene Hand hoch.

Nun liefen sogar bei Onkel George und Annabelle die Tränen. Danach herrschte eine ganze Zeit lang Schweigen.

»Vielleicht setzen wir uns auf die Veranda«, schlug Annabelle vor.

»Geht nur«, sagte Daniel und warf Scarlet einen verschwörerischen Blick zu. »Wir beide machen noch einen kleinen Gang zum Pavillon«, fügte er entschieden hinzu.

Kaum hatten die anderen den Salon verlassen, küsste er sie. »Und du willst wirklich mit einem derart struppigen, ausgemergelten Kerl in den Pavillon gehen?«, fragte er lächelnd, nachdem sich ihre Lippen voneinander gelöst hatten.

»Ach, mein Schatz, ich habe dich schon in weitaus schlimmerem Zustand erlebt. Damals, nach dem Biss. Erinnerst du dich?«

»An jede Sekunde, an jeden Blick von dir und an jede deiner Berührungen«, flüsterte er und zog sie an der Hand vom Stuhl hoch.

»Du kannst es wohl gar nicht erwarten, den Pavillon zu besichtigen«, lachte sie.

»Nicht eine Sekunde, ich muss doch schauen, ob das Klavier noch steht.«

»Ach ja, das Klavier«, seufzte Scarlet. »Wie war ich damals bloß eifersüchtig, als du mit Ava musiz…« Sie stockte.

»Du kannst ihren Namen ruhig erwähnen, denn ich habe ohnehin eine Bitte an dich, bevor wir nach den Ferien zusammen nach Melbourne gehen. Ich wollte dich fragen …«

Scarlets Herz klopfte bis zum Hals. Ob er den gleichen Gedanken hatte wie sie?

»Ja, ich würde mich auch gern an ihrem Grab von ihr verabschieden …«, sagte sie leise.

Er zog sie ganz dicht zu sich heran: »Wenn ich dich nicht eh schon lieben würde …«, raunte er.

»Komm!« Jetzt war es Scarlet, die es sehr eilig hatte, nach dem alten Klavier zu sehen. Wie die kleinen Kinder schlichen sie sich über einen Umweg zum Pavillon, damit nicht die ganze Familie Zeuge ihrer leidenschaftlichen Wiedersehensfreude wurde.

Stammbaum Granny Vicky

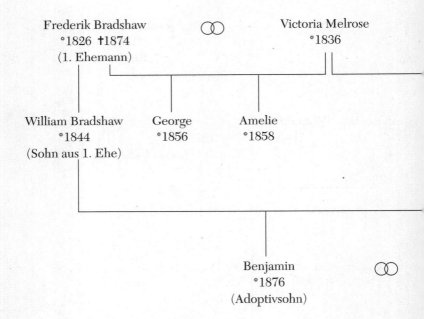

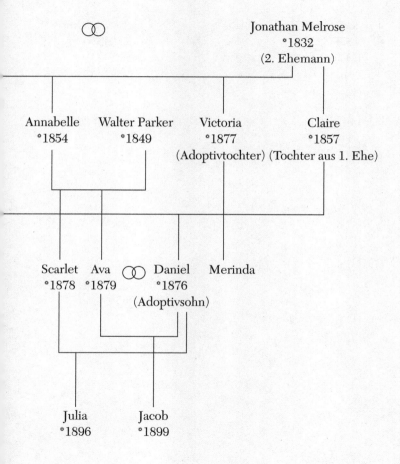

Leseprobe

TARA HAIGH
Weit hinterm Horizont

Normalerweise vertrieb der frische Westwind die feuchte Luft, die sich jede Nacht wie ein klammes Tuch über Geestemünde legte. Die übliche steife Brise vom Meer, die Clara um diese Zeit besonders schätzte, weil sie ihr im Nu die Müdigkeit aus den Gliedern blies, kam an diesem Morgen nur als schwachbrüstiges, aber ziemlich kühles Lüftchen daher. Die Gaslaternen waren noch beschlagen, die Vitrine ihres Ladens angelaufen bis hinauf zum Firmennamen: »Gewürzimport Elkart«. Matt und fahl war die tagsüber golden glitzernde Aufschrift, die Vater in übertrieben großen Buchstaben erst kürzlich hatte erneuern lassen, um bessere Zeiten heraufzubeschwören, wie er ihr erklärt hatte. Die Leute sollten denken, dass es ihnen gut ging und die Geschäfte florierten. Obwohl sich das Gewürzkontor im Parterre ihres Wohnhauses befand, war es nicht mit dem Wohntrakt im ersten Stockwerk verbunden. Die wenigen Schritte vom Innenhof hinaus zur Vorderseite des Hauses in der Fährstraße, der Prachtallee Geestemündes, hatten schon gereicht, um die Feuchtigkeit durch die Kleidung bis auf die Knochen zu spüren. Den Tagelöhnern und Arbeitern, die zum Hafen eilten, erging es offenbar nicht anders. Sie hatten ihre Jackenkragen hochgestellt, rieben sich die Hände oder vergruben sie tief in den Hosentaschen. Clara ärgerte sich darüber,

565

dass das Türschloss wieder einmal klemmte. Ihre Finger waren vor Kälte schon zu steif, um es mit Feingefühl zu überlisten. »Für ein neues Schloss haben wir kein Geld«, hatte ihr Vater gesagt. Für goldene Buchstaben anscheinend schon, stellte Clara kopfschüttelnd fest. Das Schloss schnappte endlich auf, doch ein euphorischer Ausruf von der Straße ließ Clara an der Tür verharren: »Auf in die Neue Welt!«, rief ein junger Mann in abgetragenem Anzug und geflickten Hosen. Er kam um Gleichgewicht ringend und in Begleitung zweier Kumpane, die ihn stützten, aus einer der Seitengassen, in der Claras Wissens nach eine Spelunke für die Bewohner der Mietskasernen war. »Ich werd im Leben keine verfluchte Pickelhaube mehr sehen!«, stieß einer seiner Kumpane aus. Wie viele der einfachen Leute und Arbeiter, die nicht direkt vom Aufschwung der Industrie und des Handels profitierten, schimpften sie lauthals über die Preußen und wollten nur noch weg von hier. Auch wenn Clara sie um ihren Mut beneidete, in ein neues Leben aufzubrechen, und sich oft genug dabei ertappt hatte, Abenteuerlust in ihrem Herzen zu verspüren, war es sicher ein Trugschluss zu glauben, dass ein besseres Leben auf sie wartete, zumindest sagten das alle, auch Vater, der weit gereist war. Ob die Männer wohl mit einem der neuen Dampfschiffe oder einem Segler den Atlantik überqueren werden, fragte sie sich, als sie ihnen mit überraschender Wehmut hinterhersah. Sie wandte sich erst von ihnen ab, um hineinzugehen, als einer der jungen Kerle ihr unverschämt nachpfiff.

Der wohlvertraute Geruch von Gewürzen aller Art schlug Clara vom Lager aus entgegen, das sich hinter dem Verkaufstresen und gleich neben dem Büro befand. Die tags zuvor aus Indien eingetroffenen Säcke mit frischem schwarzem Pfeffer und Zimt stachen jedoch heraus. Ihre würzig-süßliche Duftmischung war betörend. Sie erinnerten Clara an ihre letztjährige Reise nach Südwestindien, die sie gemeinsam mit ihrem Vater unternommen hatte. Prompt sah sie aus dem Fenster zur Straße und versuchte, noch einen letzten Blick auf die drei Auswanderer zu erhaschen, bevor sie die Geestebrücke erreichten, zum Hafenbecken abbogen und somit außer Sichtweite waren. Gewiss hatten sie eine Kabine in der dritten Klasse, überlegte sie, um das in ihr aufsteigende Gefühl von Fernweh mit Gedanken an all die Mühsal, die eine so lange Schiffspassage mit sich brachte, im Keim zu ersticken. Es wollte nicht gelingen. Die zweite Klasse, die ihr Vater seinerzeit gebucht hatte, war nämlich auch nicht viel besser als die unzähligen Kabinen unter Deck, aber was würde sie dafür geben, wenn sie noch einmal diese Strapazen über sich ergehen lassen dürfte. Mit dem Zug nach Venedig, mit einem imposanten Segler quer durch das Mittelmeer, vorbei an den griechischen Inseln, um dann durch den Sueskanal die Reise nach Indien um Wochen zu verkürzen, auch wenn sie gar nichts dagegen gehabt hätte, an der afrikanischen Küste entlang und um das Kap der guten Hoffnung zu segeln. Clara hatte so viel Neues und Aufregendes gesehen. Wenn sie doch nur ein Mann wäre, unabhängig und frei. Ihr würde ein Neuanfang in Amerika leichtfallen. Sie hatte Englisch in der privaten Mädchenschule gelernt, Reiseberichte der großen Expeditionen förmlich verschlungen, wusste um viele der Gefahren, die in exotischen Ländern auf einen warteten. Mit ihren Kenntnissen der Buchhaltung und ihren Erfahrungen im Handel würde sie sicher eine Anstellung finden. So ein verrückter Gedanke. Außerdem wäre Vater dann allein. Clara riss sich aus den Träumereien und wandte sich vom Fenster ab. Es gab viel zu tun. Rechnungen mussten geschrieben und Wechsel ausgestellt werden. Korrespondenz mit indischen Lieferanten wartete auf Erledigung. Der Duft des Pfeffers war jedoch stärker als ihre frommen

Vorsätze. Sie konnte gar nicht anders, als mit der Hand über die Körner fahren, wie sie es auf den Feldern Südwestindiens getan hatte. Im Nu hatte Clara die Korallenbäume vor Augen, an denen die grünen Pfefferbeeren wie schmale Weinreben hingen, die Arbeiter, die mit Füßen darauf stampften, als ob sie tanzten, um die Körner von der Pflanze zu lösen. Ob ihr Vater sie jemals wieder mit auf eine große Reise nehmen würde? Vielleicht nach Ceylon? Unter Umständen könnten sie sich eines Tages eine Überfahrt nach New York leisten? Und wenn es nur eine kurze Passage nach London wäre. Sie hatte gehört, dass es dort neuerdings eine unterirdische elektrische Schnellbahn gab, die man »Underground« nannte. Sie könnten aber auch Onkel Theodor besuchen. Der Bruder ihres Vaters bewirtschaftete seit gut zwanzig Jahren eine Zuckerrohrplantage auf Hawaii. Oft genug eingeladen hatte er sie ja. Nichts als Träumereien. Vater würde dem nie zustimmen. Und woher sollten sie das Geld dafür nehmen? Clara seufzte wehmütig und richtete sich auf, um sich endlich an die Arbeit zu machen. Doch erneut hielt sie etwas davon ab. Etwas Blaues tauchte vor dem geriffelten Fenster der Ladentür auf. Das musste Anton, der Postillion im Dienste der Reichspost sein. Sofort zeigte sich ein Lächeln auf ihrem Gesicht. Sie mochte ihn, weil er unglaublich charmant war und sie zum Lachen brachte. Clara öffnete ihm die Tür, noch bevor er die Klinke in der Hand hatte. Sein blauer Überrock war wie immer makellos gebügelt, das Beinkleid blütenweiß, die schwarzen Stiefel glänzten wie der Helm, den er trug.

»Guten Morgen, Fräulein Clara. Wie ich sehe, haben Sie mich schon ungeduldig erwartet«, scherzte er.

Clara fand es allerliebst, wie sich sein Schnurrbart hob, wenn er lächelte. Warum konnte der bestimmt schon Fünfzigjährige nicht zwanzig Jahre jünger sein? Sie könnte sich glatt in ihn verlieben.

»Ach Anton. Warum tauschen Sie Ihre Uniform nicht gegen einen Frack ein? Die Rolle eines perfekten Gesellschafters für die feinen Damen Bremerhavens würde Ihnen gut zu Gesicht stehen.« Clara kannte Anton lange genug, um zu wissen, dass er es liebte, von ihr aufgezogen zu werden. Konversation dieser Art erfrischte den Morgen und belebte zudem den Geist.

»Die Uniform öffnet mir mehr Türen«, erwiderte er galant, aber augenzwinkernd.

»Und doch war nie die Richtige dabei …«, zog sie ihn auf, weil er ihr schon oft genug sein angebliches Leid geklagt hatte, nie die passende Frau gefunden zu haben. »Schade um so einen charmanten Mann«, fügte sie hinzu.

»Hören Sie auf … Sie wissen, dass ich Ihren Vater sonst noch um Ihre Hand bitten werde«, sagte er.

Clara lachte. Allein schon um Anton jeden Morgen zu sehen, lohnte es sich, so früh aufzustehen.

Der Postillion zog einen ganzen Stapel Briefe aus seiner Ledertasche und reichte ihn ihr.

»Oh je … So viel Post …« Clara stöhnte. Sie wusste, dass sie deren Beantwortung auf Stunden beschäftigen würde.

»Ach, da hab ich ja noch einen …«, sagte Anton. Langsam wie ein Zauberkünstler, der es besonders spannend machen wollte, zog er einen weiteren Brief hervor.

Clara musste beim Blick auf die Briefmarke, die das Antlitz des Königs von Hawaii zierte, den Absender gar nicht mehr lesen. Endlich Post von Onkel Theodor.

»Schöne Briefmarken haben die da«, bemerkte Anton anerkennend, bevor er ihr das Schreiben übergab. »Wer ist das?«

»König Kalakāua«, klärte sie Anton auf.

»Merkwürdiger Name für einen König, wenn ich mir die Bemerkung erlauben darf.«

569

»Andere Länder, andere Sitten«, sagte sie nur. So gerne sie sich auch mit Anton unterhielt, Clara brannte darauf, Neuigkeiten von Onkel Theodor zu lesen. Anton hatte sicher mitbekommen, dass sie nur noch Augen für den Brief hatte, der ganz oben auf dem Stapel lag.

»Einen schönen Tag, Fräulein Clara«, sagte er.

»Ebenso«, erwiderte sie und legte den Stapel Post erst einmal auf die Kommode. Anton ging, und kaum war die Tür hinter ihm ins Schloss gefallen, hatte sie den Brief ihres Onkels auch schon geöffnet.

Honolulu, 18. Dezember 1891

Liebste Clara,
verzeih meine späte Antwort. Die Zuckerrohrernte hat aufgrund heftiger Regenfälle mehr Zeit in Anspruch genommen als sonst. Endlich wieder ein gutes Jahr mit reichen Erträgen. Es muss schnell gehen, um die großen Auktionen nicht zu verpassen. Stell Dir vor, ich habe fünf deutsche Plantagenarbeiter einstellen müssen, um die Ernte einzuholen. Von Hackfeld hab ich mir sagen lassen, dass schon über tausend Deutsche hier sind. Die meisten arbeiten natürlich auf seinen Plantagen. Abends sitzen wir zusammen, und ich lasse mir Geschichten aus der alten Heimat erzählen. Ist es wirklich so schlimm bei Euch? Die Arbeiter sprechen von Ausbeutung in den Fabriken und Werften. Sie verdienen hier auf den Feldern auch nicht viel, aber sie haben wenigstens einen Broterwerb. Arbeit gibt es hier genug. Hier fehlt es einfach an allem: Ärzte, Lehrer, Handwerker und Arbeiter, die anpacken können. Neuerdings kommen immer mehr Portugiesen, weil sie vom Walfang nicht mehr leben können. Auch nach zwanzig Jahren herrscht Aufbruchstimmung. Immer wenn ich in die Stadt fah-

re, entdecke ich ein neues Gebäude. Die Stadt wächst und gedeiht.

Mit großer Sorge habe ich gelesen, dass Eure Geschäfte nicht mehr so gut laufen. Wenn Friedrich nur nicht so stur wäre. Mit Gewürzen ist kein Geld mehr zu verdienen. Dein Vater sollte das wissen. Die Engländer und Amerikaner haben den Markt fest im Griff. Die Preise fallen. Ihr solltet auf Kakao und Kaffee umsatteln oder Zucker. Wir könnten beidseitig von einer Zusammenarbeit profitieren. Hast Du mit Deinem Vater schon darüber gesprochen? Bin ich immer noch ein rotes Tuch für ihn? Sprich noch einmal mit ihm. Ich weiß, wie sehr ihm daran gelegen ist, in der guten Gesellschaft zu verbleiben. Er hört auf Dich. Für wen, wenn nicht für Dich, arbeitet er denn so hart? Er wollte schon immer Dein Bestes, aber das geht nur, wenn sich der sture Bock finanziell nicht ruiniert. Da kannst Du ihn packen.

Zu gerne würde ich Dich sehen, Dir die Inseln zeigen. Hawaii ist, wie Du weißt, zu meiner neuen Heimat geworden. Ein Paradies, das sich mir jeden Tag Stück für Stück aufs Neue erschließt. Sprich mit Deinem Vater. Es ist doch nur zu Eurem Besten.

Dein tief ergebener Onkel Theodor

Clara holte erst einmal tief Luft. Ja, wenn Vater nur nicht so stur wäre. Sie starrte regungslos auf den Brief, fuhr darüber, um ihn zu glätten, doch ihre Sorgen konnte sie damit nicht ausbügeln. Sollte sie es wagen, ihren Vater offen auf Onkel Theodors Vorschlag anzusprechen? Clara kannte ihren Vater nur zu allzu gut, um zu wissen, dass er auf diesem Ohr taub war. Zu weiteren Überlegungen kam es nicht mehr, weil er wie jeden Morgen nach seinem Spaziergang zum Hafen, um dort als Erster Geschäfte mit den Händlern zu machen, in den Laden kam, guter Dinge, beladen mit neuestem Tratsch und mit einem frischen Lächeln, das augenblicklich einfrieren würde, wenn sie von Onkel Theodor anfing. Clara ließ den Brief daher sofort unter einem Korb verschwinden, in dem sie ihre Handschuhe und Schals aufbewahrte.

»Du wirst es nicht glauben. Am Hafen steht schon eine gute Hundertschaft Gewehr bei Fuß. Die *Maria Rickmers* läuft heut aus. Das größte Segelschiff der Welt. Es wimmelt dort nur so vor Gesindel, Auswanderern und Abenteurern, die sich die Passage auf einem Dampfer nicht leisten können.«

»Verwundert Sie das?«, fragte Clara, bevor sie das Revers seines Mantels, das er wohl aufgrund der Kälte nach oben gestellt hatte, wieder in Form rückte.

»Wieso glauben die Leute nur, dass sie ihr Glück nicht auch in der Heimat finden?«

»Vater. Es gibt hier kaum lukrative Arbeit«, entgegnete sie.

»Wer hat dir denn den Floh ins Ohr gesetzt?«, fragte er eher nebenbei und griff gleich nach dem Poststapel, um ihn zu durchforsten.

»Ich höre es täglich von unserer Kundschaft«, erwiderte Clara.

Vater warf ihr einen fragenden Blick zu. Sie war ihm eine Erklärung schuldig.

»Was man in den Werften und Fabriken verdient, reicht kaum zum Leben. Viele sind unzufrieden. Sie schimpfen auf das Reich«, erklärte sie ihm so überzeugend, dass er für einen Augenblick sogar von der Post abließ. Clara war sich sicher, dass sie die Lage richtig einschätzte. Sie hatte oft Kontakt zu einfachen Leuten, weil sie neben dem Import und Weiterverkauf an den Großhandel auch kleinere Mengen der Gewürze an Privatleute verkauften, die sich den Krämerladen nicht leisten konnten.

»Alles Humbug. Die Leute suchen immer nach irgendeiner Ausrede … Glaub mir, Clara. Es gibt keinen besseren Ort auf der Welt als das Preußische Reich. Jeder, der hier aufgewachsen ist, weiß das.«

»Die Alten haben aber auch kein gutes Wort für Preußen übrig. Sie leiden darunter, seit über zwanzig Jahren nichts weiter als eine ›preußische Provinz‹ zu sein. Viele trauern dem Königreich Hannover nach.«

»Dumme Monarchisten … Ohne die Preußen hätten wir bis heute noch kein Gaswerk. Die Stadt floriert. Geestemünde ist zum wichtigsten Umschlagplatz für Petroleum und Holz geworden. Neue Werften werden gebaut, höhere Schulen und sogar ein Wasserwerk. Da gibt's genug Arbeit …«

Die Briefe durchzusehen war ihm jetzt wieder wichtiger.

»Und wer macht den Reibach?«, fragte sie.

Vater wusste es, weil er für einen Moment schwieg. »Du wirst sehen, Clara, das Leben wird sich ändern, auch für die einfachen Leute …«, meinte er dann. »Bald haben wir hier Elektrizität. Sie bauen ein Stromwerk in Hannover. Davon profitieren alle. So schlecht sind die Dinge hier gar nicht …«

Schön und gut, doch was nützte ihnen Elektrizität, wenn es nicht mehr genügend Abnehmer für ihre Waren gab? War jetzt der richtige Zeitpunkt, um ihm von Onkel Theodors Vorschlag zu erzählen?

»Clara. Du machst dir viel zu viele Gedanken«, sagte er väterlich. Dann fuhr er in einer zärtlichen Geste durch ihr Haar. Ein ungewohnter Moment der Nähe.

»Manchmal erinnerst du mich an deine Mutter. Sie hat sich auch zu viele Sorgen gemacht«, sagte er voll Mitgefühl. »Du solltest dich mit anderen Dingen beschäftigen … Am Leben teilhaben … an der Gesellschaft«, beschwor er sie.

Clara wurde augenblicklich flau im Magen. Jetzt kam be-

573

stimmt wieder die alte Leier, dass sie mit ihren dreiundzwanzig Jahren immer noch nicht verheiratet war und ihr Leben damit vergeudete, zu viel zu lesen und sich »zu viele Gedanken« zu machen.

Prompt blies er in das altbekannte Horn: »Ernst hat uns eingeladen. Er mag dich …«, bemerkte er mit Nachdruck.

Ernst Weber, der preußische Hauptmann, der ihr bei seinem letztwöchigen Antrittsbesuch im Kontor seine Aufwartung gemacht hatte – ein hochgewachsener Offizier, dessen Äußeres Clara nicht einmal abgeneigt war. Seiner eher forschen und zu selbstsicheren Art allerdings schon.

»Ich habe keine Lust auf einen Abend bei den Webers«, gab Clara offen zu und ertappte sich dabei, wie ein kleines trotziges Mädchen zu schmollen. Dementsprechend missbilligend war der Blick ihres Vaters.

»Ach was. Das wird dir guttun«, winkte er ab.

Wie sie ihn kannte, würde es nichts bringen, sich gegen die Einladung zu stemmen. Für ihren Vater schien die Diskussion darüber sowieso schon beendet zu sein. Er ging mit der Post in der Hand in den Laden und steuerte auf den Sekretär zu, um seine ganze Aufmerksamkeit der frisch eingetroffenen Korrespondenz zu widmen, aber Gott sei Dank nicht allen Briefen.

Tara Haigh
Weit hinterm Horizont

Roman

Der Lockruf der Südsee

Bremerhaven, 1891: Die Kaufmannstochter Clara Elkart träumt seit jeher davon, die Plantage ihres Onkels auf Hawaii zu besuchen. Doch ihr Vater hat andere Pläne: Er will sie mit einem preußischen Offizier verheiraten. Clara flieht und reist nach Hawaii. Dort erfährt sie jedoch, dass ihr Onkel vor Kurzem gestorben und sie seine Alleinerbin ist. Mithilfe des faszinierenden Hawaiianers Komo führt sie die Plantage zu neuer Blüte. Doch politische Spannungen gefährden das Inselkönigreich, und bald schon gerät Clara zwischen die Fronten eines lange schwelenden Konflikts, der sie alles kosten könnte …

Ein exotisches, farbenprächtiges Epos vor der atemberaubenden Kulisse Hawaiis!

Band 1 der Serie
448 Seiten, kartoniert mit Klappe
€ 9,99 [D]
ISBN 978-3-8025-9768-8

Werde Teil der LYX-Welt!

LYX Storyboard

Veranstaltungen

Newsletter

LYX

EGMONT

Community

Fan-Aktionen

Online-Shop

www.egmont-lyx.de